Michael Hörtig

Gründungs- und Umstrukturierungsmöglichkeiten bei der Europäischen Aktiengesellschaft (SE)

Unter besonderer Berücksichtigung des
Numerus Clausus und des Mehrstaatlichkeitsprinzips

Nomos

Die Deutsche Nationalbibliothek verzeichnet diese Publikation in
der Deutschen Nationalbibliografie; detaillierte bibliografische
Daten sind im Internet über http://dnb.d-nb.de abrufbar.

Zugl.: Tübingen, Univ., Diss., 2010

ISBN 978-3-8329-6506-8

D 21

1. Auflage 2011

Meinen Eltern

Vorwort

Die vorliegende Arbeit wurde im Sommersemester 2010 von der Juristischen Fakultät der Eberhard Karls Universität Tübingen als Dissertation angenommen.

Meinem verehrten Doktorvater Herrn Professor Dr. Walter G. Paefgen danke ich sehr herzlich für eine Betreuung, wie sie sich ein Doktorand nicht besser wünschen kann. Unsere Gespräche über Wissenschaft und Praxis werden mir stets in guter Erinnerung bleiben.

Herrn Professor Dr. Mathias Habersack danke ich für die zügige Erstellung des Zweitgutachtens.

Mein herzlicher Dank gilt ferner Herrn Professor Dr. Harm Peter Westermann für seine Förderung dieser Arbeit.

Ich danke Herrn Alexander Herberger, meinem Vater und meinem Schwiegervater für die Durchsicht des Manuskripts. Mein ganz besonderer Dank gilt meiner lieben Frau für ihr Verständnis, ihre Geduld und ihre bedingungslose Unterstützung während der Entstehung dieser Arbeit.

Stuttgart, im Dezember 2010   Michael Hörtig

Inhaltsübersicht

Abkürzungsverzeichnis 23

Einleitung 27

A. Einführung und Problemstellung 27
B. Untersuchungsgegenstand und Fortgang der Arbeit 30

Teil 1: Der Numerus Clausus und das Mehrstaatlichkeitsprinzip 33

A. Gründungsmöglichkeiten aufgrund des Numerus Clausus und des
Mehrstaatlichkeitsprinzips 33
B. Sinn und Zweck des Numerus Clausus und des Mehrstaatlichkeits-
prinzips 35

Teil 2: Zulässigkeit rechtlicher Gestaltungen unter besonderer Berücksichtigung von Numerus Clausus und Mehrstaatlichkeitsprinzip 97

A. Typenkombinationen und andere Möglichkeiten der Rechtsgestaltung 97
B. Teleologische Reduktion von Art. 2 SE-VO bei Gründung unter
Beteiligung einer deutschen SE 118

Teil 3: Die Vorrats-SE als Gestaltungsform 124

A. Gang der Darstellung 124
B. Nationale, richterrechtliche Vorrats-Gründungs-Grundsätze und
Anwendbarkeit auf die SE 124
C. Numerus Clausus und Mehrstaatlichkeitsprinzip als Gestaltungsgrenze 126
D. Art. 12 Abs. 2 SE-VO als Gestaltungsgrenze 130
E. Schutz vor Umgehung der Vorgaben zur Arbeitnehmerbeteiligung 137
F. Ergebnis und Ausblick 165

Teil 4: Gestaltungen unter Einsatz einer Vorrats-SE 167

A. Gestaltungen des Teils 2 unter Beteiligung einer Vorrats-SE 167
B. „Einfrieren" des Arbeitnehmermitbestimmungsniveaus durch
Einsatz einer Vorrats-SE 169

C.   Ergebnis und Ausblick   177

Teil 5:   Beteiligung einer SE an nationalen Umwandlungsvorgängen   178

A.   Gang der Darstellung   178
B.   Numerus Clausus des § 3 UmwG und Beteiligungsfähigkeit einer SE   178
C.   SE-Gründung unter Anwendung des UmwG   179
D.   Umstrukturierungen einer SE nach Maßgabe des UmwG   191
E.   Sonderfall: Grenzüberschreitende Verschmelzung unter
      SE-Beteiligung   219
F.   Ergebnis und Ausblick   227

Zusammenfassung der Ergebnisse und Ausblick   230

Literatuverzeichnis   239

Materialienverzeichnis   251

Inhaltsverzeichnis

Abkürzungsverzeichnis 23

Einleitung 27

A. Einführung und Problemstellung 27
B. Untersuchungsgegenstand und Fortgang der Arbeit 30

Teil 1: Der Numerus Clausus und das Mehrstaatlichkeitsprinzip 33

A. Gründungsmöglichkeiten aufgrund des Numerus Clausus und des
Mehrstaatlichkeitsprinzips 33
   I. Verschmelzung, Art. 2 Abs. 1 SE-VO 33
   II. Errichtung einer Holding, Art. 2 Abs. 2 SE-VO 33
   III. Errichtung einer gemeinsamen Tochter, Art. 2 Abs. 3 SE-VO 34
   IV. Umwandlung, Art. 2 Abs. 4 SE-VO 34
   V. Gründung einer Tochter, Art. 3 Abs. 2 SE-VO 34
   VI. Ergänzung 34
B. Sinn und Zweck des Numerus Clausus und des Mehrstaatlichkeits-
prinzips 35
   I. Historische Entwicklung des Numerus Clausus der Gründungs-
formen und des Mehrstaatlichkeitsprinzips 35
      1. Der Vorentwurf *Sanders* 35
      2. Der Vorschlag von 1970 35
      3. Der Vorschlag von 1975 36
      4. Der Vorschlag von 1989 36
      5. Der Vorschlag von 1991 37
      6. Davignon-Bericht von 1997 und SE-Ratsentwurf von 1998 38
      7. Die Verordnung vom 8. Oktober 2001 40
      8. Fazit 40
   II. Konkurrenzthese 41
      1. Überlegungen vor 1970 41
      2. Die VO-Vorschläge 43
      3. Ergebnis 45
   III. Exklusivitätsthese bzw. Erfordernis europaweiter Betätigung 45
      1. Erste Überlegungen bis hin zum VO-Vorschlag von 1989 45
      2. Die Entwicklung vom VO-Vorschlag 1991 bis
zur VO von 2001 46
      3. Ergebnis 48

IV. Gebot der Firmenwahrheit 48
 1. Überlegungen vor 1970 48
 2. Die VO-Vorschläge 49
 3. Literaturmeinungen 50
 4. Stellungnahme 50
 5. Ergebnis 51
V. Unternehmensgröße 51
 1. Literaturmeinungen 51
 2. Stellungnahme 51
 3. Ergebnis 52
VI. Subsidiaritätsaspekte 52
 1. Gang der Darstellung 52
 2. Einleitung und Gesetzesmaterialien 53
 3. Verortung der Subsidiaritätsaspekte/Meinungsstreitigkeiten 55
 4. Prüfung der Subsidiaritätsaspekte unter den rechtlichen Gegebenheiten zum Zeitpunkt der Verabschiedung des SE-Status 57
  a. Gemeinschaftskompetenz nach ex Art. 308 EGV bei
   Verzicht auf das Mehrstaatlichkeitsprinzip 58
   aa. Ziel der Gemeinschaft 58
   bb. „Im Rahmen des gemeinsamen Marktes" 58
   cc. Erforderlichkeit des Tätigwerdens der Gemeinschaft 59
   dd. Fehlen der erforderlichen Befugnisse in anderen
    Vertragsbestimmungen 60
  b. Ex Art 5 Abs. 2 EGV bei Verzicht auf das
   Mehrstaatlichkeitsprinzip 61
   aa. Negativkriterium – „nicht ausreichend" 61
   bb. Positivkriterium – „besser" 63
   cc. Ergebnis 64
  c. Ex Art. 5 Abs. 3 EGV (Verhältnismäßigkeitsgrundsatz)
   bei Verzicht auf das Mehrstaatlichkeitsprinzip 65
 5. Rechtslage seit Inkrafttreten des Vertrags von Lissabon 67
 6. Ergebnis 68
VII. Flucht aus der Mitbestimmung 68
 1. Gang der Darstellung 68
 2. Zeitraum von 1965 bis zum VO-Vorschlag von 1970 68
 3. Zeitraum von 1970 bis zum Vorschlag von 1975 70
 4. Die VO-Vorschläge von 1989 und 1991 71
 5. Davignon-Bericht von 1997 und Interpretation der Literatur 73
 6. Die Kompromissvorschläge der Ratspräsidentschaften
  nach *Davignon* 76
  a. Der luxemburgische Kompromissvorschlag 76
  b. Der britische Kompromissvorschlag 77
  c. Der österreichische Kompromissvorschlag 79
  d. Die weiteren Verhandlungen bis zum „Wunder von Nizza" 80

7.	Das verabschiedete Statut	80
8.	Zusammenfassende Stellungnahme	81
9.	Widerlegung von *Oechslers* Thesen	82
	a. Widerlegung von *Oechslers* erster These	83
	b. Widerlegung von *Oechslers* zweiter These	84
10.	Ergebnis	85
VIII.	Gesamteuropäisches Konzept	85
1.	Vergleich der Zugangsbeschränkungen der einzelnen Rechtsformen	85
2.	Ergebnis	88
IX.	Zusammenfassung der Ergebnisse zu den Begründungsansätzen und Schlussfolgerungen	88
1.	„Politische Machbarkeiten"	88
2.	Konkurrenzthese	88
3.	Exklusivitätsthese bzw. Erfordernis europaweiter Betätigung	89
4.	Gebot der Firmenwahrheit	89
5.	Unternehmensgröße	90
6.	Subsidiaritätsaspekte	90
7.	Verhinderung der Flucht aus der Mitbestimmung	91
8.	Gesamteuropäisches Konzept	92
9.	Schlussfolgerungen	92
X.	Aufgabe des Mehrstaatlichkeitsprinzips de lege ferenda	92
1.	Literaturmeinungen	92
2.	Stellungnahme	93
XI.	Ergebnis und Ausblick	96
Teil 2:	Zulässigkeit rechtlicher Gestaltungen unter besonderer Berücksichtigung von Numerus Clausus und Mehrstaatlichkeitsprinzip	97
A.	Typenkombinationen und andere Möglichkeiten der Rechtsgestaltung	97
I.	Gang der Darstellung	97
II.	Vorüberlegungen	98
1.	Sperrwirkung von Numerus Clausus und Mehrstaatlichkeitsprinzip	98
	a. Literaturmeinungen	98
	b. Stellungnahme	98
2.	Zulässigkeit von Konzernverschmelzungen	99
	a. Upstream merger	99
	b. Downstream merger	100
	c. Ergebnis	101
III.	Umgehung von Art. 2 Abs. 1 SE-VO	101
1.	Konstellation: 2 deutsche AG, 1 ausländische Tochter-AG (2 Jahre alt)	101

13

	2.	Bewertung	102
		a. Umgehung von Numerus Clausus und Mehrstaatlich-keitsprinzip	102
		aa. Konzernverschmelzung	102
		bb. Hintereinanderschalten zweier Strukturmaßnahmen	102
		b. Umgehung von Vorschriften bzgl. des Gründungs-verfahrens und der Arbeitnehmerbeteiligung	103
	3.	Konstellation: 2 deutsche AG	103
	4.	Bewertung	104
		a. Umgehung von Numerus Clausus und Mehrstaatlichkeitsprinzip	104
		aa. Ökonomische Verfestigung der extra gegründeten ausländischen Tochtergesellschaft	104
		bb. Zeitlicher Mindestabstand zwischen Tochtergründung und Konzernverschmelzung	104
		b. Umgehung von Vorschriften bzgl. des Gründungs-verfahrens und der Arbeitnehmerbeteiligung	105
	5.	Konstellation: 2 deutsche AG, 1 ausländische Tochter-AG (2 Jahre alt)	106
	6.	Bewertung	106
IV.		Umgehung von Art. 2 Abs. 2 lit. b SE-VO	107
	1.	Konstellation: 2 deutsche AG, 1 ausländische Tochter-AG (2 Jahre alt)	107
	2.	Bewertung	107
		a. Umgehung von Numerus Clausus und Mehrstaatlich-keitsprinzip	107
		aa. Auslandsbezug beider Gründungsgesellschaften	107
		bb. Typenkombination	108
		b. Umgehung von Vorschriften bzgl. des Gründungs-verfahrens und der Arbeitnehmerbeteiligung	108
	3.	Konstellation: 2 deutsche AG, 1 ausländische Tochter-gesellschaft (2 Jahre alt)	109
	4.	Bewertung	109
V.		Umgehung von Art. 2 Abs. 3 SE-VO	110
	1.	Konstellation: 2 deutsche AG, 1 ausländische Tochter-AG, 1 deutsche Tochter-AG	110
	2.	Bewertung	111
		a. Umgehung von Numerus Clausus und Mehrstaatlichkeitsprinzip	111
		aa. Auslandsbezug beider Gründungsgesellschaften bei Art. 2 Abs. 3 lit. b SE-VO	111
		bb. Vorrang einzelner Gründungsvarianten	111
		b. Umgehung von Vorschriften bzgl. des Gründungs-verfahrens und der Arbeitnehmerbeteiligung	112

VI. Umgehung von Art. 2 Abs. 4 SE-VO — 112
   1. Konstellation: 1 deutsche AG, 1 ausländische Tochtergesellschaft (nicht 2 Jahre alt) — 113
   2. Bewertung — 113
      a. Umgehung von Numerus Clausus und Mehrstaatlichkeitsprinzip — 113
      b. Umgehung von Verfahrensvorschriften — 113
      c. Arbeitnehmermitbestimmung — 114
VII. Umgehung von Art. 2 SE-VO durch Ausgründung aus nationaler Gesellschaft — 114
   1. Konstellation: 1 deutsche AG — 115
   2. Bewertung — 115
VIII. Umgehung von Verfahrensvorschriften — 116
   1. Beispiel — 116
   2. Bewertung — 116
      a. Umgehung von Numerus Clausus und Mehrstaatlichkeitsprinzip — 116
      b. Umgehung von Vorschriften bzgl. des Gründungsverfahrens und der Arbeitnehmerbeteiligung — 117
IX. Ergebnis und Ausblick — 117

B. Teleologische Reduktion von Art. 2 SE-VO bei Gründung unter Beteiligung einer deutschen SE — 118
   I. Literaturmeinungen — 119
   II. Stellungnahme — 120
     1. Rückschlüsse aus der Entstehungsgeschichte der SE-VO — 120
       a. Der Vorschlag von 1970 — 120
       b. Der Vorschlag von 1975 — 120
       c. Der Vorschlag von 1989 — 121
       d. Der Vorschlag von 1991 — 121
       e. Fazit — 122
     2. Bewertung der Argumente der Literatur — 122
   III. Ergebnis und Ausblick — 123

Teil 3: Die Vorrats-SE als Gestaltungsform — 124

A. Gang der Darstellung — 124
B. Nationale, richterrechtliche Vorrats-Gründungs-Grundsätze und Anwendbarkeit auf die SE — 124
C. Numerus Clausus und Mehrstaatlichkeitsprinzip als Gestaltungsgrenze — 126
   I. Gründung einer Vorrats-SE — 126
     1. Überlegungen — 126
     2. Stellungnahme — 127
   II. Wirtschaftliche Neugründung der Vorrats-SE — 128

15

	1. Überlegungen	128
	2. Stellungnahme	128
III.	Ergebnis	129
D.	Art. 12 Abs. 2 SE-VO als Gestaltungsgrenze	130
I.	Geltung des Art. 12 Abs. 2 SE-VO für alle Gründungmöglichkeiten	130
II.	Gründung einer Vorrats-SE	130
	1. Literaturmeinungen	131
	2. Rechtsprechung	132
	3. Stellungnahme	133
	a. Auslegung	133
	b. Zwischenergebnis	135
III.	Wirtschaftliche Neugründung	135
	1. Literaturmeinungen	136
	2. Stellungnahme	136
IV.	Ergebnis	137
E.	Schutz vor Umgehung der Vorgaben zur Arbeitnehmerbeteiligung	137
I.	Durchführung des Verhandlungsverfahrens im Rahmen der Mantelverwendung analog §§ 4 ff. SEBG	138
	1. Literaturmeinungen	138
	2. Stellungnahme	139
II.	Direkte bzw. analoge Anwendung von § 18 Abs. 3 SEBG	140
	1. Einführung	140
	2. Gang der Darstellung	140
	3. Die Vorschrift des § 18 Abs. 3 SEBG	141
	4. Weite Auslegung des Anwendungsbereichs	141
	a. Erfasste Konstellationen	141
	b. Übertragung auf die wirtschaftliche Neugründung der Vorrats-SE	141
	c. Begründung der Literatur für die weite Auslegung	142
	d. Stellungnahme	142
	e. Sonderkonstellation Anteilserwerb mitbestimmter Gesellschaften (*share deal*)	144
	5. Enge Auslegung	146
	a. Erfasste Konstellationen	146
	b. Übertragung auf die wirtschaftliche Neugründung der Vorrats-SE	146
	c. Begründung der Literatur für die enge Auslegung	147
	d. Stellungnahme	148
	e. Folgen der engen Auslegung für die Arbeitnehmerbeteiligung bei Vorrats-SE	151
	6. Zwischenergebnis	153
	7. Generelle analoge Anwendbarkeit von § 18 Abs. 3 SEBG bei der wirtschaftlichen Neugründung	153

			a.	Literaturmeinung	153
			b.	Stellungnahme	154
		8.		Die Entscheidung des OLG Düsseldorf vom 30.03.2009, - I-3 Wx 248/08 -	154
		9.		Ergebnis	155
	III.			Eingreifen der Missbrauchsvorschrift des § 43 SEBG	155
		1.		Literaturmeinungen	155
		2.		Stellungnahme	156
	IV.			Das Konzept von *Casper/Schäfer*	157
		1.		Wesentliche Punkte des Konzepts	157
		2.		Stellungnahme	157
		3.		Ergebnis	159
	V.			Eigenes Konzept	160
		1.		Grundsatz	160
		2.		Verhandlungsparteien	160
		3.		Zeitpunkt der Verhandlungen	161
		4.		Schwellenwerte bei der Auffangregelung	161
		5.		Umgehung des Konzepts	162
		6.		Durchsetzung der Arbeitnehmerrechte	163
	VI.			Ergebnis	165
F.				Ergebnis und Ausblick	165

Teil 4: Gestaltungen unter Einsatz einer Vorrats-SE — 167

A.		Gestaltungen des Teils 2 unter Beteiligung einer Vorrats-SE	167
	I.	Beispiel: Umgehung von Art. 2 Abs. 1 SE-VO	167
	II.	Beispiel: Umgehung von Art. 2 Abs. 3 SE-VO	169
B.		„Einfrieren" des Arbeitnehmermitbestimmungsniveaus durch Einsatz einer Vorrats-SE	169
	I.	Festschreibung des Mitbestimmungsniveaus durch deutsche Vorrats-SE	170
		1. Eignung bei kurz bevorstehendem Überschreiten relevanter Schwellenwerte	170
		2. Alternative: grenzüberschreitende Verschmelzung über die 10. RiLi	171
		a. AG beschäftigt über 500 Arbeitnehmer	171
		b. AG beschäftigt unter 500 Arbeitnehmer	171
		c. Nachfolgende innerstaatliche Verschmelzungen	173
		3. Fazit	173
	II.	Festschreibung des Mitbestimmungsniveaus durch ausländische Vorrats-SE	173
		1. Eignung bei zeitnahem Überschreiten der Schwelle von 2000 Arbeitnehmern	174

	2.	Eignung bei zeitnahem Überschreiten der Schwelle von 500 Arbeitnehmern	175
	3.	Fazit	176
III.		Verschmelzung zweier AG, die zusammen über 2000 Arbeitnehmer beschäftigen.	176
C.		Ergebnis und Ausblick	177

Teil 5:   Beteiligung einer SE an nationalen Umwandlungsvorgängen   178

A.		Gang der Darstellung	178
B.		Numerus Clausus des § 3 UmwG und Beteiligungsfähigkeit einer SE	178
C.		SE-Gründung unter Anwendung des UmwG	179
	I.	Innerstaatliche Verschmelzung über Art. 9 Abs. 1 lit. c ii SE-VO nach UmwG	179
		1. Literaturmeinungen	179
		2. Stellungnahme	180
		a. Frühere Verordnungsvorschläge und SE-VO	181
		b. Die Verweisungsnorm des Art. 9 SE-VO	182
		3. Ergebnis	183
	II.	Spaltung	184
		1. Gründung durch Auf- oder Abspaltung	184
		a. Gründung durch Auf- oder Abspaltung über Art. 9 Abs. 1 lit. c ii SE-VO nach UmwG	184
		aa. Literaturmeinungen	184
		bb. Stellungnahme	185
		b. Gründung durch Auf- oder Abspaltung über Art. 3 Abs. 2, Art. 15 Abs. 1 SE-VO i.V.m. UmwG	186
		c. Gründung durch Auf- oder Abspaltung über Art. 3 Abs. 2 SE-VO analog, Art. 9 Abs. 1 lit. c ii SE-VO i.V.m. UmwG	186
		aa. Literaturmeinung	186
		bb. Stellungnahme	187
		d. Ergebnis	187
		2. Gründung durch Ausgliederung	187
		a. Gründung durch Ausgliederung über Art. 9 Abs. 1 lit. c ii SE-VO nach UmwG	187
		b. Gründung durch Ausgliederung aufgrund Art. 3 Abs. 2, 15 Abs. 1 SE-VO i.V.m. UmwG	188
		aa. Literaturmeinungen	188
		bb. Stellungnahme	189
		c. Ergebnis	190
		3. Ergebnis	190
D.		Umstrukturierungen einer SE nach Maßgabe des UmwG	191

I.	Gang der Darstellung		191
II.	Art. 66 SE-VO als Gestaltungsgrenze		191
	1.	Auslegung des Art. 66 SE-VO	191
		a. Wortlaut des Art. 66 SE-VO	192
		aa. Literaturmeinungen	192
		bb. Stellungnahme	192
		b. Systematik und Entstehungsgeschichte der SE-VO	192
		aa. Entwicklung vom Vollstatut zum Regelungstorso	192
		(1.) Literaturmeinung	192
		(2.) Stellungnahme	193
		bb. Stellung der Vorschrift in Titel V der SE-VO	195
		cc. Keine vergleichbare Wertigkeit zwischen Art. 2 SE-VO, Art. 3 SE-VO und Art. 66 SE-VO	195
		dd. Ergebnis	196
		c. Sinn und Zweck des Art. 66 SE-VO	196
		aa. Verhinderung der Umgehung von Nachgründungsvorschriften	196
		(1.) Literaturmeinung	196
		(2.) Stellungnahme	196
		bb. Art. 66 SE-VO als „Mindestvorschrift"	198
		(1.) Literaturmeinungen	198
		(2.) Stellungnahme	198
		cc. Temporärer Mitbestimmungsschutz	199
		(1.) Literaturmeinungen	199
		(2.) Stellungnahme	200
		dd. Ergebnis	202
		d. Ergebnis	202
	2.	Mitbestimmungssicherung durch analoge Anwendung der zweijährigen Sperrfrist	202
		a. Unbewusste Regelungslücke	203
		b. Vergleichbare Interessenlage	203
		c. Ergebnis	204
	3.	Ergebnis	204
III.	SE-Beteiligung an nationalem Umwandlungsvorgang		205
	1.	Innerstaatliche Verschmelzungen	205
		a. Verschmelzungsmöglichkeiten	205
		aa. Literaturmeinungen	205
		bb. Stellungnahme	206
		b. Sperrfristen	208
		aa. Literaturmeinungen	208
		bb. Stellungnahme	209
		c. Ergebnis	210
	2.	Spaltung	211
		a. Spaltungsmöglichkeiten	211

			aa. Literaturmeinungen	211
			bb. Stellungnahme	211
		b.	Sperrfristen	212
			aa. Literaturmeinungen	212
			bb. Stellungnahme	212
		c.	Ergebnis	214
	3.	Formwechsel		215
		a.	Möglichkeiten des Formwechsels	215
			aa. Literaturmeinungen	215
			bb. Stellungnahme	216
		b.	Sperrfrist	216
			aa. Literaturmeinungen	216
			bb. Stellungnahme	217
		c.	Verfahrensvorschriften	218
			aa. Literaturmeinungen	218
			bb. Stellungnahme	219
		d.	Ergebnis	219
E.	Sonderfall: Grenzüberschreitende Verschmelzung unter SE-Beteiligung			219
	I.	Grundsätzliche Beteiligungsfähigkeit einer SE		219
		1.	Literaturmeinungen	219
		2.	Stellungnahme	220
	II.	SE-Gründung unter Anwendung der §§ 122a ff. UmwG		221
		1.	Literaturmeinungen	221
		2.	Stellungnahme	221
	III.	Umstrukturierungen einer SE nach Maßgabe der § 122a ff. UmwG		221
		1.	Verschmelzungsmöglichkeiten	221
			a. Literaturmeinungen	221
			b. Stellungnahme	223
		2.	Entsprechende Anwendung der Sperrfrist des Art. 66 Abs. 1 S. 2 SE-VO	224
			a. Literaturmeinungen	224
			b. Stellungnahme	225
		3.	Ergebnis	227
F.	Ergebnis und Ausblick			227

Zusammenfassung der Ergebnisse und Ausblick	230
Teil 1	230
Teil 2	231
Teil 3	232
Teil 4	234

Teil 5   235
Ausblick   236

Literaturverzeichnis   239

Materialienverzeichnis   251

Abkürzungsverzeichnis

A	Österreich
a.A.	anderer Ansicht
a.E.	am Ende
Abb.	Abbildung
ABl.	Amtsblatt
Abs.	Absatz
AEUV	Vertrag über die Arbeitsweise der Europäischen Union
AG	Aktiengesellschaft (im Singular und Plural) oder Die Aktiengesellschaft (Zeitschrift) oder Amtsgericht
AktG	Aktiengesetz
Alt.	Alternative
Anh.	Anhang
ArbGG	Arbeitsgerichtsgesetz
ArbVG	Arbeitsverfassungsgesetz (Österreich)
Art.	Artikel
Aufl.	Auflage
AuR	Arbeit und Recht (Zeitschrift)
BB	Betriebs-Berater (Zeitschrift)
Beschl.	Beschluss
BetrVG	Betriebsverfassungsgesetz
BGB	Bürgerliches Gesetzbuch
BGBl.	Bundesgesetzblatt
BGHZ	Entscheidungen des Bundesgerichtshofs in Zivilsachen (Amtliche Sammlung)
BR-Drucks.	Bundesrats-Drucksache
bspw.	beispielsweise
BT-Drucks.	Bundestags-Drucksache
BVG	besonderes Verhandlungsgremium
bzgl.	bezüglich
bzw.	beziehungsweise
D	Deutschland
d.h.	das heißt
DB	Der Betrieb (Zeitschrift)
ders.	derselbe
dies.	dieselben
DNotZ	Deutsche Notarzeitschrift
DrittelbG	Gesetz über die Drittelbeteiligung der Arbeitnehmer im Aufsichtsrat (Drittelbeteiligungsgesetz – DrittelbG)

Drucks.	Drucksache
DStR	Deutsches Steuerrecht (Zeitschrift)
e.V.	eingetragener Verein
eG	eingetragene Genossenschaft
EG	Europäische Gemeinschaft
EGV	EG-Vertrag
Einl.	Einleitung
end.	endgültig
EP	Europäisches Parlament
EUR	Euro
etc.	et cetera
EU	Europäische Union
EUGGES	Europäische Gegenseitigkeitsgesellschaft
EuGH	Europäischer Gerichtshof
EuroAS	Informationsdienst Europäisches Arbeits- und Sozialrecht (Zeitschrift)
EUV	Europäischer Verein oder EU-Vertrag
EuZW	Europäische Zeitschrift für Wirtschaftsrecht
EWG	Europäische Wirtschaftsgemeinschaft
EWiR	Entscheidungen zum Wirtschaftsrecht
EWIV	Europäische Wirtschaftliche Interessenvereinigung
ex Art.	ehemaliger Artikel
f.	folgend
FAZ	Frankfurter Allgemeine Zeitung
ff.	fort folgend
FG	Festgabe
FN.	Fußnote
FS	Festschrift
GesRZ	Der Gesellschafter, Zeitschrift für Gesellschafts- und Unternehmensrecht
GG	Grundgesetz
ggf.	gegebenenfalls
GmbH	Gesellschaft mit beschränkter Haftung
GmbHG	Gesetz betreffend die Gesellschaften mit beschränkter Haftung
GmbHR	GmbH-Rundschau (Zeitschrift)
GS	Gedächtnisschrift
h.M.	herrschende Meinung
HGB	Handelsgesetzbuch
HRB	Handelsregisterblatt
Hrsg.	Herausgeber
i.V.m.	in Verbindung mit
Kap.	Kapitel
KG a.A.	Kommanditgesellschaft auf Aktien
KK	Kölner Kommentar
KMU	kleine und mittlere Unternehmen

KOM	Kommission der Europäischen Gemeinschaften
LG	Landgericht
lit.	litera
m.w.N.	mit weiteren Nachweisen
MitbestG	Gesetz über die Mitbestimmung der Arbeitnehmer (Mitbestimmungsgesetz – MitbestG)
MgVG	Gesetz über die Mitbestimmung der Arbeitnehmer bei einer grenzüberschreitenden Verschmelzung
MüKo	Münchner Kommentar
NJW	Neue Juristische Wochenschrift (Zeitschrift)
Nr.	Nummer
NVwZ	Neue Zeitschrift für Verwaltungsrecht
NZA	Neue Zeitschrift für Arbeits- und Sozialrecht
NZG	Neue Zeitschrift für Gesellschaftsrecht
OLG	Oberlandesgericht
plc	public limited company
RdA	Recht der Arbeit (Zeitschrift)
Rdnr.	Randnummer
RdW	Recht der Wirtschaft (Zeitschrift)
RiLi	Richtlinie
RIW	Recht der Internationalen Wirtschaft (Zeitschrift)
RNotz	Rheinische Notar-Zeitschrift
S.	Seite oder Satz
SCE	Societas Cooperativa Europaea, Europäische Genossenschaft
SCEBG	Gesetz über die Beteiligung der Arbeitnehmer und Arbeitnehmerinnen in einer Europäischen Genossenschaft (SCE-Beteiligungsgesetz – SCEBG)
SE	Societas Europaea, Europäische Gesellschaft (im Singular und Plural)
SEAG	Gesetz zur Ausführung der Verordnung (EG) Nr. 2157/2001 des Rates vom 8. Oktober 2001 über das Statut der Europäische Gesellschaft (SE) (SE-Ausführungsgesetz)
SEBG	Gesetz über die Beteiligung der Arbeitnehmer in der Europäischen Gesellschaft (SE-Beteiligungsgesetz)
SEG	Gesetz über das Statut der Europäischen Gesellschaft (Österreich)
SE-RatsE	SE-Ratsentwurf von 1998
SE-RL	Richtlinie 2001/86 des Rates vom 8. Oktober 2001 zur Ergänzung des Statuts der Europäischen Gesellschaft hinsichtlich der Beteiligung der Arbeitnehmer
SEStEG	Gesetz über steuerliche Begleitmaßnahmen zur Einführung der Europäischen Gesellschaft und zur Änderung weiterer steuerrechtlicher Vorschriften
SE-VO	Verordnung (EG) Nr. 2157/2001 des Rates vom 8. Oktober 2001 über das Statut der Europäischen Gesellschaft (SE)
Slg.	Amtliche Sammlung der Entscheidungen des EuGH
sog.	sogenannt

SPE	Societas Privata Europaea, Europäische Privatgesellschaft
StGB	Strafgesetzbuch
SZW	Schweizerische Zeitschrift für Wirtschaftsrecht (= RSDA Revue suisse de droit des affaires)
u.a.	unter anderem
UmwG	Umwandlungsgesetz
UmwR	Umwandlungsrecht
Urt.	Urteil
v.	von
vgl.	vergleiche
VO	Verordnung
WM	Wertpapiermitteilungen, Zeitschrift für Wirtschafts- und Bankrecht
WSA	Wirtschafts- und Sozialausschuss
z.B.	zum Beispiel
ZAAR	Zentrum für Arbeitsbeziehungen und Arbeitsrecht
ZESAR	Zeitschrift für europäisches Sozial- und Arbeitsrecht
ZEuP	Zeitschrift für Europäisches Privatrecht
ZGR	Zeitschrift für Unternehmens- und Gesellschaftsrecht
ZHR	Zeitschrift für das gesamte Handelsrecht und Wirtschaftsrecht
ZIP	Zeitschrift für Wirtschaftsrecht und Insolvenzpraxis
zit.	Zitiert
ZRP	Zeitschrift für Rechtspolitik

Einleitung

A. Einführung und Problemstellung

Seit dem 8. Oktober 2004 steht europäischen Unternehmen die Gesellschafts-form der Europäischen Aktiengesellschaft zur Verfügung. Aus dem lateinischen Begriff „Societas Europaea" leitet sich ihr Firmenzusatz „SE" ab. Rechtsgrund-lage dieser originär europäischen Gesellschaftsform ist die Verordnung über das Statut der Europäischen Aktiengesellschaft (nachfolgend „SE-VO").[1] Mit ihrer endgültigen Verabschiedung am 8. Oktober 2001 ging ein über dreißig Jahre andauerndes Gesetzgebungsverfahren zu Ende, welches Generationen von Rechtswissenschaftlern und Politikern beschäftigte. Bereits hieraus wird ersicht-lich, warum die SE auch als das „Flagschiff des europäischen Gesellschafts-rechts" bezeichnet wird.[2] Flankiert wird die SE-VO durch eine Richtlinie (nach-folgend „SE-RL"), welche die Beteiligungsrechte der Arbeitnehmer regelt und bis zum 8. Oktober 2004 in nationales Recht umzusetzen war.[3] Der deutsche Gesetzgeber ist diesem Regelungsauftrag durch das SE-Beteiligungsgesetz (nachfolgend „SEBG") nachgekommen.[4] Zusammen mit dem SEBG wurde noch ein weiteres Ausführungsgesetz (nachfolgend „SEAG") beschlossen, welches der praktischen Umsetzung der SE-VO geschuldet ist.[5] Darüber hinaus enthält die SE-VO zahlreiche Verweisungen auf das nationale Recht des jeweiligen Sitzstaates der SE. Durch die Verknüpfungen der europäischen und der deut-schen Rechtsebenen kommt es somit zu einer „kunstvoll aufgeschichteten Rechtsquellenpyramide"[6], welche das Auffinden der jeweils anwendbaren Rege-lungen selbst für Experten mitunter schwierig gestaltet.[7] Trotz der ersichtlich komplexen Materie führt die SE in der Praxis kein Schattendasein. Klangvolle Namen wie bspw. Allianz, BASF, Porsche und MAN sind beredtes Zeugnis für

1   Verordnung (EG) Nr. 2157/2001 des Rates vom 8. Oktober 2001 über das Statut der Europäischen Gesellschaft (SE), ABl. L 294 vom 10.11.2001, S. 1 ff.
2   *Hopt*, ZIP 1998, 96, 99.
3   Richtlinie 2001/86/EG des Rates vom 8. Oktober 2001 zur Ergänzung des Statuts der Europäischen Gesellschaft hinsichtlich der Beteiligung der Arbeitnehmer, ABl. L 294 vom 10.11.2001, S. 22 ff.
4   Gesetz über die Beteiligung der Arbeitnehmer in einer Europäischen Gesellschaft (SE-Beteiligungsgesetz – SEBG) vom 22. Dezember 2004, BGBl. I 2004, 3675, 3686 ff.
5   Gesetz zur Ausführung der Verordnung (EG) Nr. 2157/2001 des Rates vom 8. Oktober 2001 über das Statut der Europäische Gesellschaft (SE), BGBl. I 2004, 3675 ff.
6   *Hommelhoff*, AG 2001, 279, 285.
7   So *Reichert*, GS Gruson, 2009, S. 312, 323.

die wachsende Beliebtheit dieser supranationalen Rechtsform. Weitere bekannte Unternehmen wie der europäische Luftfahrt- und Rüstungskonzern EADS und der Baudienstleister Bilfinger Berger wollen folgen.[8] Unter der Firma „BP Europa" beabsichtigt der BP Konzern seine Landesgesellschaften in einer SE mit Sitz in Hamburg zusammenzufassen.[9] Möchte man dem Wiener Universitätsprofessor *Hanns F. Hügel* Glauben schenken, steht der Durchbruch der SE kurz bevor.[10] In diese Richtung gehen auch Äußerungen deutscher Experten, wonach in nicht allzu ferner Zukunft der Großteil der DAX-Unternehmen in der Rechtsform der SE organisiert sein wird. Entgegen dem Eindruck, der hier entstehen könnte, ist die SE nicht nur für Großkonzerne interessant. Auch diverse kleine und mittlere Unternehmen (nachfolgend „KMU") haben sich für die SE entschieden. Der Allgemeinheit bekannt ist bspw. der Gastro-Trendsetter Vapiano. Selbst Einzelpersonen haben die SE für sich entdeckt. Die Quandt Erbin und BMW Großaktionärin *Susanne Klatten* hat diverse ihrer Beteiligungen in der S.K. Holding SE gebündelt, deren Alleinaktionärin sie ist.[11] Gemein ist dem Global Player wie auch der Einzelperson, dass zunächst die Gründungsvoraussetzungen des SE-Statuts erfüllt werden müssen. Diese beschränken den Zugang zur supranationalen Gesellschaftsform. Die entscheidenden Vorgaben enthalten die Art. 2 SE-VO und Art. 3 SE-VO. Konkret handelt es sich um den Numerus Clausus der Gründungsformen und das Mehrstaatlichkeitsprinzip. Sofern ein Aspirant die Voraussetzungen nicht erfüllt, bleibt ihm der Zugang zur SE verwehrt. Um dennoch das erstrebte Ziel zu erreichen, werden diverse rechtliche Gestaltungen erwogen und bereits praktiziert, welche letztlich eine Umgehung der Gründungsbeschränkungen darstellen. Besonders gefordert ist in solchen Fällen der rechtliche Berater, da rechtssichere Lösungen gefragt sind. Um sich selbst keiner Haftung auszusetzen, muss dieser genau prüfen, ob die vorgeschlagene rechtliche Gestaltung zulässig ist.[12] Da es in der Literatur in vielerlei Hinsicht noch keine gefestigte Meinung und kaum Rechtsprechung gibt, wird er sich oft auf einem schmalen Grat bewegen. Um auf sicheren Grund zu treten, ist der Sinn und Zweck der Gründungsbeschränkungen zu erforschen. Nur anhand der Ratio des Numerus Clausus und des Mehrstaatlichkeitsprinzips lässt sich beurteilen, ob die konkrete

---

8   Vgl. Handelsblatt vom 08.12.2009, S. 26 f. und die Pressenotiz der Bilfinger Berger AG vom 09.09.2009, abrufbar über die Unternehmenshomepage: www.bilfinger.de (Stand: 15.03.2010).
9   Bekanntmachung vom 10.07.2009, Deutsche BP AG, Hamburg HRB 8243, abrufbar unter: www.handelsregister.de (Stand: 15.03.2010).
10 Vgl. WirtschaftsBlatt vom 03.09.2009, S. 23.
11 Gesellschaftsbekanntmachung vom 26.01.2010, S.K. Holding SE, München HRB 175771, abrufbar unter: www.unternehmensregister.de (Stand: 15.03.2010).
12 Zumindest muss ausführlich über etwaige Risiken informiert werden, um später nicht haftbar gemacht werden zu können.

Gestaltungsmaßnahme zulässig oder rechtswidrig ist. Weitere Rechtunsicherheiten erwarten die Beteiligten auch nach erfolgreicher SE-Gründung. Inwiefern eine SE an Umstrukturierungsmaßnahmen nach dem Umwandlungsgesetz (nachfolgend „UmwG") teilnehmen kann und welche Möglichkeiten der Renationalisierung ihr offen stehen, ist sehr umstritten. Die SE-VO enthält hierzu mit Art. 66 SE-VO lediglich eine Vorschrift. Dabei besteht vor allem bei großen Konzernen die Notwendigkeit, sich den wechselnden wirtschaftlichen Gegebenheiten anzupassen. Auch strategische Überlegungen erfordern, dass Umstrukturierungen rechtssicher durchgeführt werden können. Bspw. beabsichtigt MAN, sich ergänzende Produktpaletten zweier Tochtergesellschaften in einer starken Einheit zusammenzufassen. Die MAN Turbo AG wird hierzu auf die MAN Diesel SE nach Maßgabe des UmwG verschmolzen.[13] Denkbar sind des Weiteren Konstellationen, in welchen die Rechtsform der SE wieder aufgegeben werden soll. So ist geplant, die Porsche Holding SE im Jahre 2011 auf die Volkswagen AG zu verschmelzen.[14] Eingeschränkt wird das gesellschaftsrechtliche Gestaltungspotential im Übrigen aufgrund der Beteiligungsrechte der Arbeitnehmer. Der im SE-Statut verankerte Schutz bestehender Arbeitnehmerrechte darf nicht durch rechtliche Gestaltungen umgangen werden. Insbesondere darf die SE nicht zur Flucht aus der Mitbestimmung missbraucht werden. Was die Zulässigkeit konkreter Gestaltungsmöglichkeiten anbelangt, besteht in der Literatur alles andere als Einigkeit. Der Streitstand kann weder im Hinblick auf Gründungsgestaltungen noch in Bezug auf Umwandlungsmaßnahmen nach Maßgabe des UmwG als geklärt angesehen werden. Der juristische Berater hat sich auch insoweit mit zahlreichen Rechtsunsicherheiten auseinanderzusetzen. Vordringlichstes Ziel der wissenschaftlichen Diskussion muss es daher sein, die in vielfacher Hinsicht bestehenden Unklarheiten so zu beleuchten, dass den Beteiligten klare Handlungsmöglichkeiten aufgezeigt werden können. Kein Aspirant wird sich auf das Abenteuer SE einlassen, wenn zu befürchten steht, dass regelmäßig teure Prozesse mit unsicherem Ausgang geführt werden müssen. Die Arbeitnehmer wiederum werden rechtliche Gestaltungen nur mittragen, wenn sie davon ausgehen können, dass ihre Rechte gewahrt werden. Schließlich bewegt sich der juristische Berater bereits aus Haftungsgründen lieber auf ausgetretenen Pfaden als auf einem schmalen Grat. Die vorliegende Arbeit möchte hierzu einen Beitrag leisten.

---

13   Vgl. die Bekanntmachung vom 02.03.2010, MAN Diesel SE, Augsburg HRB 22056, abrufbar unter: www.handelsregister.de (Stand: 15.03.2010).
14   Vgl. die Mitteilung der Volkswagen AG vom 13.08.2009, abrufbar unter: www.volkswagenag.com/vwag/vwcorp/info_center/de/themes/2009/08/volkswagen_supe rvisory_board_approves_comprehensive_agreement.html (Stand: 15.03.2010).

B. Untersuchungsgegenstand und Fortgang der Arbeit

Vor dem Hintergrund der dargestellten rechtlichen Unklarheiten ist es das Anliegen dieser Arbeit, dem Rechtsanwender aufzuzeigen, inwiefern konkrete Umgehungsgestaltungen bzw. Gestaltungsmöglichkeiten zulässig sind. Dabei ist der Untersuchungsgegenstand auf dualistisch strukturierte SE beschränkt. Die zu gründenden SE bzw. die an Strukturmaßnahmen teilnehmenden SE verfügen also nicht über ein einheitliches Verwaltungsorgan, sondern gemäß Art. 38 lit. b 1. Alt., Art. 39 ff. über eine Leitung und ein Aufsichtsorgan.

Im ersten Teil der Arbeit wird zunächst der Sinn und Zweck des Numerus Clausus und des Mehrstaatlichkeitsprinzips herausgearbeitet. Der Numerus Clausus gibt die Gründungsmöglichkeiten einer SE abschließend vor. Das Mehrstaatlichkeitsprinzip statuiert dabei das Erfordernis eines grenzüberschreitenden Bezugs der Gründungsgesellschaft(en). Die Zulässigkeit der im Zusammenhang mit der SE-Gründung stehenden Gestaltungen können nur anhand der Ratio beider Prinzipien beurteilt werden. Einzugehen ist dabei auch auf die am Mehrstaatlichkeitsprinzip geäußerte Kritik. In Teilen der Literatur wird dessen Streichung nachdrücklich befürwortet. Sollte der Normzweck, wie vielfach vertreten, tatsächlich überholt sein, würde dies die folgende Prüfung der Gestaltungsmöglichkeiten maßgeblich beeinflussen.

Der zweite Teil der vorliegenden Arbeit befasst sich mit Konstellationen, in welchen die potentiellen SE-Gründer einzelne Vorgaben des Numerus Clausus bzw. das Mehrstaatlichkeitsprinzip nicht erfüllen. Denkbare Umgehungsgestaltungen werden dargestellt und auf ihre Zulässigkeit überprüft. Hierfür werden die Ergebnisse des ersten Teils herangezogen. Beachtung finden auch Arbeitnehmerrechte, welche durch die Gestaltungen nicht verletzt werden dürfen. Hinterfragt wird zudem, ob striktere Verfahrensvorschriften umgangen werden. In einem separaten Punkt wird der Frage nachgegangen, ob auf das Mehrstaatlichkeitsprinzip bei Beteiligung einer SE als Gründerin verzichtet werden kann. In der Literatur wird diesbezüglich eine teleologische Reduktion in Ansatz gebracht.

Mit der Vorrats-SE befasst sich der dritte Teil der Arbeit. Diese bietet interessante Gestaltungsmöglichkeiten und eröffnet einen einfachen und schnellen Zugang zur supranationalen Rechtsform. Bevor sich auch insoweit die Frage stellt, ob die Umgehung von Gründungsbeschränkungen zulässig ist, werden zunächst die richterrechtlichen Grundsätze zu Vorratsgesellschaften nationalen Rechts und deren Anwendbarkeit auf die SE behandelt. In die Prüfung einzubeziehen ist die

Erwägung, ob der Numerus Clausus und das Mehrstaatlichkeitsprinzip bei der wirtschaftlichen Neugründung analog anzuwenden sind. Eine Auseinandersetzung muss auch mit Art. 12 Abs. 2 SE-VO erfolgen, welcher als weitere Gestaltungsgrenze in Betracht kommt. Sofern die Gründungsgesellschaften keine Arbeitnehmer beschäftigen, wird mehrheitlich von einer teleologischen Reduktion der Vorschrift ausgegangen. Beachtlich ist, dass sich durch den Einsatz einer Vorrats-SE die Arbeitnehmerbeteiligungsrechte gänzlich aushebeln lassen. Dies ist nicht akzeptabel. Umstritten ist, ob deswegen Art. 12 Abs. 2 SE-VO im Rahmen der wirtschaftlichen Neugründung der SE entsprechend angewendet werden muss. Alternativ wird in der Literatur neben anderen Vorschlägen insbesondere die analoge Anwendung von § 18 Abs. 3 SEBG propagiert. Sämtliche Schutzkonzepte werden auf ihre Geeignetheit überprüft. Entscheidend ist, dass auf die analoge Anwendung des Art. 12 Abs. 2 SE-VO nur dann verzichtet werden kann, wenn ein umfassender Schutz der Beteiligungsrechte einschließlich deren verfahrensrechtlicher Durchsetzung gewährleistet ist. Dies berücksichtigend, wird abschließend ein eigener Vorschlag unterbreitet.

Im vierten Teil der vorliegenden Arbeit werden konkrete Gestaltungen unter Einsatz einer Vorrats-SE behandelt. Neben der Bezugnahme auf Umgehungsgestaltungen des zweiten Teils geht es vor allem um die Frage, wie das Mitbestimmungsniveau einer „deutschen Gesellschaft"[15] zulässigerweise zeitnah eingefroren werden kann. Die Untersuchung unterscheidet hierfür zwischen dem Einsatz einer „deutschen" und einer „ausländischen" Vorrats-SE.[16] Differenziert wird darüber hinaus, ob die deutsche Gesellschaft kurz vor Überschreiten der für das Drittelbeteiligungsgesetz (nachfolgend „DrittelbG") oder das Mitbestimmungsgesetz (nachfolgend „MitbestG") relevanten Arbeitnehmerschwelle steht. Ergänzend wird geprüft, ob das gewünschte Ziel durch eine grenzüberschreitende Verschmelzung gemäß den §§ 122a ff. UmwG schneller zu erzielen ist. Dabei wird berücksichtigt, dass nachfolgende innerstaatliche Verschmelzungen aufgrund § 18 Abs. 3 SEBG bzw. § 30 des Gesetzes zur Umsetzung der Regelungen über die Mitbestimmung der Arbeitnehmer bei einer Verschmelzung von Kapitalgesellschaften aus verschiedenen Mitgliedstaaten (nachfolgend „MgVG") unterschiedliche Rechtsfolgen für das zunächst festgeschriebene Mitbestimmungsniveau bereit halten.

---

15 Als „deutsche Gesellschaft" wird eine Gesellschaft bezeichnet, die ihren Satzungssitz in Deutschland hat. Für eine als „deutsche SE" bzw. „deutsche Vorrats-SE" bezeichnete (Vorrats-)SE gilt entsprechendes.

16 Als „ausländische" (Vorrats-)SE wird eine (Vorrats-)SE bezeichnet, die ihren Satzungssitz im Ausland hat.

Der fünfte Teil der vorliegenden Arbeit untersucht die Beteiligungsfähigkeit einer SE an nationalen Umwandlungsvorgängen. Von Interesse ist zum einen, inwiefern SE-Gründungen unter Anwendung des UmwG möglich sind. In der Literatur finden sich hierzu sehr liberale Ansätze, mit welchen es sich auseinanderzusetzen gilt. Beurteilungsmaßstab ist einmal mehr der Sinn und Zweck, vor allem aber die Systematik des Numerus Clausus. Zum anderen wird der Frage nachgegangen, in welcher Art und Weise eine SE Umstrukturierungen nach Maßgabe des UmwG durchführen kann. Wie den Art. 2 und 3 SE-VO für die Gründung, kommt insofern Art. 66 SE-VO, welcher den Formwechsel einer SE in eine nationale AG regelt, entscheidende Bedeutung zu. Als einziger Regelung zu Umstrukturierungen in der SE-VO könnte ihr eine abschließende Wirkung beizumessen sein. Um eine Sperrwirkung für Umwandlungen nach Maßgabe des UmwG ausschließen zu können, muss der Sinn und Zweck der Vorschrift herausgearbeitet werden. Sofern Umstrukturierungen nach Maßgabe des UmwG möglich sind, ist zu prüfen, ob und wie der in Art. 66 Abs. 1 S. 2 SE-VO vorgegebene temporäre Schutz der Arbeitnehmermitbestimmung zu übertragen ist. Ohne dem Ergebnis vollständig vorzugreifen, lässt sich bereits an dieser Stelle sagen, dass Art. 66 SE-VO keine umfassende Sperrwirkung entfaltet. Für Verschmelzungen, Spaltungen und Formwechsel werden daher die jeweiligen Umwandlungsmöglichkeiten unter besonderer Beachtung des Schutzes der Arbeitnehmermitbestimmung geprüft. Als Sonderfall der Verschmelzung wird abschließend die Beteiligungsfähigkeit der SE an grenzüberschreitenden Verschmelzungen gemäß § 122a ff. UmwG beleuchtet. Gegenstand der Untersuchung ist, inwiefern eine SE an einer solchen teilnehmen kann und ob eine SE-Gründung möglich ist.

Die Arbeit wird durch eine Zusammenfassung der wesentlichen Ergebnisse abgeschlossen.

Teil 1: Der Numerus Clausus und das Mehrstaatlichkeitsprinzip

Der Numerus Clausus und das Mehrstaatlichkeitsprinzip bilden das Einfallstor in die europäische Gesellschaftsform. Sie regeln, unter welchen Voraussetzungen eine SE gegründet werden kann. Der Numerus Clausus der Gründungsformen ist in Art. 2 SE-VO und Art. 3 SE-VO geregelt. Das Mehrstaatlichkeitsprinzip ist in Art. 2 SE-VO niedergelegt. Durch rechtliche Gestaltungen sind Umgehungen denkbar. Deren Zulässigkeit beurteilt sich anhand von Sinn und Zweck beider Prinzipien. Im Folgenden gilt es diesen Sinn und Zweck herauszuarbeiten. Zuvor werden die Gründungsmöglichkeiten dargestellt.

A. Gründungsmöglichkeiten aufgrund des Numerus Clausus und des Mehrstaatlichkeitsprinzips

Die fünf Gründungsmöglichkeiten sind in Art. 2 und Art. 3 SE-VO abschließend geregelt. Unterschieden wird zwischen primären und sekundären Gründungen.

I. Verschmelzung, Art. 2 Abs. 1 SE-VO

AG im Sinne des Anhangs I der SE-VO, die nach dem Recht eines Mitgliedstaates gegründet worden sind und ihren Satzungssitz sowie ihre Hauptverwaltung in der EU haben, können eine SE durch Verschmelzung gründen. Voraussetzung ist, dass mindestens zwei von ihnen dem Recht verschiedener Mitgliedstaaten unterliegen.

II. Errichtung einer Holding, Art. 2 Abs. 2 SE-VO

AG und Gesellschaften mit beschränkter Haftung im Sinne des Anhangs II der SE-VO, die nach dem Recht eines Mitgliedstaates gegründet worden sind und ihren Satzungssitz sowie ihre Hauptverwaltung in der Gemeinschaft haben, können unter folgenden alternativen Voraussetzungen eine Holding-SE gründen. Entweder mindestens zwei von ihnen unterliegen dem Recht verschiedener Mitgliedstaaten, Art. 2 Abs. 2 lit. a SE-VO. Oder mindestens zwei von ihnen haben seit mindestens zwei Jahren eine dem Recht eines anderen Mitgliedstaates unterliegende Tochtergesellschaft bzw. eine Zweigniederlassung in einem anderen Mitgliedstaat, Art. 2 Abs. 2 lit. b SE-VO.

III. Errichtung einer gemeinsamen Tochter, Art. 2 Abs. 3 SE-VO

Gesellschaften im Sinne des ex Art. 48 Abs. 2 EGV (heute Art. 54 Abs. 2 AEUV) sowie juristische Personen des öffentlichen oder privaten Rechts, die nach dem Recht eines Mitgliedstaates gegründet worden sind und ihren Satzungssitz sowie ihre Hauptverwaltung in der Gemeinschaft haben, können eine Tochter-SE durch Zeichnung ihrer Aktien unter folgenden alternativen Voraussetzungen gründen. Entweder mindestens zwei von ihnen unterliegen dem Recht verschiedener Mitgliedstaaten, Art. 2 Abs. 3 lit. a SE-VO. Oder mindestens zwei von ihnen haben seit mindestens zwei Jahren eine dem Recht eines anderen Mitgliedstaates unterliegende Tochtergesellschaft bzw. eine Zweigniederlassung in einem anderen Mitgliedstaat, Art. 2 Abs. 3 lit. b SE-VO.

IV. Umwandlung, Art. 2 Abs. 4 SE-VO

Eine nach dem Recht eines Mitgliedstaates gegründete AG, die ihren Satzungssitz sowie ihre Hauptverwaltung in der Gemeinschaft hat, kann eine SE durch Formwechsel gründen. Voraussetzung ist, dass sie seit mindestens zwei Jahren eine dem Recht eines anderen Mitgliedstaates unterliegende Tochtergesellschaft hat.

V. Gründung einer Tochter, Art. 3 Abs. 2 SE-VO

Eine bestehende SE kann selbst eine oder mehrere Tochtergesellschaften in Form der SE gründen.

VI. Ergänzung

Gemäß Art. 3 Abs. 1 SE-VO kann eine bestehende SE an der Gründung einer neuen SE teilnehmen. Die Gründung unter Beteiligung der bestehenden SE kann nur anhand der Gründungsmöglichkeiten des Art. 2 Abs. 1 bis 3 SE-VO erfolgen. Zu diesem Zweck wird die bestehende SE in ihrer Eigenschaft als Gründungsgesellschaft wie eine AG ihres Sitzmitgliedstaates behandelt.

Art. 2 Abs. 5 SE-VO ist der Vollständigkeit halber zu erwähnen. Dieser regelt die Gründungsbeteiligung einer Gesellschaft, die ihre Hauptverwaltung nicht in der Gemeinschaft hat. Die Vorschrift ist nicht Gegenstand der weiteren Untersuchung.

B. Sinn und Zweck des Numerus Clausus und des Mehrstaatlichkeitsprinzips

I. Historische Entwicklung des Numerus Clausus der Gründungsformen und des Mehrstaatlichkeitsprinzips

1. Der Vorentwurf *Sanders*

Bereits der von *Sanders* im Auftrag der EWG-Kommission erarbeitete „Vorentwurf eines Statuts für europäische Aktiengesellschaften" von 1966 sah einen Numerus Clausus vor. Ein Mehrstaatlichkeitsprinzip hingegen kannte er nicht. *Sanders* verzichtete bewusst auf die zuletzt genannte Zugangsbeschränkung, da der Anwendungsbereich eines Vorentwurfs zunächst einmal größer sein sollte. Würde man im Rahmen der weiteren Diskussion eine Einschränkung des Zugangs befürworten, so *Sanders*, ließe sich dies leichter anhand eines Entwurfs mit weiterem Zugang erörtern, als wenn von vornherein nur eine beschränkte Lösung vorgegeben wäre.[17] Um auf der anderen Seite nur seriöse Gründungen zuzulassen, sah der Vorentwurf eine Beschränkung der gründungsberechtigten Personen in Form eines Numerus Clausus vor. Nur AG, die bereits drei Jahre wirtschaftlich tätig waren, und bereits bestehenden Europäischen Aktiengesellschaften war der Zugang zur neuen Rechtsform möglich.[18]

2. Der Vorschlag von 1970

Auch der erste VO-Vorschlag der Kommission sah nur AG und bereits bestehende SE als taugliche Gründungsgesellschaften vor. Das Erfordernis einer dreijährigen wirtschaftlichen Tätigkeit wurde nicht übernommen. Der Numerus Clausus war in Art. 2 und 3 des Vorschlags von 1970 enthalten. Die Gründung konnte im Wege der Verschmelzung, der Errichtung einer Holding oder der Errichtung einer gemeinsamen Tochtergesellschaft erfolgen. Art. 2 sah im Gegensatz zum *Sanderschen* Vorentwurf das Mehrstaatlichkeitsprinzip vor. Die

---

17 *Sanders*, Vorentwurf eines Statuts für europäische Aktiengesellschaften, S. 10.
18 Vgl. *Sanders*, Vorentwurf eines Statuts für europäische Aktiengesellschaften, S. 20.

Gründungsgesellschaften mussten danach zwei verschiedenen Rechtsordnungen unterliegen. Eine bestehende SE konnte gemäß Art. 3 Abs. 1 mit anderen SE oder AG nationalen Rechts eine neue SE durch vorgenannte Formen gründen. Im Unterschied zu Art. 2 war bei Art. 3 kein Mehrstaatlichkeitsbezug erforderlich. Weiterhin konnte eine bestehende SE eine Tochtergesellschaft in Form einer SE gründen, Art. 3 Abs. 2. Die heute mögliche Umwandlungsgründung war aus Gründen der Rechtssicherheit und der technischen Erleichterung nicht in den Numerus Clausus aufgenommen worden.[19]

3. Der Vorschlag von 1975

Im geänderten Vorschlag der Kommission aus dem Jahre 1975 standen die Gründungsvarianten der Verschmelzung und der Holding-Gründung gemäß Art. 2 Abs. 1 weiterhin nur AG zur Verfügung. Die Errichtung von Joint Ventures war jetzt auch Gesellschaften mit Rechtspersönlichkeit einschließlich Genossenschaften und anderen juristischen Personen privaten oder öffentlichen Rechts möglich, Art. 2 Abs. 2. Das Mehrstaatlichkeitsprinzip bestand unverändert. Entsprechend erweitert wurde auch Art. 3. Eine bestehende SE konnte mit den in Art. 2 Abs. 2 genannten Gesellschaften eine gemeinsame Tochter in der Rechtform der SE gründen, Art. 3 Abs. 2. Wie im Vorschlag von 1970 findet sich in Art. 3 kein Hinweis auf das Erfordernis eines grenzüberschreitenden Tatbestandes. Auch die Regelung des Art. 3 Abs. 4 spricht dafür, dass das Mehrstaatlichkeitsprinzip bei der Beteiligung einer bestehenden SE nicht erforderlich war.[20] Unverändert konnte eine bestehende SE eine Tochtergesellschaft in Form der SE gründen, Art. 3 Abs. 3.

4. Der Vorschlag von 1989

Der neu gefasste Vorschlag der Kommission aus dem Jahr 1989 sah in Art. 2 Abs. 1 vor, dass AG eine SE nach wie vor durch Verschmelzung oder Errichtung einer Holdinggesellschaft sowie durch Errichtung einer gemeinsamen Tochtergesellschaft gründen konnten. Eine SE in Form einer gemeinsamen Tochter konnten alle Gesellschaften im Sinne des damaligen Art. 58 Abs. 2 EGV (ex Art. 48 Abs. 2 EGV, heute Art. 54 Abs. 2 AEUV) sowie sonstige Körperschaften des öffentlichen und privaten Rechts errichten, Art. 2 Abs. 2. Immer bedurfte es eines Mehrstaatlichkeitsbezugs. Voraussetzung war, dass mindestens zwei der

19   Vgl. BT-Drucks. 6/1109, S. 6.
20   Vgl. BT-Drucks. 7/3713, S. 10, 193.

Gründungsgesellschaften ihre Hauptverwaltung in verschiedenen Mitgliedstaaten haben. Die Umwandlungsgründung war aus technischen Gründen und solchen der Rechtssicherheit nicht vorgesehen.[21] Art. 3 regelte weiterhin die Gründung unter Beteiligung einer SE. Wie in den vorangehenden Vorschlägen findet sich kein Hinweis auf das Erfordernis eines Mehrstaatlichkeitsbezugs. Aufschlussreich ist insoweit Titel VIII (Art. 131, 132), welcher die Verschmelzungsfälle unter Beteiligung einer bestehenden SE aufzählt und die anzuwendenden Gründungsvorschriften benennt. Eine dieser Alternativen ist die Neugründung einer SE, Art. 131 lit. a. Die Frage, ob das Mehrstaatlichkeitsprinzip zu beachten ist, beantwortet Art. 132. Dieser verweist je nachdem, ob die beteiligten Gesellschaften ihren Sitz im gleichen oder in mehreren Staaten haben auf unterschiedliche Gründungsvorschriften. Nämlich einmal auf nationales harmonisiertes Recht und das andere Mal auf die Vorschriften des II. Titels.[22] Hieraus können zwei Schlüsse gezogen werden. Zum Ersten ist eine Verschmelzung nach rein nationalem Recht nach harmonisierten Vorschriften, welche auf der 3. RiLi[23] (Fusionsrichtlinie) beruhen, möglich.[24] Zum Zweiten ist bei der SE-Gründung unter Beteiligung einer bestehenden SE durch Verschmelzung nach Art. 131 lit. a das Mehrstaatlichkeitsprinzip keine Voraussetzung. In der Konsequenz ist dies auf alle Gründungsmöglichkeiten des Art. 3 zu übertragen. Beschränkt wurde die Tochter-Ausgründung, Art. 3 Abs. 3. Um einen Schneeballeffekt zu verhindern, konnten Tochtergesellschaften der SE selbst keine neuen Tochtergesellschaften gründen.[25]

5. Der Vorschlag von 1991

Im Vergleich zum Vorschlag von 1989 wurden die Gründungsmöglichkeiten im geänderten Vorschlag von 1991 erweitert und gelockert. So wurde die Umwandlungsgründung (Formwechsel) für AG aufgenommen und für GmbH die Holding-Gründung eröffnet. Eine AG konnte eine SE durch Verschmelzung (Art. 2 Abs. 1), durch Errichtung einer Holding-SE (Art. 2 Abs. 1 lit. a) oder eines Joint Ventures (gemeinsame Tochter-SE, Art. 2 Abs. 2) und durch Umwandlung (Formwechsel, Art. 2 Abs. 3) gründen. Einer GmbH standen die Gründung einer Holding-SE (Art. 2 Abs. 1 lit. a) und einer gemeinsamen Tochter-SE (Art. 2

---

21 Vgl. BT-Drucks. 11/5427, S. 4.
22 Vgl. BT-Drucks. 11/5427, S. 3.
23 Dritte Richtlinie des Rates vom 9. Oktober 1978 gemäß Artikel 54 Absatz 3 Buchstabe g) des Vertrages betreffend die Verschmelzung von Aktiengesellschaften (78/855/EWG), ABl. L 295 vom 20.10.1978, S. 36 ff.
24 Vgl. hierzu ausführlich S. 121.
25 Vgl. BT-Drucks. 11/5427, S. 4.

Abs. 2) offen. Außerdem stand allen Gesellschaften im Sinne des damaligen Art. 58 EGV (ex Art. 48 EGV, heute Art. 54 AEUV) sowie sonstigen Körperschaften des öffentlichen oder privaten Rechts die Gründung einer gemeinsamen Tochter-SE zur Verfügung. Im Hinblick auf das Mehrstaatlichkeitsprinzip hatten sich wesentliche Erleichterungen ergeben. So war es nicht mehr grundsätzlich erforderlich, dass die Gründungsgesellschaften ihre Sitze in unterschiedlichen Mitgliedstaaten haben müssen. Vielmehr genügte für die Gründung einer Holding-SE und einer gemeinsamen Tochter-SE, dass mindestens zwei der Gründungsgesellschaften eine Tochtergesellschaft oder eine Niederlassung in einem anderen Mitgliedstaat als dem ihrer Hauptverwaltung hatten.[26] Für die Umwandlungsgründung war ebenfalls ausreichend, wenn anstelle einer Tochtergesellschaft eine Niederlassung in einem anderen Mitgliedstaat als dem ihrer Hauptverwaltung bestand. Art. 3 regelte weiterhin die Gründung unter Beteiligung einer bestehenden SE. Sie konnte sich an der Gründung einer neuen SE in jeder Gründungsvariante beteiligen. Lediglich der Formwechsel in eine neue SE war logischerweise nicht möglich. Wiederum enthielt Art. 3 keinerlei Hinweis auf einen Mehrstaatlichkeitsbezug. Unter Beteiligung einer bestehenden SE ist ein solcher demnach keine Gründungsvoraussetzung. Gestrichen wurde die im Vorschlag von 1989 eingeführte Beschränkung, wonach Tochtergesellschaften einer SE keine Enkelgesellschaften in Form der SE gründen können. Insgesamt bleibt festzuhalten, dass der Vorschlag von 1991 in puncto Numerus Clausus und Mehrstaatlichkeitsprinzip der liberalste war.

6. Davignon-Bericht von 1997 und SE-Ratsentwurf von 1998

Die Davignon-Sachverständigengruppe war auf Drängen des Ministerrats, des Europäischen Parlaments, des Wirtschafts- und Sozialausschusses (nachfolgend „WSA") und des Europäischen Gewerkschaftsbundes eingesetzt worden.[27] Sie sollte die Mitbestimmungsproblematik erörtern und neue Vorschläge zu deren Lösung unterbreiten. Die Leitung oblag *Etienne Davignon*; selbst einst Vizepräsident der Europäischen Kommission. Ziel der Gruppe war es, die festgefahrene Diskussion wieder in Gang zu bringen. Sie legte ihren Abschlussbericht im Mai 1997 vor.

Die neuerliche Diskussion sollte nicht aufgrund einer umstrittenen Gründungsform gefährdet werden.[28] Deswegen befasste sich die Sachverständigengruppe

---

26   Vgl. BT-Drucks. 12/1004, S. 17.
27   Vgl. *Pluskat*, DStR 2001, 1483, 1484.
28   Davignon-Bericht, S. 4 Ziffer 35.

mit der Umwandlungsgründung erst gar nicht und sah diese in ihrem Abschluss-bericht[29] nicht vor. Benannt wurden die Gründungsmöglichkeiten: Verschmel-zung, Errichtung einer Holding und Errichtung einer gemeinsamen Tochter. Am Mehrstaatlichkeitsprinzip wollte die Sachverständigenkommission festhalten. Allerdings waren die Ausführungen diesbezüglich unklar. Denn wenn es im Abschlussbericht heißt, dass an der Gründung der SE „Gesellschaften in mehre-ren Ländern beteiligt" sind, ist dies ungenau.[30] Diese Formulierung deckt die Möglichkeit der Holding-Gründung des Vorschlags von 1991 nicht ab, wonach auch zwei Gesellschaften mit (Verwaltungs-)Sitz im selben Mitgliedstaat und lediglich Niederlassungen im Ausland eine SE gründen können. Gleiches gilt für die Gründung einer gemeinsamen Tochter-SE. Bei den Niederlassungen kann nicht von eigenständigen Gesellschaften gesprochen werden. Es wird also klar, dass der Bericht lediglich einer Diskussion neue Anstöße geben wollte und nicht als „juristisch ausgefeilter" Text verstanden werden konnte.[31]

Aus den Beratungen des Rates vom 18.05.1998 war ein abgeänderter SE-Entwurf hervorgegangen (nachfolgend „SE-RatsE 1998"), der aber nicht veröf-fentlicht wurde.[32] Die im Vorschlag von 1991 in Art. 3 Abs. 2 enthaltene Um-wandlungsgründung wurde gestrichen.[33] Allerdings war an eine spätere Wieder-aufnahme dieser Gründungsvariante gedacht. So sollte ein nach fünfjähriger Anwendung der VO zu erstellender Erfahrungsbericht der Kommission dazu Stellung nehmen, ob die Umwandlungsgründung ermöglicht werden sollte.[34] Aus redaktioneller Sicht hätte die Umwandlungsgründung leicht wieder in den SE-RatsE 1998 eingepasst werden können, da der entsprechende Absatz freigehalten wurde. Der heutige Art. 2 Abs. 5 war mit identischem Wortlaut bereits im SE-RatsE 1998 enthalten. Geregelt wurde die Gründungsberechtigung einer Gesell-schaft, die ihren Verwaltungssitz nicht in der Gemeinschaft hat. Es handelt sich also damals wie heute nicht um eine weitere Gründungsalternative im Rahmen des Numerus Clausus. Folglich kann die Regelung für die weiteren Überlegun-gen außer Betracht bleiben. Das Mehrstaatlichkeitsprinzip betreffend wurde nicht mehr auf den Ort der Hauptverwaltung abgestellt, sondern auf die Geltung verschiedener mitgliedstaatlicher Rechte.[35] Des Weiteren wurde für einzelne Gründungsvarianten eine „Zwei-Jahres-Frist" eingezogen. So war die Gründung

---

29 Sachverständigengruppe „European Systems of Worker Involvement" - Abschlussbe-richt; ausführlicher zum Davignon-Bericht S. 73.
30 Vgl. Davignon-Bericht, S. 4 Ziffer 34 und S. 12 Ziffer 94a.
31 Vgl. Davignon-Bericht, S. 12 Ziffer 94.
32 *Schwarz*, Europäisches Gesellschaftsrecht, S. 685 Rdnr. 1189.
33 *Schwarz*, Europäisches Gesellschaftsrecht, S. 693 Rdnr. 1196.
34 *Schwarz*, Europäisches Gesellschaftsrecht, S. 693 Rdnr. 1196.
35 *Schwarz*, Europäisches Gesellschaftsrecht, S. 691 Rdnr. 1193.

einer Holding-SE oder Tochter-SE unter Beteiligung von Tochtergesellschaften bzw. Niederlassungen nur möglich, wenn die Tochtergesellschaften bzw. die Niederlassungen seit mindestens zwei Jahren bestanden.[36] Art. 3 wurde neu gegliedert und der Titel VIII gestrichen.[37]

7.   Die Verordnung vom 8. Oktober 2001

Wie der Vorschlag von 1991 und anders als der SE-RatsE 1998 sieht die verabschiedete SE-VO die Umwandlungsgründung gemäß Art. 2 Abs. 4 vor. Im Gegensatz zum Vorschlag von 1991 ist nicht mehr ausreichend, dass die umzuwandelnde Gesellschaft eine Niederlassung in einem anderen Mitgliedstaat hat. Vielmehr ist erforderlich, dass sie seit mindestens zwei Jahren eine dem Recht eines anderen Mitgliedstaats unterliegende Tochtergesellschaft hat. Neu gefasst wurde Art. 3 der verabschiedeten SE-VO, dessen Absatz 1 die Gründungsbeteiligung einer bestehenden SE und dessen Absatz 2 die Gründung einer Tochtergesellschaft in Form einer SE regelt. Von Bedeutung ist dies im Hinblick auf das Mehrstaatlichkeitsprinzip. Im Vorschlag von 1991 waren in Art. 3 noch die einzelnen Gründungsmöglichkeiten aufgeführt, wobei das Erfordernis der Mehrstaatlichkeit nicht enthalten war. Die verabschiedete VO stellt in Art. 3 Abs. 1 SE-VO lediglich die Gründungsfähigkeit einer bestehenden SE fest und verweist hinsichtlich der Gründungsmöglichkeiten auf Art. 2 Abs. 1 bis 3 SE-VO. Für die Anwendung des Art. 2 SE-VO gilt die bestehende SE als AG ihres Sitzstaates. Daraus folgt, dass jeweils alle Voraussetzungen der einzelnen Gründungstatbestände des Art. 2 SE-VO - vor allem auch das Mehrstaatlichkeitsprinzip - erfüllt sein müssen. Insoweit konsequent ist die Streichung des Titels VIII, denn Art. 132 des Vorschlags von 1991/1989 hätte dem widersprochen.[38] Im Übrigen gelten im Wesentlichen die Gründungstatbestände des Vorschlags von 1991 ergänzt um die dargestellten Änderungen des SE-RatsE 1998.[39]

8.   Fazit

Von Caemmerer attestierte *Sanders*, dass es sachgerecht gewesen sei, in seinem Vorentwurf auf Zugangsbeschränkungen weitestgehend zu verzichten.[40] Ihm

---

36   *Schwarz*, Europäisches Gesellschaftsrecht, S. 692 Rdnr. 1193.
37   Siehe hierzu sogleich den folgenden Gliederungspunkt.
38   Vgl. hierzu soeben S. 36-37.
39   Vgl. die Darstellung der Gründungsmöglichkeiten S. 33-35.
40   *V. Caemmerer* in: Europäische Handelsgesellschaft, S. 54, 63 f.; *Sanders*, Vorentwurf eines Status für europäische Aktiengesellschaften, S. 10.

zufolge kam es zunächst darauf an, die Grundlinien eines für alle Mitgliedstaaten annehmbaren Aktienrechts zu entwerfen. Der *Sandersche* Entwurf basierte maßgeblich auf rechtsvergleichenden Überlegungen im Hinblick auf die einzelnen Aktienrechte der Mitgliedstaaten.[41] Da die einzelstaatlichen Rechte zu unterschiedlich waren, blieben viele Problembereiche übrig. Die Gründungsbeschränkungen waren die einzige Möglichkeit, politisch zu einer Lösung zu gelangen. Bereits *Sanders* deutete an, dass von der Frage des Zugangs auch der politische Wille beeinflusst wird, die vielen anderen Fragen zu lösen.[42] Auf den Punkt bringt es folgende Formel: Je beschränkter der Zugang ist, und je mehr Mitgliedstaaten mit der gefundenen Beschränkung leben können, desto größer ist die Chance, für andere Problemkreise eine Lösung zu finden. Dem Zweck der Europäischen Aktiengesellschaft entsprechend wurden die Tatbestände des Numerus Clausus formuliert und jeweils mit einem grenzüberschreitenden Element (Mehrstaatlichkeitsprinzip) versehen. Man orientierte sich an Tatbeständen, für die ein wirtschaftliches Interesse bestand. Im Verlauf der Jahrzehnte wurden Numerus Clausus und Mehrstaatlichkeitsprinzip stetig weiterentwickelt. Aufgegeben wurden beide Zugangsbeschränkungen zu keinem Zeitpunkt.

II. Konkurrenzthese

Der meist zu findende Begründungsansatz für die Zugangsbeschränkungen ist die Konkurrenzthese. Ihr zufolge sollen Numerus Clausus und Mehrstaatlichkeitsprinzip verhindern, dass zwischen der SE und nationalen Gesellschaftsformen unbeschränkte Konkurrenz besteht. Ob es sich um einen nachhaltigen Begründungsansatz handelt, bedarf einer näheren Betrachtung.

1. Überlegungen vor 1970

Zwischen 1960 und 1970 kam es zu wesentlichen Konkretisierungen, was die Idee der Schaffung einer europäischen Gesellschaftsform anbelangte. Einer Klärung bedurfte vor allem das Nebeneinander der europäischen und der nationalen Gesellschaftsformen.[43] Um Gründungsvoraussetzungen formulieren zu können, musste zunächst die rechtspolitische Frage des Anwendungsbereichs und damit des Zugangs geklärt sein.[44] Dies galt in besonderem Maße für etwaige Grün-

---

41 *Sanders*, Vorentwurf eines Statuts für europäische Aktiengesellschaften, S. 15.
42 *Sanders*, AG 1967, 344, 348.
43 *V. Caemmerer* in: Europäische Handelsgesellschaft, S. 54, 61.
44 *V. der Groeben*, AG 1967, 95, 98.

dungsbeschränkungen. Der Hauptzweck der Europäischen Aktiengesellschaft wurde in der Ermöglichung von Transaktionen auf europäischer Ebene gesehen.[45]

Frankreich und Belgien sprachen sich für einen freien Zugang aus.[46] Jede Gesellschaft sollte ohne große Schwierigkeiten oder Formalitäten Zugang zur Europäischen Aktiengesellschaft bekommen, um die Vorteile des europäischen Marktes zu nutzen. Die Wahl zwischen Europäischer Aktiengesellschaft oder nationaler AG sollte den Unternehmen in ähnlicher Weise freistehen, wie die Wahl zwischen GmbH oder AG.[47] Diese Haltung erklärt sich nach *von Caemmerer* damit, dass die Gefahr des Ausweichens in die Rechtsform der Europäischen Aktkiengesellschaft im französischen Gesellschaftsrecht nicht bestand.[48] Vereinfacht gesagt, wurde also die freie Koexistenz zwischen nationaler und Europäischer Aktiengesellschaft vorgeschlagen.

Andere Länder wie vor allem Deutschland vertraten die Ansicht, dass die neue Rechtsform den sich ihr bedienenden Gesellschaften eine privilegierte Position einräumen wird. Sie befürchteten, dass dadurch die nationalen Rechtsformen mehr oder minder verdrängt werden. Deshalb sollte die Gründung nicht möglich sein, ohne dass bestimmte Grundanforderungen in Bezug auf Größe und länderübergreifende europäische Geschäftstätigkeit erfüllt sind.[49] Diese Erwägungen fanden allerdings keinen Eingang in die VO-Vorschläge. Der Zugang sollte außerdem von „internationalen Tatbeständen" bzw. „grenzüberschreitenden Tatbeständen" abhängig gemacht werden.[50] Gedacht war dabei an Konstellationen, die bisher praktisch nicht oder nur sehr schwierig durchführbar waren; wie bspw. die internationale Fusion, die Schaffung einer internationalen Holdinggesellschaft, die Gründung einer gemeinsamen internationalen Tochtergesellschaft.[51] Gefordert wurde also ein unterschiedlicher Anwendungsbereich für die

---

45 *V. Caemmerer* in: Europäische Handelsgesellschaft, S. 54, 57 f.; *Thompson*, The Proposal for a European Company, S. 49.

46 *Wolf/Gassner*, AG 1970, 166, 167; *Thompson*, The Proposal for a European Company, S. 49; *V. Caemmerer* in: Europäische Handelsgesellschaft, S. 54, 61; *De Martini* in: Die europäische Handelsgesellschaft im Verhältnis zum deutschen und italienischen Recht, S. 47; *Sanders*, AG 1967, 344, 346.

47 *V. Caemmerer* in: Europäische Handelsgesellschaft, S. 54, 61.

48 *V. Caemmerer* in: FG Kronstein, 1967, S. 182.

49 Siehe hierzu sogleich S. 45-48.

50 *V. Caemmerer* in: Europäische Handelsgesellschaft, S. 54, 62; *Wolf/Gassner*, AG 1970, 166, 167.

51 *V. Caemmerer* in: FG Kronstein, 1967, S. 183; *Mertens* in: Die europäische Handelsgesellschaft im Verhältnis zum deutschen und italienischen Recht, S. 40; *Wolf/Gassner*, AG 1970, 166, 167.

nationale und die europäische Rechtsform. Diese Staaten, deren nationales Aktienrecht weniger liberal war als das der Europäischen Aktiengesellschaft sein sollte, fürchteten sich vor einer Gründungsflucht in die neue Rechtsform.[52]

Die Ängste waren nicht unbegründet. Eine Europäische Aktiengesellschaft hätte sich bspw. als steuerndes Unternehmen einem strengeren nationalen Konzernrecht entziehen können. Das Mindestkapital oder der für die Börsenzulassung erforderliche Betrag hätte geringer sein können als die Vorgaben für nationale AG. Die Gründungsfähigkeit natürlicher Personen hätte in Italien steuerlich zu Problemen geführt. In der Rückschau lässt sich festhalten, dass nur die Begrenzung auf eng umgrenzte Sachverhalte und grenzüberschreitende Tatbestände zu politischen Lösungen führen konnte. Zwar wurde auch ein hohes Mindestkapital als vorrangige Zugangsbeschränkung diskutiert, doch wurde dieses vielfach nicht für besonders geeignet angesehen. So schildert *von Caemmerer*, dass diejenigen Unternehmen, auf die das deutsche Aktienrecht zugeschnitten sei, durch die angepeilten Summen in keiner Weise gehindert wären, frei zu entscheiden, ob sie in die Form der Europäischen Aktiengesellschaft wechseln wollten.[53] Ein niedriges Mindestkapital hätte also zum Absterben des deutschen Aktienrechtes führen können. Ein hohes hingegen hätte Gesellschaften in anderen Ländern ausgeschlossen, für die die neue Rechtsform eigentlich gedacht war. *De Martini* umschreibt die große Angst vieler Mitgliedstaaten treffend.[54] Es müsse verhindert werden, dass sich Unternehmen der Europäischen Aktiengesellschaft bedienen, um Privilegien in Anspruch nehmen zu können und nationalen Vorschriften zu entgehen.[55] Sonst käme es zu einer Flucht aus den nationalen Rechtstypen.

2. Die VO-Vorschläge

Bereits der erste VO-Vorschlag von 1970 enthielt neben dem Numerus Clausus der Gründungsformen auch das Mehrstaatlichkeitsprinzip. Die Gefahr einer Diskriminierung nationaler Gesellschaften durch den Dualismus zwischen zwei

---

52 Vgl. *Merkt*, BB 1992, 652.
53 *V. Caemmerer* in: Europäische Handelsgesellschaft, S. 54, 62.
54 Vgl. *De Martini* in: Die europäische Handelsgesellschaft im Verhältnis zum deutschen und italienischen Recht, S. 48.
55 *Wolf/Gassner*, AG 1970, 166, 167; *Thompson*, The Proposal for a European Company, S. 49; *Hauschild* in: Europäische Handelsgesellschaft, S. 81, 86; *Geßler*, BB 1967, 381, 382; *V. Caemmerer* in: FG Kronstein, 1967, S. 180; *Mertens* in: Die europäische Handelsgesellschaft im Verhältnis zum deutschen und italienischen Recht, S. 21 f.; *De Martini* in: Die europäische Handelsgesellschaft im Verhältnis zum deutschen und italienischen Recht, S. 48.

Systemen des Gesellschaftsrechts sollte vermieden werden.[56] Über alle Verordnungsvorschläge hinweg war es herrschende Meinung, dass Numerus Clausus und Mehrstaatlichkeitsprinzip zu verhindern versuchen können, dass Gesellschaften mit innerstaatlichem Tätigkeitsbereich sich der SE bedienen, um die Anwendung zwingender nationaler Vorschriften zu vermeiden.[57]

Kritisiert wurde allerdings, dass es sich bei den Zugangsbeschränkungen um Formaltatbestände handle, die leicht umgangen werden könnten; gefordert wurden materielle Kriterien.[58] Bemängelt wurde im Rahmen der einzelnen Vorschläge zudem, dass aufgrund von Erweiterungen Umgehungsmöglichkeiten eröffnet würden.[59] Diese Kritikpunkte müssen aber immer im Hinblick auf den jeweiligen Verordnungsvorschlag gesehen werden. Auf die verabschiedete Fassung der SE-VO bezogen, wären diverse Kritikpunkte nicht mehr haltbar, weil die Umgehungsmöglichkeiten nicht mehr bestehen.

Die Konkurrenzthese kann aufgrund der rechtshistorischen Entwicklung nicht als überholt angesehen werden. Zwar gab es vor allem 1990/1991 seitens des Europäischen Parlaments Bestrebungen, auf das Mehrstaatlichkeitsprinzip zu verzichten und den Numerus Clausus um weitere Gründungstatbestände zu ergänzen, was die Konkurrenzthese konterkariert hätte.[60] Auch enthielt der Vorschlag von 1991 deutliche Erweiterungen beider Zugangsbeschränkungen.[61] Allerdings gingen diese längst nicht so weit wie angedeutete Bestrebungen des Europäischen Parlaments. Des Weiteren sind die Gründungsbeschränkungen der verabschiedeten SE-VO gegenüber dem Vorschlag von 1991 wieder enger gefasst worden. Vor allem das Mehrstaatlichkeitsprinzip wurde gestärkt. In der anwaltlichen Beratungspraxis stellen Numerus Clausus und Mehrstaatlichkeitsprinzip heute noch faktische Zugangsbeschränkungen dar.[62]

---

56 Vgl. BR-Drucks. 488/1/89, S. 4; *Bärmann*, Europäische Integration im Gesellschaftsrecht, S. 180.
57 Zum Vorschlag von 1970: *Hofmann*, Arbeitnehmermitbestimmung bei Unternehmenszusammenschlüssen, S. 186. Zum Vorschlag von 1975: *Barz/Lutter* in: Die europäische Aktiengesellschaft, S. 19; *Blaurock*, ZHR 141 (1977), 18. Zum Vorschlag von 1989: *Kolvenbach*, DB 1988, 1837, 1838. Zum Vorschlag von 1991: *Merkt*, BB 1992, 652, 655. Für das Statut von 2001: *Hommelhoff*, AG 2001, 279, 281.
58 Bereits zur frühen Diskussion im Jahre 1967: *V. Caemmerer* in: FG Kronstein, 1967, S. 183; später: *Barz/Lutter* in: Die europäische Aktiengesellschaft, S. 19; *Trojan-Limmer*, RIW 1991, 1010, 1013; *Wenz*, Die Societas Europaea (SE), S. 64.
59 Bspw. *Trojan-Limmer*, RIW 1991, 1010, 1013; *Pfister*, Europäisches Gesellschaftsrecht, S. 75.
60 Vgl. ABl. C 48 vom 25.02.1991, S. 72-75.
61 Siehe zu diesen Erweiterungen S. 36-38.
62 In der Literatur zustimmend: *Hommelhoff*, AG 2001, 279, 281.

3. Ergebnis

Die Konkurrenzthese ist als Begründung für Numerus Clausus und Mehrstaatlichkeitsprinzip bis heute tragend.

III. Exklusivitätsthese bzw. Erfordernis europaweiter Betätigung

Vermutlich *Scheifele* verwendet erstmals den Begriff „Exklusivitätsthese" für die Forderung, wonach die SE nur Unternehmen mit europäischem Aktionsradius zugänglich sein soll.[63] *Schwarz* spricht in diesem Zusammenhang vom Erfordernis „gemeinschaftsweiter Betätigung."[64] Im Folgenden wird die Begrifflichkeit „europaweite Betätigung" verwendet, die sich schon in der älteren Literatur häufig findet.[65] Ob Numerus Clausus und Mehrstaatlichkeitsprinzip mit diesem Ansatz begründbar sind, gilt es zu untersuchen.

1. Erste Überlegungen bis hin zum VO-Vorschlag von 1989

Das Erfordernis europaweiter Betätigung hängt sehr eng mit der Konkurrenzthese zusammen. In der Literatur wird nicht immer scharf zwischen beiden Ansätzen getrennt. Wie bereits ausgeführt, wurde vor 1970 überlegt, wie der Zugang zur SE beschränkt werden kann. Diesbezüglich wurde vieles in Ansatz gebracht und es kann von einer großen Gemengelage gesprochen werden. Diskutiert wurde vor allem das Erfordernis internationaler Tatbestände, ein hohes Mindestkapital bzw. das Erfordernis einer europaweiten Betätigung. Damals ging die Mehrheit davon aus, dass die neue Rechtsform ein Instrument für Großunternehmen ist. Insofern konnte das Abstellen auf eine europaweite Betätigung eine logische Zugangsbeschränkung darstellen.[66] *Geßler* hätte dieses Tatbestandsmerkmal bspw. als gegeben angesehen bei der Unterhaltung von Zweigniederlassungen

---

63 Vgl. *Scheifele*, Gründung, S. 72.
64 *Schwarz*, SE-VO, Art. 2 SE-VO Rdnr. 19.
65 Synonym fand die Bezeichnung „europäische Sachverhalte" ebenfalls oft Anwendung. Nicht zu verwechseln sind die Begriffe „internationale Sachverhalte" und „europäische Sachverhalte", die hier einen unterschiedlichen Bedeutungsgehalt haben. Synonym verwendet werden einerseits die Begrifflichkeiten „internationale Tatbestände", „grenzüberschreitende Tatbestände", „internationale Sachverhalte" für internationale Fusion, etc., andererseits „europaweite Betätigung", „europäische Sachverhalte" für das Erfordernis des Bestehens von Niederlassungen im Ausland, Beteiligungen im Ausland, etc.
66 In diese Richtung gehend *Geßler*, BB 1967, 381, 384; Vgl. auch die Darstellung bei *De Martini* in: Die europäische Handelsgesellschaft im Verhältnis zum deutschen und italienischen Recht, S. 53.

oder Betrieben in einem anderen Staat der EWG, bei der Beteiligung an anderen AG oder SE mit Sitz in einem anderen Mitgliedstaat, bei der kapitalmäßigen Abhängigkeit von einer anderen SE oder AG in einem anderen Mitgliedstaat oder bei der Zulassung der Anteile der Gesellschaft zum amtlichen Börsenhandel in mindestens zwei EWG-Staaten.[67] Die gründungswilligen Gesellschaften hätten dergestalt ein europaweites Betätigungsfeld nachweisen müssen. Andere stellten für die Zugangsbeschränkung mehr auf die „wirtschaftlichen Tatbestände" ab, für die das größte Bedürfnis bestand;[68] also die sog. „internationalen Tatbestände". Schließlich kristallisierten sich die im Vorschlag von 1970 gefundenen Zugangsbeschränkungen in Form des Numerus Clausus und des Mehrstaatlichkeitsprinzips heraus. Dabei wurde vor allem auf die internationalen Tatbestände abgestellt. Diese waren die internationale Fusion und die Errichtung einer Holding bzw. einer gemeinsamen Tochtergesellschaft. Die Gründung konnte des Weiteren nur dann erfolgen, wenn die Gründungsgesellschaften unterschiedlichen Rechtsordnungen unterlagen. Hingegen musste eine Gründungsgesellschaft keine Niederlassungen in einem anderen Mitgliedstaat haben oder auf andere Art und Weise eine europaweite Betätigung nachweisen.[69] Das Kriterium der europaweiten Betätigung hat sich also in den Vorschlägen von 1970, 1975 und 1989 nicht manifestiert. Statuiert wurden hingegen die internationalen Tatbestände.

2. Die Entwicklung vom VO-Vorschlag 1991 bis zur VO von 2001

Erst 1991 wurde von der strikten Mehrstaatlichkeit abgewichen. Bislang mussten immer zwei Gründungsgesellschaften unterschiedlichen Rechtsordnungen unterliegen. Jetzt sollte es ausreichen, wenn Tochtergesellschaften oder Niederlassungen im Ausland bei der Gründung durch zwei Gesellschaften, die derselben Rechtsordnung unterliegen, vorhanden sind. Dadurch sollte aber nicht das Erfordernis europaweiter Betätigung hinsichtlich der Gründungsgesellschaften eingeführt werden.[70] Vielmehr sollte das internationale, grenzüberschreitende Element

---

67 Vgl. *Geßler*, BB 1967, 381, 384, auf den *Sanders*, AG 1967, 344, 346 verweist.
68 *Mertens* in: Die europäische Handelsgesellschaft im Verhältnis zum deutschen und italienischen Recht, S. 40.
69 Vgl. Vorschlag von 1970, BT-Drucks. 6/1109, S. 5.
70 A.A. *Schwarz*, SE-VO, Art. 2 SE-VO Rdnr. 72 ohne darauf hinzuweisen, dass ohne dieses Erfordernis kein grenzüberschreitender Tatbestand bei der Gründung vorliegen würde.

jeder Gründung auf diese Weise gewährleistet werden.[71] Ziel der Erweiterungen war gerade die Erleichterung des Zugangs für KMUs.[72] Diese haben nicht immer die Partner im Ausland, um eine SE nach den das strikte Mehrstaatlichkeitsprinzip enthaltenden Varianten zu gründen. Ihnen wird auf diese Weise die Möglichkeit eröffnet, ihre Tätigkeit zu reorganisieren. Es handelt sich also um Erleichterungen des Zugangs und nicht um Erschwerungen.

In der Literatur wird dies bisweilen verkannt. Teilweise wird vertreten, dass das Vorhandenseinmüssen von Tochtergesellschaften oder Niederlassungen im Ausland eine Erschwerung des Zugangs für KMUs bedeute. Daher finde die Exklusivitätsthese im Mehrstaatlichkeitsprinzip ihren Niederschlag.[73] Dieser Ansicht in der Literatur ist zu widersprechen. Gewahrt werden durch das Erfordernis von Niederlassungen und Tochtergesellschaften im Ausland lediglich die internationalen, grenzüberschreitenden Tatbestände, auf welche man sich im Mehrstaatlichkeitsprinzip festgelegt hatte. Keinesfalls sollte damit eine Anforderung an die Qualität der Gründungsgesellschaft im Hinblick auf eine europäische Bedeutung eingeführt werden. In der verabschiedeten SE-VO wurden die Gründungsbeschränkungen im Vergleich zu 1991 enger gefasst. Ein zeitliches Moment wurde eingezogen. Für die Gründung einer Holding oder eine Tochter-SE ist erforderlich, dass die Gründungsgesellschaften seit mindestens zwei Jahren eine Tochtergesellschaft oder Niederlassung in einem anderen Mitgliedstaat haben. Bei der Umwandlungsgründung ist nicht mehr ausreichend, eine Niederlassung in einem anderen Mitgliedstaat zu haben. Voraussetzung ist vielmehr, dass die Gründungsgesellschaft seit mindestens zwei Jahren eine Tochtergesellschaft in einem anderen Mitgliedstaat hat. Durch die Einführung des Zweijahreserfordernisses sollte das grenzüberschreitende Moment gestärkt werden.[74] Durch Gründung von „Scheingesellschaften" hätte es sonst allzu leicht umgangen werden können. Nicht belegen lässt sich hingegen, dass die Gründungsgesellschaft(en) durch die weitere Voraussetzung eine europäische Betätigung nachweisen solle(n).[75] Vor allem kann diese These nicht durch den Hinweis auf Erwägungsgrund 1 der SE-VO begründet werden. Dieser stellt vielmehr eine Einleitung dar. Kernpunkte sind die „Verwirklichung des Binnenmarktes" und die „Reorganisation von Pro-

---

71 So auch explizit in der Begründung zu Art. 2, BT-Drucks. 12/1004, S. 2. Es ist geradezu auffällig, dass bei den Erweiterungen immer auf die Wahrung des grenzüberschreitenden Elements hingewiesen wird.

72 Vgl. ABl. C 124 vom 21.05.1990, S. 35, 37; BT-Drucks. 12/1004, S. 2.

73 Dies ist nach *Scheifele* ein denkbarer Begründungsansatz, *Scheifele*, Gründung, S. 107.

74 Vgl. *Hommelhoff*, AG 2001, 279, 281.

75 In den Gesetzesmaterialien findet sich hierzu nichts. Gleichwohl a.A. wohl *Hirte*, NZG 2002, 1, 4.

duktionsfaktoren".[76] „Dazu ist es unerlässlich, dass die Unternehmen, deren Tätigkeit sich nicht auf die Befriedigung rein örtlicher Bedürfnisse beschränkt, die Neuordnung ihrer Tätigkeiten auf Gemeinschaftsebene planen und betreiben können."[77] Es entspricht der Logik, dass diese Reorganisation nur für Unternehmen mit überörtlichem Aktionsradius interessant ist. Zugangsbeschränkungen sollen durch diese Aussage sicher nicht gerechtfertigt werden. Der Gesamtzusammenhang dieses einleitenden Erwägungsgrundes ist entscheidend.

3. Ergebnis

Die Exklusivitätsthese bzw. das Erfordernis europaweiter Betätigung kann für die Begründung der Zugangsbeschränkungen nicht herangezogen werden. Kriterien, die eine europaweite Betätigung der Gründungsgesellschaften nachweisen sollten, wurden in der Literatur immer wieder diskutiert. Sie haben in die VO-Vorschläge aber zu keinem Zeitpunkt Eingang gefunden. Es kann nicht behauptet werden, dass alle in der SE-VO zugelassenen Gründungsgesellschaften per se einen transnationalen Betätigungsbereich haben.

IV. Gebot der Firmenwahrheit

Als weiterer Begründungsansatz kommt das Gebot der Firmenwahrheit in Betracht.

1. Überlegungen vor 1970

Bereits 1967 berief sich *Geßler* auf den Grundsatz der Firmenwahrheit, um der Forderung nach Zugangsbeschränkungen Nachdruck zu verleihen.[78] *Sanders* verwies noch im gleichen Jahr diesbezüglich auf *Geßler*, welches zeigt, dass dieses Motiv Eingang in die Diskussion um die Gründungsbeschränkungen fand.[79] Wie auch heute sollte der Rechtsverkehr vor Täuschungen bewahrt werden. „Im nationalen Recht achten wir scharf darauf, dass eine Firma wahr ist, dass sie über Art und Umfang des Geschäfts nicht täuschen darf."[80] Europäische

---

76 Vgl. ABl. L 294 vom 10.11.2001, S. 2.
77 ABl. L 294 vom 10.11.2001, S. 2.
78 *Geßler*, BB 1967, 381, 382.
79 *Sanders*, AG 1967, 344, 346.
80 *Geßler*, BB 1967, 381, 382.

Handelsgesellschaft solle sich nur nennen dürfen, wer auch grenzüberschreitend tätig sei. Andere gewichtige Zeitzeugen benannten den Grundsatz der Firmenwahrheit in ihren Abhandlungen zur Zugangsproblematik nicht. Es handelt sich demnach nicht um ein zentrales Motiv.

2. Die VO-Vorschläge

In den Erwägungsgründen als auch den Begründungen der verschiedenen VO-Vorschläge finden sich keine Hinweise, die einen Zusammenhang zwischen dem Grundsatz der Firmenwahrheit und den Zugangsbeschränkungen herstellen. Zu Art. 13 des Vorschlags von 1970 heißt es lediglich, dass der Firma der Europäischen Aktiengesellschaft die Kennzeichnung „SE" hinzuzufügen ist. Die Kennzeichnung „SE" solle auf die besondere Rechtstellung der Europäischen Aktiengesellschaft hinweisen. In den Mitgliedstaaten sei diese Bezeichnung firmenrechtlich geschützt.[81] Wohl gemerkt, der firmenrechtliche Schutz bezog sich nur auf den Rechtsformzusatz. Dieser durfte nicht missbräuchlich verwendet werden; bspw. durch ein Unternehmen anderer Rechtsform. Um den Grundsatz der Firmenwahrheit hinsichtlich der Firma[82] ging es gerade nicht. Ob er über Art. 7 des VO-Vorschlags trotzdem Anwendung gefunden hätte, muss stark bezweifelt werden.[83] Im Vorschlag von 1975 wurde der rechtswidrige Gebrauch der Bezeichnung „Europäische Aktiengesellschaft" bzw. der Abkürzung „SE" unter Strafandrohung gestellt.[84] Anhand der Begründung zu Art. 8 Abs. 2 des Vorschlags von 1991 wird klar, dass die Bezeichnung „Europäische Aktiengesellschaft" insoweit als Rechtsformzusatz zu verstehen ist und lediglich der Schutz der Rechtsform bezweckt ist.[85] Diese Linie wird in Art. 11 Abs. 2 SE-VO konsequent weitergeführt. Die Vorschrift sperrt die Verwendung des Rechtsformzusatzes „SE" für Gesellschaften jedweder anderen Rechtsform.[86]

---

81 BT-Drucks. 6/1109, S. 11.
82 D.h. der eigentlichen Firmenbezeichnung.
83 Vgl. hierzu die Regelung des Art. 7 SE-VO 1970, BT-Drucks. 6/1109, S. 8.
84 BT-Drucks. 7/3713, S. 196, 191.
85 Nach der Begründung ist Art. 8 Abs. 2 an Art. 5a EWIV-VO angelehnt. Dieser lautet: „Der Gründungsvertrag muss mindestens folgende Angaben enthalten: a) den Namen der Vereinigung mit den voran- oder nachgestellten Worten „Europäische Interessenvereinigung" oder der Abkürzung „EWIV", …".
86 *Schäfer* in: MüKo, AktG, Art. 11 SE-VO Rdnr. 1.

3. Literaturmeinungen

Erst um 1990 findet man in der Literatur vermehrt die These, dass das Mehrstaatlichkeitsprinzip die Täuschung des Rechtsverkehrs verhindern solle.[87] Der Rechtsformzusatz „SE" signalisiere im Rechts- und Geschäftsverkehr ein Unternehmen, das nach Größe und Marktstellung den Anforderungen des europäischen Marktes entspreche. Das Mehrstaatlichkeitsprinzip könne den Publikumsschutz aber bloß in ganz formaler und deshalb höchst ineffektiver Weise schützen. Gefordert wurden materielle Kriterien, welche aber keinen Eingang in die SE-VO fanden. Die Stellungnahmen hängen wohl vor allem mit dem sehr liberalen VO-Vorschlag von 1991 zusammen, in dem das strikte Mehrstaatlichkeitsprinzip aufgegeben wurde. Einerseits befürworten die Autoren die Lockerung des Zugangs (Aufgabe des strikten Mehrstaatlichkeitsprinzips) und fordern eine weitere Öffnung des Zugangs bis hin zu rein innerstaatlichen Gründungen, andererseits wird das Mehrstaatlichkeitsprinzip nicht als geeignet angesehen, den Firmenschutz zu gewährleisten. Keiner der Autoren belegt oder begründet die These, dass die Zugangsbeschränkungen dem Gebot der Firmenwahrheit dienen. Ein Verweis auf offizielle Verhandlungen oder Dokumente lässt sich nicht ausmachen. Dies erstaunt einerseits, da besagter Begründungsstrang früher nicht stark vertreten wurde und somit nicht als allseits anerkannt vorausgesetzt werden kann. Andererseits verwundert es auch nicht, da die VO-Vorschläge, wie soeben gezeigt, keinerlei Bestärkung der These erlauben. Nach der Verabschiedung der SE-VO verweisen *Casper*, *Oechsler* und *Schröder* explizit auf den Grundsatz der Firmenwahrheit.[88] Als Belege werden überwiegend die Autoren der Diskussion um 1990 bzw. *Geßler* angeführt.

4. Stellungnahme

Der These fehlt es letztlich an einem Beleg in den Gesetzesmaterialien bzw. seitens von Verhandlungsteilnehmern für den Zeitraum nach 1970. Sie kann aber auch inhaltlich nicht überzeugen. Der Rechtsformzusatz „SE" gibt dem Publikum nicht den Hinweis, dass das Unternehmen in ganz Europa Standorte hat bzw. tätig ist. Mit der Rechtsform wird nichts über den Umfang des Unternehmens ausgesagt. Bereits *Kallmeyer* betonte, dass nach der Verkehrsauffassung nicht der Rechtsformzusatz das Unternehmen beschreibt, sondern dies der ei-

---

87 Vgl. *Hommelhoff*, AG 1990, 422, 423; *Trojan-Limmer*, RIW 1991, 1010, 1013; *Wenz*, Die Societas Europaea (SE), S. 64; *Merkt*, BB 1992, 652, 655.
88 *Casper* in: Spindler/Stilz, AktG, Art. 2, 3 SE-VO Rdnr. 3; *Oechler* in: MüKo, AktG, Art. 2 SE-VO Rdnr. 6; *Schröder* in: Manz/Mayer/Schröder, Art. 2 SE-VO Rdnr. 42.

gentlichen Firma vorbehalten ist.[89] Der Rechtsformzusatz „SE" ist folglich nicht vergleichbar mit den sonstigen Firmenzusätzen „Europa", „europäisch" und „Euro".[90] Soweit das Mehrstaatlichkeitsprinzip mit dem Grundsatz der Firmenwahrheit begründet wird, vermag dieser Ansatz nicht zu überzeugen.

5. Ergebnis

Der Grundsatz der Firmenwahrheit kann für die Begründung von Numerus Clausus und Mehrstaatlichkeitsprinzip nicht herangezogen werden.

V. Unternehmensgröße

1. Literaturmeinungen

Hommelhoff überlegt, ob sich aus dem 13. Erwägungsgrund der SE-VO ein möglicher Begründungsansatz für den Numerus Clausus ergibt. „Nur schwach klingt die mögliche Überlegung an, die SE allein Gesellschaften einer bestimmten Mindestgröße zu eröffnen."[91] *Oechsler* greift diese Überlegung auf, führt sie aber nicht weiter.[92] *Hommelhoffs* Gedanke ist aufgrund seines viel beachteten Aufsatzes in der jüngeren Literatur bisweilen aufgenommen worden. Er selbst hat seine Überlegung allerdings sogleich wieder verworfen.

2. Stellungnahme

Ob die Überlegung, dass nur große Unternehmen Zugang zur SE haben sollten früher ein Grund zur Einführung des Numerus Clausus war, kann dahinstehen. Heute ist es jedenfalls nicht dessen Sinn und Zweck, kleine Unternehmen vom Statut auszuschließen. Es kommt vielmehr eindeutig zum Ausdruck, dass das Statut kleinen und mittleren Gesellschaften offen stehen soll. So wird in Erwägungsgrund 13 der SE-VO gerade darauf abgehoben, dass auch kleine und mitt-

---

89   *Kallmeyer*, AG 1990, 527, 528.
90   Abgesehen davon gehen die Verkehrskreise bereits seit Mitte der neunziger Jahre zunehmend davon aus, dass durch „Euro" etc. nicht mehr als ein europäischer Bezug gemeint zu sein braucht. Vgl. nur *Bokelmann* in MüKo, HGB, 1. Aufl. 1996, § 18 HGB Rdnr. 109 ff.
91   *Hommelhoff*, AG 2001, 279, 280.
92   *Oechsler* in: MüKo, AktG, Art. 2 SE-VO Rdnr. 2.

lere Unternehmen Zugang zur neuen Rechtsform haben sollen.[93] Gewicht gewinnt die Nennung der kleinen Unternehmen dadurch, dass noch im VO-Vorschlag von 1975 nur von mittleren Unternehmen die Rede war.[94] Auch in diversen anderen offiziellen Dokumenten wird die Zugangsmöglichkeit kleiner Unternehmen betont.[95] So werden die Erweiterungen der Gründungsmöglichkeiten im VO-Vorschlag von 1991 damit begründet, dass KMUs ihre Tätigkeiten reorganisieren können sollen.[96] Ob die SE für KMUs tatsächlich von Interesse ist, entscheidet sich nicht an der Frage des Numerus Clausus. Zwar mag auch eine u.U. erforderliche Umwandlung in eine AG Zeit und Geld in Anspruch nehmen. Tatsächlich wird die Entscheidung über die Umstrukturierung aber daran festgemacht werden, ob die rechtliche Ausgestaltung der SE und betriebswirtschaftliche Aspekte zu Vorteilen führen.

3. Ergebnis

Es ist nicht Sinn und Zweck der Zugangsbeschränkungen, kleine und mittlere Unternehmen vom SE-Statut auszuschließen.

VI. Subsidiaritätsaspekte

Fraglich ist, ob Subsidiaritätsaspekte das Mehrstaatlichkeitsprinzip und den Numerus Clausus voraussetzen. Ist dies der Fall, können beide Prinzipien hiermit begründet werden.

1. Gang der Darstellung

Die folgende Darstellung orientiert sich am Mehrstaatlichkeitsprinzip, für den Numerus Clausus gilt das Ergebnis entsprechend. Zunächst wird eine Einführung mit Blick auf die Gesetzesmaterialien zur SE gegeben. Für die weitere Untersuchung ist es erforderlich, sich danach mit der Verortung der Subsidiaritätsaspekte zu befassen. Da diesbezüglich vieles streitig ist, wird die anschließende Prüfung auf alle Verortungsansätze erstreckt. Dadurch soll die Akzeptanz des Ergebnis-

---

93   Vgl. Erwägungsgrund 13 der SE-VO, ABl. L 294 vom 10.11.2001, S. 3.
94   Vgl. BT-Drucks. 7/3713, S. 5.
95   Vgl. ABl. C 124 vom 21.05.1990, S. 35, 37; ABl. C 129 vom 27.04.1998, S. 2.
96   BT-Drucks. 12/1004, S. 2.

ses erhöht werden.[97] Abzustellen ist zunächst auf die Rechtslage zum Zeitpunkt der Verabschiedung des SE-Statuts. Das gefundene Ergebnis wird zuletzt auch im Lichte des Vertrages von Lissabon bewertet.

2. Einleitung und Gesetzesmaterialien

Als Subsidiaritätsaspekte werden im Rahmen dieser Arbeit solche Gesichtspunkte bezeichnet, welche die Literatur für die Beurteilung der Zulässigkeit von gemeinschaftsrechtlichen Gesetzgebungsmaßnahmen heranzieht. Zu nennen sind das Tatbestandsmerkmal der Erforderlichkeit des damaligen Art. 235 EGV (ex Art. 308 EGV, heute Art. 352 AEUV) und Art. 5 EUV (ex Art. 5 EGV). Dieser enthält den Grundsatz der Einzelermächtigung (Art. 5 Abs. 2 EUV, ex Art. 5 Abs. 1 EGV), das Subsidiaritätsprinzip (Art. 5 Abs. 3 EUV, ex Art. 5 Abs. 2 EGV) und den Verhältnismäßigkeitsgrundsatz (Art. 5 Abs. 4 EUV, ex Art. 5 Abs. 3 EGV).

Die Einführung der SE betreffend war Mitte 1960 noch an einen Staatsvertrag gedacht worden. Alternativ wurden eine „loi uniforme" oder eine unmittelbar staatsvertragliche Regelung diskutiert. Bei diesen Überlegungen spielten Subsidiaritätsgesichtspunkte keine Rolle.[98] Der *Sandersche* Vorentwurf aus dem Jahre 1967 setzte keine grenzüberschreitenden Tatbestände voraus. Bereits der erste Kommissionsvorschlag aus dem Jahre 1970 wurde auf den damaligen Art. 235 EGV (ex Art. 308 EGV, heute Art. 352 AEUV) gestützt.[99] Den Gesetzesmaterialien lassen sich keine Ausführungen zu Subsidiaritätsaspekten entnehmen. Dabei war das Mehrstaatlichkeitsprinzip im VO-Vorschlag von 1970 bereits verankert. Nun kann an dieser Stelle nicht der Einwand Platz greifen, dass das Subsidiaritätsprinzip und der Verhältnismäßigkeitsgrundsatz erst 1992 durch den Vertrag von Maastricht in Art. 3b EGV (ex Art. 5 EGV, heute Art. 5 EUV) ausdrücklich

---

97 So wird bspw. der Tatbestand des ex Art. 5 Abs. 2 EGV (heute Art. 5 Abs. 3 EUV) geprüft, obwohl dies nach Ansicht des Verfassers für die Rechtslage vor Inkrafttreten des Vertrags von Lissabon nicht erforderlich ist. Vgl. hierzu den nächsten Gliederungspunkt.

98 Vgl. *V. Caemmerer* in: Europäische Handelsgesellschaft, S. 54, 64; *Sanders*, AG 1967, 344.

99 Die umstrittene Frage, ob die Rechtsgrundlage des damaligen Art. 235 EGV (ex Art. 308 EGV, heute Art. 352 AEUV) einen grenzüberschreitenden Sachverhalt voraussetzt, kann an dieser Stelle nicht vertieft werden. Vgl. hierzu S. 59 und *Scheifele*, Gründung, S. 108, 113 ff. Dem ist jedenfalls nicht so. Und selbst wenn man einen grenzüberschreitenden Charakter der Maßnahme fordert, ist dieser bei der Schaffung einer supranationalen Gesellschaft per se gegeben. Die Frage stammt aus einer Zeit, in der das Subsidiaritätsprinzip noch nicht explizit im EG-Vertrag festgeschrieben war. Subsidiaritätsaspekte wurden daher regelmäßig im Rahmen der Ermächtigungsgrundlage geprüft.

verankert wurde. Denn nach ganz allgemeiner Meinung waren besagte Prinzipien als allgemeine Grundsätze bereits in den Römischen Verträgen implizit enthalten.[100] So gesehen macht der für alle Organe der EU verbindliche Art. 3b EGV (ex Art. 5 EGV, heute Art. 5 EUV) nur bereits vorhandene Grundsätze des Vertrages explizit, die die Zuweisung und Ausübung der Kompetenzen in der Gemeinschaft schon bisher bestimmten. Auch lässt sich nicht einwenden, dass Überlegungen zur Subsidiarität im Rahmen der Begründungspflicht des europäischen Gesetzgebers erst seit der Einführung des Art. 3b EGV (ex. Art. 5 EGV, heute Art. 5 EUV) angestellt werden müssen. Vielmehr hätten Rückschlüsse mit großer Wahrscheinlichkeit anhand der Begründungen der damaligen VO-Vorschläge betreffend die Ermächtigungsgrundlage gezogen werden können. Im Rahmen des Tatbestandsmerkmals der „Erforderlichkeit" wurde vor 1992 mehrfach auf Subsidiaritätsaspekte eingegangen. Betrachtet man besonders die Erwägungsgründe der VO-Vorschläge 1970 und 1975, lassen sich die erhofften Hinweise nicht finden.

Nicht im Hinblick auf die SE, sondern im Allgemeinen wurde in den 90er Jahren seitens der Politik, Wissenschaft und Öffentlichkeit über den Subsidiaritätsgedanken diskutiert. Es bestand die Ansicht, dass die EU zunehmend Kompetenzen der Mitgliedstaaten an sich zog. Dem sollte Einhalt geboten werden. Am Ende dieser Entwicklung stand die bereits erwähnte Verankerung des Subsidiaritätsprinzips und des Verhältnismäßigkeitsgrundsatzes in Art. 3b EGV (ex Art. 5 EGV, heute Art. 5 EUV). Gleichwohl lässt sich den Gesetzesmaterialien der VO-Vorschläge von 1989 und 1991 kein Hinweis entnehmen, dass das Mehrstaatlichkeitsprinzip nun auch dem Subsidiaritätsprinzip oder dem Verhältnismäßigkeitsgrundsatz Rechnung tragen soll.

Die SE-VO selbst nimmt zur Subsidiarität nur im 29. Erwägungsgrund Stellung. Die erforderlichen Schlagworte der vom Gesetzgeber vorzunehmenden Subsidiaritätsprüfung werden formelhaft abgearbeitet. Ein Rückschluss auf das Mehrstaatlichkeitsprinzip kann aus dem Text nicht gezogen werden.[101]

---

100 *Gutknecht* in: FS Schambeck, 1994, S. 921, 928; *Giscard d'Estaing* Bericht, abgedruckt als Anh. 1 bei: *Merten*, Die Subsidiarität Europas, S. 100 f.; Mitteilung der Kommission an den Rat und an das Europäische Parlament betr. das Subsidiaritätsprinzip, abgedruckt als Anh. 2 bei: *Merten*, Die Subsidiarität Europas, S. 116; *Kahl*, Juristische Blätter, 1999, 701, 702 f.; Punkt 2 der Entschließung der Teilnehmer der Konferenz „Europa der Regionen", abgedruckt bei: *Knemeyer*, ZRP 1990, 173, 174.
101 Vgl. Erwägungsgrund 29 der SE-VO, ABl. L 294 vom 10.11.2001, S. 5. Der Halbsatz „weil es darum geht, die SE auf europäischer Ebene zu errichten" lässt nicht erkennen, dass dies einen grenzüberschreitenden Sachverhalt voraussetzt.

3. Verortung der Subsidiaritätsaspekte/Meinungsstreitigkeiten

In der Literatur wird das Mehrstaatlichkeitsprinzip der SE teilweise mit dem „Subsidiaritätsprinzip des Art. 5 EG[V]" (heute Art. 5 EUV) begründet.[102] Unklar ist dabei bereits, ob damit der gesamte ex Art. 5 EGV (heute Art. 5 EUV) gemeint ist, welcher den Grundsatz der Einzelermächtigung (ex Art. 5 Abs. 1 EGV, heute Art. 5 Abs. 2 EUV), das eigentliche Subsidiaritätsprinzip (ex Art. 5 Abs. 2 EGV, heute Art. 5 Abs. 3 EUV) und den Grundsatz der Verhältnismäßigkeit (ex Art. 5 Abs. 3 EGV, heute Art. 5 Abs. 4 EUV) umfasst oder nur das Subsidiaritätsprinzip im engeren Sinne[103] (ex Art. 5 Abs. 2 EGV, heute Art. 5 Abs. 3 EUV).

Andere Stimmen in der Literatur vertreten die Ansicht, dass die Gemeinschaftskompetenz ein „transnationales Element" voraussetze.[104] Schon bei der Europäischen wirtschaftlichen Interessenvereinigung (EWIV)[105] wurde das Mehrstaatlichkeitsprinzip für erforderlich gehalten, um zu einer „Gemeinschaftskompetenz" zu kommen.[106] Der Subsidiaritätsaspekt wurde im Rahmen der Ermächtigungsgrundlage des damaligen Art. 235 EGV (ex Art. 308 EGV, heute Art. 352 AEUV) unter dem Tatbestandsmerkmal der „Erforderlichkeit" geprüft.

Der Kommissionsvorschlag zur Europäischen Privatgesellschaft (SPE)[107] hingegen enthält kein Mehrstaatlichkeitsprinzip. In der Literatur wurde und wird aber bezweifelt, ob auf das Mehrstaatlichkeitsprinzip aufgrund des „Subsidiaritätsprinzips" bzw. der „Gemeinschaftskompetenz" verzichtet werden kann.[108] Dabei wird nicht immer sauber differenziert, ob das Mehrstaatlichkeitsprinzip bereits aufgrund der Ermächtigungsgrundlage des ex Art. 308 EGV (heute Art. 352 AEUV) oder nur aufgrund ex Art. 5 EGV (heute Art. 5 EUV), erforderlich sein

---

102 *Hommelhoff*, AG 2001, 279, 281; *Hirte*, NZG 2002, 1, 4; *ders.*, DStR, 2005, 653, 655.

103 Vgl. *Calliess* in: Callies/Ruffert, EUV/EGV, Art. 5 EGV Rdnr. 3.

104 *Blanquet*, ZGR 2002, 20, 44.

105 Verordnung (EWG) Nr. 2137/85 des Rates vom 25. Juli 1985 über die Schaffung einer Europäischen wirtschaftlichen Interessenvereinigung (EWIV), ABl. L 199 vom 31.07.1985, S. 1 ff.

106 *Gleichmann*, ZHR 149 (1985), 633, 640; *Ganske*, EWIV, 1988, S. 34; *Meyer-Landrut*, EWIV, 1988, S. 127; nach Festschreibung des Subsidiaritätsprinzips undifferenziert: *Lentner*, EWIV, S. 61.

107 Vorschlag für eine Verordnung des Rates über das Statut der Europäischen Privatgesellschaft, KOM (2008) 396, abrufbar unter: www.ec.europa.eu/internal_market/company/docs/epc/proposal_de.pdf (Stand: 15.03.2010).

108 *Wicke*, GmbHR 2006, 365, 358; *Dejmek*, NZG 2001, 878, 879; *Bachmann*, ZGR 2001, 352, 373; im Gegensatz zu heute: *Hommelhoff/Helms*, GmbHR 1999, 53, 57; *Helms*, Europäische Privatgesellschaft, S. 212 f.; *Hommelhoff*, WM 1997, 2101, 2106.

soll.[109] Dies wiederum hängt auch damit zusammen, ob man das Subsidiaritäts-prinzip im Rahmen der Ermächtigungsgrundlage des ex Art. 308 EGV (heute Art. 352 AEUV) prüft oder eigenständig, nachdem die Erforderlichkeit der Er-mächtigungsgrundlage festgestellt wurde. Hier ist vieles streitig. Nach einer Ansicht wird der Subsidiaritätsaspekt bereits beim Tatbestandsmerkmal der Erforderlichkeit im Rahmen der Ermächtigungsgrundlage geprüft. Dem angenä-hert wird vertreten, ex Art. 5 EGV (heute Art. 5 EUV) habe die Auslegung der Erforderlichkeit im Sinne des ex Art. 308 EGV (heute Art. 352 AEUV) maßgeb-lich zu bestimmen.[110] Die Folge wäre, dass ex Art. 5 EGV (heute Art. 5 EUV) keinen großen eigenständigen Gehalt mehr hätte.[111] Nach anderer Ansicht ist die Erforderlichkeit im Sinne von ex Art. 308 EGV (heute Art. 352 AEUV) streng von den Anforderungen des Subsidiaritätsprinzips nach ex Art. 5 Abs. 2 EGV (heute Art. 5 Abs. 3 EUV) zu trennen.[112] Erst wenn die Kompetenz begründende Erforderlichkeit für ein Tätigwerden der Gemeinschaft vorliege, sei die Aus-übung dieser Kompetenz an ex Art. 5 Abs. 2 EGV (heute Art. 5 Abs. 3 EUV) zu messen. Letztere Auffassung verdient den Vorzug, da der Erforderlichkeit des ex Art. 308 EGV (heute Art. 352 AEUV) ein anderer Maßstab immanent ist als den Kriterien des ex Art. 5 Abs. 2 EGV (heute Art. 5 Abs. 3 EUV).[113]

Als Begründung für das Mehrstaatlichkeitsprinzip kann insbesondere ex Art. 5 Abs. 2 EGV (heute Art. 5 Abs. 3 EUV) allerdings nur dann herangezogen wer-den, wenn das Subsidiaritätsprinzip im engeren Sinne überhaupt Anwendung findet. Voraussetzung dafür ist, dass keine ausschließliche Zuständigkeit der Gemeinschaft vorliegt.[114] Genau dies wird in der Literatur für die Schaffung supranationaler Gesellschaftsformen bislang aber teilweise bejaht. Es bestehe hier eine ausschließliche Zuständigkeit der Gemeinschaft mit der Folge, dass ex Art. 5 Abs. 2 EGV (heute Art. 5 Abs. 3 EUV) nicht anwendbar sei.[115] Folgt man dieser Ansicht, kann das Mehrstaatlichkeitsprinzip nicht mit dem in ex Art. 5 Abs. 2 EGV (heute Art. 5 Abs. 3 EUV) statuierten Subsidiaritätsprinzip im enge-ren Sinne begründet werden. Nach Ansicht des Verfassers war vor Inkrafttreten des Reformvertrages von Lissabon für Vereinheitlichungsmaßnahmen in Gestalt

---

109 Vgl. *Bachmann*, ZGR 2001, 351, 373 („europarechtliche Kompetenz") und *Fischer*, ZEuP 2004, 736, 742 („Subsidiaritätsprinzip"), der in FN. 36 auf *Bachmann* verweist.
110 *Calliess*, Subsidiaritäts- und Solidaritätsprinzip in der Europäischen Union, S. 129.
111 *Grundmann*, Europäisches Gesellschaftsrecht, § 4 Rdnr. 100.
112 *Rossi* in: Callies/Ruffert, EUV/EGV, Art. 308 EGV Rdnr. 59; *Schwartz* in: Von der Groeben/Schwarze, EUV/EGV, Art. 308 EGV Rdnr. 39.
113 Vgl. *Rossi* in: Callies/Ruffert, EUV/EGV, Art. 308 EGV Rdnr. 59 m.w.N.; *Molsberger*, Das Subsidiaritätsprinzip, S. 30 ff.
114 *Albin*, NVwZ 2006, 629, 630.
115 *Behrens* in: FS Mestmäcker, 1996, S. 831, 837; ihm folgend: *Scheifele*, Gründung, S. 114; a.A. *Schön*, ZGR 1995, 1, 37.

supranationaler Gesellschaftsformen von einer ausschließlichen Zuständigkeit auszugehen, da diese realistischerweise nur durch den Gemeinschaftsgesetzgeber geschaffen werden können.[116] Ob dieser Standpunkt nach Inkrafttreten des Vertrages von Lissabon aufrechterhalten werden kann, erscheint aufgrund des abschließenden Charakters von Art. 3 Abs. 1 AEUV, welcher die Sachbereiche ausschließlicher Zuständigkeit benennt, fraglich.[117] Für eine Anwendbarkeit des Art. 5 Abs. 3 EUV (ex Art. 5 Abs. 2 EGV) spricht jedenfalls Art. 352 Abs. 2 AEUV, welcher gegenüber der Vorgängervorschrift des ex Art. 308 EGV eine Neuerung darstellt.

Einen weiteren Subsidiaritätsaspekt stellt der Grundsatz der Verhältnismäßigkeit dar, welcher in ex Art. 5 Abs. 3 EGV (heute Art. 5 Abs. 4 EUV) verankert ist. Dieser ist sowohl bei ausschließlicher als auch bei geteilter Zuständigkeit stets zu prüfen.[118]

Im Ergebnis zeigen die Ausführungen, dass die Verortung sehr unterschiedlich vorgenommen wird.

4. Prüfung der Subsidiaritätsaspekte unter den rechtlichen Gegebenheiten zum Zeitpunkt der Verabschiedung des SE-Status

Im Folgenden erfolgt zunächst eine kursorische Prüfung der Ermächtigungsgrundlage des ex Art. 308 EGV (heute Art. 352 AEUV).[119] Sodann wird geprüft, ob ex Art. 5 Abs. 2 EGV (heute Art. 5 Abs. 3 EUV) einer SE-VO ohne Mehrstaatlichkeitsprinzip entgegensteht. Gestattet ex Art. 5 Abs. 2 EGV (heute Art. 5 Abs. 3 EUV), dass die Gemeinschaft handeln darf, gibt das in ex Art. 5 Abs. 3 EGV (heute Art. 5 Abs. 4 EUV) normierte Verhältnismäßigkeitsprinzip der Gemeinschaft vor, wie sie handeln darf.[120]

---

116 So auch *Schwarz*, Europäisches Gesellschaftsrecht, S. 18 Rdnr. 23; *Scheifele*, Gründung, S. 114; *Kretschmer*, Die Europäische Privatgesellschaft, S. 61; *Behrens* in: FS Mestmäcker, 1996, S. 831, 837; mit ausführlicher Begründung *Helms*, Europäische Privatgesellschaft, S. 52 ff.

117 Vgl. auch *Herrmann/Kruis* in: Der Vertrag von Lissabon zur Reform der EU, § 11, S. 107.

118 Vertiefend hierzu *Molsberger*, S. 150 ff.

119 Wird die Befugnis nach ex Art. 308 EGV bejaht, erwächst durch ex Art. 5 Abs. 1 EGV kein zusätzliches Kompetenzproblem, vgl. *Müller-Graff* in: Neue Wege in die Europäische Privatgesellschaft, S. 306 f.

120 *Rossi* in: Callies/Ruffert, EUV/EGV, Art. 308 EGV Rdnr. 88.

a. Gemeinschaftskompetenz nach ex Art. 308 EGV bei Verzicht auf das Mehrstaatlichkeitsprinzip

Um eine Gemeinschaftskompetenz annehmen zu können, müssen vier Tatbestandsmerkmale erfüllt sein: Zur Verwirklichung eines der Ziele der Gemeinschaft (aa.) muss im Rahmen des gemeinsamen Marktes (bb.) ein Tätigwerden erforderlich erscheinen (cc.), ohne dass die hierfür erforderlichen Befugnisse im Vertrag vorgesehen sind (dd.).

aa. Ziel der Gemeinschaft

Zunächst muss Kongruenz zwischen dem durch die SE-VO angestrebten Ziel und einem Gemeinschaftsziel bestehen.[121] Hauptziel ist die Verwirklichung des Binnenmarktes durch „gemeinschaftsweite Reorganisation der Produktionsfaktoren".[122] Dieses Ziel entspricht den Zielen, die bspw. in der damaligen Präambel (u.a. „… wirtschaftlichen und sozialen Fortschritt …"), ex Art. 2 EGV (u.a. „… Errichtung eines gemeinsamen Marktes …"), ex Art. 3 EGV (u.a. „… eines Binnenmarktes …") und ex Art. 4 EGV statuiert waren.[123]

bb. „Im Rahmen des gemeinsamen Marktes"

„Im Rahmen des gemeinsamen Marktes" kann auch als „im Einklang mit den Regeln des gemeinsamen Marktes" gelesen werden.[124] Das Tatbestandsmerkmal stellt eine Schranke dar, die den Gemeinsamen Markt in seinem Kerngehalt vor Beeinträchtigungen durch Maßnahmen der Gemeinschaftsorgane schützt.[125] Die Maßnahme muss sich harmonisch „in das Funktionieren" und „in den Wirkungsablauf" des Gemeinsamen Marktes nach den Regeln des Vertrages einfügen.[126] Erlaubt sind nur systemkonforme Maßnahmen. Insofern bestehen im Hinblick auf die SE-VO auch ohne ein Mehrstaatlichkeitsprinzip keine Bedenken.

---

121 *Schwartz* in: Von der Groeben/Schwarze, EUV/EGV, Art. 308 EGV Rdnr. 83.
122 Vgl. Erwägungsgrund 1 der SE-VO.
123 Die Formulierung „… wirtschaftlichen und sozialen Fortschritt …" findet sich auch in der Präambel des Vertrags von Lissabon wieder. Die Errichtung des Binnenmarktes wird in Art. 26 AEUV als Ziel benannt.
124 *Schwartz* in: Von der Groeben/Schwarze, EUV/EGV, Art. 308 EGV Rdnr. 167.
125 *Rossi* in: Callies/Ruffert, EUV/EGV, Art. 308 EGV Rdnr. 43.
126 Vgl. *Schwartz* in: Von der Groeben/Schwarze, EUV/EGV, Art. 308 EGV Rdnr. 167.

cc. Erforderlichkeit des Tätigwerdens der Gemeinschaft

Ein wichtiges Tatbestandsmerkmal ist die Erforderlichkeit. Diese soll nach der Literatur bei einer Diskrepanz zwischen einem Ziel der Gemeinschaft und seiner Verwirklichung bestehen.[127] Einschränkend ist dabei ein Tätigwerden der Gemeinschaft um so erforderlicher, je größer die Diskrepanz zwischen einem Ziel und seiner Verwirklichung ist und je länger diese Diskrepanz andauert. Die grenzüberschreitende Konzentration und Fusion bzw. Reorganisation bestehender Unternehmen der Gemeinschaft war nur eingeschränkt möglich. Zu Recht weisen die Erwägungsgründe der SE-VO auf rechtliche, steuerliche und psychologische Schwierigkeiten hin. Die durch Richtlinien erreichten Angleichungen waren nicht ausreichend, den für die Verwirklichung eines gemeinsamen Marktes benötigten wirtschaftlichen Rahmen zu schaffen. So konnte man sich außerhalb der SE-VO über Jahrzehnte hinweg nicht über eine grenzüberschreitende Sitzverlegung oder grenzüberschreitende Fusion verständigen.

Anzuführen ist insofern auch die Entscheidung des EuGH über die Europäische Genossenschaft (SCE)[128].[129] Der EuGH sah ex Art. 308 EGV (heute Art. 352 AEUV) als einschlägige Ermächtigungsgrundlage an, da die SCE-VO das Ziel bezwecke, eine die nationalen Rechte überlagernde Rechtsform zu schaffen und nicht die nationalen Rechte anzugleichen. Die Entscheidung erwähnt mit keinem Wort das Erfordernis eines Mehrstaatlichkeitsprinzips, um auf ex Art. 308 EGV (heute Art. 352 AEUV) als Ermächtigungsgrundlage zurückgreifen zu können. Per se ist den Gemeinschaftsorganen ein „sehr weiter" Beurteilungsspielraum zuzubilligen, da das Tätigwerden der Gemeinschaft nicht erforderlich sein, sondern nur erforderlich erscheinen muss.[130]

Entscheidend ist des Weiteren, ob die Erforderlichkeit entfällt, wenn die Mitgliedstaaten das Gemeinschaftsziel zwar nicht einzeln, wohl aber gemeinsam durch Übereinkunft verwirklichen können oder durch autonome, parallele Maßnahmen. Ohne hierauf vertieft eingehen zu können, ist unzweifelhaft, dass es zu solchen nie gekommen war und auch heute bei derzeit 27 Mitgliedstaaten realistischerweise kaum kommen würde. Außerdem bliebe kein Anwendungsfall für

---

127 Vgl. *Rossi* in: Callies/Ruffert, EUV/EGV, Art. 308 EGV Rdnr. 44; *Schwartz* in: Von der Groeben/Schwarze, EUV/EGV, Art. 308 EGV Rdnr. 174.

128 Verordnung (EG) Nr. 1435/2003 des Rates vom 22. Juli 2003 über das Statut der Europäischen Genossenschaft (SCE), ABl. L 207 vom 18.08.2003, S. 1 ff.

129 EuGH, Urt. vom 02.05.2006 - C-436/03, Slg. 2006, I-3733 ff. -, abgedruckt in: EUZW 2006, 380 ff.

130 Vgl. *Rossi* in: Callies/Ruffert, EUV/EGV, Art. 308 EGV Rdnr. 46; *Schwartz* in: Von der Groeben/Schwarze, EUV/EGV, Art. 308 EGV Rdnr. 172.

ex Art. 308 EGV übrig, wenn die Erforderlichkeit eines Tätigwerdens der Gemeinschaft davon abhängt, dass das Ziel nicht im Wege bspw. einer völkerrechtlichen Übereinkunft verwirklicht werden kann.[131]

Nicht außer Acht zu lassen ist ein weiterer Punkt. Die SPE ist nach dem Vorschlag der Kommission auf ex Art. 308 EGV (heute Art. 352 AEUV) gestützt und auf ein Mehrstaatlichkeitsprinzip wird verzichtet. Auch dies spricht für die Annahme, dass das Mehrstaatlichkeitsprinzip für das Tatbestandsmerkmal der Erforderlichkeit im Rahmen des ex Art. 308 EGV (heute Art. 352 AEUV) nicht relevant ist. Zwar wird in der Literatur teilweise behauptet, die Voraussetzung der Erforderlichkeit begrenze die Gemeinschaftskompetenz auf das zur Zielverwirklichung unbedingt erforderliche Maß.[132] Da es ohne Mehrstaatlichkeitsprinzip aufgrund des verbleibenden SE-Statuts leichter zu einem Aussterben der nationalen Gesellschaftsformen kommen könnte, wäre eine genauere Befassung angezeigt. Allerdings ist dieser Ansicht nicht zu folgen, da ex Art. 5 Abs. 3 EGV (heute Art. 5 Abs. 4 EUV) dann keine eigenständige Bedeutung zukäme. Sie setzt schon der Kompetenzbegründung eine Grenze, die bei teleologischer Auslegung der Norm erst für die Kompetenzausübung gelten kann.[133]

dd. Fehlen der erforderlichen Befugnisse in anderen Vertragsbestimmungen

Letztes Tatbestandsmerkmal ist die Innensubsidiarität. Ex Art. 308 EGV (heute Art. 352 AEUV) ist gegenüber anderen Befugnisnormen des EG-Vertrages subsidiär und bekräftigt damit neben ex Art. 5 Abs. 1 EGV (heute Art. 5 Abs. 2 EUV) den Grundsatz der begrenzten Einzelermächtigung. Zur Abgrenzung von der allgemeinen Subsidiaritätsklausel des ex Art. 5 EGV (heute Art. 5 EUV) wird hier von Innensubsidiarität gesprochen. Ex Art. 308 EGV (heute Art. 352 AEUV) ist also gegenüber den speziellen Befugnisnormen subsidiär, die den Gemeinschaftsgesetzgeber in bestimmten Politikbereichen oder zur Verwirklichung bestimmter Ziele ermächtigen. Eine SE-VO ohne Mehrstaatlichkeitsprinzip würde nicht deren Charakter dahingehend ändern, dass eine Rechtsangleichungsvorschrift zur richtigen Ermächtigungsgrundlage würde. Insofern kann auf die bereits oben gemachten Erwägungen zur Entscheidung des EuGH zur SCE hingewiesen werden. Für eine supranationale Rechtsform wurde ex Art. 308 EGV (heute Art. 352 AEUV) als die richtige Ermächtigungsgrundlage

131 Im Ergebnis ebenso *Molsberger*, Das Subsidiaritätsprinzip, S. 32.
132 Vgl. *Rossi* in: Callies/Ruffert, EUV/EGV, Art. 308 EGV Rdnr. 47.
133 *Rossi* in: Callies/Ruffert, EUV/EGV, Art. 308 EGV Rdnr. 47.

angesehen. Diese Ansicht wurde jüngst durch die Kommission bekräftigt, die den VO-Vorschlag zur SPE auf besagte Ermächtigungsgrundlage stützte.

b. Ex Art 5 Abs. 2 EGV bei Verzicht auf das Mehrstaatlichkeitsprinzip

Was ex Art. 308 EGV (heute Art. 352 AEUV) im konkreten Fall zulässt, untersagt unter Umständen ex Art. 5 Abs. 2 EGV (heute Art. 5 Abs. 3 EUV). Die hier zu erfolgende Prüfung ist strenger als die ihr logisch vorausgehende Prüfung der Erforderlichkeit eines Tätigwerdens der Gemeinschaft.[134] Für die Prüfung des ex Art. 5 Abs. 2 EGV (heute Art. 5 Abs. 3 EUV) besteht kein allgemein anerkanntes Prüfungsschema. Deshalb wird die Vorschrift hier aufgenommen. Ex Art. 5 Abs. 2 EGV lautet:

> „In den Bereichen, die nicht in ihre ausschließliche Zuständigkeit fallen, wird die Gemeinschaft nach dem Subsidiaritätsprinzip nur tätig, sofern und soweit die Ziele der in Betracht gezogenen Maßnahmen auf Ebene der Mitgliedstaaten nicht ausreichend erreicht werden können und daher wegen ihres Umfangs oder ihrer Wirkungen besser auf Gemeinschaftsebene erreicht werden können."

Geht man entgegen der hier für den Zeitraum vor Inkrafttreten des Vertrags von Lissabon vertretenen Ansicht davon aus, dass die Schaffung supranationaler Rechtsformen nicht in die ausschließliche Zuständigkeit der Gemeinschaft fällt, ist der Einstieg in die Prüfung eröffnet. Ex Art. 5 Abs. 2 EGV (heute Art. 5 Abs. 3 EUV) grenzt die Zuständigkeitsbereiche der Gemeinschaft einerseits und der Mitgliedstaaten andererseits sowohl positiv als auch negativ ab. Beide Anforderungen müssen kumulativ vorliegen. Es ist demnach eine zweistufige Prüfung vorzunehmen. Dabei ist zu beachten, dass die Beurteilung nicht statisch erfolgen kann, sondern dem allgemeinen Verständnis von der Entwicklung der Gemeinschaft entsprechend dynamisch vorzunehmen ist.[135]

aa. Negativkriterium – „nicht ausreichend"

Anhand der Vorgaben des Negativkriteriums („nicht ausreichend") ist zu prüfen, ob die Mitgliedstaaten überfordert sind. Maßgeblich ist die Möglichkeit der Verwirklichung von Gemeinschaftszielen auf mitgliedstaatlicher Ebene. Der erste Prüfungsschritt betrifft allein die Ebene der Mitgliedstaaten. Es ist zu erfor-

---

134 Vgl. *Schwartz* in: Von der Groeben/Schwarze, EUV/EGV, Art. 308 EGV Rdnr. 192.
135 Vgl. *Schmidhuber/Hitzler*, NVwZ 1992, 720, 722.

schen, ob das von der Gemeinschaft gesteckte Ziel auf der darunter liegenden Ebene der Mitgliedstaaten erreicht werden kann.[136] Dabei ist die bisherige und aktuelle Sach- und Rechtslage in den Mitgliedstaaten und eine hypothetische Abschätzung von deren Möglichkeiten zum Erlass künftiger Maßnahmen ins Auge zu fassen.[137] Da das Ziel „ausreichend" erreicht werden muss, kommt es auf die Effizienz der Anstrengungen der Mitgliedstaaten an. An dieser kann es vor allem bei regelungsbedürftigen Sachverhalten, die vor Grenzen nicht halt machen, fehlen. Insofern nennt Ziffer 5 des bei Verabschiedung des SE-Status gültigen Protokolls über die Anwendung der Subsidiarität und der Verhältnismäßigkeit (nachfolgend „Subsidiaritätsprotokoll") „transnationale Aspekte" als wichtige Leitlinie an erster Stelle.[138] Ziel der SE ist die gemeinschaftsweite Reorganisation der Produktionsfaktoren.[139] Dahinter steht letztlich die Verwirlichung des Binnenmarktes. Das Wirtschaftspotential bereits bestehender Unternehmen mehrer Mitgliedstaaten soll durch Konzentrations- und Fusionsmaßnahmen zusammengefasst werden können. Realiter waren vor Verabschiedung der SE-VO besagte Verbindungen aufgrund der unterschiedlichen rechtlichen und steuerlichen Situation in den Mitgliedstaaten nur unter sehr erschwerten Bedingungen möglich. Komplizierte Konstruktionen waren erforderlich. Hinzu kamen die psychologischen Aspekte. Als Stichwort sei nur der *merger of equals* genannt. Das wichtigste mit der Rechtsform der SE verfolgte Ziel ist daher die Ermöglichung grenzüberschreitender Transaktionen. Die Ermöglichung von Sitzverlegungen stellt ein weiteres Ziel dar. Die Überwindung psychologischer Hemmnisse bspw. ist nur durch eine europäische Rechtsform denkbar. Aber auch Einzelmaßnahmen der SE-VO konnten durch die Mitgliedstaaten nicht verwirklicht werden. Genannt seien nur die grenzüberschreitende Verschmelzung und die Sitzverlegung. Vollkommen unrealistisch war, dass die Einzelstaaten in diesen Bereichen zu vergleichbaren nationalen Regelungen finden.[140] Dies wird umso deutlicher, wenn man die vergeblichen Bemühungen auf Gemeinschaftsebene betrachtet.[141] Eine Rechtsangleichung über Richtlinien scheiterte. Für die grenzüberschreitende Fusion wurde im Jahr 1985 der erste Richtlinien-

---

136 Vgl. *Zuleeg* in: Von der Groeben/Schwarze, EUV/EGV, Art. 5 EGV Rdnr. 27.
137 Ähnlich *Calliess* in: Callies/Ruffert, EUV/EGV, Art. 5 EGV Rdnr. 45.
138 Protokoll (Nr. 30) über die Anwendung der Grundsätze der Subsidiarität und der Verhältnismäßigkeit (1997), ABl. C 321 vom 29.12.2006, E/308. Dieses mit dem Vertrag von Amsterdam eingefügte Protokoll ist seit Inkrafttreten des Vertrages von Lissabon außer Kraft gesetzt.
139 Vgl. Erwägungsgrund 1 SE-VO.
140 Ähnlich *Helms*, Europäische Privatgesellschaft, S. 54.
141 Dieser Verweis soll lediglich deutlich machen, dass durch die einzelnen Mitgliedstaaten nicht erreicht werden wird, was auf Gemeinschaftsebene koordiniert nicht umgesetzt werden konnte.

vorschlag vorgelegt[142] und seit 1997 existierte ein Richtlinienvorschlag für die internationale Sitzverlegung[143]. Die Rechte der Mitgliedstaaten waren in vielen Bereichen zu unterschiedlich. Weist der betreffende Bereich „transnationale Aspekte" auf, kann dies nach dem Subsidiaritätsprotokoll dafür sprechen, dass die Mitgliedstaaten keine ausreichenden Maßnahmen treffen können. Was also ist der Regelungsbereich? Es ist die gemeinschaftsweite Reorganisation der Produktionsfaktoren, genauer die grenzüberschreitende Konzentration, Zusammenarbeit und Umstrukturierung von Unternehmen. Wenn nicht in diesem Bereich von einem transnationalen Aspekt auszugehen ist, von welchem dann? Eine umfassende Regelung, noch dazu eine, die einheitlich ist, kann durch die Einzelstaaten damals wie heute nicht erbracht werden. Was die Leitlinie intendiert, trifft vorliegend voll zu. Die Mitgliedstaaten sind überfordert.

In diesem Zusammenhang ist auch einem Missverständnis entgegenzuwirken. So ist zu lesen, ein Tätigwerden der Gemeinschaft setze voraus, dass die betreffende Maßnahme eine „transnationale Komponente" aufweise.[144] Aufgrund derartiger Aussagen könnte man einige Autoren dahingehend verstehen, dass gerade das Mehrstaatlichkeitsprinzip als Gründungsbeschränkung erforderlich sei, um supranationale Gesellschaftsformen statuieren zu können.[145] Dem ist nicht so. Der regelungsbedürftige Bereich soll einen „transnationalen Aspekt" haben. Dies wirkt sich automatisch auf die zu treffende Maßnahme (supranationale Rechtsform) aus. Ihr wird ein transnationaler Aspekt immanent sein (europaweit einheitliche Regelung vieler Bereiche, Sitzverlegung, etc.). Nicht erforderlich für eine Gemeinschaftstätigkeit sind Gründungsgesellschafter verschiedener Mitgliedstaaten. Dieser Schluss wäre falsch. Unzweifelhaft bedarf es Zugangsbeschränkungen. Es bedarf aber nicht gezwungenermaßen der Mehrstaatlichkeit der Gründungsgesellschafter.[146]

bb. Positivkriterium – „besser"

Die zweite Bedingung („besser") erfordert die Prüfung der Effizienz auf Gemeinschaftsebene. Abgestellt wird auf den Umfang oder die Wirkungen der in Betracht gezogenen Maßnahme, um den Beitrag zur Verwirklichung der Ziele zu

---

142 Vgl. *Habersack*, Europäisches Gesellschaftsrecht, § 7 Rdnr. 52 ff.
143 Vgl. *Schröder/Fuchs* in: Manz/Mayer/Schröder, Vorbemerkung S. 33 Rdnr. 38.
144 *Gutknecht* in: FS Schambeck, 1994, S. 921, 934.
145 Hinsichtlich der SE: *Hommelhoff*, AG 2001, 279, 281; *Hirte*, NZG 2002, 1, 4; *ders.*, DStR 2005, 653, 655.
146 In diesem Sinne wohl auch *Schmidt-Gerdts*, Status-Recht 7/8 2008, S. 228; *Hommelhoff/Teichmann*, DStR 2008, 925, 928.

bestimmen.[147] Ausgeschlossen werden soll der Fall, dass die Mitgliedstaaten zwar überfordert sind, die durch die Maßnahme bezweckten Ziele aber auch auf Gemeinschaftsebene nicht effektiv und effizient erreicht werden können. Vergleicht man die Regelungsmöglichkeiten der einzelnen Mitgliedstaaten im Hinblick auf die grenzüberschreitende Reorganisation der Produktionsfaktoren mit der Regelungsmöglichkeit der Gemeinschaftsebene, ergibt sich folgendes Bild. Während die Einzelstaaten aufgrund der unterschiedlichen Rechtssysteme so gut wie keine Regelungen finden konnten und diese dann im Zweifel lediglich bilateral abgestimmt gewesen wären, konnte die Gemeinschaft auf der anderen Seite eine für alle Mitgliedstaaten einheitliche Regelung treffen, die theoretisch überall dieselben Möglichkeiten eröffnet. Es kann demnach auf Gemeinschaftsebene mehr und weitreichender geregelt werden. Durch die SE-VO lässt sich das angestrebte Ziel auf Gemeinschaftsebene auch effektiv erreichen. Dies zeigt sich heute z.B. an dem wachsenden Interesse der Unternehmen an der SE. Nach Ansicht von Praktikern wird in nicht allzu ferner Zukunft der Großteil der DAX-Unternehmen in der Rechtsform der SE auftreten. Dies aber ist eine ex-post Betrachtung. Auch vor Verabschiedung der SE-VO war indes klar, dass das Ziel durch das Statut effektiv zu erreichen war. Damals war es bspw. die einzige Möglichkeit rechtssicher eine grenzüberschreitende Verschmelzung vorzunehmen.

cc. Ergebnis

Somit sind sowohl das Negativ- als auch das Positivkriterium erfüllt. Die Existenz bzw. das Fehlen des Mehrstaatlichkeitsprinzips ist für diese Kriterien irrelevant. Weiterhin zeigt sich, dass die Prüfungskriterien für supranationale Rechtsformen als Maßnahmen nicht wirklich geeignet sind. Dies wohl deshalb, weil sie hier stets erfüllt sein werden.[148] Das spricht wiederum dafür, für die Regelung von supranationalen Rechtsformen eine ausschließliche Gemeinschaftszuständigkeit anzunehmen.[149]

---

147 Vgl. *Zuleeg* in: Von der Groeben/Schwarze, EUV/EGV, Art. 5 EGV Rdnr. 33.
148 Dabei ist die Prüfung nach ex Art. 5 Abs. 2 EGV eigentlich strenger als die der nach ex Art. 308 EGV, so *Schwartz* in: Von der Groeben/Schwarze, EUV/EGV, Art. 308 EGV Rdnr. 192.
149 Nach Art. 352 Abs. 2 AEUV ist Art. 5 Abs. 3 EUV (ex Art. 5 Abs. 2 EGV) wohl stets zu prüfen.

c. Ex Art. 5 Abs. 3 EGV (Verhältnismäßigkeitsgrundsatz) bei Verzicht auf das Mehrstaatlichkeitsprinzip

Letztlich entscheidet sich die Ausgangsfrage am Verhältnismäßigkeitsprinzip.[150] Dies war bereits vor seiner Verankerung durch den Vertrag von Maastricht in Art. 3b Abs. 3 EGV (ex Art. 5 Abs. 3 EGV, heute Art. 5 Abs. 4 EUV) auf europäischer Ebene anerkannt.[151] Seine Wirkung entfaltet es bei Eingriffen in Interessen der Mitgliedstaaten.[152] Es gilt für alle Arten von Kompetenzen; somit auch für ausschließliche. Zu beachten ist die Erforderlichkeit, die Geeignetheit der Maßnahme zur Erreichung des Ziels sowie die Verhältnismäßigkeit im engeren Sinne, d.h. die Angemessenheit der Maßnahme im Verhältnis zur angestrebten Zielsetzung.

Art, Umfang, Intensität, Reichweite und materielle Regelungsdichte einer Maßnahme sind am Übermaßverbot zu messen. Es geht um die Frage nach dem „wie" eines gemeinschaftlichen Tätigwerdens. Gemäß Ziffer 7 des bei Verabschiedung des Status geltenden Subsidiaritätsprotokolls sollen bewährte nationale Regelungen sowie Struktur und Funktionsweise der mitgliedstaatlichen Rechtssysteme geachtet werden.[153] Die Schonung örtlicher, regionaler oder nationaler Eigentümlichkeiten kann eine Begrenzung der Maßnahme erfordern. So sollen die Mitgliedstaaten vor einer Beeinträchtigung ihres Handlungsspielraums durch Überregulierung in inhaltlicher wie in formaler Hinsicht geschützt werden.[154]

Eine SE-VO ohne Mehrstaatlichkeitsprinzip könnte zum Ausbluten der nationalen Gesellschaftsformen führen. In der Folge wäre den Mitgliedstaaten de facto ihre Regelungskompetenz im nationalen Bereich entzogen. Eine Regelung, der sich jeder entziehen kann, ist nutzlos. Die nationalen Rechtssysteme mit ihren jeweiligen Gesellschaftsformen unterscheiden sich nach wie vor in wichtigen Bereichen und beinhalten jeweilige Besonderheiten, die zu respektieren sind. Jedenfalls dürfen diese Besonderheiten nicht durch das SE-Statut von solchen

---

150 A.A. *Schön*, der die Verhältnismäßigkeit eher bei der Ermächtigungsgrundlage als bei ex Art. 5 Abs. 3 EGV prüft, *Schön*, ZHR 160 (1996), 221. 230.
151 *Schmidhuber/Hitzler*, NVwZ 1992, 720, 722.
152 Vgl. *Zuleeg* in: Von der Groeben/Schwarze, EUV/EGV, Art. 5 EGV Rdnr. 37; *Callies* in: Callies/Ruffert, EUV/EGV, Art. 5 EGV Rdnr. 52.
153 Protokoll (Nr. 30) über die Anwendung der Grundsätze der Subsidiarität und der Verhältnismäßigkeit (1997), ABl. C 321 vom 29.12.2006, E/308. Dieses mit dem Vertrag von Amsterdam eingefügte Protokoll ist seit Inkrafttreten des Vertrages von Lissabon außer Kraft gesetzt.
154 Vgl. *Gutknecht* in: FS Schambeck, 1994, S. 921, 931.

Unternehmen überspielt werden, für die die nationalen Rechte ausreichen. Die Gesellschaftsformen sind im jeweiligen Mitgliedstaat in ein Gesamtsystem eingegliedert. Gesellschaften könnten sich der SE bedienen, um strengeren nationalen Regelungen zu entgehen, ohne die strukturellen Maßnahmen, deretwegen die europäische Gesellschaftsform statuiert wird, nutzen zu können bzw. nutzen zu wollen. Dies würde eine Überregulierung darstellen. Denn einerseits ließe sich das mit der Maßnahme bezweckte Ziel (grenzüberschreitende Reorganisation der Produktionsfaktoren) nicht erreichen, andererseits würde aber den einzelnen Mitgliedstaaten die faktische Regelungskompetenz genommen. Schätzt man die Gefahr des Ausblutens der nationalen Rechtsformen bei einem SE-Statut ohne Mehrstaatlichkeitsprinzip als real ein, ist die SE-VO nicht verhältnismäßig.

Dies bedeutet aber nicht, dass es gezwungenermaßen eines Mehrstaatlichkeitsprinzips bedarf.[155] Anstelle des Mehrstaatlichkeitsprinzips ist eine andere Art von Beschränkung genauso denkbar. Um das Ausbluten der nationalen Gesellschaftsformen zu verhindern, muss der Zugang zu den europäischen Rechtsformen beschränkt werden.[156] Wie die Beschränkungen auszugestalten sind, ist für jeden Einzelfall zu entscheiden. Unbestreitbar bietet sich das Erfordernis der Mehrstaatlichkeit der Gründungsgesellschafter an. Zwingend ist dies aber keinesfalls.

Viele Autoren argumentieren dahin, dass das Mehrstaatlichkeitsprinzip sehr leicht zu umgehen ist.[157] Eine wirksame Beschränkung wird darin nicht gesehen. Daher könnte man der Ansicht sein, dass die Aufgabe des Mehrstaatlichkeitsprinzips nicht zur Unverhältnismäßigkeit führt. Diese Überlegung trägt nicht. Zu bedenken ist nämlich, dass das SE-Statut eine sehr komplexe Regelung ist. Das Mehrstaatlichkeitsprinzip ist als Zugangsbeschränkung nur ein Aspekt neben anderen wie Numerus Clausus, Mindestkapital und der Komplexität des Statuts an sich. Gesehen werden muss das Gesamtpaket mehrer Beschränkungen. Alle zusammen können durchaus effektiv verhindern, dass es auf breiter Front zu einer „Flucht aus den nationalen Rechtsformen" kommt. Eine ersatzlose Aufgabe des Mehrstaatlichkeitsprinzips würde diese Effektivität deutlich mindern. Der

---

155 Vgl. auch S. 61-63.
156 Dies gilt auch für das Vorhaben der SPE. Die europäischen Rechtsformen sind in vielerlei Hinsicht weniger restriktiv als die nationalen Rechte.
157 *Casper*, AG 2007, 97, 98; *ders.* in: Spindler/Stilz, AktG, Art. 2, 3 SE-VO Rdnr. 3; *Oechsler* in: MüKo, AktG, Art. 2 SE-VO Rdnr. 8 ff.; *Hommelhoff/Teichmann*, DStR 2008, 925, 928; *Wicke*, GmbHR 2006, 356, 358; ebenso die Kommission in der Begründung des SPE-VO Vorschlags 2008, S. 3, KOM (2008) 396.

Verfasser ist daher der Ansicht, dass die bestehende SE-VO ohne Mehrstaatlichkeitsprinzip unverhältnismäßig sein kann.[158]

5. Rechtslage seit Inkrafttreten des Vertrags von Lissabon

Die materielle Subsidiaritätsprüfung erfährt durch den Vertrag von Lissabon keine grundlegenden Änderungen. Der Grundsatz der Einzelermächtigung, das Subsidiaritätsprinzip im engeren Sinne und der Verhältnismäßigkeitsgrundsatz gelten fort.[159] Zwar finden sich diese nun in Art. 5 EUV, der Wortlaut bzw. die Definitionen lehnen sich aber weitestgehend an ex Art. 5 EGV an.[160] Inhaltlich betrachtet, sind die beiden Regelungen größtenteils deckungsgleich.[161] Dies verwundert auch nicht. Der Schwerpunkt der Reformdiskussion in Bezug auf die Subsidiarität lag nicht auf ihrer Neudefinition, sondern auf dem Bereich ihrer verfahrensmäßigen Absicherung.[162] So hat vor allem die „prozedurale Kompetenzkontrolle" eine Aufwertung erfahren, welche für die vorliegende Prüfung aber ohne Belang ist.[163] Gestärkt wird insofern der Kontrollmechanismus zur Überwachung des Subsidiaritätsprinzips.[164] Aus dem neuen Protokoll über die Anwendung der Grundsätze der Subsidiarität und der Verhältnismäßigkeit ergibt sich ebenfalls keine Verschärfung der materiellen Prüfung.[165] Gegenüber seinem Vorgänger ist es wesentlich verkürzt und vereinfacht worden.[166] Während das Protokoll zum Amsterdamer Vertrag noch ausführliche Vorschriften hinsichtlich des Inhalts und der Anwendung durch die Organe enthielt, legt Art. 1 des neuen Protokolls kurz und bündig den Grundsatz fest, dass jede Institution stets für die Einhaltung der niedergelegten Grundsätze der Subsidiarität und Verhältnismäßigkeit Sorge trägt. Es ist in erster Linie als prozeduraler Vorschriftenkatalog ausgestaltetet. Nach alledem ist die Begründung des Mehrstaatlichkeitsprinzips mit Subsidiaritätsaspekten durch die geänderte Rechtslage seit Inkrafttreten des Vertrags von Lissabon nicht obsolet.

158 A.A. *Kiem* in: KK, AktG, Art. 69 SE-VO Rdnr. 16.
159 *Ruffert* in: Der Reformvertrag von Lissabon, S. 36; *Weber* EuZW 2008, 7, 11; *Herrmann/Kruis* in: Der Vertrag von Lissabon zur Reform der EU, § 11 S. 104; *Molsberger*, S. 176.
160 *K. H. Fischer*, Der Vertrag von Lissabon, S. 114 f.
161 Ausführlich hierzu *Molsberger*, S. 145 ff., 176.
162 Vertiefend hierzu *Molsberger*, S. 176.
163 *Ruffert* in: Der Reformvertrag von Lissabon, S. 37.
164 *Weber* EuZW 2008, 7, 11.
165 Protokoll Nr. 2 über die Anwendung der Grundsätze der Subsidiarität und der Verhältnismäßigkeit, ABl. C 115 vom 09.05.2008, S. 206 ff.
166 *Mellein*, Subsidiaritätskontrolle, S. 119.

6. Ergebnis

Numerus Clausus und Mehrstaatlichkeitsprinzip lassen sich mit Subsidiaritätsaspekten begründen. Das Mehrstaatlichkeitsprinzip trägt dem Subsidiaritätsaspekt der Verhältnismäßigkeit (ex Art. 5 Abs. 3 EGV, heute Art. 5 Abs. 4 EUV) Rechnung. Die Aufgabe des Mehrstaatlichkeitsprinzips kann zur Unverhältnismäßigkeit der Regelung führen. Beides gilt entsprechend für den Numerus Clausus. Mehrstaatlichkeitsprinzip und Numerus Clausus können allerdings gegen andere Beschränkungen ausgetauscht werden.

VII. Flucht aus der Mitbestimmung

Vielfach hat sich die Ansicht verfestigt, Hauptzweck des Numerus Clausus und des Mehrstaatlichkeitsprinzips sei es, eine „Flucht aus der Mitbestimmung" zu verhindern. Was unter diesem Schlagwort zu verstehen ist, wurde über die Jahrzehnte hinweg durchaus unterschiedlich gesehen.[167] Allgemein geht es um die Befürchtung, nationale Gesellschaften könnten sich der SE bedienen, um sich der deutschen Arbeitnehmer-Mitbestimmung zu entledigen. Zu untersuchen ist, ob Numerus Clausus und Mehrstaatlichkeit statuiert wurden, um eine Flucht aus der Mitbestimmung zu verhindern.

1. Gang der Darstellung

Zunächst ist es erforderlich, die Gesetzesgeschichte genau zu analysieren. Die Gesetzesmaterialien und die Literatur der jeweiligen Zeitabschnitte werden dabei zusammen ausgewertet. Es folgt eine zusammenfassende Stellungnahme mit den wesentlichen Erkenntnissen. Der Bewertung einer in der Literatur viel beachteten Ansicht schließt sich das Ergebnis an.

2. Zeitraum von 1965 bis zum VO-Vorschlag von 1970

Die Ausgangsüberlegungen sind nochmals in Erinnerung zu rufen. Für die SE sollte ein „einheitliches Rechtsgebiet" geschaffen werden.[168] Den nationalen Aktienrechten sollte dabei keine Konkurrenz gemacht werden. Durch die SE sollten als besonders wünschenswert angesehene, grenzüberschreitende Transak-

---

167 An entsprechender Stelle wird hierauf eingegangen.
168 *V. Caemmerer* in: Europäische Handelsgesellschaft, S. 54, 57.

tionen ermöglicht werden. Diese wurden in den Beratungen tatbestandlich aufgeführt. Durch sie konnte der Anwendungsbereich der SE gegenüber den nationalen Rechtsformen abgegrenzt und der Zugang beschränkt werden.[169] Was in wissenschaftlichen Stellungnahmen und auch im *Sanderschen* Vorentwurf noch mehr an eine Aufzählung erinnerte, stellte im VO-Vorschlag von 1970 einen Numerus Clausus dar. Im Gegensatz zum *Sanderschen* Vorentwurf war im VO-Vorschlag von 1970 das Mehrstaatlichkeitsprinzip enthalten. Auch die Mitbestimmungsfrage war bereits 1967 als Zentralproblem erkannt.[170] „Für Staaten, die die Mitbestimmung kennen, wäre eine Lösung, die es erlauben würde, durch Wahl der Rechtsform der SE der Mitbestimmung auszuweichen, ausgeschlossen."[171] Dabei ist hervorzuheben, dass es eine Mitbestimmung nach deutschem Verständnis bei den sechs EWG-Mitgliedstaaten nur in Deutschland gab. Nach *V. Caemmerer* besteht das Mitbestimmungsproblem unabhängig vom Zugang zur SE, ist also nicht darüber zu lösen.[172] Ein Zusammenhang zwischen Zugangsbeschränkungen und der Mitbestimmungsproblematik wird also gerade nicht hergestellt.[173] Die Frage des Zugangs und die Frage der Mitbestimmung werden von ihm und allen anderen Autoren stets getrennt erörtert. Allein *Sanders* meint: „Das Problem der Mitbestimmung spielt meines Erachtens auch bei der Frage des Zugangs eine Rolle."[174] Sanders nimmt eine Prüfung vor, kommt aber zu dem Ergebnis, „dass die Mitbestimmung kein Anlass ist, den Zugang zur SE zu beschränken". Dabei geht er von seinem Vorentwurf aus, der auch die später sehr umstrittene Umwandlungsgründung enthält und kein Mehrstaatlichkeitsprinzip vorsieht. *Sanders* Ansatz ist, „die Mitbestimmung zu belassen, wo sie besteht, und nicht dort einzuführen, wo sie bis jetzt nicht oder jedenfalls noch nicht besteht".[175] Dies gelte auch für die Umwandlungsgründung, an die in diesem Zusammenhang an erster Stelle gedacht werde. Nach seinen Vorstellungen hätte es zu keiner Flucht aus der deutschen Mitbestimmung kommen können. Der VO-Vorschlag von 1970 enthielt sowohl einen Numerus Clausus als auch ein Mehrstaatlichkeitsprinzip. Die Umwandlungsgründung war nicht mehr mög-

---

169 *Geßler* schreibt hierzu, dass in den Brüssler Beratungen zur Zugangsbeschränkung an Tatbestände, für die ein wirtschaftliches Bedürfnis bestehe, angeknüpft worden sei, um eine unerwünschte Konkurrenz zu verhindern. Vgl. *Geßler*, BB 1967, 381, 383.
170 *Hauschild* in: Europäische Handelsgesellschaft, S. 81, 92.
171 Vgl. *V. Caemmerer* in: FG Kronstein, 1967, S. 199.
172 Vgl. *V. Caemmerer* in: FG Kronstein, 1967, S. 199: „Das gilt nicht nur, wenn der Zugang zur Europäischen Aktiengesellschaft frei ist, sondern auch dann, wenn die Form der Europäischen Aktiengesellschaft nur bei bestimmten grenzüberschreitenden Tatbeständen gewählt werden kann.".
173 Ebenfalls keinen Zusammenhang herstellend: *Geßler*, BB 1967, 381, 384; *Hauschild* in: Europäische Handelsgesellschaft, S. 81, 92.
174 *Sanders*, AG 1967, 344, 347.
175 *Sanders*, AG 1967, 344, 347.

lich. Aus der Entwurfsbegründung ergibt sich eindeutig, dass die Nichtberücksichtigung dieser Gründungsmöglichkeit nichts mit der Mitbestimmungsproblematik zu tun hat.[176] Die Mitbestimmungsregelung war entgegen *Sanders* Vorstellungen eine einheitliche. Der Aufsichtsrat jeder SE war zu einem Drittel mit Arbeitnehmervertretern zu besetzen.[177] Dies wiederum entsprach der deutschen Regelung des Betriebsverfassungsrechts, § 76 Abs. 1 BetrVG 1952.[178] Danach war der Aufsichtsrat einer AG ebenfalls zu einem Drittel mit Arbeitnehmervertretern zu besetzen. Geht man davon aus, dass hinsichtlich der Mitwirkungsrechte qualitativ keine Abstriche bestanden, konnte es aus deutscher Sicht grundsätzlich zu keiner Flucht aus der Mitbestimmung kommen.[179] Vielmehr bedeutete die Regelung für alle anderen EWG-Staaten faktisch einen Zwang in die Mitbestimmung. Denn 1970 war die Anwesenheit stimmberechtigter Arbeitnehmervertreter im Aufsichtsrat den anderen sechs Mitgliedsländern der EWG unbekannt.[180] Der deutschen Mitbestimmung hätte man sich nur mittelbar über eine Renationalisierung der SE in einem anderen EWG-Staat entledigen können. Hier waren aber wie auch heute (Art. 66 SE-VO) Sperrfristen vorgesehen.

3. Zeitraum von 1970 bis zum Vorschlag von 1975

In der Literatur wurde kein Zusammenhang zwischen Numerus Clausus bzw. Mehrstaatlichkeitsprinzip und der Flucht aus der Mitbestimmung hergestellt. Mehr noch wird man sagen können, dass das Thema Flucht aus der Mitbestimmung gar nicht problematisiert wurde. In diesem Zusammenhang ist auch folgendes zu bedenken. Wenn heute allgemein von der Verhinderung der Flucht aus der Mitbestimmung gesprochen wird, muss berücksichtigt werden, dass es sich hierbei um 1970 vor allem um ein deutsches Motiv handelte. Aus einer europäischen Betrachtung heraus verliert die These, wonach die Flucht aus der Mitbestimmung durch die Zugangsbeschränkungen verhindert werden sollte, dann aber deutlich an Gewicht.

---

176 BT-Drucks. 6/1109, S. 6.
177 Nach Art. 138 war es gleichwohl möglich, die Arbeitnehmervertretung im Aufsichtsrat auszuschließen, wenn zwei Drittel der Arbeitnehmer hierfür stimmen.
178 Lediglich in der Montanindustrie (Bergbau, Eisen- und Stahlerzeugung) galt die paritätische Mitbestimmung.
179 Vgl. *Friedrich* in: Europäische Aktiengesellschaft, Beitrag zur sozialen Integration?, S. 49, 71.
180 Vgl. *Von der Groeben* in: Europäische Aktiengesellschaft, Beitrag zur sozialen Integration?, S. 7, 25; *ders.*, AG 1967, 95, 98; *Friedrich* in: Europäische Aktiengesellschaft, Beitrag zur sozialen Integration?, S. 71.

4. Die VO-Vorschläge von 1989 und 1991

Der 1989 vorgeschlagene Text bestand erstmals aus zwei Teilen. Die Stellung der Arbeitnehmer in der SE wurde in einer RiLi geregelt. Neu im Entwurf von 1989 war auch, dass die Mitbestimmungsregelung nicht mehr einheitlich ist. Es hatte sich gezeigt, dass zwischen den Mitgliedstaaten kein Konsens über eine einheitliche Regelung gefunden werden konnte. Der Entwurf sah daher drei Mitbestimmungsmodelle vor: die Vertretung der Arbeitnehmer im Aufsichtsrat (Modell 1), die Vertretung in einem separaten Organ (Modell 2) und die tarifvertraglich vereinbarte Vertretung (Modell 3).[181] Bezeichnet wurde dieses Konzept als Optionsmodell. Es bezog sich auf die 5. RiLi[182] (Strukturrichtlinie), die nie zur Verabschiedung kam und inzwischen zurückgezogen wurde. Aufgegriffen worden war es zunächst durch das Memorandum der Kommission.[183] Die große Kritik an diesem Optionsmodell war, dass die einzelnen zur Wahl stehenden Modelle qualitativ nicht gleichwertig waren. Die somit mögliche Flucht aus der Mitbestimmung versuchte die Kommission durch die Einführung einer möglichen Begrenzung der Wahlmöglichkeiten der Unternehmen zu verhindern. Ein Mitgliedstaat hätte die Wahl der Modelle für die SE einschränken können, die ihren Sitz im jeweiligen Mitgliedstaat haben. Deutschland hätte nur das „deutsche" Modell zulassen und dadurch sicherstellen können, dass deutsche Unternehmen nicht in die SE flüchteten, um ein qualitativ geringeres Mitbestimmungsmodell zu erlangen, so die Idee.[184] Durch die dargestellte Begrenzung wird allerdings kein umfassender Schutz gewährleistet. Nicht ausgeschlossen ist eine andere Möglichkeit der Flucht aus der Mitbestimmung. So konnte der Sitz der zukünftigen SE in dem Staat gewählt werden, der das qualitativ geringste Mitbestimmungsmodell zur Wahl stellt.[185] Diesbezüglich hatte es seitens der Bundesratsausschüsse bereits zum Memorandum der Kommission eine interessante Forderung gegeben. Danach sollten die Gründungsvoraussetzungen so definiert werden, dass die Umgehung von Mitbestimmungsmodellen durch eine entsprechende Wahl des Firmensitzes verhindert wird.[186] Bezeichnend ist, dass diese Forderung keinen Eingang in die Stellungnahme des Bundesrates fand.

---

181 Vgl. BT-Drucks. 11/5427, S. 3.
182 Vorschlag einer fünften Richtlinie des Europäischen Parlaments und des Rates zur Koordinierung der Schutzbestimmungen, die in den Mitgliedstaaten den Gesellschaften im Sinne des Artikels 58 Absatz 2 des Vertrages im Interesse der Gesellschafter sowie dritter hinsichtlich der Struktur der Aktiengesellschaft sowie der Befugnisse und Verpflichtungen ihrer Organe vorgeschrieben sind, vgl. KOM (2001) 763 end./2, S. 22 m.w.N.
183 Vgl. BR-Drucks. 392/88, S. 16 ff.
184 Vgl. BR-Drucks. 392/88, S. 19.
185 Eine weitere Möglichkeit der Mitbestimmung zu entgehen ist die Sitzverlegung. Der Vorschlag von 1989 enthielt allerdings keine Regelung zur Sitzverlegung.
186 Vgl. BR-Drucks. 392/1/88, S. 4.

Zudem hätte eine solche Regelung die Sitzwahl betroffen. Es geht also nicht um Zugangsbeschränkungen wie Numerus Clausus und Mehrstaatlichkeitsprinzip. Es zeigt sich, dass das Thema Flucht aus der Mitbestimmung mit seinen unterschiedlichen Facetten mehr und mehr diskutiert wurde. Gleichwohl findet sich kein Nachweis für die These, dass Numerus Clausus und Mehrstaatlichkeitsprinzip die Flucht aus der Mitbestimmung verhindern sollen. Ein Zusammenhang wurde also nicht hergestellt.[187] Vielmehr vertraten diverse Autoren, bspw. *Kallmeyer*, dass die Zugangsbeschränkungen keine Berechtigung hätten.[188] Er plädierte für einen weiten Zugang. Auch die Änderungswünsche des Europäischen Parlaments zeigen, dass auf europäischer Ebene Numerus Clausus und Mehrstaatlichkeitsprinzip nicht als Instrumente zur Verhinderung der Flucht aus der Mitbestimmung angesehen wurden. So waren sowohl in den Erwägungsgründen als auch in den Gründungsbeschränkungen enthaltenden Artikeln die Formulierungen, welche das Mehrstaatlichkeitsprinzip kennzeichneten, gestrichen worden.[189] Die Überlegungen gingen in die Richtung der Aussagen des WSA in seiner Stellungnahme vom 28.03.1990. Darin sprach sich der WSA für die Erleichterung der Zugangsmöglichkeiten aus.[190] Festgehalten werden kann, dass sich sowohl das Europäische Parlament als auch der WSA 1990/1991 für eine Lockerung der Zugangsbeschränkungen stark machten, im gleichen Zug aber den Schutz erworbener Arbeitnehmermitbestimmungsrechte hochhielten. Dann aber erscheint es schwierig, den Sinn und Zweck des Numerus Clausus und Mehrstaatlichkeitsprinzips in der Verhinderung der Flucht aus der Mitbestimmung zu sehen.

Der VO-Vorschlag von 1991 sah wesentlich liberalere Zugangsmöglichkeiten vor.[191] Im Hinblick auf das Mehrstaatlichkeitsprinzip ergaben sich wesentliche Erleichterungen. So war nicht mehr grundsätzlich erforderlich, dass die Gründungsgesellschaften ihre Sitze in unterschiedlichen Mitgliedstaaten haben müssen. Die Umwandlungsgründung wurde zugelassen. Im Gegensatz zur geltenden SE-VO war ausreichend, dass eine Niederlassung in einem anderen Mitgliedstaat bestand. Eine bedeutsame Neuregelung stellte auch die Möglichkeit der Sitzverlegung der SE innerhalb der Gemeinschaft dar. Weiterhin konnte im Wesentlichen zwischen drei Mitbestimmungsmodellen gewählt werden, die den Arbeitnehmern bestimmte Mindestrechte einräumten. Sollte eine Vereinbarung nicht zustande kommen, hätte ein Standardmodell nach dem Recht des Sitzstaates

---

187 Vgl. *Hauschka*, AG 1990, 85, 96; *V. Maydell*, AG 1990, 442 ff.; *Dreher*, EuZW 1990, 476 ff.; *Krieger* in: FS Rittner, 1991, S. 303 ff.
188 *Kallmeyer*, AG 1990, 103, 106.
189 Vgl. ABl. C 48 vom 25.02.1991, S. 72-75.
190 Vgl. ABl. C 124 vom 21.05.1990, S. 35, 37.
191 Siehe hierzu S. 37-38.

gegolten, das ebenfalls bestimmte Mindestrechte hätte gewähren müssen. Unter Standardmodell verstand sich letztlich die einzelstaatliche Praxis ergänzt um Mindestrechte.[192] Das Optionsmodell wurde nach wie vor kritisiert, da die einzelnen Modelle nicht gleichwertig waren.[193] Auch 1991 bis 1993 wurden im Schrifttum beide Aspekte, also Numerus Clausus und Mehrstaatlichkeitsprinzip einerseits und Flucht aus der Mitbestimmung andererseits, besprochen. Erkennbar ist, dass sie aber nach wie vor nicht in Zusammenhang gebracht wurden bzw. keine Verknüpfung hergestellt wurde.[194] Für *Merkt* bspw. war die Gleichwertigkeit zur Arbeitnehmermitbestimmung von zentraler Bedeutung. Gleichwohl kritisierte er Numerus Clausus und Mehrstaatlichkeitsprinzip. Ihm zufolge halte die Kommission ohne Not an dem Erfordernis des grenzüberschreitenden Charakters des Gründungsvorganges fest. Zuletzt ist ein weiterer Aspekt hinsichtlich der Vorschläge von 1989/1991 aufzuzeigen. Die Entwürfe enthielten Regelungen zum sog. „Exit" aus der SE. Wäre bspw. eine SE auf eine nationale AG verschmolzen worden, fragt sich, ob das möglicherweise höhere Mitbestimmungsniveau der SE erhalten geblieben wäre. Da im Vorschlag von 1991 die Sitzverlegung vorgesehen war, gewinnt die Frage zusätzlich an Brisanz. In der VO und der RiLi der Vorschläge von 1989/1991 fand sich keine Regelung, die das Niveau der Arbeitnehmermitbestimmung der SE sichert. Im Vorschlag von 1975 war für einen „Exit" aus der SE zumindest die Zustimmung der Mehrheit der Arbeitnehmer im Aufsichtsrat erforderlich. Wären Numerus Clausus und Mehrstaatlichkeitsprinzip Regelungen, die eine Flucht aus der Mitbestimmung bei Zugang zur SE verhindern sollten, ist nicht erklärbar, warum solche Regelungen beim „Exit" aus der SE völlig fehlten.

5. Davignon-Bericht von 1997 und Interpretation der Literatur

Der Abschlussbericht der Sachverständigengruppe wurde im Mai 1997 vorgelegt. Ziel war es, die festgefahrenen Verhandlungen zur SE wieder in Gang zu bringen. Der entscheidende Punkt des Davignon-Berichts war der Vorschlag einer Verhandlungslösung und einer Auffangregelung für den Fall des Scheiterns der Verhandlungen. Die Idee, durch Verhandlungen zu einer Vereinbarung zu kommen, wurde der 1994 verabschiedeten Richtlinie über die europäischen Betriebsräte entnommen.[195] Nach der Auffangregelung standen den Arbeitnehmer-

---

192 Vgl. BT-Drucks. 12/1004, S. 75.
193 *Hopt*, ZGR 1992, 265, 278.
194 Vgl. *Merkt*, BB 1992, 652, 655, 659; *Wenz*, S. 58 ff., 157 ff.
195 Richtlinie 94/95 des Rates vom 22. September 1994 über die Einsetzung eines Europäischen Betriebsrates oder die Schaffung eines Verfahrens zur Unterrichtung und Anhö-

vertretern ein Fünftel der Sitze im Aufsichtsrat bzw. Verwaltungsrat, mindestens jedenfalls zwei, zu. Hinsichtlich der Gründungsbeschränkungen wurde dem Wortlaut nach von einem strengen Mehrstaatlichkeitsprinzip ausgegangen.[196] Die Umwandlungsgründung war nicht behandelt worden.

In der Literatur wurde dieser Umstand als „Ausschluss" der Umwandlungsgründung gewertet.[197] Die Darstellungen einiger Autoren, wie bspw. *Kolvenbachs,* sind allerdings irreführend, da der Sachverständigenbericht wesentlich zurückhaltender formuliert.[198] Nur wenige bieten wie *Hopt* eine wertungsfreie Darstellung an.[199] Im Davignon-Bericht selbst ist in Ziffer 35 zu lesen, man habe sich mit der Möglichkeit der Umwandlungsgründung, die Anlass zu gewissen Besorgnissen gibt, nicht befasst. Nicht im Ergebnis, wohl aber in der Sache ist es ein bedeutender Unterschied, ob man eine Gründungsmöglichkeit expressis verbis mit Begründung ausschließt oder diese lediglich bei weiteren Überlegungen nicht berücksichtigt. Wird in der Literatur also festgestellt, die Davignon-Sachverständigengruppe habe die Umwandlungsgründung aufgrund der Gefahr der Flucht aus der Mitbestimmung ausgeschlossen, ist dies dem Abschlussbericht so fokussiert nicht zu entnehmen. Es handelt sich bei den Schlussfolgerungen des Davignon-Berichts nicht um unumstößliche Forderungen, sondern um Vorschläge, die dazu beitragen sollten, die Diskussion wieder in Gang zu bringen. Anzumerken ist auch, dass der Abschlussbericht selbst ungenau formuliert. In Ziffer 94 ist zu lesen, man solle davon ausgehen, „dass eine Europäische Aktiengesellschaft errichtet wird, in der Gründungsgesellschaften aus mindestens zwei Mitgliedstaaten aufgehen". Sowohl bei der Holding-Gründung als auch der Errichtung einer gemeinsamen Tochter bleiben die Gründungsgesellschaften bestehen, von einem „Aufgehen" kann nicht die Rede sein. Dies alles zeigt, dass die Vorschläge der Sachverständigengruppe lediglich eine Arbeitsgrundlage für die weiteren Verhandlungen darstellten. Nicht mehr und nicht weniger.

Der Bundesratbeschluss zum Davignon-Bericht beurteilte die Gründungsvarianten unter dem Gesichtspunkt der Gefahr der Flucht aus der Mitbestimmung.[200] Diese sei bei der Umwandlungsgründung am Höchsten, weswegen der Aus-

---

rung der Arbeitnehmer in gemeinschaftsweit operierenden Unternehmen und Unternehmensgruppen, ABl. L 254 vom 30.09.1994, S. 64 ff.
196 D.h. die erweiterten Gründungsmöglichkeiten bei der Holding- und Joint Venture-Gründung des VO-Vorschlags von 1991wären als verzichtbar angesehen worden.
197 *Heinze,* AG 1997, 289, 293; *Kolvenbach,* NZA 1998, 1323, 1324.
198 Völlig unverständlich im Hinblick auf Numerus Clausus und Mehrstaatlichkeitsprinzip: *Coen,* EuroAS 5/1997, S. 66, 67.
199 Vgl. *Hopt,* ZIP 1998, 96, 98 und *Kolvenbach,* NZA 1998, 1323 ff.
200 BR-Drucks. 572/97, S. 1 f.

schluss dieser Gründungsform begrüßt werde. Aber auch die Verschmelzungsgründung sei mit einem erheblichen Mitbestimmungsverlust verbunden. Dasselbe Risiko sah auch der WSA.[201] Bspw. *Heinze* erläutert diese Denkweise. Durch die Verschmelzungsgründung gingen die nationalen Gründungsgesellschaften unter. Dadurch werde das Mitbestimmungsniveau für deutsche Arbeitnehmer gesenkt, da die Auffanglösung der Sachverständigengruppe eine geringere Mitbestimmung vorsehe. Bei der Holding- und Joint Venture-Gründung hingegen blieben Gründungsgesellschaften bestehen und unterlägen weiterhin der deutschen Mitbestimmung. Die Überlegungen berücksichtigen nicht, dass eine Sitzverlegung vorgesehen war und bei der Holding-Gründung die Unternehmenspolitik de facto auf einer anderen Ebene gemacht wird.

Festgehalten werden kann, dass sowohl Teile der Politik als auch Teile der Literatur einen Zusammenhang zwischen den Gründungstatbeständen und der Gefahr der Flucht aus der Mitbestimmung herstellten.[202] Die mögliche Schlussfolgerung, der Numerus Clausus bezwecke nun auch die Flucht aus der Mitbestimmung zu verhindern, ist vorschnell. Ob sie hinsichtlich der Umwandlungsgründung zutrifft, sei zunächst dahingestellt. Jedenfalls kann sie für alle anderen Gründungstatbestände nicht gezogen werden. Nachweisbar ist, dass diese Gründungstatbestände bereits seit langem Diskussionsgrundlage der VO-Vorschläge waren und dies nicht aus mitbestimmungsrechtlichen Erwägungen. Die Gründungsalternativen waren bis auf die Umwandlungsgründung „gesetzt".[203] In den Vorschlägen der Davignon-Kommission wurden zwar die erweiterten Möglichkeiten bei der Holding- und Joint Venture-Gründung ausgelassen. Bereits kurz nach dem Davignon-Bericht waren diese allerdings wieder fester Bestandteil des Gründungskanons, so dass Voranstehendes uneingeschränkt auch für diese gilt.

---

201 Vgl. ABl. C 129 vom 27.04.1998, S. 2.
202 Vgl. *Heinze*, AG 1997, 289 ff.; *Kolvenbach*, NZA 1998, 1323 ff.; *Mävers*, Mitbestimmung der Arbeitnehmer, S. 311.
203 Für die Tochtergründung bestehender SE gilt dies nur unter Einschränkungen.

6. Die Kompromissvorschläge der Ratspräsidentschaften nach *Davignon*

Auf den Davignon-Bericht folgten die Vorschläge verschiedener Ratspräsidentschaften. Diese waren:

- 2. Halbjahr 1997: Luxemburgische Ratspräsidentschaft
- 1. Halbjahr 1998: Britische Ratspräsidentschaft
- (Mai 1998: SE-Ratsentwurf)
- 2. Halbjahr 1998: Österreichische Ratspräsidentschaft
- 1. Halbjahr 1999: Deutsche Ratspräsidentschaft
- 2. Halbjahr 1999: Finnische Ratspräsidentschaft
- 1. Halbjahr 2000: Portugiesische Ratspräsidentschaft
- 2. Halbjahr 2000: Französische Ratspräsidentschaft

a. Der luxemburgische Kompromissvorschlag

Zunächst legte die luxemburgische Präsidentschaft einen Kompromissvorschlag zum Vorschlag einer SE-RL vor, der aber zumindest von Deutschland, Österreich und Schweden abgelehnt wurde, da das Niveau der Mitbestimmung nicht deren Vorstellungen entsprach.[204] Er orientierte sich stark am Davignon-Bericht. Daraus ergab sich auch, dass nur drei mögliche Formen der Gründung (Verschmelzung, Holding, Tochtergesellschaft) zur Verfügung standen. Nicht berücksichtigt wurden die Umwandlungsgründung, die Gründung einer Tochter-SE durch eine bestehende SE und die erweiterten Möglichkeiten bei der Holding- bzw. Joint Venture-Gründung.[205] Wäre es hierbei geblieben, hätte dies eine radikale Verengung des Numerus Clausus und des Mehrstaatlichkeitsprinzips aufgrund mitbestimmungsrechtlicher Erwägungen bedeutet. Dem war aber nicht so, wie die folgenden Vorschläge zeigen. Der luxemburgische Kompromissvorschlag entsprach mit seiner starken Orientierung am Wortlaut des Davignon-Berichts nicht der Realität des politisch Gewollten. Einzuräumen ist allerdings, dass die Umwandlungsgründung nicht als gesetzt angesehen werden kann. Ende 1997 war wohl sowohl der WSA als auch das europäische Parlament einverstanden mit deren Streichung.[206]

Bereits am luxemburgischen Vorschlag wird folgendes deutlich. Zur Lösung der Mitbestimmungsproblematik wurde an den einzelnen Gründungstatbeständen

204 Vgl. *Hopt*, ZIP 1998, 98, 101; FAZ vom 08.10.1997, S. 20; FAZ vom 07.11.1997, S. 18.
205 Vgl. EuroAS 9/1997, S. 119.
206 Vgl. ABl. C 129 vom 27.04.1998, S. 2; EuroAS 11-12/1997, S. 160.

angeknüpft. Die Mitbestimmungsregelungen wurden auf diese zugeschnitten bzw. diesen angepasst. Zeigt sich daher im Fortgang der Kompromissvorschläge, dass die Gründungsmöglichkeiten im Wesentlichen unverändert bleiben, diese also als fest gesetzt anzusehen sind, und dass die Mitbestimmungsregelungen lediglich an den Gründungstatbeständen anknüpfen, es wäre dann nicht Sinn und Zweck des Numerus Clausus und Mehrstaatlichkeitsprinzips die Flucht aus der Mitbestimmung zu verhindern.

b. Der britische Kompromissvorschlag

Der britische Kompromissvorschlag baute auf dem Prinzip freier Verhandlungen und einer Auffangregelung auf. Eingeführt wurde das sog. „Vorher-Nachher-Prinzip".[207] Die Minderung der bisherigen nationalen Mitwirkungsrechte bedurfte eines Beschlusses des sog. „besonderen Verhandlungsgremiums" (nachfolgend „BVG"), welcher eine qualifizierte Zustimmung von mindestens zwei Dritteln erforderte. Die Regelungen liefen auf eine Festschreibung des jeweils am weitestgehenden nationalen Mitbestimmungsmodells innerhalb der an einer Gründung der SE beteiligten Unternehmen hinaus. Im Ergebnis hätte dies dazu geführt, dass stets dann, wenn ein deutsches Unternehmen an der Gründung beteiligt gewesen wäre, das deutsche Mitbestimmungssystem auch für die SE gegolten hätte. Darin wurde eine Diskriminierung deutscher Unternehmen gesehen.[208] Die Vorschläge wurden von der deutschen Wirtschaft abgelehnt. Auch der Zusammenhang mit der 10. RiLi[209] (internationale Verschmelzung) und der 14. RiLi[210] (Sitzverlegung in anderen Mitgliedstaat) ist zu sehen. Die Kommission hatte erklärt, dass sie im Falle einer Einigung über die arbeitsrechtlichen Bestimmungen der SE auf Basis der britischen Vorschläge diese arbeitsrechtlichen Bestimmungen auch in die geplante 14. RiLi aufnehmen werde.[211] Wiederholt zeigt sich, dass eine Entscheidung bei der SE auch unmittelbare Auswirkungen

---

207 Ausführlich: *Heinze* in: Symposion über Information, Konsultation und Mitbestimmung der Arbeitnehmer, S. 85 ff.; *ders.*, ZGR 1999, 54 ff.
208 Vgl. FAZ vom 06.05.1998, S. 20 f.; FAZ vom 06.06.1998, S. 14.
209 Vorschlag einer zehnten Richtlinie des Rates nach Artikel 54 Absatz 3 Buchstabe g) des Vertrages über die grenzüberschreitende Verschmelzung von Aktiengesellschaften, ABl. C 23 vom 25.01.1985, S. 11 ff. Der Vorschlag wurde von der Kommission zurückgezogen, nachdem für die SE auf dem Gipfel von Nizza eine Lösung der Mitbestimmungsproblematik gefunden wurde.
210 Vorentwurf der Kommission für einen Vorschlag für eine Vierzehnte Richtlinie des Europäischen Parlaments und des Rates über die Verlegung des Sitzes einer Gesellschaft in einen anderen Mitgliedstaat mit Wechsel des für die Gesellschaft maßgebenden Rechts, abgedruckt in: ZIP 1997, 1721.
211 *Heinze*, ZGR 1999, 54, 65.

auf andere europäische Projekte gehabt hätte. Dies beeinflusste auch die deutsche Verhandlungsführung. Es wird nicht verwundern, dass diese alles andere als geradlinig bewertet werden kann. Deutschland lehnte den britischen Kompromissvorschlag zusammen mit anderen Delegationen am 4. Juni 1998 ab. Die Bundesregierung trug damit den Interessen der deutschen Wirtschaft Rechnung.[212] Die Ablehnung wurde von deutscher Seite auch damit begründet, dass „in zentralen Punkten (Umwandlung als weiterer Gründungstatbestand für SE und Abstimmungsverfahren) noch zu große Gegensätze vorhanden [sind], um zu einer Einigung zu kommen".[213] Strittig war auch, welche Mehrheiten für Entscheidungen im BVG erforderlich sein sollten. Außerdem bestand Uneinigkeit bzgl. der Auffangregelung und darüber, ob ganz auf Mitbestimmung verzichtet werden kann.[214] Der nachfolgenden österreichischen Präsidentschaft wurden für die zu lösenden Probleme Leitlinien an die Hand gegeben.

Nicht eindeutig ist, ob der britische Kompromissvorschlag die Umwandlungsgründung berücksichtigte. In der Literatur wird beides vertreten.[215] Es kann wohl davon ausgegangen werden, dass die Umwandlungsgründung bei den Beratungen im April 1998 noch nicht, dann aber bei den Beratungen im Juni 1998 berücksichtigt wurde.[216] Sehr interessant ist der nicht veröffentlichte SE-Ratsentwurf der Beratungen vom 18. Mai 1998 (SE-RatsE 1998). Wie bereits dargestellt enthielt dieser alle Gründungsmöglichkeiten des Vorschlags von 1991 mit Ausnahme der vorerst ausgeklammerten Umwandlungsgründung. Das schon zuvor diskutierte Zwei-Jahres-Erfordernis bei der Holding- bzw. Joint Venture-Gründung wurde eingeführt. Ein Bezug zur Mitbestimmungsproblematik konnte nicht ausfindig gemacht werden. Da hinsichtlich der Mitbestimmungsproblematik ansonsten alles schriftlich dokumentiert ist, kann die Änderung nicht auf diesem Punkt beruhen. Wichtig ist festzuhalten, dass bis auf die Umwandlungsgründung alle Gründungsmöglichkeiten enthalten sind. Die Vorschläge des Davignon-Berichts bzw. des luxemburgischen Kompromissvorschlages, die die strenge Mehrstaatlichkeit voraussetzten und die sekundäre Gründung ausklammerten, waren offensichtlich politisch nicht gewollt. Die verabschiedete SE-VO enthält unter Einschluss der Umwandlungsgründung ebenfalls alle Gründung-

---

212 *Heinze* in: Symposion über Information, Konsultation und Mitbestimmung der Arbeitnehmer, S. 95.
213 Vgl. EuroAS 6/1998, S. 66 f.
214 *Schwarz*, Europäisches Gesellschaftsrecht, S. 704 Rdnr. 1222; FAZ vom 06.06.1998, S. 14.
215 Contra: *Heinze*, ZGR 1999, 54, 65; *Herfs-Röttgen*, NZA 2001, 424, 426; pro: *Kolvenbach*, NZA 1998, 1323, 1325; *Mävers*, Mitbestimmung der Arbeitnehmer, S. 384.
216 Hierfür sprechend: EuroAS 5/1998, S. 50 und EuroAS 6/1998, S. 66 f.; *Mävers*, Mitbestimmung der Arbeitnehmer, S. 384; FAZ vom 06.05.1998, S. 104.

formen. Folglich ist bewiesen, dass die Gründungsmöglichkeiten mit Ausnahme der Umwandlungsgründung gesetzt waren.

c. Der österreichische Kompromissvorschlag

Die österreichische Präsidentschaft hat sich mit großem Engagement der SE angenommen, so *Heinze*.[217] Auf der ersten Ratsitzung am 27. Oktober 1998 wurde deren Vorschlag als gute Ausgangsbasis begrüßt, um auf der Ratssitzung am 2. Dezember 1998 zu einer politischen Einigung zu kommen. Der Leiter der deutschen Delegation, Staatssekretär Dr. *Tegtmeier*, hob hervor, „dass im Rahmen eines Gesamtkompromisses bei entsprechender Absicherung gegen Missbrauch, d.h. keine Flucht aus der Mitbestimmung, auch die Umwandlung als neue Gründungsform akzeptabel [sei]."[218] Es ist daher anzunehmen, dass die Umwandlungsgründung in den Vorschlägen zur Diskussion gestellt war. Bereits in der Sitzung vom 18. Mai 1998 hatte u.a. Irland gefordert, diese Gründungsmöglichkeit aufzunehmen. *Heinze* zu Folge wurde „auf der Sitzung am 2. Dezember 1998 die Umwandlung in Form des Rechtsformwechsels wieder zugelassen".[219] *Heinze* wird so zu verstehen sein, dass diese Gründungsvariante zu diesem Zeitpunkt außer Streit gestellt wurde. Demnach muss der vorliegende Vorschlag derart ausgestaltet gewesen sein, dass die Umwandlungsgründung mehrheitsfähig war, also auch Deutschland zustimmen konnte. Diese Schlussfolgerung wird durch die Aussagen *Fischers* aus dem Bundesministerium für Arbeit und Soziales bestätigt. Ihr zufolge war die Umwandlungsgründung aufgrund der großen Gefahr der Flucht aus der Mitbestimmung lange undenkbar. Deutschland habe deshalb in den Verhandlungen bei dieser Gründungsform immer auf einen unfassenden Schutz der Mitbestimmungsrechte bestanden.[220] Die Zustimmung zu deren Einbeziehung setze voraus, dass Mitbestimmungsrechte in der SE gewahrt blieben und auch durch eine Sitzverlegung nicht gemindert werden könnten. Da eine Einigung hinsichtlich des Gesamtprojekts SE auf der Sitzung am 2. Dezember 1998 nur am Widerstand Spaniens scheiterte, steht fest, dass die Umwandlungsgründung nun gesetzt war.[221] Folglich ist zu konstatieren, dass die Zulassung der Umwandlungsgründung sehr eng mit der Angst vor der Flucht aus

---

217 *Heinze* in: Symposion über Information, Konsultation und Mitbestimmung der Arbeitnehmer, S. 85, 95.
218 Vgl. EuroAS 11-12/1998, S. 126.
219 *Heinze* in: Symposion über Information, Konsultation und Mitbestimmung der Arbeitnehmer, S. 85, 95.
220 *C. Fischer* in: Symposion über Information, Konsultation und Mitbestimmung der Arbeitnehmer, S. 101, 105.
221 Vgl. EuroAS 11-12/1998, S. 130; *Pluskat*, DStR 2001, 1483, 1484.

der Mitbestimmung verknüpft ist. Ein solcher Zusammenhang besteht bei allen anderen Gründungsmöglichkeiten nicht. Dem Numerus Clausus und dem Mehrstaatlichkeitsprinzip kann folglich insgesamt nicht der Sinn und Zweck zugeschrieben werden, sie sollten die Flucht aus der Mitbestimmung verhindern.

d. Die weiteren Verhandlungen bis zum „Wunder von Nizza"

Der Streit drehte sich letztlich noch um die Schwellenwerte. Eine Differenzierung der Schwellenwerte je nach Gründungsalternative wollte der spanische Arbeitsminister nicht hinnehmen. Die Differenzierung sollte *Fischer* zu Folge einen Kompromiss über die kontrovers angesetzten Prozentsätze erleichtern.[222] Die Fusion wurde wie bereits dargestellt als die mitbestimmungsrechtlich problematischere Gründungsform angesehen, weil die Gründungsgesellschaften untergingen. Hingegen blieben die Gründungsgesellschaften bei der Holding- und Joint Venture-Gründung bestehen und damit die nationale Mitbestimmung. Deshalb wurde bei der Fusion ein höheres Schutzniveau durch niedrigere Schwellenwerte für erforderlich gehalten.[223] Ohne die Mitbestimmungsregelungen hier im Einzelnen darstellen zu können, wird ersichtlich, dass diese an die einzelnen Gründungsmöglichkeiten angeknüpft wurden. Die politische Einigung wurde letztlich auf dem Gipfel des Europäischen Rates am 20. Dezember 2000 in Nizza erzielt. *Hirte* spricht diesbezüglich vom „Wunder von Nizza".[224]

7. Das verabschiedete Statut

Bezeichnenderweise lautet das maßgebliche Wort nach Verabschiedung des Statuts in der Literatur „Anknüpfung".[225] Die gesellschaftsrechtliche Anknüpfung der SE-RL bestehe zunächst in den Gründungsformen, schreibt *Kleinsorge*. Mit der heutigen Abstufung der Mitbestimmungsregelungen trägt die SE-RL der bei den jeweiligen gesetzten Gründungstatbeständen unterschiedlich hoch bewer-

---

222 *C. Fischer* in: Symposion über Information, Konsultation und Mitbestimmung der Arbeitnehmer, S. 101, 108.
223 Vgl. *C. Fischer* in: Symposion über Information, Konsultation und Mitbestimmung der Arbeitnehmer, S. 101, 108; *Mävers*, Mitbestimmung der Arbeitnehmer, S. 424; *Heinze* in: Symposion über Information, Konsultation und Mitbestimmung der Arbeitnehmer, S. 85, 97; wobei letztere beiden die Begründung kritisch bewerten. Sie trägt auch nicht.
224 *Hirte*, NZG 2001, 1 f.
225 Wenn auch nicht immer wörtlich. Vgl. *Herfs-Röttgen*, NZA 2001, 424, 425; *Kleinsorge*, RdA 2002, 343, 346; *Oetker*, BB-Special 1/2005, 2, 4.

teten Gefahr, durch die Gründung einer SE der Mitbestimmung entfliehen zu können, Rechnung.

Wie bereits dargestellt, wurde der Zusammenhang zwischen dem Numerus Clausus bzw. Mehrstaatlichkeitsprinzip und der Flucht aus der Mitbestimmung erst in der Zeit nach dem Davignon-Bericht hergestellt.[226] Auswirkungen haben sich aber einzig und allein bei der Umwandlungsgründung ergeben. Es besteht ein direktes Abhängigkeitsverhältnis zwischen der Einigung über die Zulassung der Umwandlungsgründung und der Ausgestaltung der korrespondierenden mitbestimmungsrechtlichen Regelungen.[227] Dieses Abhängigkeitsverhältnis ist bei allen anderen Gründungmöglichkeiten nicht gegeben. Hier wurden die mitbestimmungsrechtlichen Regelungen im Nachgang auf die jeweiligen Gründungsvarianten zugeschnitten.

8. Zusammenfassende Stellungnahme

Die Frage des Zugangs und die Frage der Mitbestimmung werden vor 1970 von nahezu allen Autoren stets getrennt erörtert. Der Numerus Clausus und das Mehrstaatlichkeitsprinzip waren seit dem ersten Vorschlag von 1970 Bestandteil des Statuts. 1970 war die Umwandlungsgründung nicht enthalten. Aus der Entwurfsbegründung ergibt sich eindeutig, dass dies nichts mit der Mitbestimmungsproblematik zu tun hat. Aus deutscher Sicht konnte es auch zu keiner Flucht aus der Mitbestimmung bei der Gründung kommen. Im Hinblick auf die Vorschläge von 1970 und 1975 wird in der Literatur kein Zusammenhang zwischen Numerus Clausus bzw. Mehrstaatlichkeitsprinzip und der Flucht aus der Mitbestimmung hergestellt. Seit dem Vorschlag von 1989 bestand keine einheitliche Mitbestimmungsregelung mehr. Kritisiert wurde am eingeführten Optionsmodell, dass dieses die Flucht aus der Mitbestimmung ermögliche. Dass Thema Flucht aus der Mitbestimmung wurde mit seinen unterschiedlichen Facetten mehr und mehr diskutiert; allerdings ohne dabei einen Zusammenhang mit den Gründungsbeschränkungen herzustellen. 1990/1991 sprachen sich sowohl Europäisches Parlament als auch WSA für eine Lockerung der Zugangsbeschränkungen aus. Im gleichen Zuge hielten sie den Schutz erworbener Mitbestimmungsrechte hoch. Es erscheint somit schwierig, den Sinn und Zweck des Numerus Clausus bzw. Mehrstaatlichkeitsprinzips in der Verhinderung der Flucht aus der Mitbestimmung zu sehen. Der liberale VO-Vorschlag von 1991

---

226 Vgl. *C. Fischer*, Symposion über Information, Konsultation und Mitbestimmung der Arbeitnehmer, S. 101 ff.
227 Einschließlich der weiteren Schutzregelungen.

enthielt die Umwandlungsgründung und die Möglichkeit der Sitzverlegung. Bis zum Erstarren der Debatte in der Literatur im Jahre 1993 wird kein Zusammenhang der Problemkreise bzw. keine Verknüpfung hergestellt. Der Davignon-Bericht berücksichtigte die Umwandlungsgründung nicht und führte die Idee der Verhandlungslösung mit Auffangregelung ein. Die Politik und Teile der Literatur stellen hiernach einen Zusammenhang zwischen den Gründungstatbeständen und der Gefahr der Flucht aus der Mitbestimmung her. Tatsache ist allerdings, dass die Gründungstatbestände bis auf die Umwandlungsgründung gesetzt waren. Bereits seit langem und nicht aus mitbestimmungsrechtlichen Erwägungen waren sie Teil der VO-Vorschläge. Die folgenden Kompromissvorschläge der Ratspräsidentschaften knüpften zur Lösung der Mitbestimmungsproblematik an den Gründungstatbeständen an. Die einzelnen Regelungen wurden auf diese jeweils zugeschnitten. Von deutscher Seite wurde signalisiert, dass die Aufnahme der Umwandlungsgründung bei entsprechender Absicherung gegen eine Flucht aus der Mitbestimmung akzeptiert werde. Spätestens seit der Sitzung vom 2. Dezember 1998 kann auch diese Gründungsform als gesetzt angesehen werden. Die Zulassung der Umwandlungsgründung ist folglich eng mit der Angst vor der Flucht aus der Mitbestimmung verknüpft. Bei allen anderen Gründungsmöglichkeiten besteht ein solcher Zusammenhang hingegen nicht. Die abweichende gesetzeshistorische Geschichte der Umwandlungsgründung führt nicht dazu, dass dem Numerus Clausus bzw. Mehrstaatlichkeitsprinzip insgesamt der Sinn und Zweck zugeschrieben werden kann, diese sollten die Flucht aus der Mitbestimmung verhindern. Ein Blick auf EWIV und SPE bekräftigt dieses Ergebnis. So sieht die EWIV-VO ebenfalls ein Mehrstaatlichkeitsprinzip vor, obwohl dort eine Flucht aus der Mitbestimmung nicht stattfinden kann. Beschäftigt werden dürfen nur 500 Arbeitnehmer und es gilt ohnehin nationales Recht. Bei der SPE findet sich in der Literatur vor und nach dem Kommissionsvorschlag von 2008 keine Problematisierung der Flucht aus der Mitbestimmung im Zusammenhang mit dem Mehrstaatlichkeitsprinzip. Thematisiert wird das Mehrstaatlichkeitsprinzip immer nur zur Verhinderung einer Konkurrenz zu nationalen Gesellschaftsformen (GmbH) und unter dem Gesichtspunkt der Subsidiarität bzw. der Gemeinschaftskompetenz.

9.   Widerlegung von *Oechslers* Thesen

Vor allem *Oechsler* ist zuzuschreiben, dass heute vielfach fälschlicherweise angenommen wird, Hauptzweck des Numerus Clausus bzw. Mehrstaatlichkeitsprinzips sei es die Flucht aus der Mitbestimmung zu verhindern (These 1). Mit Einführung des Vorher-Nachher-Prinzips sei dieser Zweck entfallen (These 2).

Oechslers Thesen stehen im Widerspruch zu dem soeben gefundenen Ergebnis.[228]

a. Widerlegung von *Oechslers* erster These

Nach *Oechsler* ist der Numerus Clausus nicht in den Vorschlägen von 1970 und 1975, sondern erst in den Art. 2 und 3 des Vorschlags von 1989 enthalten. Die Umwandlungsgründung sei 1989 nicht enthalten gewesen, sondern erst 1991 aufgenommen worden. Dass sich ein ähnliches Zögern nach dem Davignon-Bericht von 1997 wiederholt habe, lasse deshalb Rückschlüsse zu. Der Bericht schreibe den Numerus Clausus unter Auslassung der Umwandlungsgründung fort. Maßgeblich für das Zögern sei in beiden Fällen die Befürchtung gewesen, dass sich eine AG durch schlichten Formwechsel zu leicht der deutschen Mitbestimmung entziehen könnte. Hieraus zieht *Oechsler* dann den Schluss, dass „der Zweck des Numerus-Clausus-Prinzips in der Verhinderung einer Umgehung der nationalen Regelungen über die Unternehmensmitbestimmung durch Gründung einer SE" liege.[229]

Oechsler versucht seine These mit etlichen Verweisen auf andere Autoren zu untermauern.[230] Allerdings lässt sich den zitierten Stellen mit vielleicht einer Ausnahme sein Ansatz nicht entnehmen.[231] Außer Zweifel steht auch, dass der Numerus Clausus bereits im VO-Vorschlag von 1970 enthalten war. Wenn Oechsler ausführt, man könne Rückschlüsse daraus ziehen, dass auf die Umwandlungsgründung 1989 wie 1997 verzichtet wurde, ist ihm zu widersprechen. Den Begründungen der Vorschläge von 1989 bzw. 1970 lässt sich entnehmen, dass die Umwandlungsgründung aus Gründen der Rechtssicherheit und der technischen Erleichterung nicht berücksichtigt wurde.[232] 1970 hängt dies mit dem damals noch strengen Mehrstaatlichkeitsprinzip zusammen. Die Kontrolle, ob Niederlassungen in einem anderen Mitgliedstaat ausreichend im Sinne des Statuts sind, hätte vom EuGH (damals zuständig für Gründungsprüfung) nicht erbracht werden können.[233] 1989 lautet die Begründung identisch, allerdings war die Gründungsprüfung inzwischen Sache der Mitgliedstaaten. Sie blieb deshalb

---

228 *Oechsler*, NZG 2005, 697 ff.; *ders.* in: MüKo, AktG, Art. 2 SE-VO Rdnr. 2 ff.
229 Dies ist nach *Oechsler* auch der Zweck des Mehrstaatlichkeitsprinzips, vgl. *Oechsler* in: MüKo, AktG, Art. 2 SE-VO Rdnr. 6.
230 *Oechsler* in: MüKo, AktG, Art. 2 SE-VO Rdnr. 9 FN. 9.
231 Lediglich *Kübler* mag in *Oechslers* Richtung gehen. Vielleicht drückt er sich auch nur missverständlich aus. Vgl. *Kübler*, ZHR 167 (2003), 222, 226.
232 Vgl. BT-Drucks. 11/5427, S. 4; BT-Drucks. 6/1109, S. 6.
233 BT-Drucks. 6/1109, S. 6.

unverändert, weil der Formwechsel in vielen Mitgliedstaaten unbekannt war. Die technisch anmutenden Begründungen von 1970 bzw. 1989 haben also im Gegensatz zu den Verhandlungen nach Davignon nachweislich nichts mit der Mitbestimmungsproblematik zu tun.

b. Widerlegung von *Oechslers* zweiter These

Nach *Oechslers* zweiter These sind die Gründe für die Einführung des Numerus Clausus und Mehrstaatlichkeitsprinzip nachträglich entfallen. In einem ersten Schritt führt *Oechsler* aus, der Numerus Clausus habe bei seiner Einführung im Jahr 1989 noch einen Ausgleich für die damals vorgesehene Mitbestimmungsregelung schaffen sollen. Der Numerus Clausus sollte der deutschen Seite dieses Mitbestimmungskonzept durch die Erschwerung des Zugangs schmackhaft machen, so *Oechsler*. Die Kommission habe am Numerus Clausus auch nach dem Davignon-Bericht festgehalten, weil das zur Diskussion gestellte (neue) Mitbestimmungsmodell aus Sicht mancher Staaten deutlich unter dem Niveau von deren nationaler Mitbestimmung geblieben wäre. *Oechsler* stellt im zweiten Schritt fest, dass heute aufgrund des Vorher-Nachher-Modells das deutsche Mitbestimmungsrecht bei Beteiligung einer deutschen Gründungsgesellschaft stets Anwendung findet. Daraus folgert er im dritten Schritt, dass sich der Normzweck des Numerus Clausus und des Mehrstaatlichkeitsprinzips somit erledigt habe und es keiner Beschränkung des Zugangs mehr bedürfe.

Oechsler kann aus folgenden Gründen nicht gefolgt werden. Erstens war der Numerus Clausus bereits im Entwurf von 1970 angelegt.[234] Zweitens diente der Numerus Clausus in keiner Weise der Begrenzung des Zugangs, um der deutschen Seite die Zustimmung zur vorgesehenen Mitbestimmungsregelung „schmackhaft zu machen". Er existierte ja bereits, bevor überhaupt an dieses Mitbestimmungskonzept gedacht wurde. Drittens kann *Oechsler* seine Aussage auch hier nicht mit überzeugenden Zitaten unterlegen. Bereits sein Ansatz ist verfehlt. Sowohl der Numerus Clausus in seiner Gesamtheit als auch das Mehrstaatlichkeitsprinzip haben nicht den Zweck die Flucht aus der Mitbestimmung zu verhindern. Folglich ist deren Normzweck auch nicht aufgrund der heutigen Mitbestimmungsregelung obsolet geworden.

---

234 Vgl. nur *Schwarz*, SE-VO, Art. 2 SE-VO Rdnr. 4 f.

10. Ergebnis

Der Sinn und Zweck von Numerus Clausus und Mehrstaatlichkeitsprinzip besteht nicht darin, eine mögliche Flucht aus der Mitbestimmung zu verhindern.

VIII. Gesamteuropäisches Konzept

Als europäische Rechtsform verabschiedet sind die Europäische wirtschaftliche Interessenvereinigung (EWIV), die Europäische Aktiengesellschaft (SE) und die Europäische Genossenschaft (SCE). Verordnungsvorschläge liegen für den Europäischen Verein (EUV)[235], die Europäische Gegenseitigkeitsgesellschaft (EUGGES)[236] und die Europäische Privatgesellschaft (SPE) vor. Bei der Gründung dieser Rechtsformen ist mit Ausnahme des Kommissionsvorschlags zur SPE stets ein Mehrstaatlichkeitsprinzip zu beachten, das allerdings jeweils verschieden ausgestaltet ist.[237] Nahezu alle dieser Rechtsformen unterliegen einem ebenfalls sehr unterschiedlich ausgestalteten Numerus Clausus.[238] Es stellt sich somit die Frage, ob die Gründungsbeschränkungen mit einem gesamteuropäischen Konzept bzw. gesamteuropäischen Prinzip begründet werden können.

1. Vergleich der Zugangsbeschränkungen der einzelnen Rechtsformen

Teile der Literatur verneinen die Existenz eines gesamteuropäischen Konzepts, obwohl eine gewisse Regelhaftigkeit nicht geleugnet werden kann.[239] Erkennbar ist eine Anlehnung an die Regelungen der SE-Vorschläge. Der europäische Gesetzgeber orientierte sich an Art. 2 SE-VO in der zum jeweiligen Zeitpunkt aktuellen Fassung. In der einzelnen Ausgestaltung der Gründungsbeschränkungen ergeben sich aber große Unterschiede.

---

235 Vorschlag für eine Verordnung (EWG) des Rates über das Statut des Europäischen Vereins, ABl. C 99 vom 21.04.1992, S. 1 ff. bzw. Geänderter Vorschlag für eine Verordnung (EWG) des Rates über das Statut des Europäischen Vereins, ABl. C 236 vom 31.08.1993, S. 1 ff.
236 Vorschlag für eine Verordnung des Rates über das Statut der Europäischen Gegenseitigkeitsgesellschaft, ABl. C 99 vom 21.04.1992, S. 40 ff.; Geänderter Vorschlag für eine Verordnung (EWG) des Rates über das Statut der Europäischen Gegenseitigkeitsgesellschaft, ABl. C 236 vom 31.08.1993, S. 40 ff.
237 Zwar enthält der Kommissionsvorschlag zur SPE kein Mehrstaatlichkeitsprinzip. Das Europäische Parlament besteht aber auf ein solches und hat die Kommission zur Änderung ihres Vorschlages aufgefordert.
238 Ausführlich hierzu *Schwarz*, SE-VO, Art. 2 SE-VO Rdnr. 9.
239 *Casper*, AG 2007, 97, 99.

Im Vergleich zur SE ist der Numerus Clausus bei der SCE liberaler ausgestaltet und bei der EWIV besteht gar keiner. Erklären lassen sich die Unterschiede nicht. Unklar ist auch, warum bei der Umwandlung in eine SCE eine Niederlassung in einem anderen Mitgliedstaat ausreicht. Bei der SE wurde die Umwandlungsgründung nur unter strengeren Voraussetzungen, bspw. dem Halten einer Tochtergesellschaft, zugelassen. Dieser Unterschied ist gerade auch unter dem Gesichtspunkt der Verhinderung der „Flucht aus der Mitbestimmung" interessant. Verwendet man letzteres Anliegen als Begründung für die restriktive Zulassung der Umwandlungsgründung bei der SE, ist unklar, warum bei der SCE eine Lockerung stattfand. Schließlich gelten das DrittelbG und das MitbestG auch bei Genossenschaften und es gibt durchaus zahlreiche Genossenschaften, deren Arbeitnehmerzahlen die 500er bzw. 2000er Schwelle übersteigen.[240] Auch weitere Divergenzen sind nicht erklärbar. So hält es *Casper* wie *Habersack* nicht für konsequent, wenn eine SCE anders als eine SE im Wege der Bargründung durch natürliche Personen errichtet werden kann.[241]

Überhaupt nicht vergleichbar ist der Kommissionsvorschlag zur SPE, der keine Zugangsbeschränkungen kennt.[242] Auch wenn aktuell seitens des Europäischen Parlaments ein grenzüberschreitender Bezug gefordert wird und ein Mindestkapital von EUR 1,00 nicht mehr generell ausreichend sein soll, verbleibt es hierbei. Das Europäische Parlament orientiert sich nicht im Ansatz an Art. 2 SE-VO.[243] Ein Numerus Clausus ist nicht vorgesehen und der geforderte grenzüberschreitende Bezug hat mit dem Mehrstaatlichkeitsprinzip nichts gemein.

Bezieht man die älteren Gesetzesvorhaben mit ein, ergeben sich weitere Erkenntnisse. Die EUV-Vorschläge enthalten sowohl einen Numerus Clausus als auch ein Mehrstaatlichkeitsprinzip. Unverständlich ist, dass der SE-Vorschlag von 1991 bei der Umwandlungsgründung liberaler war, als dies beim EUV-Vorschlag von 1992 der Fall ist. So bedurfte es neben einer Niederlassung im Ausland zusätzlich des Nachweises einer „länderübergreifenden Tätigkeit".[244] Dieses zusätzliche Erfordernis wurde im geänderten EUV-Vorschlag von 1993 wieder gestrichen. Nicht gestrichen wurde es hingegen bei der Umwandlungsgründung im EUGGES-Vorschlag von 1993.[245] Waren die Umwandlungsgrün-

---

240 Bspw. coop eG.
241 *Casper*, AG 2007, 97, 99; *Habersack*, Europäisches Gesellschaftsrecht, § 12 Rdnr. 14.
242 Vgl. BR-Drucks. 479/08, S. 5.
243 Vgl. die Entschließung des Europäischen Parlaments vom 10. März 2009 zu dem Vorschlag für eine Verordnung des Rates über das Statut der Europäischen Privatgesellschaft, P6_TA(2009)0094.
244 Vgl. ABl. C 99 vom 21.04.1992, S. 3.
245 Vgl. ABl. C 236 vom 31.08.1993, S. 42.

dung des EUV und der EUGGES 1992 noch vergleichbar geregelt, kann dies für die Vorschläge von 1993 überhaupt nicht mehr festgestellt werden. Gründe für diese unterschiedliche Statuierung sind, auch unter Berücksichtigung der unterschiedlichen Arten zu regelnder Rechtsformen, nicht ohne weiteres erkennbar.[246] Für die SCE wurde das vergleichbare Erfordernis einer „tatsächlichen und echt länderübergreifenden Tätigkeit" gefordert und im geänderten Vorschlag von 1993 beibehalten.[247] Die Umwandlungsregelung der verabschiedeten SCE-VO lehnt sich hingegen an Art. 2 Abs. 4 SE-VO an.[248] Festzuhalten ist, dass die Umwandlungsgründung der 1992 vorgestellten Verordnungsvorschläge zum EUV bzw. zur SCE sowie EUGGES ähnlich geregelt war. In den geänderten Vorschlägen von 1993 sind hingegen drei vollkommen unterschiedliche Regelungen zu finden.

Rätselhaft ist zudem die unterschiedliche Zulassung von natürlichen Personen als Gründer im Rahmen der jeweiligen Numerus Clausus-Regelungen. Es mag noch nachvollziehbar sein, warum in den ersten VO-Vorschlägen zur SE natürliche Personen ausgeschlossen wurden. Das ohnehin schon komplizierte Statut sollte nicht noch durch die Zulassung natürlicher Personen weiter verkompliziert werden. Nachvollziehbar ist auch, dass beim EUV natürliche Personen gründungsberechtigt sind.[249] Dass ein Verein vorrangig von natürlichen Personen gegründet wird, liegt auf der Hand. Nicht verständlich ist hingegen, dass diese Möglichkeit bei der EUGGES im ersten Vorschlag nicht, im zweiten dann aber doch zugelassen wurde. Dieser Zick-Zack-Kurs lässt sich nicht erklären. Auch bei der SCE war die Gründung durch natürliche Personen erst im geänderten Vorschlag von 1993 zugelassen worden. Im Gegensatz hierzu wurde bei der EWIV bereits 1985 auf Einschränkungen im Hinblick auf die Gründer verzichtet.[250] Betrachtet man jede Rechtsform für sich, wird deutlich, dass die jeweiligen Numerus Clausus-Regelungen immer liberaler wurden. Hierbei handelt es sich allerdings um eine allgemeine rechtspolitische Entwicklung. Versucht man die Numerus Clausus-Regelungen in einen Gesamtzusammenhang in zeitlicher Hinsicht zu setzen, lässt sich, wie gezeigt, keine klare Linie erkennen. Von einem gesamteuropäischen, gleichsam abgestimmten Konzept, kann nicht die Rede sein.

---

246 Möchte man dies mit Mitbestimmungsgesichtspunkten (unterschiedliche Anforderungen, um die Flucht aus der Mitbestimmung zu verhindern) begründen, ist dem zu widersprechen, da die Richtlinienvorschläge zum EUV und zur EUGGES nahezu identisch sind.
247 Vgl. ABl. C 99 vom 21.04.1992, S. 21 und ABl. C 236 vom 31.08.1993, S. 22.
248 Vgl. ABl. L 207 vom 18.08.2003, S. 4.
249 Diese Gründungsmöglichkeit bestand schon im ersten Vorschlag von 1992.
250 *Schwarz* ist zuzustimmen, dass die EWIV-VO keinen Numerus Clausus der Gründungsformen vorsieht, *Schwarz*, SE-VO, Art. 2 SE-VO Rdnr. 9.

2. Ergebnis

Numerus Clausus und Mehrstaatlichkeitsprinzip können nicht mit einem gesamt-europäischen Konzept begründet werden. Ähnliche Regelungsmechanismen sind zu erkennen, dahinter ist aber kein in sich schlüssiges Konzept zu sehen.

IX. Zusammenfassung der Ergebnisse zu den Begründungsansätzen und Schlussfolgerungen

Als Sinn und Zweck des Numerus Clausus und des Mehrstaatlichkeitsprinzips werden verschiedene Ansätze vorgebracht. Die Großzahl dieser Begründungs-versuche ist unzutreffend.

1. „Politische Machbarkeiten"

Die historische Entwicklung des Vorhabens zeigt, dass eine Chance für dessen politische Realisierung nur bei Beschränkung des Zugangs bestand. Es musste ein kleinster gemeinsamer Nenner gefunden werden. Deshalb wurde der Anwen-dungsbereich anhand wirtschaftlicher Tatbestände konkretisiert, die die Grund-lage für die Zugangsbeschränkungen waren. Ihnen ist zuzuschreiben, dass in diversen strittigen Punkten ein Übereinkommen erzielt werden konnte.

2. Konkurrenzthese

Neben der Subsidiaritäts-/Kompetenzfrage ist die Konkurrenzthese der wichtig-te Begründungsstrang. Gefordert wurde ein unterschiedlicher Anwendungsbe-reich für die nationalen Rechtsformen einerseits und die SE andererseits. Gesell-schaften, für die die nationalen Gesellschaftsformen ausreichend sind, soll der Zugang zur SE nicht eröffnet sein. Zu vermeiden ist, dass sich potentielle Grün-der des Statuts nur zur Entledigung von strengeren gesellschaftsrechtlichen Vor-schriften der Mitgliedstaaten bedienen. Numerus Clausus und Mehrstaatlich-keitsprinzip sind auch in der Lage solche Tendenzen bis zu einem gewissen Grade zu verhindern. Für die anwaltliche Beratungspraxis stellen sie eine Hürde dar, wenn bspw. eine GmbH ohne mehrere Zwischenschritte in das Rechtskleid der SE schlüpfen möchte. Natürlich gibt es Umgehungsmöglichkeiten, doch kosten diese Zeit und Geld, bieten Konfliktpotential und sind nicht immer rechtssicher.

Numerus Clausus und Mehrstaatlichkeitsprinzip sind nach wie vor mit der Konkurrenzthese zu begründen. Insofern ist auch *Casper* zu widersprechen, dem zufolge das Ziel, nationalen Gesellschaften keine Konkurrenz zu machen, in der Praxis zu keinem Zeitpunkt zu erreichen gewesen wäre.[251] Zwar kann man sich durch Gestaltungen fast immer der Rechtsform der SE bedienen. Entscheidend ist aber, ob sich dies vollkommen unproblematisch oder eben doch nur unter Überwindung von Hindernissen erreichen lässt. Letzteres ist der Fall. Unzweifelhaft wird jedenfalls die Rechtssicherheit ein nicht zu unterschätzender Aspekt jeder unternehmerischen Entscheidung sein. Zu bedenken gilt es auch, dass gerade diejenigen Unternehmen, welche vom Statut abgehalten werden sollen, wohl nicht über die erforderlichen Ressourcen für die Gestaltungsvarianten und die damit einhergehende Rechtsberatung verfügen. Wenn bereits Mittelständler nicht bereit sind, Großkanzleistundensätze zu bezahlen, diesen aber das Statut laut Erwägungsgründen offen steht, so wird dies Kleinstunternehmen in aller Regel schon gar nicht möglich sein. Dass das Mehrstaatlichkeitsprinzip relativ einfach zu umgehen ist, war allen Beteiligten seit langem klar. Es stellt in der Tat eine lediglich formale Hürde dar, deren Überwindung gleichwohl gewisser Anstrengungen bedarf.

3. Exklusivitätsthese bzw. Erfordernis europaweiter Betätigung

Nicht als Begründung geeignet ist die Exklusivitätsthese bzw. das Erfordernis europaweiter Betätigung. Damit sind über die in Art. 2 SE-VO statuierten Tatbestände hinausgehende Anforderungen gemeint. Solche Kriterien, die eine europaweite Betätigung der Gründungsgesellschaften nachweisen, wurden in der Literatur immer wieder diskutiert. Sie fanden aber keinen Eingang in die SE-VO. Im Gesetzgebungsprozess haben sich die internationalen Sachverhalte durchgesetzt. Mit diesen lässt sich nur die Konkurrenz-, nicht aber die Exklusivitätsthese bzw. das Erfordernis europaweiter Betätigung stützen.

4. Gebot der Firmenwahrheit

Auch mit dem Gebot der Firmenwahrheit lassen sich Numerus Clausus und Mehrstaatlichkeitsprinzip nicht begründen. Vor 1970 war dies kein zentrales Motiv der Diskussion. In den Erwägungsgründen und Begründungen der folgenden Vorschläge finden sich keine Hinweise, die diesen Begründungsversuch

---

251 *Casper* in: Spindler/Stilz, AktG, Art. 2, 3 SE-VO Rdnr. 3; *ders.*, AG, 2007, 97, 98.

stützen. Es fehlt schlichtweg an einem Beleg. Erst um 1990 wurde dieser Begründungsstrang in der Literatur teilweise im Zusammenhang mit dem Mehrstaatlichkeitsprinzip wieder diskutiert. Hervorzuheben ist, dass auch hier keiner der Autoren einen Beleg erbringen kann. Inhaltlich überzeugt der Ansatz ebenfalls nicht, da nach der Verkehrsauffassung nicht der Rechtsformzusatz, sondern die eigentliche Firma den Umfang des Unternehmens beschreibt. Die Behandlung (sonstiger) Firmenzusätze wie „Europa, europäisch" ist auf den Rechtsformzusatz nicht übertragbar.

5. Unternehmensgröße

Namentlich *Hommelhoff* überlegt, ob sich aus dem 13. Erwägungsgrund der SE-VO ein Begründungsansatz ergibt. Die These, wonach das Statut nur Gesellschaften einer gewissen Mindestgröße offen stehen soll, verwirft er selbst umgehend wieder. Aus den Gesetzesmaterialien ergibt sich zweifelsfrei, dass der Zugang auch für KMUs gegeben sein soll. Dies manifestiert sich u.a. in den Erweiterungen der Gründungsmöglichkeiten im VO-Vorschlag von 1991. Heute ist es nachweislich nicht Sinn und Zweck, nur Großunternehmen Zugang zur SE zu gewähren. Ob dies ursprünglich ein Gedanke war, kann dahinstehen, da die rechtsgeschichtliche Entwicklung insoweit jedenfalls überholt wäre.

6. Subsidiaritätsaspekte

Gemeinschaftskompetenz und Subsidiaritätsprinzip werden ebenfalls als Begründung in Ansatz gebracht. Zum einen wird der gesamte ex Art. 5 EGV (heute Art. 5 EUV) herangezogen, zum anderen die Ermächtigungsgrundlage des ex Art. 308 EGV (heute Art. 352 AEUV). Teilweise wird auch nur ex Art. 5 Abs. 2 EGV (heute Art. 5 Abs. 3 EUV) angeführt. Im Ergebnis ergibt sich die Gemeinschaftskompetenz über ex Art. 308 EGV (heute Art. 352 AEUV) unabhängig vom Mehrstaatlichkeitsprinzip. Auf die Existenz des Letzteren kommt es auch im Rahmen der Prüfung des ex Art. 5 Abs. 2 EGV (heute Art. 5 Abs. 3 EUV) nicht an. Die Prüfung des Übermaßverbotes, welches in ex Art. 5 Abs. 3 EGV (heute Art 5 Abs. 4 EUV) verortet ist, ergibt, dass die SE-VO ohne Mehrstaatlichkeitsprinzip unverhältnismäßig sein kann. Dabei ist hervorzuheben, dass das Mehrstaatlichkeitsprinzip nur eine Beschränkung von vielen ist. Die ersatzlose Aufgabe dieses „Beschränkungsbausteins" kann die Waagschale allerdings in Richtung Unverhältnismäßigkeit ausschlagen lassen. Mehrstaatlichkeitsprinzip und Numerus Clausus lassen sich somit mit dem Subsidiaritätsaspekt der

Verhältnismäßigkeit (ex Art. 5 Abs. 3 EGV, heute Art. 5 Abs. 4 EUV) begründen. Es ist Sinn und Zweck der Zugangsbeschränkungen, ein Tätigwerden der Gemeinschaft zu ermöglichen. Anstelle des Numerus Clausus und des Mehrstaatlichkeitsprinzips wären aber auch andere Beschränkungen denkbar. Gründungsbeschränkungen, noch dazu mit grenzüberschreitendem Element sind nicht zwingend.

7. Verhinderung der Flucht aus der Mitbestimmung

Entgegen mancher Stimmen in der Literatur sind Numerus Clausus und Mehrstaatlichkeitsprinzip nicht mit der Verhinderung der Flucht aus der Mitbestimmung zu begründen. Die Einführung und Beibehaltung des Numerus Clausus bzw. Mehrstaatlichkeitsprinzips hat nichts mit der Verhinderung der Flucht aus der Mitbestimmung zu tun. Eine Einschränkung ist nur bei der Umwandlungsgründung zu machen. Zwischen deren Zulassung und der Mitbestimmungsproblematik besteht ein Zusammenhang. Dies führt aber nicht dazu, dass dem Numerus Clausus bzw. Mehrstaatlichkeitsprinzip insgesamt der Sinn und Zweck zugeschrieben werden kann, diese sollten die Flucht aus der Mitbestimmung verhindern. Der Blick auf EWIV und SPE bestätigt dieses Ergebnis. Tatsache ist, dass Numerus Clausus und Mehrstaatlichkeitsprinzip bereits im ersten Vorschlag von 1970 enthalten waren. Deren Begründung mit der Mitbestimmungsproblematik lässt sich bis zur Diskussion in Folge des Davignon-Berichts nicht feststellen, geschweige denn nachweisen. Dies gilt bis auf die Umwandlungsgründung auch darüber hinaus. Aber auch für die Nichtberücksichtigung der Umwandlungsgründung werden in den Verordnungserläuterungen bis 1989 ausschließlich Gründe genannt, die mit der Mitbestimmungsproblematik nichts zu tun haben. Mit dem Vorschlag des Optionsmodells setzte die Diskussion um die Flucht aus der Mitbestimmung verstärkt ein. Der Zusammenhang mit den Gründungsbeschränkungen wurde erst im Gefolge des Davignon-Berichts hergestellt. Dabei sind die Gründungstatbestände mit Ausnahme der Umwandlungsgründung als feststehende Ausgangspunkte zu sehen, sie waren gesetzt. Zur Lösung der Mitbestimmungsproblematik anhand Verhandlungslösung und Vorher-Nachher-Prinzip orientierte man sich an den Gründungstatbeständen. Auf diese wurde jeweils eine Mitbestimmungsregelung zugeschnitten, um die verschieden hoch eingeschätzte Gefahr der Flucht aus der Mitbestimmung zu minimieren. Die hiervon abweichende gesetzeshistorische Situation bei der Umwandlungsgründung kann die Gesamtbewertung der Ausgangsfrage nicht ändern. Es ist nicht Sinn und Zweck des Numerus Clausus und Mehrstaatlichkeitsprinzip die Flucht aus der Mitbestimmung zu verhindern.

8. Gesamteuropäisches Konzept

Mit einem gesamteuropäischen Konzept lassen sich Numerus Clausus und Mehrstaatlichkeitsprinzip nicht begründen. Zwar ist bei der Gründung der europäischen Rechtsformen bis auf den SPE-Vorschlag der Kommission stets ein Mehrstaatlichkeitsprinzip zu beachten und unterliegen nahezu alle einem Numerus Clausus. Doch sind besagte Gründungsbeschränkungen jeweils sehr verschieden ausgestaltet. Dies lässt sich im Ergebnis nicht erklären. Erkennbar ist, dass die Numerus Clausus-Regelungen der einzelnen Rechtsformen im Laufe der Zeit zunehmend liberaler wurden. Setzt man die einzelnen europäischen Projekte aber in einen zeitlichen Gesamtzusammenhang, ergibt sich kein schlüssiges, abgestimmtes Konzept.

9. Schlussfolgerungen

Für die Auslegung der Gründungsbeschränkungen sind die Konkurrenzthese und Subsidiaritätsaspekte von Bedeutung. Bei der Untersuchung rechtlicher Gestaltungen ist deren Ausstrahlung zu berücksichtigen. Auf Einzelheiten ist bei den Umgehungsstrategien einzugehen.

X. Aufgabe des Mehrstaatlichkeitsprinzips de lege ferenda

1. Literaturmeinungen

In Teilen des Schrifttums wird mehr oder weniger direkt die ersatzlose Aufgabe des Mehrstaatlichkeitsprinzips gefordert.[252] Angeführt wird vor allem von *Casper*, dass durch die Relativierung der Mehrstaatlichkeit im Entwurf von 1991 die Berechtigung des Mehrstaatlichkeitsprinzips wegen der Umgehungsmöglichkeiten zweifelhaft sei.[253] Die unterschiedliche Ausgestaltung des Mehrstaatlichkeitsprinzips bei den einzelnen Gründungsvarianten des heutigen Art. 2 SE-VO könne sachlich nicht plausibel erklärt werden.[254] Die Begründung von Numerus Clausus und Mehrstaatlichkeitsprinzip mit der Konkurrenzthese trage nicht, da diese Kriterien allein den Konkurrenzgedanken nicht durchsetzen könnten. *Casper* spricht diesbezüglich von der „Lebenslüge des Art. 2 SE-VO" bzw. von der

---

252 Vgl. Änderungsvorschlag 1 des Arbeitskreises Aktien und Kapitalmarktrecht, ZIP 2009, 698; *Casper*, ZHR 173 (2009), 181, 189 ff.; *Hügel*, ZHR 173 (2009), 355.
253 *Casper* in: FS Ulmer, 2003, S. 51, 64.
254 *Casper*, ZHR 173 (2009), 181, 190.

„Illusion des Verordnungsgebers".[255] *Hügel* bezeichnet das Mehrstaatlichkeits-prinzip als „Scheinkriterium".[256] *Oechsler* schließlich sieht den Sinn und Zweck der Regelung, nämlich die Flucht aus der Mitbestimmung zu verhindern, durch Einführung der Auffangregelung in der SE-RL als entfallen an.[257] *Casper* möch-te die SE in den Wettbewerb der nationalen Rechtsformen einbezogen wissen. Dem lasse sich auch „nicht entgegenhalten, dass mit Blick auf das Subsidiari-tätsprinzip und [ex] Art. 308 EG[V] dann die Kompetenzgrundlage entfallen würde".[258] Es genüge vielmehr, dass die SE von ihrem Ansatz her geeignet sei, grenzüberschreitende Zusammenschlüsse zu erleichtern. Es reiche ein abstrakter Bezug zu den in ex Art. 308 EGV genannten Zielen.[259]

2. Stellungnahme

Der dargestellten Literaturmeinung kann nicht gefolgt werden. Nach Ansicht des Verfassers ist jedenfalls von einer ersatzlosen Aufgabe abzusehen. Im Schrifttum sollte man davon abkommen, das Mehrstaatlichkeitsprinzip als Gewähr für einen „tatsächlichen" grenzüberschreitenden Sachverhalt zu sehen und danach zu beur-teilen. Es ist heute nicht primär daran zu messen, ob es einen grenzüberschrei-tenden Umstand nachweisen kann, sondern ob es geeignet ist, den Zugang zu beschränken. Dies ist nicht nur im Zusammenspiel mit allen anderen Beschrän-kungen des Statuts der Fall.[260] Das Verständnis des Gesetzgebers war 2000/2001 ein anderes als nach den ersten VO-Vorschlägen. War damals noch der „Aus-schluss vom Zugang" prägend, ist es später mehr die „Erschwerung des Zu-gangs". Dass die heutigen Regelungen unter der Sichtweise der ersten VO-Vorschläge nicht in jedem Punkt schlüssig sind, erscheint nachvollziehbar. Teile der aktuellen Literatur stützen ihre Schlussfolgerungen allzu oft auf diese ältere Sichtweise und stellen dann das Scheitern der heutigen Regelung fest. Ihnen kann nicht gefolgt werden, weil sie von einem unzutreffenden Standpunkt aus-gehen. Da Numerus Clausus und Mehrstaatlichkeitsprinzip den Zugang zu be-schränken im Stande sind, lassen sie sich nach wie vor mit der Konkurrenzthese begründen. *Casper* ist zwar zuzustimmen, dass nur mit Numerus Clausus und Mehrstaatlichkeitsprinzip der Zugang - aus Erwägungen der Konkurrenzthese heraus - nicht in jeder Hinsicht vollumfänglich und effektiv abgegrenzt werden kann. Nach nunmehr vierjähriger Gültigkeit des Statuts lässt sich aber feststellen,

---

255 Vgl. *Casper*, AG 2007, 97, 105; *ders.* in: Spindler/Stilz, AktG, Art. 2, 3 SE-VO Rdnr. 3.
256 *Hügel*, ZHR 173 (2009), 355.
257 *Oechsler*, NZG 2005, 697, 698 f.
258 *Casper*, ZHR 173 (2009), 181, 191.
259 *Casper*, ZHR 173 (2009), 181, 191.
260 A.A. *Casper* in: Spindler/Stilz, AktG, Art. 2, 3 SE-VO Rdnr. 3.

dass im Zusammenspiel mit den anderen Zugangsbeschränkungen (Mindestkapital, Komplexität des Statuts, etc.) eine „Abschreckungswirkung" effektiv erzielt werden konnte. Nach Auffassung des Verfassers ist eine Gesamtbetrachtung der Zugangsbeschränkungen angezeigt. Zwar stehen Numerus Clausus und Mehrstaatlichkeitsprinzip im Vordergrund, aber eben nicht allein.

Im Übrigen ist unzutreffend, dass die unterschiedliche Ausgestaltung des Mehrstaatlichkeitsprinzips bei den einzelnen Gründungstatbeständen vollkommen unplausibel sei. Die strikte Mehrstaatlichkeit bei der Verschmelzungsgründung lässt sich damit erklären, dass die Gründungsgesellschaften untergehen, wohingegen diese bei der Holding- bzw. Joint Venture-Gründung bestehen bleiben. Im einen Fall kommt es immer zur Anwendung europäischen Rechts, ggf. auch einem ausländischen subsidiären Gesellschaftsstatut. In den anderen beiden Fällen unterstehen die Gründungsgesellschaften weiterhin nationalem Recht. Es bestehen demnach durchaus Begründungsansätze, weshalb die Holding- und Joint Venture-Gründung unter erleichterten Voraussetzungen möglich sind. Voraussetzung für eine Umwandlungsgründung ist das Bestehen einer Tochtergesellschaft im Ausland. Eine Niederlassung reicht nicht aus. Auch diese Erschwerung gegenüber der Holding- und Joint Venture-Gründung lässt sich damit erklären, dass aufgrund des Formwechsels nicht mehr nationales Recht, sondern die SE-VO Anwendung findet. Gerade bei diesem Gründungstatbestand wollte man den Wechsel in die Rechtsform der SE aus den Erwägungen der Konkurrenzthese heraus nicht zu einfach ermöglichen. Zudem hängt die Zulassung und Ausgestaltung der Umwandlungsgründung als einziger Gründungstatbestand mit der Angst vor der Flucht aus der Mitbestimmung zusammen.[261] Die besondere Ausgestaltung dieser Gründungsvariante lässt sich auch hiermit erklären.

In doppelter Hinsicht unzutreffend ist *Oechslers* These wonach sich der Sinn und Zweck von Numerus Clausus und Mehrstaatlichkeitsprinzip, nämlich die Flucht aus der Mitbestimmung zu verhindern, nachträglich erledigt habe.[262] Die abweichende gesetzeshistorische Entwicklung der Umwandlungsgründung führt nicht dazu, dass dem Numerus Clausus bzw. Mehrstaatlichkeitsprinzip insgesamt der Sinn und Zweck zugeschrieben werden kann, diese sollten die Flucht aus der Mitbestimmung verhindern.[263] Des Weiteren ist über die hier zu bewertende Literaturforderung hinaus festzustellen, dass die Begründungsstränge im Schrifttum selten umfassend geprüft werden. Regelmäßig werden nur einzelne Begrün-

---

261 Vgl. hierzu S. 73-80.
262 *Oechsler* in: MüKo, AktG, Art. 2 SE-VO Rdnr. 3, 6; *ders.*, NZG 2005, 697 ff.
263 Vgl. hierzu S. 91.

dungsansätze negativ beschieden. Eine angemessene Auseinandersetzung mit der Subsidiarität findet nicht ansatzweise statt.

Gerade aber Subsidiaritätsaspekte sprechen gegen die ersatzlose Aufgabe des Mehrstaatlichkeitsprinzips. *Casper* möchte die SE am Wettbewerb der nationalen Rechtsordnungen beteiligt wissen. Letztlich muss sich aber auch seine Forderung am Kompetenzgefüge der EU-Verträge (EUV, AEUV) messen lassen. Grundsätzlich setzen weder die Kompetenzgrundlage des Art. 352 AEUV (ex Art. 308 EGV) noch Art. 5 Abs. 3 EUV (ex Art. 5 Abs. 2 EGV) bzw. Art. 5 Abs. 4 EUV (ex Art. 5 Abs. 3 EGV) ein Mehrstaatlichkeitsprinzip voraus.[264] Andererseits darf nationales Recht aufgrund europäischer Rechtssetzung nicht völlig untergraben werden. Deshalb kann eine europäische Rechtsform nicht jedermann frei zur Verfügung stehen. Abgrenzungen sind erforderlich. Im Rahmen des SE-Statuts hat man sich für Zugangsbeschränkungen entschieden. Das Mehrstaatlichkeitsprinzip stellt eine solche, genauer gesagt eine Gründungsbeschränkung dar. Im konkreten Fall der SE-VO kann die ersatzlose Aufgabe des Mehrstaatlichkeitsprinzips daher beachtliche Auswirkungen auf Subsidiaritätsaspekte haben. Sie ist vor allem unter dem Gesichtspunkt des Art. 5 Abs. 4 EUV (ex Art. 5 Abs. 3 EGV) kritisch zu bewerten. Die ersatzlose Aufgabe einzelner Kriterien des Kanons der Zugangsbeschränkungen kann zur Unverhältnismäßigkeit der Regelung führen.[265] Bildlich gesprochen kann die Streichung dieses „Beschränkungsbausteines" die Waagschale in Richtung Unverhältnismäßigkeit ausschlagen lassen. Zu wiederholen ist gleichwohl, dass es grundsätzlich - gerade - eines grenzüberschreitenden Elements als Gründungsbeschränkung nicht bedarf.[266] Dies lässt sich aktuell bei der SPE beobachten, bei der nach dem Kommissionsvorschlag sowohl ein Mehrstaatlichkeitsbezug als auch ein Numerus Clausus fehlen. Es sei aber an dieser Stelle vorhergesagt, dass das zu verabschiedende SPE-Statut nicht für alle natürlichen Personen und Gesellschaften zur Verfügung stehen wird. Mangels anderweitiger, ausreichender Zugangsbeschränkungen wird es aus den Erwägungen der Konkurrenzthese heraus sowie aufgrund von Subsidiaritätsaspekten zu Beschränkungen welcher Art auch immer kommen. Diese Ansicht des Verfassers bestätigen die Änderungswünsche des Europäischen Parlaments und diverser Mitgliedstaaten.[267]

---

264 Vgl. hierzu S. 57-67.
265 Vgl. hierzu S. 65-67.
266 Entsprechendes gilt für den Numerus Clausus.
267 Vgl. BR-Drucks. 479/08(B), S. 1 ff.

XI. Ergebnis und Ausblick

Der Numerus Clausus und das Mehrstaatlichkeitsprinzip sind mit der Konkurrenzthese und mit Subsidiaritätsaspekten begründbar und aufgrund des klaren Wortlauts von Art. 2 und 3 SE-VO zu akzeptieren. Beide Kriterien können den Zugang zur SE bis zu einem gewissen Grade erschweren. Im Zusammenspiel mit weiteren Zugangsbeschränkungen wie bspw. dem Mindestkapital gilt dies erst recht.

Die Aufgabe des Mehrstaatlichkeitsprinzips de lege ferenda fordert ein Teil der Literatur mit Nachdruck. Möglicherweise wird sich auch die Kommission mit diesem Ansinnen im Rahmen des gemäß Art. 69 Abs. 1 SE-VO bevorstehenden Berichts befassen. Grundsätzlich ist das Mehrstaatlichkeitskriterium ein austauschbares Beschränkungskriterium. Eine ersatzlose Aufgabe im Rahmen der SE-VO kann aber vor allem aufgrund von Subsidiaritätsaspekten nicht befürwortet werden. Vorstellbar ist der Austausch mit einem anderen Beschränkungskriterium. Dies kann, muss aber kein grenzüberschreitendes Element beinhalten. Als Beschränkungskriterium ohne grenzüberschreitenden Bezug käme bspw. ein zu erreichender Mindestumsatz in Frage. Dieser müsste so hoch bemessen sein, dass er eine relevante Zugangsbeschränkung darstellen würde. Wo hier anzusetzen wäre, erscheint schwierig, weshalb sich dieser Ansatz nicht wirklich eignet. In Betracht kommt aber das Abstellen auf Umsätze, die aus einer grenzüberschreitenden Geschäftstätigkeit resultieren und im Rahmen des Geschäftsberichts von einem Wirtschaftsprüfer testiert wurden. Hierbei sind Schwellenwerte vorzugeben, ab deren Erreichen der Zugang zur SE eröffnet ist. Ein solcher Schwellenwert sollte eine Prozentzahl des Jahresumsatzes, hingegen kein fester Zahlenwert sein. Dadurch kann besser auf die jeweilige gründungswillige Gesellschaft abgestellt werden. Läge bspw. der Schwellenwert bei 30% der Umsätze, müsste die gründungswillige Gesellschaft 30% ihrer Umsätze aus einer grenzüberschreitenden Geschäftstätigkeit generieren. Im Rahmen des Jahresabschlusses wäre dies zu testieren. Denkbar ist weiterhin zu fordern, dass der zu erreichende Schwellenwert durch Umsätze in mehreren, mindestens aber zwei Ländern erzielt wurde.

Teil 2: Zulässigkeit rechtlicher Gestaltungen unter besonderer Berücksichtigung von Numerus Clausus und Mehrstaatlichkeitsprinzip

A. Typenkombinationen und andere Möglichkeiten der Rechtsgestaltung

Der Numerus Clausus und das Mehrstaatlichkeitsprinzip lassen sich sowohl durch die Kombination verschiedener Gründungsformen als auch durch anderweitige Rechtsgestaltungen umgehen. In ersterem Fall spricht man von „Typenkombinationen", womit das Hintereinanderschalten von Gründungstatbeständen gemeint ist.[268] Denkbar ist ein solches Vorgehen, wenn die Gründungsgesellschaften nicht alle Voraussetzungen einer Gründungsvariante des Art. 2 SE-VO erfüllen. Andere Gestaltungen führen im Ergebnis zu Gründungsmöglichkeiten, welche der Numerus Clausus nicht vorsieht. Durch alle diese Gestaltungen sind neben Numerus Clausus und Mehrstaatlichkeitsprinzip auch Vorschriften bzgl. des Gründungsverfahrens und der Arbeitnehmermitbestimmung betroffen. So kann möglicherweise durch rechtliche Gestaltung eine Gründungsalternative gewählt werden, welche geringere gläubiger- oder minderheitenschützende Rechte vorsieht als eine andere. Ebenfalls denkbar ist durch Transaktionen, die einer SE-Gründung unmittelbar nachfolgen, Verfahrensvorschriften zu umgehen. Ob es sich um rechtswidrige Umgehungen handelt, ist im Einzelnen zu prüfen.

I. Gang der Darstellung

Zunächst gilt es einige Überlegungen vor die Klammer zu ziehen. Sodann werden verschiedene Konstellationen dargestellt. Anhand dieser werden Gestaltungsmöglichkeiten aufgezeigt und deren Zulässigkeit geprüft.

---

268 *Oechsler*, NZG 2005, 697, 700.

II. Vorüberlegungen

1. Sperrwirkung von Numerus Clausus und Mehrstaatlichkeitsprinzip

Ein potentielles Verbot einer Normumgehung lässt sich grundsätzlich nur aus der Zwecksetzung der umgangenen Norm begründen. Ob rechtswidrige Umgehungen vorliegen, ist somit anhand von Sinn und Zweck der Gründungsbeschränkungen zu beantworten.

a. Literaturmeinungen

In der Literatur werden Gestaltungen des Numerus Clausus und Mehrstaatlichkeitsprinzips zumeist für zulässig erachtet. Begründet wird dies regelmäßig damit, dass der überholte Normzweck des Art. 2 SE-VO kein Verbot begründen könne.[269] Der Hauptzweck, nämlich die Verhinderung der Umgehung der nationalen Mitbestimmung, sei bereits durch die SE-RL erfüllt.[270] Andere mögliche Zwecksetzungen werden als nicht nachhaltig abgelehnt. Insbesondere wird der Gläubiger und Minderheitenschutz nicht als Zweck des Numerus Clausus und Mehrstaatlichkeitsprinzips angesehen.[271] Demnach könnten die Gründungsbeschränkungen kein Umgehungsverbot begründen, wenn durch rechtliche Gestaltung eine Gründungsalternative gewählt werde, deren Gründungsverfahren geringere gläubiger- oder minderheitenschützende Rechte vorsehe als eine andere.

b. Stellungnahme

Hinsichtlich des Ergebnisses, nicht aber hinsichtlich der Begründung, kann der Literaturmeinung beigepflichtet werden. Die von ihr vorgenommene Interpretation von Numerus Clausus und Mehrstaatlichkeitsprinzip ist unzutreffend. Ein schlüssiges Telos besteht nach wie vor. Die bis heute maßgeblichen Zwecksetzungen beider Prinzipien wurden im voranstehenden Teil 1 dieser Arbeit herausgearbeitet.[272] Dabei handelt es sich um die Konkurrenzthese und Subsidiaritätsaspekte. Maßgeblich ist für die weitere Untersuchung also, ob die Gründungsbe-

---

269 *Oechsler*, NZG 2005, 697, 699; *Casper* in: Spindler/Stilz, AktG, Art. 2, 3 SE-VO Rdnr. 3.

270 *Oechsler* in: MüKo, AktG, Art. 2 SE-VO Rdnr. 4, 6.; *ders.*, NZG 2005, 697; *Casper*, AG 2007, 97, 105.

271 *Casper*, AG 2007, 97, 105, *ders.* in: Spindler/Stilz, AktG, Art. 2, 3 SE-VO Rdnr. 3; *Oechsler* in: MüKo, AktG, Art. 2 SE-VO Rdnr. 6.

272 Siehe hierzu ab S. 35.

schränkungen trotz der Umgehungsgestaltungen der Konkurrenzthese und Subsidiaritätsaspekten gerecht werden. Hingegen unmaßgeblich ist der Gläubiger- und Minderheitenschutz, worin der Literaturmeinung zugestimmt wird. Dieser ist nicht eigentlicher, unmittelbarer Sinn und Zweck von Numerus Clausus und Mehrstaatlichkeitsprinzip. Zwar strahlt der Gläubiger- und Minderheitenschutz mittelbar aufgrund der Konkurrenzthese auf Numerus Clausus und Mehrstaatlichkeitsprinzip aus. Diese mittelbare Ausstrahlungswirkung ist indes zu gering, als dass sie zu berücksichtigen wäre. Allerdings ist daran zu denken, umgangene Verfahrensvorschriften bei der gewählten rechtlichen Gestaltung analog anzuwenden.[273] Wird also das hinter den Gründungsalternativen stehende Verfahren für rechtliche Gestaltungen ausgenutzt, muss an dieser Stelle angesetzt werden.

Was ihr Ergebnis anbelangt, ist der Literaturansicht beizupflichten. Für die grundsätzliche Zulässigkeit von Typenkombinationen und anderen Gestaltungsmöglichkeiten spricht, dass dem historischen Gesetzgeber bewusst war, dass Umgehungen von Numerus Clausus und Mehrstaatlichkeitsprinzip möglich sind. Dennoch wurden keine grundlegenden Änderungen vorgenommen. Grund dafür ist nicht nur die Tatsache, dass das SE-Statut Ergebnis eines schwierigen politischen Kompromisses ist. Vielmehr gingen die Gesetzesväter auch davon aus, dass die verschiedenen Zugangsbeschränkungen zusammen ihre Wirkung erbringen. Dies auch dann, wenn einzelne Beschränkungen durch Gestaltungen umgangen werden. Betrachtet man die Zahl der heute bestehenden SE, ist ihnen Recht zu geben.

2. Zulässigkeit von Konzernverschmelzungen

Eine weitere Vorüberlegung für die darzustellenden Umgehungsgestaltungen ist, ob eine SE durch Verschmelzung konzernverbundener AG zulässigerweise gegründet werden kann. Man spricht insoweit von einer Konzernverschmelzung. In Betracht kommt ein *upstream merger* sowie ein *downstream merger*.

a. Upstream merger

Beim *upstream merger* wird eine SE gemäß Art. 2 Abs. 1 SE-VO gegründet, wobei die beteiligten AG in einem Abhängigkeitsverhältnis zueinander stehen. Die Tochtergesellschaft wird auf die Mutter verschmolzen. In der Literatur be-

---

273 Freilich erscheint dies schwierig.

steht fast einhellig die Auffassung, dass eine solche Konzernverschmelzung möglich ist.[274] Lediglich *Hirte* ist anderer Ansicht, da andernfalls die Zeitschranke der Umwandlungsgründungsmöglichkeit des Art. 2 Abs. 4 SE-VO umgangen werden könne.[275] Art. 2 Abs. 1 SE-VO kenne im Gegensatz zu Art. 2 Abs. 2 lit. b, Abs. 3 lit. b, Abs. 4 keine Wartefrist. Freilich spielt dies nur eine Rolle, wenn die Tochtergesellschaft noch keine zwei Jahre gehalten wird. *Hirte* kann aufgrund der Vorschrift des Art. 31 SE-VO nicht gefolgt werden. Die Norm sieht die Zulässigkeit einer Mutter-Tochter-Verschmelzung ausdrücklich vor.[276] Auch Verschmelzungen, bei denen die Mutter mindestens 90% der Stimmanteile an der Tochtergesellschaft hält, werden noch privilegiert. Aus beidem kann der Schluss gezogen werden, dass eine Mutter-Tochter-Verschmelzung auch bei geringeren Beteiligungsquoten zulässig ist.[277] Des Weiteren beinhaltet Art. 2 Abs. 1 SE-VO kein negatives Tatbestandsmerkmal, welches eine SE-Gründung nur bei Fehlen eines Abhängigkeitsverhältnisses zwischen den Gründungsgesellschaften gestattet.[278] Eine Verschmelzung bei Bestehen eines Abhängigkeitsverhältnisses ist folglich zulässig. Das bekannteste Beispiel für eine derartige SE-Gründung ist die Verschmelzung der italienischen Tochtergesellschaft Riunione Adriatica di Sicurta S.A. (RAS) auf die Allianz AG.[279]

b. Downstream merger

Bei dieser Gestaltungsvariante wird die Muttergesellschaft auf die Tochtergesellschaft verschmolzen. Zwar ist diese Konstellation nicht ausdrücklich in Art. 31 SE-VO aufgeführt, doch spricht die Möglichkeit der Verschmelzung der Tochter auf die Mutter für die Zulässigkeit des umgekehrten Falles.[280]

---

274 *Jannott* in: Jannott/Frodermann, Kap. 3 Rdnr. 7; *Scheifele*, Gründung, S. 137; *Oechsler*, NZG 2005, 697, 700; *ders.* in: MüKo, AktG, Art. 2 SE-VO Rdnr. 13; *Casper*, AG 2007, 97, 101; in: FS Ulmer, 2003, S. 51, 64, *Bayer* in: Lutter/Hommelhoff, Die Europäische Gesellschaft, S. 32; *ders.* in: Lutter/Hommelhoff, Art. 2 SE-VO Rdnr. 12; *Teichmann*, ZGR 2002, 383, 412; *Neun* in: Theisen/Wenz, S. 67; *Reichert*, Der Konzern 2006, 821, 829; *Habersack* in: Rechtsfragen der Familiengesellschaften, S. 19, 29.

275 *Hirte*, NZG 2002, 1, 3.

276 *Casper*, AG 2007, 97, 101 *Scheifele*, Gründung, S. 138; *Teichmann*, ZGR 2002, 383, 411.

277 Bei der Gründung der Allianz SE hielt die Allianz AG 55,4% der Anteile an der italienischen Tochtergesellschaft.

278 *Scheifele*, Gründung, S. 138.

279 *Hemeling*, Die Societas Europaea (SE) in der praktischen Anwendung, S. 3.

280 Einhellige Meinung im Schrifttum. Ausführlich hierzu etwa *Oechsler*, NZG 2005, 697, 700.

c.　Ergebnis

Konzernverschmelzungen sind möglich und zulässig, und zwar ohne Einhaltung einer Wartefrist.

III.　Umgehung von Art. 2 Abs. 1 SE-VO

Wenn zwei AG aus demselben Mitgliedstaat eine SE gründen wollen, ist der Weg über Art. 2 Abs. 1 SE-VO versperrt. Um zum gewünschten Ergebnis zu gelangen, sind folgende Gestaltungen möglich:

1.　Konstellation: 2 deutsche AG, 1 ausländische Tochter-AG (2 Jahre alt)

In einem ersten Schritt findet wie soeben beschrieben ein *downstream merger* statt. In einem zweiten Schritt wird die SE mit Sitz im Ausland auf die verbliebene deutsche AG verschmolzen (Abb. 1).

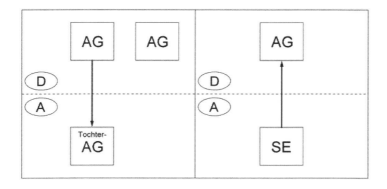

Abb. 1:　Umgehung von Art. 2 Abs. 1 SE-VO

2. Bewertung

a. Umgehung von Numerus Clausus und Mehrstaatlichkeitsprinzip

aa. Konzernverschmelzung

Wie bereits ausgeführt, wird im Einklang mit der überwiegenden Literaturmeinung eine Konzernverschmelzung, inklusive *downstream merger*, für zulässig erachtet. Ein Verbot würde die vorliegende Konstellation auch nicht verhindern. Denn nach der 10. RiLi[281] über die grenzüberschreitende Verschmelzung ließe sich ebenfalls eine Verschmelzung auf die Auslandstochter bewerkstelligen.[282] In der Folge käme es dann wiederum zur SE-Gründung gemäß Art. 2 Abs. 1 SE-VO.[283]

bb. Hintereinanderschalten zweier Strukturmaßnahmen

Durch die Verschmelzung der ausländischen SE auf die verbliebene deutsche AG kommt es innerhalb kurzer Zeit zu zwei Verschmelzungsgründungen. Das Hintereinanderschalten der Strukturmaßnahmen ist zulässig. Eine SE kann gemäß Art. 3 Abs. 1 SE-VO an Gründungen teilnehmen. Dass durch diese gestufte SE-Gründung ein Ergebnis erzielt wird, welches durch Art. 2 Abs. 1 SE-VO direkt unerreichbar gewesen wäre, berührt die Zulässigkeit nicht. Denn Sinn und Zweck des Numerus Clausus und des Mehrstaatlichkeitsprinzips werden nicht ausgehebelt. Wenn bisweilen von einer Ausschaltung des Mehrstaatlichkeitsprinzips im Hinblick auf die Ausgangssituation gesprochen wird, ist dies zumindest missverständlich. Bis das gewünschte Ergebnis der Gestaltung erreicht wird, muss das Mehrstaatlichkeitsprinzip auf jeder Gründungsstufe eingehalten werden. Der Konkurrenzthese wird dadurch genüge getan. Subsidiaritätsaspekte werden nicht tangiert. Entgegen vielfacher Schrifttumsäußerungen lässt sich die

---

281 Richtlinie 2005/56/EG des Europäischen Parlaments und des Rates vom 26. Oktober 2005 über die Verschmelzung von Kapitalgesellschaften aus verschiedenen Mitgliedstaaten, ABl. L 310 vom 25.11.2005, S. 1 ff.
282 Um Missverständnisse auszuschließen sei erwähnt, dass durch diesen Vorgang keine SE gegründet wird. Ergebnis der Konzernverschmelzung bleibt eine nationale Gesellschaft. Die Zulässigkeit eines *downstream merger* im Rahmen der grenzüberschreitenden Verschmelzung ebenfalls bejahend: *Forsthoff*, DStR 2006, 613, 614.
283 So auch *Casper* in: Spindler/Stilz, AktG, Art. 2, 3 SE-VO Rdnr. 22.

Zulässigkeit der vorliegenden Gestaltung allerdings nicht mit einem angeblich fehlenden schlüssigen Telos des Mehrstaatlichkeitsprinzips erklären.[284]

b. Umgehung von Vorschriften bzgl. des Gründungsverfahrens und der Arbeitnehmerbeteiligung

Durch die rechtliche Gestaltung werden weder strengere Verfahrensvorschriften noch die Arbeitnehmerbeteiligung umgangen. Sowohl beim gesperrten direkten Weg als auch der gestuften Gestaltung handelt es sich um Verschmelzungen.

3. Konstellation: 2 deutsche AG

In einem ersten Schritt gründet oder erwirbt eine der beiden AG eine ausländische Tochter-AG und verschmelzt auf diese zur SE. In einem zweiten Schritt wird die SE mit Sitz im Ausland auf die verbliebene deutsche AG verschmolzen (Abb. 2).

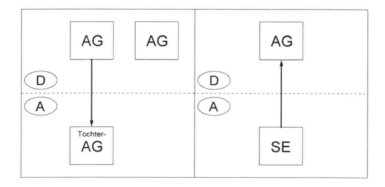

Abb. 2: Umgehung von Art. 2 Abs. 1 SE-VO

---

284 Dies vertretend: *Casper*, AG 2007, 97, 101 im Anschluss an *Oechsler* in: MüKo, AktG, Art. 2 SE-VO Rdnr. 13; *ders.*, NZG 2005, 697, 702.

4. Bewertung

a. Umgehung von Numerus Clausus und Mehrstaatlichkeitsprinzip

aa. Ökonomische Verfestigung der extra gegründeten ausländischen
Tochtergesellschaft

Eine Tochtergesellschaft kann in einem anderen Mitgliedstaat nur zu dem Zweck
gegründet werden, um mit der Muttergesellschaft zur SE zu verschmelzen.[285]
Der Wortlaut des § 2 Abs. 1 SE-VO setzt keinerlei ökonomische Verfestigung
der Tochter oder einen zeitlichen Mindestbestand zwischen Tochter- und SE-
Gründung voraus.[286] Lediglich *Bayer* hält es für überlegenswert, der Gründung
einer SE durch Aufnahme einer noch nicht zwei Jahre alten ausländischen Kon-
zerngesellschaft die Anerkennung zu versagen.[287] Dies würde allerdings darauf
hinauslaufen, die Zwei-Jahres-Frist auf andere Gründungsvarianten zu übertragen. Dem kann nicht gefolgt werden. Der historische Gesetzgeber hat jede Gründungsvariante als in sich geschlossenes System ausgestaltet.[288] Dies ist zu respektieren. Eine Vermischung jeweiliger Tatbestandsvoraussetzungen ist nicht
möglich. Zuletzt sei des Weiteren nochmals angeführt, dass die Begründungsstränge für den Numerus Clausus und das Mehrstaatlichkeitsprinzip zu keinem
anderen Ergebnis nötigen. Denn in jedem Fall muss eine ausländische Gesellschaft gegründet oder erworben werden. Dies bedeutet einen zeitlichen, finanziellen und personellen Mehraufwand.

bb. Zeitlicher Mindestabstand zwischen Tochtergründung und
Konzernverschmelzung

Ein zeitlicher Mindestabstand zwischen der Tochtergründung bzw. dem Erwerb
einer solchen und einer nachfolgenden SE-Gründung ist nicht erforderlich.[289]
Reglungen, die ein mehrjähriges Bestehen der Gründungsgesellschaften erfor-

---

285 Ein Praxisbeispiel ist die Gründung der Conrad SE. Vgl. Handelsblatt vom 15.11.2008,
    abrufbar unter: www.handelsblatt.com/unternehmen/strategie-wachstum/mitbestimmung-
    macht-societas-europaea-interessant;2061759;0 (Stand: 15.03.2010).
286 *Casper*, AG 2007, 97, 101; *ders.* in: Spindler/Stilz, AktG, Art. 2, 3 SE-VO Rdnr. 21;
    Oechsler in: MüKo, AktG, Art. 2 SE-VO Rdnr. 14; *Scheifele*, Gründung, S. 91.
287 *Bayer* in: Lutter/Hommelhoff, Die Europäische Gesellschaft, S. 32.
288 So auch *Scheifele*, Gründung, S. 13; *Jannott* in: Jannott/Frodermann, Kap. 3 Rdnr. 7 in
    FN. 20; *Neun* in: Theisen/Wenz, S. 67.
289 § 76 UmwG ist nicht anwendbar.

derten, wurden bereits aus den ersten Statutsvorschlägen herausgestrichen.[290] Bedarf es daher im Allgemeinen keiner Mindestbestandsdauer bei Gründungsgesellschaften, muss dies auch für Gesellschaften gelten, die in einem Abhängigkeitsverhältnis stehen. Die mögliche Umgehung der Abstandsfrist des Art. 2 Abs. 4 SE-VO ändert hieran nichts. Beide Gründungsvarianten stellen in sich abgeschlossene Regelungskomplexe dar.[291] Für eine entsprechende Anwendung der Abstandsfrist des Art. 2 Abs. 4 SE-VO fehlt es an der Regelungslücke.

b. Umgehung von Vorschriften bzgl. des Gründungsverfahrens und der Arbeitnehmerbeteiligung

Auch bei dieser Gestaltung werden nicht striktere Verfahrensvorschriften einer anderen Gründungsvariante umgangen. Die Arbeitnehmerbeteiligung ist gewahrt. Sowohl beim gesperrten direkten Weg als auch bei der gestuften Gestaltung finden dieselben Vorschriften Anwendung.

---

290 Vgl. hierzu bereits S. 35.
291 *Scheifele*, Gründung, S. 13.

5. Konstellation: 2 deutsche AG, 1 ausländische Tochter-AG (2 Jahre alt)

Die Ausgangssituation entspricht derjenigen unter Gliederungspunkt 1. Folgend wird eine alternative Umgehungsgestaltung dargestellt.

Im ersten Schritt findet eine Umwandlung zur SE statt. Unmittelbar im Anschluss wird der Sitz der SE ins Ausland verlegt. Im zweiten Schritt erfolgt die Verschmelzung mit der verbliebenen deutschen AG zu einer neuen SE (Abb. 3).

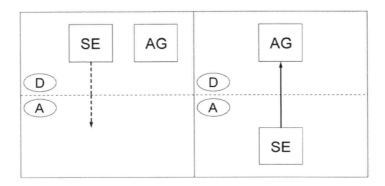

Abb. 3: Umgehung von Art. 2 Abs. 1 SE-VO

6. Bewertung

Diese Gestaltungsvariante wurde in der Literatur als eine der ersten diskutiert.[292] Sie soll hier der Vollständigkeit halber erwähnt, aber nicht en detail bewertet werden. Für die Praxis wird diese Konstellation nämlich keinerlei Rolle spielen, da sie viel zu aufwendig, kostenträchtig und fehleranfällig ist. Vorauszusetzen ist außerdem ein „enges[293] Verständnis" von Art. 37 Abs. 3 SE-VO, der eine mit der Umwandlung einhergehende Sitzverlegung verbietet.[294] Auch bei dieser Gestaltung ist die zeitlich eng gefasste Kombination von Einzelmaßnahmen zulässig. Angesichts des zu betreibenden Aufwandes ist Konkurrenzthese und Kompetenzfragen in vollem Maße genüge getan.

---

292 Ausführlich hierzu: *Oechsler* in: MüKo, AktG, Art. 2 SE-VO Rdnr. 9; *ders.*, NZG, 2005, 697, 699; *Casper*, AG 2007, 97, 101; *ders.* in: Spindler/Stilz, AktG, Art. 2, 3 SE-VO Rdnr. 22.
293 Näher *Paefgen* in: KK, AktG, Art. 37 SE-VO Rdnr. 10
294 *Reichert*, Der Konzern 2006, 821, 829, 832.

IV. Umgehung von Art. 2 Abs. 2 lit. b SE-VO

Wollen zwei deutsche AG eine Holding-SE gründen, von denen aber nur eine seit mindestens zwei Jahren eine ausländische Tochtergesellschaft hat, ist der unmittelbare Weg über Art. 2 Abs. 2 lit. b SE-VO versperrt. Folgende rechtliche Gestaltungen sind möglich.

1. Konstellation: 2 deutsche AG, 1 ausländische Tochter-AG (2 Jahre alt)

In einem ersten Schritt findet eine Konzernverschmelzung auf die Tochter im Ausland statt. In einem weiteren Schritt gründen die SE und die verbliebene deutsche AG eine Holding-SE gemäß Art. 2 Abs. 2 lit. a SE-VO (Abb. 4).

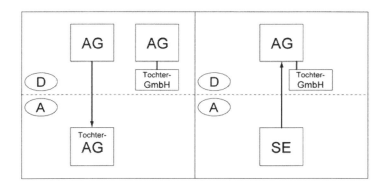

Abb. 4: Umgehung von Art. 2 Abs. 2 lit. b SE-VO

2. Bewertung

a. Umgehung von Numerus Clausus und Mehrstaatlichkeitsprinzip

aa. Auslandsbezug beider Gründungsgesellschaften

Nach dem Wortlaut der Vorschrift bedarf es eines Auslandsbezuges beider Gründungsgesellschaften. Hiervon geht auch das ganz überwiegende Schrifttum zu Recht aus.[295] Lediglich *Hommelhoff* und *Kallmeyer* sehen dies irrtümlich anders.[296] Ausreichend sei, wenn nur eine der beteiligten Gesellschaften eine Tochtergesellschaft oder Niederlassung im Ausland habe. Ihnen kann aufgrund des eindeutigen Wortlauts nicht gefolgt werden.

bb. Typenkombination

Um Wiederholungen zu vermeiden, wird auf die bereits dargestellten Argumente an anderer Stelle verwiesen.[297] Eine rechtswidrige Umgehung stellt die Variante nicht dar.[298] Die Zulässigkeit der einzelnen Gründungsformen ist unabhängig voneinander zu beurteilen, so dass eine nach Art. 2 SE-VO zulässige Gründungsvariante nicht eine Umgehung einer anderen Gründungsvariante darstellen kann.[299]

b. Umgehung von Vorschriften bzgl. des Gründungsverfahrens und der Arbeitnehmerbeteiligung

Durch die rechtliche Gestaltung werden keine Verfahrensvorschriften umgangen. Die Holding-Gründung vollzieht sich gemäß den Art. 32 ff. SE-VO bzw. den §§ 9 ff. SE-AG.[300] Zwischen den Gründungsvarianten des Art. 2 Abs. 2 lit. a und lit. b SE-VO bestehen auch keine graduellen Unterschiede. Arbeitnehmerinteressen sind nicht gefährdet.

---

295 *Paefgen* in: KK, AktG, Art. 32 SE-VO Rdnr. 6; *Teichmann* ZGR 2002, 383, 411; *Neun* in: Theisen/Wenz, S. 62; *Schröder* in: Manz/Mayer/Schröder, Art. 2 SE-VO Rdnr. 61; *Vossius*, ZIP 2005, 741, 745; *Schwarz*, ZIP 2001, 1847, 1850; *Jannott* in: Jannott/Frodermann, Kap. 3 Rdnr. 11, 17; *Bayer* in: Lutter/Hommelhoff, Die Europäische Gesellschaft, S. 31.
296 *Hommelhoff*, AG 2001, 279, 280; *Kallmeyer*, AG 2003, 197, 199; bei seiner Meinung bleibend *Hommelhoff* in: Hommelhoff/Teichmann, SZW 2002, 1, 8 i.V.m. FN. 47.
297 Siehe S. 102-103.
298 *Neun*, in: Theisen/Wenz, S. 67 f.
299 *Jannott* in: Jannott/Frodermann, Kap. 3 Rdnr. 7 in FN. 20; *Schwarz*, SE-VO, Art. 2 SE-VO Rdnr. 14.
300 Ausführlich hierzu *Paefgen* in: KK, AktG, Art. 32 Rdnr. 1 ff.

3. Konstellation: 2 deutsche AG, 1 ausländische Tochtergesellschaft (2 Jahre alt)

Die Ausgangssituation entspricht der Konstellation des Gliederungspunkts 1. Folgend wird eine alternative Umgehungsgestaltung dargestellt.

Auch hier lässt sich das gewünschte Ergebnis über eine vorgeschaltete Umwandlung mit anschließender Sitzverlegung erreichen. Im ersten Schritt findet eine Umwandlungsgründung statt. Unmittelbar nach der Gründung verlegt die SE ihren Sitz ins Ausland. In einem weiteren Schritt wird dann eine Holding-Gründung gemäß Art. 2 Abs. 2 lit. a SE-VO durchgeführt (Abb. 5).

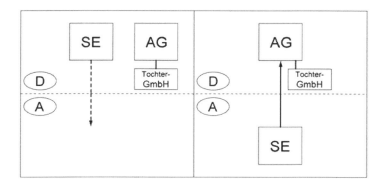

Abb. 5: Umgehung von Art. 2 Abs. 2 lit. b SE-VO

4. Bewertung

Es handelt sich um eine kostenintensive, aufwendige Gestaltungsvariante, die in der Praxis nicht zum Einsatz kommen wird. Die hinter Numerus Clausus und Mehrstaatlichkeitsprinzip stehenden Prinzipien stehen nicht entgegen. *Casper* stellt vom Ergebnis her zutreffend fest, dass kein historischer Wille erkennbar ist, der einen Vorrang einzelner Gründungsvarianten vorgibt. *Oechsler* führt als weiteres Argument für die Zulässigkeit dieser Möglichkeit an, dass durch die vorgeschaltete Umwandlung mit nachfolgender Sitzverlegung keine Rechte von

Aktionären oder Dritten (Gläubigern, Arbeitnehmern) verletzt werden.[301] Diese wären im Verfahren nach Art. 2 Abs. 4 SE-VO ebenso berücksichtigt wie im nachgeschalteten Verfahren nach Art. 2 Abs. 2 lit. a SE-VO.[302] *Oechsler* ist insoweit beizupflichten. Im Übrigen gelten für die Gründungsvarianten des Art. 2 Abs. 2 lit. a und lit. b SE-VO dieselben Verfahrensvorschriften.[303]

V. Umgehung von Art. 2 Abs. 3 SE-VO

Wollen zwei deutsche AG eine Tochter-SE gründen und hat nur eine AG eine ausländische, die andere eine deutsche Tochter, ist der direkte Weg über Art. 2 Abs. 3 lit. b SE-VO gesperrt.

1. Konstellation: 2 deutsche AG, 1 ausländische Tochter-AG, 1 deutsche Tochter-AG

Eine Umgehung der Voraussetzungen des Art. 2 Abs. 3 lit. b SE-VO stellt die Verschmelzung der beiden Tochtergesellschaften gemäß Art. 2 Abs. 1 SE-VO dar (Abb. 6).

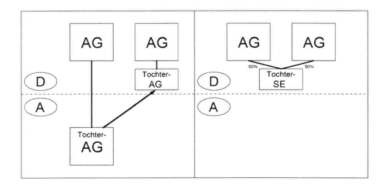

Abb. 6: Umgehung von Art. 2 Abs. 3 SE-VO

301 *Oechsler* in: MüKo, AktG, Art. 2 SE-VO Rdnr. 11. Dieses Argument hat allerdings wenig bis nichts mit dem Numerus Clausus und dem Mehrstaatlichkeitsprinzip zu tun, da deren Ratio insofern nicht tangiert ist.
302 *Oechsler* in: MüKo, AktG, Art. 2 SE-VO Rdnr. 11; so auch *Teichmann*, ZGR 2002, 383, 412 f., der entgegen fälschlicher Zitierungen für die Zulässigkeit der Gestaltung ist.
303 Vgl. *Paefgen* in: KK, AktG, Art. 32 SE-VO Rdnr. 8 ff.

2. Bewertung

a. Umgehung von Numerus Clausus und Mehrstaatlichkeitsprinzip

aa. Auslandsbezug beider Gründungsgesellschaften bei Art. 2 Abs. 3 lit. b SE-VO

Zunächst ist für eine Gründung gemäß Art. 2 Abs. 3 lit. b SE-VO nochmals darauf hinzuweisen, dass entgegen *Hommelhoff*[304] und *Kallmeyer*[305] beiden Muttergesellschaften ausländische Töchter zugeordnet sein müssen. Zwar meint auch *Schröder*, dass es kaum einsehbar sei, dass nicht eine Auslandstochter einer Gründungsgesellschaft für den Mehrstaatlichkeitsbezug ausreichen solle.[306] Seine These kann aber leicht widerlegt werden, da die Überlegung hinter seiner Aussage unzutreffend ist. Zunächst noch richtig stellt er fest, dass es für zwei Auslandstöchter selbst unproblematisch ist, eine Tochter-SE nach Art. 2 Abs. 3 lit. a SE-VO zu gründen. Dann aber wählt *Schröder* den falschen Ansatzpunkt, indem er fragt, warum dies nicht auch für die Muttergesellschaften so einfach möglich sei.[307] Warum sollten die Töchter eine Möglichkeit haben, die den Müttern verwehrt bleibe? In der Systematik des Art. 2 SE-VO liegt begründet, dass *Schröders* Ansatzpunkt verfehlt ist. Bei den Töchtern ist das Mehrstaatlichkeitsprinzip erfüllt, da diese ihren Sitz in unterschiedlichen Mitgliedstaaten haben. Bei zwei deutschen Muttergesellschaften kann ein gleichwertiger transnationaler Charakter allerdings nicht durch nur eine ausländische Tochter erreicht werden. Abzustellen ist immer nur auf die jeweiligen Gründungsgesellschaften. Welche Gründungsmöglichkeiten auf anderen Konzernebenen bestehen, ist für den Mehrstaatlichkeitsbezug der Gründungsgesellschaften irrelevant.

bb. Vorrang einzelner Gründungsvarianten

Ein Vorrang einzelner Gründungstatbestände lässt sich dem Statut nicht entnehmen. *Neun* folgend gilt für sämtliche Tatbestände, dass nicht angenommen werden kann, die unterschiedliche Ausgestaltung der Gründungsvarianten sei rein zufällig zustande gekommen. Vielmehr hat der Verordnungsgeber jede Grün-

---

304 *Hommelhoff*, AG 2001, 279, 280; bei seiner Meinung bleibend *Hommelhoff* in: Hommelhoff/Teichmann, SZW 2002, 1, 8 i.V.m. FN. 47.
305 *Kallmeyer*, AG 2003, 197, 199.
306 *Schröder* in: Manz/Mayer/Schröder, Art. 2 SE-VO Rdnr. 61, der unter Hinweis auf den eindeutigen Wortlaut im Ergebnis dann doch der h.M. folgt.
307 *Schröder* in: Manz/Mayer/Schröder, Art. 2 SE-VO Rdnr. 61.

dungsmöglichkeit als in sich geschlossenes Konzept ausgestaltet.[308] Dass es zu Umgehungen wie den hier dargestellten kommen kann, war bereits während der Statutsverhandlungen bekannt.[309] Dies wurde hingenommen, ohne mit weiteren Maßnahmen gegenzusteuern. Hingenommen, nicht weil man die Umgehungen als rechtswidrig ansah, sondern u.a. deshalb, weil es noch weitere Zugangsbeschränkungen gab. Dass man sich nicht auf materielle Kriterien hätte verständigen können, soll gleichwohl nicht unterschlagen werden. Letztlich ist von entscheidender Bedeutung, dass sich in den Gesetzesmaterialien zum Vorrang einzelner Gründungstatbestände nichts finden lässt.

b. Umgehung von Vorschriften bzgl. des Gründungsverfahrens und der Arbeitnehmerbeteiligung

Nicht ersichtlich ist, dass durch das kompliziertere Verschmelzungsverfahren strengere Verfahrensvorschriften umgangen werden. Was die Arbeitnehmerbeteiligung anbelangt, wären bei einer Gründung gemäß Art. 2 Abs. 3 lit. b SE-VO die Arbeitnehmer der Obergesellschaften nach der SE-RL zu beteiligen.[310] Im Rahmen der Verschmelzungsgründung sind lediglich die Arbeitnehmer der Tochtergesellschaften, die als Gründungsgesellschaften auftreten, beteiligt. Die Gestaltung kann somit dazu führen, dass die Tochter-SE mitbestimmungsfrei ist, obwohl eine Obergesellschaft der Mitbestimmung unterliegt. Ein Umgehungsverbot vermag dieses Ergebnis nicht auszulösen, da eine Gesamtbetrachtung arbeitsrechtlicher und gesellschaftsrechtlicher Belange ergibt, dass ansonsten legitime gesellschaftsrechtliche Gestaltungsmöglichkeiten beschränkt würden, die Arbeitnehmerrechte aber auch bei der Gestaltung weitestgehend gewahrt sind.

VI. Umgehung von Art. 2 Abs. 4 SE-VO

Möchte sich eine deutsche AG mit einer weniger als zwei Jahre alten Tochtergesellschaft in eine SE umwandeln, ist der direkte Weg über Art. 2 Abs. 4 SE-VO versperrt. Folgendes Vorgehen bietet sich an.

---

308 Vgl. *Neun* in: Theisen/Wenz, S. 64; *Teichmann*, ZGR 2002, 383, 411 f.
309 Vgl. *Blaurock*, ZHR 141 (1977), 18 f.
310 Näher hierzu *Paefgen* in: KK, AktG, Art. 35 SE-VO Rdnr. 15.

1. Konstellation: 1 deutsche AG, 1 ausländische Tochtergesellschaft (nicht 2 Jahre alt)

Handelt es sich bei der Tochtergesellschaft um eine AG, kann diese zur Gründung einer SE gemäß Art. 2 Abs. 1 SE-VO auf die Mutter verschmolzen werden (Abb. 7).

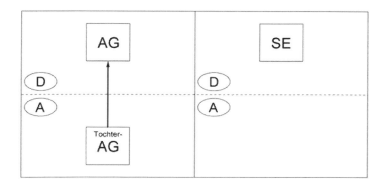

Abb. 7: Umgehung von Art. 2 Abs. 4 SE-VO

2. Bewertung

a. Umgehung von Numerus Clausus und Mehrstaatlichkeitsprinzip

Konzernverschmelzungen sind wie bereits dargelegt zulässig.[311] Ein Vorrang einzelner Gründungsvarianten besteht nicht. Auch bei dieser Gestaltungsvariante bleiben die hinter Numerus Clausus und Mehrstaatlichkeitsprinzip stehenden *flag issues* gewahrt.

b. Umgehung von Verfahrensvorschriften

Sofern ein Vergleich überhaupt sinnvoll angestellt werden kann, sind die gläubiger- und minderheitenschützenden Vorschriften der SE-VO bzw. des SEAG bei der Verschmelzungsgründung umfassender als bei der Umwandlungsgründung. Bei letzterer bedarf es keines Abfindungsangebotes, da anlässlich des Form-

311 Siehe hierzu S. 99-100.

wechsels keine Sitzverlegung ins Ausland möglich ist. Auch gibt es keinen speziellen Gläubigerschutz, da die Gläubiger nicht mit einem neuen, möglicherweise ausländischen Schuldner konfrontiert werden können. Nichts anderes ergibt sich, was das mögliche Eingreifen deutschen Umwandlungsrechts anbelangt.[312] Zu überlegen wäre daher höchstens, ob die Umwandlung in eine SE anstelle einer Konzernverschmelzung eine rechtswidrige Umgehung zu Lasten der Gläubiger- und Minderheitsaktionäre darstellen kann. Dies wird niemand ernsthaft vertreten. Eine solche Annahme würde auch der Intention des Verordnungsgebers widersprechen.

c.   Arbeitnehmermitbestimmung

Beide Gründungsvarianten unterscheiden sich insofern, als bei der Umwandlungsgründung keine Verringerung des Mitbestimmungsniveaus möglich ist. Bei der Verschmelzungsgründung wäre eine solche theoretisch denkbar, wenn dies im Verhandlungswege beschlossen wird. Auch der zu erreichende Schwellenwert bedeutet eine graduelle Erschwerung der Mitbestimmungssicherung. Möglich ist aber auch bei dessen Verfehlen ein Beschluss des BVG, die Auffangregelung eingreifen zu lassen. Insofern dürfte aus mitbestimmungsrechtlicher Sicht grundsätzlich nichts gegen die rechtliche Gestaltung sprechen.

VII. Umgehung von Art. 2 SE-VO durch Ausgründung aus nationaler
      Gesellschaft

Der Numerus Clausus sieht die Ausgründung einer SE durch eine nationale Gesellschaft nicht vor. Durch folgende Gestaltung lässt sich im Ergebnis Vergleichbares erreichen.

---

312 Vgl. bspw. *Casper* in: Spindler/Stilz, AktG, Art. 37 SE-VO Rdnr. 20 und Art. 24 SE-VO
     Rdnr. 4 ff.

1. Konstellation: 1 deutsche AG

In einem ersten Schritt erwirbt oder gründet die AG zwei Tochtergesellschaften in der Rechtsform der AG, welche in unterschiedlichen Mitgliedstaaten ihren Sitz haben. In einem zweiten Schritt werden die Tochtergesellschaften zu einer SE verschmolzen (Abb. 8).

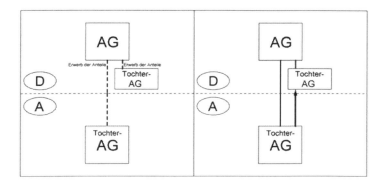

Abb. 8: Umgehung von Art. 2 SE-VO durch Ausgründung

2. Bewertung

Diese Gestaltungsvariante lässt sich als *sidestream merger* bezeichnen. Im Ergebnis kommt die Verschmelzung der Töchter einer Ausgründung einer Tochter in der Rechtsform einer SE gleich. Es handelt sich hierbei um keine unzulässige Umgehung des Art. 2 SE-VO.[313] Der für das Ergebnis erforderliche Zwischenschritt bedarf eines gewissen Aufwandes, welcher ausreicht, die Ziele der Gründungsrestriktion zu erreichen. Verfahrensvorschriften werden bei dieser Variante logischerweise nicht umgangen und auch das Arbeitnehmerbeteiligungsverfahren ist durchzuführen. Ein Verbot der Gestaltung wäre auch deshalb wenig effektiv, da der Anteilserwerb einer bestehenden SE jederzeit möglich ist.

---

313 So bereits *Schulz/Geismar*, DStR 2001, 1078, 1081.

VIII. Umgehung von Verfahrensvorschriften

Umgehungen kommen auch im Zusammenhang mit der SE-Gründung nachgelagerten Transaktionen in Betracht. Im Ergebnis können umständliche Verfahrensvorschriften einzelner Gründungsalternativen umgangen werden.[314]

1. Beispiel

Um den Aufwand einer Verschmelzungsgründung zu vermeiden, gründen zwei AG eine Tochter-SE gemäß Art. 2 Abs. 3 SE-VO. Im Anschluss an die SE-Gründung werden alle betriebsnotwendigen Wirtschaftsgüter der beiden Gründungsgesellschaften im Wege der Einzelrechtsnachfolge auf die Tochter-SE übertragen (Abb. 9).

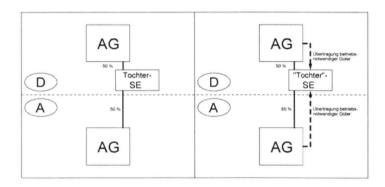

Abb. 9: Umgehung von Verfahrensvorschriften

2. Bewertung

a. Umgehung von Numerus Clausus und Mehrstaatlichkeitsprinzip

Eine mögliche Rechtswidrigkeit der Umgehung ergibt sich in diesem Fall nicht aufgrund der Gestaltung des Numerus Clausus bzw. des Mehrstaatlichkeitsprinzips bei der SE-Gründung, sondern aufgrund der nachfolgenden Transaktionen.

314 Dies können bspw. Regelungen sein, die den Gründungsplan oder den Gesellschafterbeschluss betreffen.

Fraglich ist demnach, ob nicht eine Betrachtung des Gesamtvorgangs zu erfolgen hat und dieser nicht gegen Sinn und Zweck beider Prinzipien verstoßen darf. Ob eine Gesamtbetrachtung angezeigt ist, kann jedenfalls deshalb dahinstehen, weil bereits kein Verstoß gegen Numerus Clausus und Mehrstaatlichkeitsprinzip ausgemacht werden kann. Es ist nicht die unmittelbare Funktion von Numerus Clausus und Mehrstaatlichkeitsprinzip, Gläubiger- und Minderheitenschutz zu gewähren.

b. Umgehung von Vorschriften bzgl. des Gründungsverfahrens und der Arbeitnehmerbeteiligung

Ansatzpunkt für eine unter Umständen erforderliche Regulierung sind die Verfahrensvorschriften selbst. In Betracht zu ziehen sind auch hier Analogien.[315] Ob dies immer möglich und sinnvoll ist, kann bezweifelt werden.[316] In Teilen der Literatur werden Analogien der Art. 17 ff. bzw. Art. 32 ff. SE-VO ganz abgelehnt.[317] *Casper* zieht eine analoge Anwendung nur dann in Betracht, wenn nationales Recht kein vergleichbares Schutzniveau bietet.[318] Eine vertiefte Auseinandersetzung soll an dieser Stelle nicht erfolgen. Der einhelligen Literaturmeinung ist jedenfalls darin zuzustimmen, dass die Umgehung von Verfahrensvorschriften insoweit nicht zur Unzulässigkeit der Gestaltung führen kann. Die Arbeitnehmerbeteiligung ist gewährleistet, da die Arbeitnehmer der Gründungsgesellschaften über diese verhandeln. Werden alle betriebsnotwendigen Güter später in die SE eingebracht, gehen auch die Arbeitsverhältnisse gemäß § 613a BGB über. Dieser Gestaltung wird in der Praxis kaum Bedeutung zukommen, da die steuerrechtlichen Implikationen von nicht unerheblichem Gewicht sind.[319]

IX. Ergebnis und Ausblick

Sämtliche der dargestellten rechtlichen Gestaltungen sind zulässig. Durch die formale Wahrung der Gründungsrestriktionen ist der Konkurrenzthese genüge getan. In der Regel bedarf es eines erhöhten Aufwandes, um das gewünschte Transaktionsergebnis zu erreichen. Mit einem Ausbluten nationaler Rechtsfor-

---

315 Ähnlich *Teichmann*, ZGR 2002, 383, 438.
316 Ebenso *Scheifele*, Gründung, S. 394 f.
317 *Bayer* in: Lutter/Hommelhoff, Die Europäische Gesellschaft, S. 59. *Scheifele*, Gründung, S. 394 f.
318 *Casper* in: FS Ulmer, 2003, S. 51, 63.
319 Dies gilt jedenfalls für den Fall, dass die Wirtschaftsgüter grenzüberschreitend eingebracht werden müssen.

men ist also gerade nicht zu rechnen. Die Umgehungen einzelner Gründungstatbestände bzw. Gründungsalternativen stellen im Hinblick auf Subsidiaritätsaspekte kein Problem dar. Die hinter Numerus Clausus und Mehrstaatlichkeitsprinzip stehenden Zwecksetzungen rechtfertigen daher keine Umgehungsverbote. Die Umgehung von Verfahrensvorschriften, die dem Gläubiger- und Minderheitenschutz dienen, ist nicht durch Numerus Clausus und Mehrstaatlichkeitsprinzip geschützt. Zu solchen Umgehungen wird es in aller Regel nicht kommen. Sollte dies doch einmal der Fall sein, sind Analogien in Betracht zu ziehen. Ein Gestaltungsverbot wird sich regelmäßig nicht begründen lassen. Die Rechte der Arbeitnehmer werden ebenfalls nicht durch Numerus Clausus und Mehrstaatlichkeitsprinzip geschützt. Bei den dargestellten rechtlichen Gestaltungen werden die Arbeitnehmerrechte weitestgehend gewahrt.

Für die Praxis bietet sich anstelle der dargestellten Gestaltungen regelmäßig der Einsatz einer Vorrats-SE an. Hierüber lassen sich die erstrebten Ergebnisse schneller und einfacher erreichen.[320] Anbieter solcher Vorrats-SE können inzwischen auf beachtliche praktische Erfahrung zurückblicken. Ohne den Untersuchungen im folgenden Teil der Arbeit vorzugreifen, lässt sich aber bereits an dieser Stelle sagen, dass noch diverse Rechtsunsicherheiten bestehen. Eine Alternative zur Vorrats-SE bietet regelmäßig die grenzüberschreitende Verschmelzung über die 10. RiLi. Im Vergleich zu einer vorgeschalteten Konzernverschmelzung kann diese schneller bewerkstelligt werden, da die Durchführung eines sechsmonatigen Verhandlungsverfahrens nicht zwingend erforderlich ist.

B. Teleologische Reduktion von Art. 2 SE-VO bei Gründung unter Beteiligung einer deutschen SE

Art. 3 Abs. 1 SE-VO regelt die Beteiligung einer bestehenden SE an einer SE-Gründung gemäß den Gründungsalternativen des Art. 2 Abs. 1 bis 3 SE-VO. Die Vorschrift stellt im Gegensatz zu Art. 3 Abs. 2 SE-VO keine eigenständige Gründungsvariante dar. Vielmehr wird durch eine Rechtsformfiktion der personelle Anwendungsbereich des Art. 2 SE-VO erweitert. Für die Beteiligung an der Gründung gilt die SE als nationale Aktiengesellschaft ihres Sitzmitgliedstaates. Die SE wird also in den in Art. 2 SE-VO enthaltenen Numerus Clausus eingefügt. Die Gründungsvoraussetzungen des Art. 2 SE-VO, insbesondere auch das Mehrstaatlichkeitsprinzip, sind zu beachten. Es stellt sich allerdings die Frage,

---

320 Die Zulässigkeit der Gründung und des Einsatzes solcher Vorrats-SE ist indes umstritten. Siehe hierzu ausführlich S. 124-166 und S. 167-169.

ob auf das Mehrstaatlichkeitsprinzip im Rahmen einer teleologischen Reduktion verzichtet werden kann.

I. Literaturmeinungen

Nach überwiegender Ansicht muss die Mehrstaatlichkeit genauso gesondert geprüft werden, wie wenn Gesellschaften nationalen Rechts als Gründer auftreten.[321] *Habersack* bringt es auf den Punkt: „Die bestehende SE als solche vermag die nach Art. 2 SE-VO obligatorische Mehrstaatlichkeit nicht zu ersetzen.“[322] In Teilen der Literatur wird allerdings eine teleologische Reduktion des Art. 2 SE-VO hinsichtlich des Mehrstaatlichkeitsbezugs befürwortet.[323] Das abermalige Einhalten des Mehrstaatlichkeitserfordernisses sei überflüssig und nicht erforderlich. Es sei in sich widersprüchlich, wenn die Mehrstaatlichkeit keine Bestehensvoraussetzung der SE ist, von ihr aber die Gründungsberechtigung der bestehenden SE abhänge.[324] Außerdem seien die hinter dem Mehrstaatlichkeitsprinzip stehende Konkurrenz- und Exklusivitätsthese bereits durch die Beteiligung einer bestehenden SE erfüllt.[325] Es könne kaum im Sinne des Verordnungsgebers sein, dass bei uneingeschränkter Anwendung des Mehrstaatlichkeitsprinzips die Verschmelzung einer SE mit einer anderen SE oder AG aus demselben Mitgliedstaat ausgeschlossen sei. Innerhalb dieser Literaturmeinung gibt es Unterschiede im Detail. Während *Scheifele* eine teleologische Reduktion stets bei Beteiligung einer bestehenden SE annimmt, ist nach *Casper* erforderlich, dass nur SE Gründungsgesellschaften sind.[326]

321 *Schröder* in : Manz/Mayer/Schröder, Art. 3 SE-VO Rdnr. 3; *Oechsler* in: MüKo, AktG, Art. 3 SE-VO Rdnr. 1; *Habersack*, Europäisches Gesellschaftsrecht, § 12 Rdnr. 15; *Heckschen* in: Widmann/Mayer, UmwR, Stand: März 2006, Anh. 14 Rdnr. 522; *Jannott* in: Jannott/Frodermann, Kap. 3 Rdnr. 17; *Reichert*, Der Konzern 2006, 821, 833; *Hörtnagl* in: Schmitt/Hörtnagl/Stratz, UmwG, Art. 3 SE-VO Rdnr. 2.

322 *Habersack*, Europäisches Gesellschaftsrecht, § 12 Rdnr. 15.

323 *Schwarz*, SE-VO, Art. 3 SE-VO Rdnr. 10 f.; *Scheifele*, Gründung, S. 435; *Casper*, AG 2007, 97, 103; *ders.* in: Spindler/Stilz, AktG, Art. 2, 3 SE-VO Rdnr. 5, 34; *Bayer* in: Lutter/Hommelhoff, Art. 3 SE-VO Rdnr. 4; möglicherweise auch *Kalss* in: Kalss/Hügel, Vor § 17 SEG Rdnr. 35.

324 *Scheifele*, Gründung, S. 435.

325 *Scheifele*, Gründung, S. 435.

326 *Casper* in: Spindler/Stilz, AktG, Art. 2, 3 SE-VO Rdnr. 34; *ders.*, AG 2007, 97, 103 für den Fall der Verschmelzungsgründung.

II. Stellungnahme

Der überwiegenden Literaturmeinung ist beizutreten. Bevor eine Auseinandersetzung mit den Argumenten der Ansicht erfolgt, die eine teleologische Reduktion vertritt, sind Rückschlüsse aus der Entstehungsgeschichte der SE-VO zu ziehen.

1. Rückschlüsse aus der Entstehungsgeschichte der SE-VO

a. Der Vorschlag von 1970

Eine bestehende SE konnte gemäß Art. 3 SE-VO mit anderen SE oder AG eine neue SE gründen. Es handelte sich um eine eigenständige Vorschrift, die nicht wie heute lediglich auf Art. 2 SE-VO verweist. Das Mehrstaatlichkeitsprinzip war nicht enthalten.[327] Aus den Erläuterungen zu Art. 2 und 3 SE-VO ergibt sich nicht zweifelsfrei, dass bei Beteiligung einer bestehenden SE auf das Mehrstaatlichkeitsprinzip verzichtet werden soll. Zieht man die Regelungen des Titels XI hinzu, erhärtet sich die Vermutung allerdings. In den Art. 269 bis 274 SE-VO waren Verschmelzungen unter Beteiligung einer bestehenden SE geregelt, an deren Ende wiederum eine SE steht. Es ergeben sich keinerlei Hinweise darauf, dass ein Mehrstaatlichkeitsbezug erforderlich war.[328]

b. Der Vorschlag von 1975

Die SE-Gründung unter Beteiligung einer bestehenden SE war weiterhin eigenständig in Art. 3 SE-VO geregelt. Ein Hinweis auf das Mehrstaatlichkeitsprinzip findet sich nicht.[329] Vor allem die Regelung des Art. 3 Abs. 4 SE-VO spricht zusätzlich dafür, dass ein Mehrstaatlichkeitsbezug bei der Beteiligung einer bestehenden SE nicht erforderlich war.[330] Aus den Regelungen des Titels XI lässt sich nichts Gegenteiliges entnehmen.

---

327   Vgl. BT-Drucks. 6/1109, S. 5.
328   Vgl. BT-Drucks. 6/1109, S. 101 ff.
329   So auch *Barz/Lutter* in: Die europäische Aktiengesellschaft, S. 19.
330   Art. 3 Abs. 4 des VO-Vorschlages von 1975 lautet: „Nehmen an der Gründung einer S.E. nach den Abs. 1 und 2 diese Artikels Gesellschaften oder sonstige juristische Personen teil, die nach dem Recht verschiedener Mitgliedstaaten gegründet worden sind, so findet Art. 2 Abs. 3 […] Anwendung."; Vgl. BT-Drucks. 7/3713, S. 10, 193.

c. Der Vorschlag von 1989

Art. 3 SE-VO regelte weiterhin die Gründung unter Beteiligung einer SE. Wie in den vorangehenden Vorschlägen findet sich auch hier kein Hinweis auf das Mehrstaatlichkeitsprinzip. Aufschlussreich ist Titel VIII, der die Verschmelzung unter Beteiligung einer SE regelte. Eine der Alternativen war die Neugründung einer SE. Die Frage, ob das Mehrstaatlichkeitsprinzip zu beachten war, beantwortete Art. 132 SE-VO. Dieser verwies je nachdem, ob die beteiligten Gesellschaften ihren Sitz im gleichen oder in mehreren Staaten hatten auf unterschiedliche Gründungsvorschriften. Nämlich einmal auf nationales, harmonisiertes Recht und das andere Mal auf die Vorschriften des II. Titels.[331] Hieraus sind zwei Schlüsse zu ziehen. Zum Ersten war eine Verschmelzung nach rein nationalem Recht nach den harmonisierten Vorschriften (Fusionsrichtlinie) möglich. Zum Zweiten war bei SE-Gründungen unter Beteiligung einer bestehenden SE durch Verschmelzung gemäß Art. 131 lit. a SE-VO das Mehrstaatlichkeitsprinzip keine Voraussetzung.[332]

d. Der Vorschlag von 1991

Im inhaltlich angepassten Art. 3 SE-VO findet sich wiederum kein Hinweis auf das Mehrstaatlichkeitsprinzip. Titel VIII regelte weiterhin die Verschmelzung unter Beteiligung einer SE. Allerdings entfiel Art. 131 SE-VO, der die einzelnen Verschmelzungsmöglichkeiten inklusive der SE-Gründung durch Verschmelzung aufführte. In den Erläuterungen findet sich hierzu, dass die Art. 131, 132 SE-VO lediglich aus Vereinfachungsgründen zusammengefasst wurden. Der Gesetzgeber beabsichtigte folglich keine inhaltliche Änderung.[333] Somit war weiterhin eine SE-Gründung durch Gründungsgesellschaften im selben Mitgliedstaat und aufgrund nationalen Rechts gemäß Art. 3 Abs. 1, 132 Abs. 1 SE-VO i.V.m. nationalem (harmonisiertem) Recht möglich. Bei Beteiligung einer bestehenden SE war das Mehrstaatlichkeitsprinzip keine Gründungsvoraussetzung.[334]

---

331 Vgl. BT-Drucks. 11/5427, S. 49.
332 Ebenso *Casper* in: Spindler/Stilz, AktG, Art. 2, 3 SE-VO Rdnr. 34.
333 Vgl. BT-Drucks. 12/1004, S. 12.
334 Ebenso *Wenz*, Die Societas Europaea (SE), S. 61.

e. Fazit

Festzustellen ist, dass keiner der Vorschläge von 1970, 1975, 1989 und 1991 für die SE-Gründung unter Beteiligung einer solchen ausdrücklich einen Mehrstaatlichkeitsbezug voraussetzte. Daraus kann aber nicht vorschnell der Schluss gezogen werden, dass auch im Rahmen der geltenden SE-VO auf das Mehrstaatlichkeitsprinzip verzichtet werden kann. Der Umstand, dass Art. 3 Abs. 1 SE-VO im Gegensatz zu den Vorgängervorschriften kein eingeständiger Gründungstatbestand ist und vollumfänglich auf die Voraussetzungen des Art. 2 Abs. 1 bis 3 SE-VO verweist, spricht vielmehr dafür, dass das Mehrstaatlichkeitsprinzip zu beachten ist. Dazu passt auch die Streichung des Art. 132 SE-VO und somit des Titels VIII der Vorgängervorschläge. Von einem Redaktionsversehen ist nicht auszugehen.[335] Die Streichung ist aufgrund des Verweises in Art. 3 Abs. 1 SE-VO auf Art. 2 SE-VO konsequent. Art. 132 SE-VO der Vorschläge 1991 und 1989 hätte diesem Verweis widersprochen, weil eine SE-Gründung nach nationalem Recht möglich war.

2. Bewertung der Argumente der Literatur

Die Argumentation des Teils der Literatur, welcher eine teleologische Reduktion befürwortet, kann nicht überzeugen. Gerade weil kein Erfordernis besteht, dass der grenzüberschreitende Bezug nach SE-Gründung beibehalten werden muss, ist es sinnvoll, dass bei erneuter SE-Gründung wiederum diese Beschränkung zu beachten ist. Andernfalls könnte sich eine an der Gründung beteiligte nationale Gesellschaft allzu leicht nationalem Recht entziehen. Der Konkurrenzthese wäre dann gerade nicht genüge getan. Die Behauptung, der Zweck der Mehrstaatlichkeit (Konkurrenzthese) sei bereits bei Auftreten einer bestehenden SE als Grün-

---

335 *Casper* in: Spindler/Stilz, AktG, Art. 2, 3 SE-VO Rdnr. 34; *Veil* in: Jannott/Frodermann, Kap. 10 Rdnr. 10 ff. *Casper* verkennt, dass *Veil* diesbezüglich dieselbe Auffassung vertritt. *Veil* betont, dass eine SE-Gründung nur über die SE-VO möglich ist und auch nur dann, wenn die Voraussetzungen des Mehrstaatlichkeitsprinzips erfüllt sind (*Veil* in: Jannott/Frodermann, Kap. 10 Rdnr. 10 und FN. 24, Rdnr. 18). Ein anderer Punkt ist, dass er sich für nationale Verschmelzungen unter Beteiligung einer SE ausspricht, die keine SE-Neugründung nach sich ziehen, und sich hierbei auf Art. 131 SE-VO des Vorschlags von 1989 beruft. Dieser sah in lit. b Verschmelzung „durch Aufnahme durch die SE einer oder mehrer AG" und in lit. c die Verschmelzung „durch Aufnahme der SE durch eine AG" vor. Nur auf die Möglichkeiten des Art. 131 lit. b und c bezieht sich *Veil*, wenn er ausführt: „Es sind keine Anhaltspunkte ersichtlich, dass der europäische Gesetzgeber die beiden Verschmelzungsmöglichkeiten mit einer nationalen AG im Jahre 2000 ausschließen wollte."; *Veil* in: Jannott/Frodermann, Kap. 10 Rdnr. 19.

dungsgesellschaft erfüllt, ist unzutreffend.[336] Abgestellt wird nur auf die bestehende SE. Was aber ist mit der nationalen Gründungsgesellschaft? Sinn und
Zweck der Konkurrenzthese ist es hier genauso, einer nationalen Gründungsgesellschaft den Zugang zur SE zu erschweren, die sich des Statuts aus nicht zu
billigenden Gründen bedienen möchte. Auch unter Subsidiaritätsaspekten wäre
ein Verzicht auf das Mehrstaatlichkeitsprinzip kritisch zu bewerten.[337] Trotz der
möglichen bereits dargestellten Gestaltungsmöglichkeiten führt das Mehrstaatlichkeitsprinzip zu einer graduellen Erschwerung des Zugangs.

Sind an der SE-Gründung ausschließlich bestehende SE beteiligt, ist zuzugestehen, dass die dargelegten Argumente nicht unmittelbar übertragen werden können. Es handelt sich um Gesellschaften europäischen Rechts, so dass es schon
gar nicht zu einer Flucht aus den nationalen Rechtsformen kommen kann. Dennoch lehnt der Verfasser auch insoweit auf Basis geltenden Rechts eine teleologische Reduktion des Art. 2 SE-VO ab. Anders als früher wäre heute das Grün-
dungsverfahrensrecht der SE-VO bzw. der Ausführungsgesetze anzuwenden.
Der vorgesehene Gläubiger- und Minderheitenschutz würde bei Gesellschaften,
die dem Recht desselben Staates unterfallen, aber wenig Sinn machen. Wollte
man in der Konsequenz weitere Vorschriften nicht anwenden, würde dies zu
einer nicht absehbaren Rechtsunsicherheit führen.

III. Ergebnis und Ausblick

Auch bei Beteiligung einer bestehenden SE als Gründungsgesellschaft kann
nicht im Rahmen einer teleologischen Reduktion auf das Mehrstaatlichkeitsprinzip verzichtet werden. Gleiches gilt - weniger aus dogmatischen als mehr aus
tatsächlichen Gründen - für die SE-Gründung unter ausschließlicher Beteiligung
von bestehenden SE. Man mag bei der gemäß Art. 69 SE-VO anstehenden Revision des SE-Statuts eine Änderung befürworten. De lege lata ist das Mehrstaatlichkeitsprinzip aber zu beachten.

De lege ferenda wäre bei ausschließlicher SE-Beteiligung an eine vereinfachte
Gründungsmöglichkeit im Rahmen der SE-VO zu denken, welche gerade auch
hinsichtlich der Verfahrensvorschriften Erleichterungen vorsieht.

---

336 *Scheifele* führt in diesem Zusammenhang die Konkurrenz- und Exklusivitätsthese an.
     Letztere wird vom Verfasser zurückgewiesen.
337 Vgl. hierzu S. 52-68.

Teil 3: Die Vorrats-SE als Gestaltungsform

Arbeitnehmerlose Vorrats-SE bieten für die Rechtspraxis interessante Gestaltungsmöglichkeiten. Bislang besteht aber große Rechtsunsicherheit, was deren Verwendung anbelangt. Dies liegt vor allem daran, dass weder europäische Vorschriften noch nationale Ausführungsgesetze Regelungen hierzu enthalten. Der Rechtsanwender ist mit der Frage, wie mit Vorrats-SE gearbeitet werden kann, alleine gelassen.[338] Gestaltungsgrenzen können sich vor allem im Hinblick auf Numerus Clausus bzw. Mehrstaatlichkeitsprinzip und die Arbeitnehmermitbestimmung ergeben. Zu untersuchen ist daher, ob und wie die arbeitnehmerlose Vorrats-SE für rechtliche Gestaltungen zur Verfügung steht.

A. Gang der Darstellung

Zunächst sind die nationalen richterrechtlichen Grundsätze zu Vorratsgesellschaften und deren Anwendbarkeit auf die SE darzustellen. Im ersten Prüfungsschritt wird sodann untersucht, inwiefern Numerus Clausus und Mehrstaatlichkeitsprinzip eine Gestaltungsgrenze darstellen können. Der zweite Prüfungsschritt befasst sich mit der Frage, ob Art. 12 Abs. 2 SE-VO dem Einsatz von Vorrats-SE entgegensteht. Dies hängt vor allem damit zusammen, ob sich der Schutz der Arbeitnehmerrechte durch anderweitige Schutzkonzepte gewährleisten lässt. In Literatur und Rechtsprechung vorgeschlagene Schutzkonzepte sind im dritten Prüfungsschritt zu bewerten. An dieser Stelle wird auch ein eigener Lösungsvorschlag unterbreitet. Dabei steht im Vordergrund, dem Rechtsanwender einen Weg aufzuzeigen, der für Gestaltungen die größtmögliche Rechtssicherheit bietet.

B. Nationale, richterrechtliche Vorrats-Gründungs-Grundsätze und Anwendbarkeit auf die SE

Als Vorratsgesellschaft bezeichnet man die nur durch Geschäftsanteile verkörperte, aber nicht durch Zweckverfolgung und Unternehmensgegenstand lebens-

---

338 *Kiem* spricht in diesem Zusammenhang zu Recht von der „Unbedachtheit" des Verordnungs- bzw. Gesetzgebers. Vgl. *Kiem*, ZHR 173 (2009), 156, 164.

fähige äußere Rechtsform der Gesellschaft.[339] Die Gründung einer solchen Kapitalgesellschaft, die zunächst nur eine leere „Hülse" ist, dient dem Zweck, eine juristische Person auf Vorrat zu schaffen, die erst später bei Bedarf unternehmerischer Verwendung zugeführt werden soll.[340] Potentiellen Erwerbern der Gesellschaftsanteile das Durchlaufen eines gerichtlichen Gründungsverfahrens zu ersparen, ist nicht per se unzulässig. Die Gründung von Vorratsgesellschaften ist vielmehr zulässig, wenn der Unternehmensgegenstand zutreffend mit der Verwaltung eigenen Vermögens umschrieben wird.[341] Man spricht insoweit von einer offenen Vorratsgründung. Allerdings darf die Methode nicht dazu führen, dass Kapitalschutzvorschriften umgangen werden. Daher ist sicherzustellen, dass im Zeitpunkt des In-Gang-Setzens der Gesellschaft durch erstmalige Aufnahme einer unternehmerischen Betätigung das im regulären Verfahren aufgebrachte Vermögen vorhanden ist.[342] Indizien für eine solche sog. „wirtschaftliche Neugründung" sind Satzungsänderungen wie die Neufassung der Firma, die Änderung des Gegenstandes, die Verlegung des Sitzes und/oder die Neubestimmung der Organmitglieder. Nach der Rechtsprechung werden bei der wirtschaftlichen Neugründung der Vorratsgesellschaft durch Ausstattung mit einem Unternehmen und erstmaliger Aufnahme des Geschäftsbetriebes die der Gewährleistung der Kapitalausstattung dienenden Gründungsvorschriften einschließlich der registerrechtlichen Kontrolle entsprechend angewandt.[343] Die Mantelverwendung ist dem Registergericht gegenüber offen zu legen und mit der Versicherung, die am satzungsmäßigen Stammkapital auszurichten ist, zu verbinden, dass die gesetzlich gebotenen Leistungen auf die Stammeinlage bewirkt sind. Bezogen auf den Tag der Offenlegung der wirtschaftlichen Neugründung, gilt die Unterbilanzhaftung und findet die Handelndenhaftung Anwendung.[344]

Wie das nationale Recht enthalten auch die SE-Vorschriften keinerlei Regelungen zu Vorratsgesellschaften und deren Aktivierung. Da während des europäischen und des deutschen Gesetzgebungsverfahrens mehrfach auf die Anwendbarkeit der Vorrats-Gründungs-Grundsätze hingewiesen wurde, ist dies erstaunlich.[345] Nach einhelliger Meinung liegt gleichwohl eine unbeabsichtigte

---

339 Vgl. *Priester*, DB 1983, 2291.
340 BGHZ, 117, 323, 330.
341 BGHZ 117, 323.
342 Vgl. *Krafka*, ZGR 2004, 577, 579.
343 BGHZ 153, 158, 162 ff.; BGHZ 155, 318, 321 f. für die GmbH. Gleiches gilt für die AG.
344 Ausführlich hierzu *Körber* in: Bürgers/Körber, AktG, 2008, § 179 AktG Rdnr. 25; *Krafka*, ZGR 2003, 577 ff.
345 Vgl. nur *Lutter*, AG 1990, 413, 419; *Merkt*, BB 1992, 652, 661; *W. Heinze* in: Europäische AG und der Diskussionsentwurf zum deutschen Begleitgesetz, S. 124, 127 f.; *Enriques*, ZGR 2004, 735, 738.

Regelungslücke vor.[346] Das SEBG betreffend zeigt sich dies bspw. an der Äußerung *Köstlers* aus dem Jahre 2003. Der Referatsleiter der arbeitnehmernahen Hans-Böckler-Stiftung musste auf Nachfrage eingestehen, dass er sich über arbeitnehmerlose Gründungsgesellschaften im Zusammenhang mit der Verhandlungslösung noch keine Gedanken gemacht habe.[347] Für die Anwendbarkeit der Vorratsgründungs-Grundsätze auf die SE spricht neben den Verweisungsvorschriften der SE-VO auf nationales Aktienrecht, welches auch diesbezügliches Richterrecht beinhaltet,[348] vor allem auch Art. 10 SE-VO.[349] Demzufolge ist eine SE wie eine AG nationalen Rechts zu behandeln.

C. Numerus Clausus und Mehrstaatlichkeitsprinzip als Gestaltungsgrenze

Fraglich ist, ob Numerus Clausus und Mehrstaatlichkeitsprinzip ein Umgehungsverbot begründen bzw. im Rahmen der wirtschaftlichen Neugründung analog anzuwenden sind. Vorratsgründung und wirtschaftliche Neugründung stellen separate Komplexe dar, deren Wechselwirkungen zu beachten sind. Eine separate Betrachtung darf nicht dazu führen, dass im Ergebnis Schutzzwecke umgangen werden.

I. Gründung einer Vorrats-SE

1. Überlegungen

Könnte den Gründungsbeschränkungen entnommen werden, dass die Gründungsgesellschaften einer wirtschaftlichen Betätigung bedürfen bzw. eine ökonomische Mindestbestandsdauer aufweisen müssen, wäre ein interessanter Gestaltungsweg ausgeschlossen. Eine SE-Vorrats-Gründung unter Beteiligung von Vorratsgesellschaften wäre nicht möglich. Ein Umgehungsverbot könnte sich auch aufgrund der Tatsache ergeben, dass sich durch eine Verschmelzung von Vorratsgesellschaften eine der Bargründung durch natürliche Personen vergleichbare Situation erreichen lässt.[350] Anzuführen ist auch, dass Teile der Literatur als in Erwägung zu ziehenden Zweck des Numerus Clausus die Verhinderung der Flucht aus der Mitbestimmung sehen und prüfen, ob insoweit Bedenken

---

346 Vgl. auch die Mitteilung der Kommission vom 30.09.2008, KOM (2008) 591 end. S. 8.
347 *W. Heinze* in: Europäische AG und der Diskussionsentwurf zum deutschen Begleitgesetz, S. 124, 127 f.
348 Vgl. *Casper* in: FS Ulmer, 2003, S. 51, 68.
349 *Forst*, NZG 2009, 687, 688.
350 *Casper*, AG 2007, 97, 100.

gegen die Zulässigkeit einer Vorrats-SE bestehen.[351] Die Rechtsmissbräuchlichkeit einer SE-Vorrats-Gründung wird schließlich deshalb erwogen, weil sie eine eigenständige, nicht vom Numerus Clausus umfasste Gründungsvariante darstelle.[352]

2. Stellungnahme

Allen diesen Überlegungen kann entgegengetreten werden. Eine wirtschaftliche Betätigung der Gründungsgesellschaften wird weder im Speziellen durch Art. 2 SE-VO noch im Allgemeinen in der SE-VO vorausgesetzt.[353] Noch im VO-Vorschlag von 1975 in Art. 2 Abs. 2 enthalten, wurde dieses Erfordernis bereits im Vorschlag von 1989 bewusst gestrichen.[354] Auch eine ökonomische Mindestbestandsdauer der Gründungsgesellschaften wird heute weder von Art. 2 SE-VO noch sonst in der SE-VO vorausgesetzt. Zwar gab es im Vorschlag von 1970 noch Regelungen, die ein dreijähriges Bestehen der Gründungsgesellschaften faktisch erforderlich machten, doch wurden diese Regelungen bereits im Entwurf von 1975 relativiert und im Entwurf von 1989 gestrichen.[355] Der weiteren Überlegung, dass sich nach Art. 2 SE-VO nicht gründungsberechtigte natürliche Personen leicht der SE bedienen könnten, ist mit Blick auf die Konkurrenzthese zu entgegnen, dass zunächst zwei Gründungsgesellschaften beschafft werden müssten, deren Sitz sich in unterschiedlichen Mitgliedstaaten befindet. Des Weiteren wäre das Gesellschaftsmindestkapital für sowohl die Gründungsgesellschaften als auch für die zu gründende SE aufzubringen. Zu kalkulieren wäre mit nicht unerheblichen Notar-, Rechtsberatungs- und Steuerberatungskosten. Es steht somit nicht zu erwarten, dass jedermann in die Rechtsform der SE flüchtet, anstatt sich einer nationalen AG zu bedienen. Unter Subsidiaritätsaspekten ist besagtes Vorgehen ebenfalls unproblematisch, da nationales Recht nicht ausgehöhlt wird. Kein Schutzzweck des Numerus Clausus und Mehrstaatlichkeitsprinzips ist es hingegen, die Flucht aus der Mitbestimmung zu verhindern.[356] Dieser Ansatz ist verfehlt, so dass Überlegungen, ob insoweit Bedenken gegen die Vorrats-SE bestehen, entbehrlich sind. Die hinter Numerus Clausus und Mehrstaatlichkeitsprinzip stehenden Zielsetzungen stehen der Zulässigkeit von Vorrats-SE nicht entgegen. Schließlich stellt die Gründung einer Vorrats-SE keinen eigenständi-

---

351 *Casper/Schäfer*, ZIP 2007, 653, 654 f.
352 Vgl. *Forst*, NZG 2009, 687, 690.
353 *Scheifele*, Gründung, S. 89 f.; zustimmend *Casper*, AG 2007, 97, 99; *Enriques*, ZGR 2004, 735, 738.
354 Vgl. BT-Drucks. 11/5427, S. 4.
355 Vgl. BT-Drucks. 7/3713, S. 198; BT-Drucks. 11/5427, S. 28.
356 Siehe hierzu bereits S. 68-85.

gen Gründungstatbestand neben dem Numerus Clausus dar, der als rechtsmiss-bräuchlich einzustufen ist. Sofern die Gegenmeinung diesbezüglich die These vertritt, dass gemäß des Numerus Clausus nur werbende SE gegründet werden könnten, vermag dies nicht zu überzeugen. Wie bereits dargestellt, ist das Merkmal einer werbenden Tätigkeit keine Voraussetzung des Numerus Clausus. Vielmehr vollzieht sich die Gründung der Vorrats-SE gemäß den Alternativen des Art. 2 SE-VO.

II. Wirtschaftliche Neugründung der Vorrats-SE

1. Überlegungen

Im Schrifttum wird geltend gemacht, die wirtschaftliche Neugründung vollziehe sich regelmäßig in einer Weise, die als „rechtliche Gründung" von der SE-VO in der Regel ausgeschlossen werde, nämlich als Sachgründung oder Sachübernah-me, bei der die Vorrats-SE ein schon bestehendes Unternehmen von den (Neu-)Gründern gegen Zahlung oder Gewährung von Aktien übernehme bzw. als Bargründung mit gleichzeitiger Unternehmensgründung.[357] Vorgebracht wird diesbezüglich, dass die wirtschaftliche Neugründung einer bspw. im Wege der Verschmelzung entstandenen Vorrats-SE keinerlei Bezüge zur ursprünglichen Gründung mehr aufweise. Somit liege möglicherweise eine Gründungsform „sui generis" vor, die gegen den Numerus Clausus verstoße.[358] Außerdem könnte durch den Erwerb der Anteile der Vorrats-SE die Begrenzung auf bestimmte Gründungsrechtsträger umgangen werden. Des Weiteren ließe sich das Mehr-staatlichkeitsprinzip aushebeln. So könne der Erwerber einer Vorrats-SE eine natürliche Person sein, so dass ein Mehrstaatlichkeitsbezug bei der Gründung nur auf dem Papier, zum Zeitpunkt der wirtschaftlichen Neugründung evt. gar nicht mehr bestehe.[359]

2. Stellungnahme

Im Rahmen der wirtschaftlichen Neugründung ist weder eine analoge Anwen-dung des Numerus Clausus und des Mehrstaatlichkeitsprinzips noch ein Umge-hungsverbot in Betracht zu ziehen. Den dargestellten Überlegungen ist entge-genzuhalten, dass sich die wirtschaftliche Neugründung im Hinblick auf Nume-

---

357 Vgl. *Casper/Schäfer*, ZIP 2007, 653, 654.
358 *Schreiner*, Vorrats-SE, S. 36.
359 Vgl. *Schreiner*, Vorrats-SE, S. 44.

rus Clausus und Mehrstaatlichkeitsprinzip nicht mit der originären, rechtlichen Gründung vergleichen lässt. Für eine Analogie fehlt es somit an der Voraussetzung einer Vergleichbarkeit der Sachverhalte.[360] Tatsächlich findet regelmäßig der Anteilserwerb einer bestehenden Gesellschaft statt, die sodann einer Verwendung zugeführt wird. Von der SE-VO wird der Anteilserwerb im Gegensatz zur SE-Gründung nicht beschränkt. Eine SE, die einmal „in der Welt ist" und deren Anteile verkauft wurden, kann, was ihre Verwendung anbelangt, nicht mit Gründungsbeschränkungen versehen werden. Ist man anderer Auffassung, führt dies zu einer ungerechtfertigten Einschränkung des regulären Anteilserwerbs einer SE. Die Folge wäre nämlich, dass sich eine natürliche Person zwar an einer werbenden SE, nicht aber an einer Vorrats-SE beteiligen könnte. Hiergegen spricht wie gesagt, dass die Anteile einer SE frei erworben werden können. Auch bezüglich der Erwerber von Anteilen stellt die SE-VO keinerlei Beschränkungen auf. Einer Mehrstaatlichkeit bedarf es ebenfalls nicht. Anders als bei der EWIV ist eine SE nicht aufzulösen, sobald der Mehrstaatlichkeitsbezug wegfällt. Mit Blick auf die Konkurrenzthese macht es keinen Unterschied, ob eine Vorrats-SE oder eine werbende SE gekauft wird. Des Weiteren lassen sich, was Subsidiaritätsaspekte anbelangt, keine Einwände finden. Die wirtschaftliche Neugründung stellt schließlich auch keine weitere Gründungsmöglichkeit „sui generis" neben dem Numerus Clausus dar. Sie ist nur möglich, weil bereits ein Gesellschaftsmantel existiert. Ohne einen solchen ist sie nicht vorstellbar. Auf eine bereits erfolgte Gründung lässt sich keine weitere Gründung aufsetzen. Eine klare Absage ist auch den Überlegungen derjenigen Autoren, die bereits die Gründung einer Vorrats-SE als „Erweiterung der Primärgründungstatbestände" ansehen, zu erteilen.[361]

III. Ergebnis

Sinn und Zweck der Gründungsrestriktionen rechtfertigen keine Einschränkung der Vorrats-Gründung bzw. der wirtschaftlichen Neugründung. Auch eine Gesamtbetrachtung der Eintragung und der wirtschaftlichen Neugründung führt nicht dazu, dass im Ergebnis Schutzzwecke umgangen werden.

360 Ähnlich wohl *Lange*, EuZW 2003, 301, 302.
361 So z.B. *Forst*, NZG 2009, 6687, 690.

D. Art. 12 Abs. 2 SE-VO als Gestaltungsgrenze

Zu prüfen ist, ob Art. 12 Abs. 2 SE-VO der Gründung bzw. wirtschaftlichen Neugründung der Vorrats-SE entgegensteht. Vorratsgründung und wirtschaftliche Neugründung stellen separate Komplexe dar, deren Wechselwirkungen zu beachten sind. Eine separate Betrachtung darf nicht dazu führen, dass im Ergebnis Schutzzwecke umgangen werden.

I. Geltung des Art. 12 Abs. 2 SE-VO für alle Gründungmöglichkeiten

Art. 12 Abs. 2 SE-VO besagt, dass eine SE nur dann ins Handelsregister eingetragen werden darf, wenn dem Registergericht nachgewiesen wird, dass eine Vereinbarung über die Mitbestimmung erfolgt ist oder, dass die Verhandlungen nicht aufgenommen bzw. abgebrochen wurden oder, dass die Verhandlungsfrist ergebnislos abgelaufen ist.[362] Gewicht erhält die Regelung dadurch, dass die SE erst durch die Eintragung ins Handelsregister Rechtspersönlichkeit erlangt, Art. 16 Abs. 1 SE-VO. Umstritten ist, ob Art. 12 Abs. 2 SE-VO für alle Gründungsmöglichkeiten einer SE gilt. Nach zutreffender Ansicht umfasst die Vorschrift auch die Sekundärgründung einer Tochtergesellschaft in Form der SE durch eine bestehende SE nach Art. 3 Abs. 2 SE-VO.[363] Die Gegenansicht würde im Ergebnis dazu führen, dass sämtliche Regelungen, die die Rechte der Arbeitnehmer sichern, hinfällig wären, da sich jedermann einer mitbestimmungsfreien SE-Tochter bedienen könnte. Das ausdifferenzierte und sehr detaillierte Regelungsgefüge wäre mit dieser Möglichkeit ad absurdum geführt.

II. Gründung einer Vorrats-SE

Nach allgemeiner Meinung stellt Art. 12 Abs. 2 SE-VO eine materielle Voraussetzung für die Registereintragung dar.[364] Umstritten ist hingegen, ob es sich um eine abschließende Regelung handelt oder ob Art. 12 Abs. 2 SE-VO teleologisch reduziert werden kann.

---

362 Ausführliche Darstellung bei *Blanke*, „Vorrats-SE" ohne Arbeitnehmerbeteiligung, S. 25 ff.

363 *Jannott* in: Jannott/Frodermann, Kap. 3 Rdnr. 269, 295; *Kienast* in: Jannott/Frodermann, Kap. 13 Rdnr. 201 ff; *Schwarz*, SE-VO, Art. 12 SE-VO Rdnr. 5; *Blanke*, „Vorrats-SE" ohne Arbeitnehmerbeteiligung, S. 36; a.A. *Reichert* in: Happ, Aktienrecht, 19.01 Rdnr. 21; *Seibt*, ZIP 2005, 2248, 2249; *Jacobs* in: MüKo, AktG, Vor. § 1 SEBG, Rdnr. 10 ff.

364 *Schwarz*, SE-VO, Art. 12 SE-VO Rdnr. 19; *Hommelhoff/Teichmann*, SZW 2002, 1, 8; *Schubert*, ZESAR 2006, 340, 341.

1. Literaturmeinungen

Autoren, die Art. 12 Abs. 2 SE-VO eine abschließende Wirkung entnehmen wollen, kommen zu dem Schluss, dass die Eintragung einer SE ohne Durchführung eines Arbeitnehmerbeteiligungsverfahrens nicht möglich ist.[365] Somit kann eine SE nicht eingetragen werden, deren Gründungsgesellschaften nicht wenigstens zehn Arbeitnehmer beschäftigen. Sowohl nach deutschem (§ 5 Abs. 1 S. 2 SEBG) als auch nach europäischem Recht (Art. 3 Abs. 2 lit. a i SE-RL) sind mindestens zehn Arbeitnehmer erforderlich, um ein BVG zu bilden.[366] Wird kein BVG eingesetzt, ist weder eine Vereinbarung noch ein Beschluss die Verhandlungen nicht aufzunehmen bzw. abzubrechen, denkbar. Außerdem kann die Verhandlungsfrist nach Art. 5 SE-RL, § 20 SEBG nicht zu laufen beginnen.[367] In der Folge kann dem Registergericht kein Nachweis erbracht werden, der eine Eintragung zulässt.

Nach der herrschenden Meinung in der Literatur ist Art. 12 Abs. 2 SE-VO teleologisch zu reduzieren, wenn die Gründungsgesellschaften nicht mindestens zehn Arbeitnehmer beschäftigen.[368] Teilweise wird nicht unterschieden, ob die Gründungsgesellschaften keine Arbeitnehmer oder nur weniger als zehn Arbeitnehmer beschäftigen.[369] Allerdings zweifelt lediglich *Heckschen* daran, dass die teleologische Reduktion auf letzteren Fall erstreckt werden kann.[370] Mancher Autor möchte eine noch weitergehende Verengung von Art. 12 Abs. 2 SE-VO vornehmen. So kritisiert *Reinhard* die absurden Konsequenzen für den Fall, dass eine SE keine Arbeitnehmer beschäftigen wird, die Gründungsgesellschaften aber mitbestimmt sind.[371] Die Durchführung eines Beteiligungsverfahrens hält er in einem solchen Fall nicht für zielführend. Entgegen den gesetzlichen Vorgaben könne kein Betriebsrat eingerichtet werden und die Aufsichtsratssitze der Arbeitnehmervertreter blieben vakant. *Schäfer* fordert, dass Art. 12 Abs. 2 SE-VO

---

365 *Blanke*, ZIP 2006, 789, 791; *Köstler* in: Theisen/Wenz, S. 372 f.
366 *Casper/Schäfer*, ZIP 2007, 653.
367 Vgl. *Blanke*, „Vorrats-SE" ohne Arbeitnehmerbeteiligung, S. 31 f.
368 H.M.: *Seibt*, ZIP 2005, 2248, 2250; *Henssler*, RdA 2005, 330, 335; *Casper/Schäfer*, ZIP 2007, 653; *Casper*, AG 2007, 97, 100; *Waclawik*, DB 2006, 1827, 1828; *Frodermann/Jannott*, ZIP 2006, 2251; zum selben Ergebnis kommend *Noack*, EwiR 2005, 905, 906; *Kienast* in: Jannott/Frodermann, Kap. 13 Rdnr. 212; *Reichert*, Der Konzern 2006, 821, 829 f.; *ders.* in: Happ, Aktienrecht, 19.01 Rdnr. 21; *Habersack*, Europäisches Gesellschaftsrecht, § 12 Rdnr. 34; a.A. *Blanke*, ZIP 2006, 789, 791 f.
369 Nicht differenzierend *Henssler*, RdA 2005, 330, 334 f.; *Jacobs* in: MüKo, AktG, § 3 SEBG Rdnr. 2; *Kienast* in: Jannott/Frodermann, Kap. 13 Rdnr. 212; *Schubert*, ZESAR 2006, 341 f.
370 *Heckschen* in: FS Westermann, 2008, S. 999, 1007.
371 *Reinhard*, RIW 2006, 68, 69.

auch dann teleologisch zu reduzieren sei, wenn eine Vorratsgesellschaft gegründet werden solle und die Gründungsgesellschaften über mehr als zehn Arbeitnehmer verfügten.[372]

2. Rechtsprechung

Die bislang ergangene Rechtsprechung unterscheidet, ob die Gründungsgesellschaften sowie die betroffenen Tochtergesellschaften und betroffenen Betriebe Arbeitnehmer beschäftigen oder nicht.[373] Danach kann von einem Beteiligungsverfahren abgesehen werden, wenn die Gründungsgesellschaften sowie die betroffenen Tochtergesellschaften und betroffenen Betriebe im Sinne von Art. 2 lit. b und lit. d SE-RL keine Arbeitnehmer beschäftigen. In diesem Fall soll Art. 12 Abs. 2 SE-VO der sofortigen Eintragung der SE nicht entgegenstehen. Als erforderlich aber auch ausreichend wird die Vorlage einer sog. „Negativerklärung" über die Arbeitnehmerlosigkeit seitens der Gründungsgesellschaften beim Registergericht angesehen.[374] Sofern genügend Arbeitnehmer für die Bildung des Verhandlungsgremiums beschäftigt werden, verlangen die Gerichte die Durchführung des Beteiligungsverfahrens zwingend.[375] Es kommt nicht darauf an, ob die Vorrats-SE arbeitnehmerlos sein soll.[376] Irrelevant ist außerdem, ob die Gründungsgesellschaften selbst mitbestimmt sind.

---

372 *Schäfer* in: Vereinbarte Mitbestimmung in der SE, S. 13, 35.
373 OLG Düsseldorf, Beschluss vom 30.03.2009, - I-3 Wx 248/08 -, abgedruckt in: ZIP 2009, 918; LG Hamburg, Beschluss vom 30.09.2005, - 417 T 15/05 - und AG Hamburg, Beschluss vom 28.06.2005, - 66 AR 76/05 -, beide abgedruckt in: ZIP 2005, 2017 ff.; AG Düsseldorf, Verfügung vom 16.01.2006, - HRB 52168 -, abgedruckt in: ZIP 2006, 287; AG München, Verfügung vom 29.03.2006, - HRB 159649 -, abgedruckt in: ZIP 2006, 1300.
374 Eine Negativerklärung nicht voraussetzend: AG Berlin-Charlottenburg - HRB 96289 -, nach *Freudenberg*, GmbHR 2006, R 125.
375 Den Entscheidungen lässt sich nicht direkt entnehmen, dass bei weniger als zehn Arbeitnehmern kein Beteiligungsverfahren durchgeführt werden muss. Insofern wird sich die Rechtsprechung aber mit großer Sicherheit der herrschenden Literaturmeinung anschließen.
376 LG Hamburg, Beschluss vom 30.09.2005, - 417 T 15/05 -, abgedruckt in: ZIP 2005, 2018, 2019; AG Hamburg, Beschluss vom 28.06.2005, - 66 AR 76/05 -, abgedruckt in: ZIP 2005, 2017; für die Literatur *Casper/Schäfer*, ZIP 2007, 653; *Schubert*, ZESAR 2006, 340, 342 f.

3. Stellungnahme

Die Zulässigkeit der teleologischen Reduktion europarechtlicher Vorschriften ist anerkannt.[377] Ob eine solche im konkreten Fall möglich ist, lässt sich nur durch Auslegung von Art. 12 Abs. 2 SE-VO ermitteln.

a. Auslegung

Die gesetzeshistorische Entwicklung hilft wenig weiter. In der Begründungseinleitung des Vorschlags von 1989 war noch zu lesen, dass eine SE ohne eines der vorgegebenen Mitbestimmungsmodelle „nicht existieren kann".[378] Nach Art. 3 des RiLi-Vorschlags konnte eine SE erst gegründet werden, wenn eines der Modelle gewählt wurde. Allerdings gab es keinerlei Vorschrift, die diese Vorgabe absicherte. Im VO-Vorschlag von 1991 wurde in Art. 8 ein neuer Abs. 3 eingeführt, der die Eintragung der SE von der Wahl einer Mitbestimmungsvereinbarung abhängig machte. Tendenziell könnte dieser Hintergrund dafür sprechen, Art. 12 Abs. 2 SE-VO besonderes Gewicht zukommen zu lassen.

Nach dem Wortlaut von Art. 12 Abs. 2 SE-VO ist die Durchführung des Arbeitnehmerbeteiligungsverfahrens für die Eintragung jeder SE erforderlich. Dies umfasst auch den Fall, dass eine SE selbst keine Arbeitnehmer beschäftigen wird. Nicht möglich aufgrund des Wortlauts ist weiterhin, dass arbeitnehmerlose Gesellschaften eine SE gründen können, welches sich für Vorrats-SE gerade anbieten würde. Allerdings kommt der Wortlautauslegung auf europäischer Ebene eine geringere Bedeutung als im nationalen Recht zu.[379]

Entscheidend sind daher vor allem systematische und teleologische Überlegungen. *Blanke* ist zuzustimmen, dass bei der Regelung der Arbeitnehmerbeteiligung Regelungslücken unbedingt vermieden werden sollten.[380] Die Verhandlungslösung ist die konzeptionelle Grundsatzentscheidung des europäischen Gesetzgebers. Im Rahmen des Gründungsverfahrens muss über die Arbeitnehmerbeteiligung verhandelt werden. SE-VO und SE-RL sind als untrennbare

---

377 *Casper/Schäfer*, ZIP 2007, 653 f.; *Casper* in: FS Ulmer, 2003, S. 51, 59; *Schubert*, ZESAR 2006, 340, 342 m.w.N.
378 BT-Drucks. 11/5427, S. 3.
379 *Heckschen*, in: Widmann/Mayer, UmwR, Stand: Mai 2005, Anh. 14 Rdnr. 44; *Teichmann*, ZGR 2002, 383, 404; *Casper* in: FS Ulmer, 2003, S. 51, 54 f.
380 *Blanke*, ZIP 2006, 789, 791.

Einheit zu verstehen, welches sich gerade an Art. 12 Abs. 2 SE-VO zeigt.[381] Hinter dieser Regelung steht der Schutz der Arbeitnehmer. Insofern kann eine teleologische Reduktion von Gründungsgesellschaften, die mindestens zehn Arbeitnehmer beschäftigen, nicht darauf gestützt werden, dass die zu gründende SE keine Arbeitnehmer beschäftigen wird.[382] Würde bei Erreichen der Schwelle von zehn Arbeitnehmern kein Beteiligungsverfahren durchgeführt, stünde anstelle der als conditio sine qua non ausgestalteten Eingangskontrolle des Art. 12 Abs. 2 SE-VO nur eine nachträgliche Missbrauchskontrolle gemäß der SE-RL zur Verfügung. Ein vergleichbares Schutzniveau wäre nicht gewährleistet. Auch aus Gründen der Rechtssicherheit ist bei Erreichen der Schwelle von zehn Arbeitnehmern ein Beteiligungsverfahren durchzuführen. Gleichwohl ist das Verhandlungsverfahren kein unumstößlicher Selbstzweck. „Wo es niemand zu schützen gilt, schießt Art. 12 Abs. 2 SE-VO über seinen Reglungszweck hinaus."[383] Gerade bei arbeitnehmerlosen Gründungsgesellschaften ist dies der Fall. Eine Vorschrift der SE-VO mit Blick auf den Zweck der sie begleitenden SE-RL zu reduzieren, ist möglich, da beide Regelungen eine Einheit bilden. Zu folgern, dass Vorschriften abschließend sind, weil Regelungslücken ausgeschlossen werden sollten, kann nicht überzeugen. Um einen umfassenden Schutz gewährleisten zu können, müssen diese vielmehr der Auslegung zugänglich sein. Gegen eine abschließende Regelung spricht auch der systematische und teleologische Zusammenhang zwischen Art. 12 Abs. 2 SE-VO und der SE-RL. Zutreffend stellt *Schubert* fest, dass die Arbeitnehmermitbestimmungsregelungen in der SE-RL und dem SEBG eine Ergänzung der SE-VO darstellen.[384] Entgegen *Blanke* stehen SE-VO und SE-RL nicht gleichwertig nebeneinander. Vielmehr wurde bereits aufgezeigt, dass die Arbeitnehmerbeteiligungsregelungen im Gründungsstadium lediglich an die gesellschaftsrechtlichen Regelungen anknüpfen.[385] Art. 12 Abs. 2 SE-VO ist lediglich eine, wenn auch wichtige, Verknüpfungsnorm. Sinn und Zweck ist es sicherzustellen, dass ein Arbeitnehmerbeteiligungsverfahren durchgeführt wird, wo dies aufgrund der Vorgaben der SE-RL bzw. dem SEBG angezeigt ist. Sind deren Voraussetzungen für die Durchführung eines Arbeitnehmerbeteiligungsverfahrens aber nicht erfüllt, bedarf es keiner Kontrolle. Es

---

381 *Blanke*, „Vorrats-SE" ohne Arbeitnehmerbeteiligung, S. 32; *Jacobs* in: MüKo, AktG, Vor. § 1 SEBG Rdnr. 9; *Kleinsorge*, RdA 2002, 343, 346; *Krause*, BB 2005, 1221, 1228; *Grobys*, NZA 2004, 779.

382 Selbst wenn in der arbeitnehmerlosen Vorrats-SE zunächst kein Betriebsrat eingerichtet werden kann und die Sitze der Arbeitnehmervertreter im Aufsichtsrat vakant bleiben, ist die Handlungsfähigkeit der Gesellschaft dadurch nicht eingeschränkt.

383 *Casper/Schäfer*, ZIP 2007, 653.

384 *Schubert*, ZESAR 2006, 340, 341. Vgl. auch die Mitteilung der Kommission vom 30.09.2008, KOM (2008) 591 end. S. 10.

385 Vgl. S. 73-82.

würde über den Schutzzweck der Norm hinausgehen, würde man in ihr tatsächlich eine abschließende Regelung bzw. eine umfassende Gründungsschranke sehen. Eine solche „Leuchtturm-"Stellung kommt Art. 12 Abs. 2 SE-VO systematisch wie teleologisch nicht zu.

b. Zwischenergebnis

Beschäftigen die Gründungsgesellschaften keine Arbeitnehmer, ist Art. 12 Abs. 2 SE-VO teleologisch zu reduzieren. Gleiches gilt, wenn das Beteiligungsverfahren nicht durchgeführt werden kann, weil die Gründungsgesellschaften weniger als zehn Arbeitnehmer beschäftigen. Hingegen nicht möglich ist eine teleologische Reduktion, wenn die Gründungsgesellschaften die erforderliche Zahl an Arbeitnehmern beschäftigen und lediglich die SE keine Arbeitnehmer beschäftigen soll.

III. Wirtschaftliche Neugründung

Durch die wirtschaftliche Neugründung kann es zu Situationen kommen, die im Ergebnis dazu führen, dass der Vorrang der Verhandlungslösung bzw. das Eingreifen der Auffangregelung umgangen werden. Denn eine Gesamtbetrachtung der teleologischen Reduktion bei der Eintragung der Vorrats-SE und dem fehlenden Schutz bei der wirtschaftlichen Neugründung hat zur Folge, dass die Rechte der Arbeitnehmer gefährdet sind. Wird die Eintragung einer Vorrats-SE ohne Arbeitnehmerbeteiligung aufgrund der teleologischen Reduktion des Art. 12 Abs. 2 SE-VO zugelassen und findet im Rahmen der wirtschaftlichen Neugründung kein Beteiligungsverfahren statt, bliebe die aktivierte SE mitbestimmungsfrei. Weder Verhandlungen noch eine Beteiligung im Aufsichtsgremium fänden statt. Dieses Ergebnis würde ohne Zweifel dem Ansinnen des europäischen Gesetzgebers widersprechen. Es fragt sich daher, ob Art. 12 Abs. 2 SE-VO im Zeitpunkt der wirtschaftlichen Neugründung analog anzuwenden ist oder ob mitbestimmungsrechtliche Erwägungen und damit Art. 12 Abs. 2 SE-VO insgesamt ein Umgehungsverbot begründen.

1. Literaturmeinungen

Nach einer Ansicht in der Literatur ist Art. 12 Abs. 2 SE-VO im Zeitpunkt der wirtschaftlichen Neugründung analog anzuwenden.[386] Nur so könnten die Rechte der Arbeitnehmer umfassend geschützt werden. Die mit der Aktivierung der Vorrats-SE verbundenen Registereintragungen sind demnach nur dann möglich, wenn bereits ein Beteiligungsverfahren durchgeführt worden ist. Die erwogene Analogie führt letztlich zu einer Registersperre.

Nach *Casper/Schäfer* ist eine analoge Anwendung von Art. 12 Abs. 2 SE-VO abzulehnen.[387] Die Verhandlungen müssten sonst schon im Vorfeld der wirtschaftlichen Neugründung stattfinden. Dies sei wenig praktikabel. Im Falle einer echten wirtschaftlichen Neugründung müssten Arbeitnehmer allein für Verhandlungen vorgehalten werden, obwohl diese regelmäßig erst nach Eintragung der Satzungsänderungen eingestellt würden. Zudem zögen sich die aus gesellschaftsrechtlicher Sicht bestehenden Unsicherheiten unnötig hinaus. Dies gelte umso mehr, wenn man mit der herrschenden Meinung von einer Handelnden- und Gründerhaftung für alle während der Gründungsphase entstehenden Verbindlichkeiten ausgehe. Denn sie dauere bis zur Anmeldung bzw. Eintragung der Satzungsänderungen, in denen sich die Neugründung manifestiere. Der Schutz der Beteiligungsrechte sei auf andere Weise herbeizuführen.

2. Stellungnahme

Der Ansicht von *Casper/Schäfer* ist beizutreten und eine analoge Anwendung von Art. 12 Abs. 2 SE-VO abzulehnen. Zwar handelt es sich um eine Verknüpfungsnorm, die die Vorgaben der SE-RL sicherstellen soll und der insoweit eine Schutzfunktion zukommt. Auch ließe sich auf diese Weise erheblicher Druck auf die Erwerber einer Vorrats-SE ausüben, da ihnen die Möglichkeit genommen würde, die Vorrats-SE zur Umgehung der Arbeitnehmerbeteiligung zu missbrauchen. Allerdings passt die Vorschrift nicht auf die spezifische Situation der Verwendung der Vorrats-SE.[388] Die Neugründer einer Vorrats-SE wollen vor allem die Gründungszeit verkürzen und die Vorratsgesellschaft für einen zügigen Einstieg in den jeweiligen Markt nutzen. Muss zunächst ein Arbeitnehmerbeteiligungsverfahren durchgeführt werden, weil die Vorrats-SE aufgrund Art. 12

---

386 *Forst*, NZG 2009, 687, 691 f.
387 *Casper/Schäfer*, ZIP 2007, 653, 660 f. So wohl auch *Kiem* in: KK, AktG, § 12 SEBG Rdnr. 52.
388 Ebenso *Casper/Schäfer*, ZIP 2007, 653, 660 f.; siehe auch S. 163-164.

Abs. 2 SE-VO vorher nicht wirtschaftlich neu gegründet werden kann, entfällt dieser Vorteil völlig. In der Folge wäre die Vorrats-SE für die Praxis bedeutungslos.

Zwar ist eine analoge Anwendung des Art. 12 Abs. 2 SE-VO einem sonst gegebenen Umgehungsverbot vorzuziehen, doch lässt sich der Arbeitnehmerschutz möglicherweise auch durch anderweitige Schutzkonzepte sicherstellen. Derartige anderweitige Schutzkonzepte werden in der Literatur diskutiert. Gewährleistet ein solches weitreichenden Schutz der Arbeitnehmerrechte, bedarf es keiner analogen Anwendung des Art. 12 Abs. 2 SE-VO bzw. können mitbestimmungsrechtliche Erwägungen und damit Art. 12 Abs. 2 SE-VO kein Umgehungsverbot begründen.

IV. Ergebnis

Der Eintragung einer Vorrats-SE, deren Gründungsgesellschaften keine zehn Arbeitnehmer beschäftigen, steht Art. 12 Abs. 2 SE-VO nicht entgegen. Die Vorschrift ist teleologisch zu reduzieren. Bei der wirtschaftlichen Neugründung ist allerdings sicherzustellen, dass Arbeitnehmerbeteiligungsrechte nicht umgangen werden. Um dies zu erreichen ist notfalls Art. 12 Abs. 2 SE-VO analog anzuwenden bzw. ist ein Umgehungsverbot anzunehmen, sofern nicht anderweitige Schutzkonzepte ein vergleichbares Schutzniveau gewährleisten.

E. Schutz vor Umgehung der Vorgaben zur Arbeitnehmerbeteiligung

Wird die Vorrats-SE zum Leben erweckt, darf es nicht zu Konstellationen kommen, die im Ergebnis dazu führen, dass der Vorrang der Verhandlungslösung und ggf. das Eingreifen der Auffangregelung umgangen werden. Die in der SE-RL verankerten Rechte müssen gewährleistet bleiben. Aus diesem Grund werden in der Literatur verschiedene Schutzkonzepte vertreten. Teilweise wird die „Nachholung" des Verhandlungsverfahrens analog der §§ 4 ff. SEBG im Rahmen der Mantelverwendung gefordert. Andere Autoren wollen in der einzelnen Ausgestaltung sehr unterschiedlich § 18 Abs. 3 SEBG direkt[389] bzw. analog[390] im Zeitpunkt der wirtschaftlichen Neugründung anwenden. Vorgeschlagen wird

---

389 So *Jannott/Frodermann* in: Jannott/Frodermann, Einl. Rdnr. 27; *Köstler* in: Theisen/Wenz, S. 331, 337 f.

390 Casper/Schäfer, ZIP 2007, 653, 658 f.; *Casper* in: Spindler/Stilz, AktG, Art. 2, 3 SE-VO Rdnr. 31; *Schäfer* in: MüKo, AktG, Art. 16 SE-VO Rdnr. 13, *Forst*, NZG 2009, 687, 691.

außerdem die Anwendung von § 43 SEBG. *Casper/Schäfer* haben ein eigenes Konzept vorgelegt. In der Literatur neigt eine Mehrheit der direkten bzw. analogen Anwendung von § 18 Abs. 3 SEBG zu, die in der einzelnen Ausgestaltung aber - wie gesagt - sehr unterschiedlich ist. Rechtsprechung gibt es bis auf eine undifferenzierte Entscheidung des OLG Düsseldorf, welches sich letzterer Literaturströmung anschließt, bislang nicht.[391] Im Folgenden findet eine Bewertung der maßgeblichen Vorschläge statt.

I.   Durchführung des Verhandlungsverfahrens im Rahmen der
     Mantelverwendung analog §§ 4 ff. SEBG

1.   Literaturmeinungen

Namentlich *Waclawik* ist der Auffassung, dass vor der Handelsregistereintragung im Rahmen der Mantelverwendung ein Beteiligungsverfahren durchzuführen ist.[392] Ob dies über eine Analogie der §§ 4 ff. SEBG oder über § 18 Abs. 3 SEBG zu erfolgen hat, bleibt offen. *Diekmann* hält allein die analoge Anwendung der §§ 4 ff. SEBG für richtig, da jede Mantelverwendung eine Neugründung darstelle.[393] *Schubert* hingegen möchte im Falle des Verkaufs der Vorrats-SE an einen Dritten im Grundsatz die §§ 4 ff. SEBG analog anwenden, um eine Umgehung der Mitbestimmung zu vermeiden.[394] Da der Verkauf einer Vorrats-SE an Dritte durch die Sonderregeln zur Gesetzesumgehung in Gestalt der §§ 18 Abs. 3, 43, 45 Abs. 1 Nr. 2 SEBG nicht erfasst sei, könne eine Rechtsfortbildung vorgenommen werden. Eine Ausnahme von der analogen Anwendung der §§ 4 ff. SEBG soll nach *Schubert* allerdings dann anzunehmen sein, wenn die Vorrats-SE im Sinne einer tatsächlichen Neugründung erst Arbeitnehmer einstellt. Ebenfalls keine Verhandlungen soll es geben, wenn die Gründungsgesellschaften denselben Mitbestimmungsstandard haben wie das Erwerberunternehmen. Dies soll sogar für den Fall gelten, dass eine schlechtere Vereinbarung getroffen wird, als die Auffangregelung vorsehen würde. Die Zulässigkeit auch eines Vertrages

391   OLG Düsseldorf, Beschluss vom 30.03.2009, - I-3 Wx 248/08 -, abgedruckt in: ZIP 2009, 918.
392   *Waclawik*, Der Betrieb 2006, 1827, 1829.
393   *Diekmann* in: GS Gruson, 2009, S. 75, 89.
394   *Schubert*, ZESAR 2006, 340, 346. Unzutreffend gehen *Casper/Schäfer* davon aus, *Schubert* wolle im Zeitpunkt der wirtschaftlichen Neugründung die Auffangregelung der §§ 34 ff. SEBG anwenden. *Schubert* schlägt lediglich die Anwendung der Auffangregelung zum SE-Betriebsrat der §§ 22 ff. SEBG vor, und auch dies nicht für den klassischen Fall der wirtschaftlichen Neugründung einer Vorrats-SE. Vgl. *Casper/Schäfer*, ZIP 2007, 653, 658.

zu Lasten Dritter begründet *Schubert* damit, dass die SE-RL nicht primär die Selbstbestimmung der Arbeitnehmer schütze - also dass die Arbeitnehmer der SE selbst Verhandlungen führen können - sondern dass die Sicherung erworbener Rechte im Vordergrund stehe.[395]

2. Stellungnahme

Die Lösung der Problematik vorrangig in den §§ 4 ff. SEBG zu suchen ist zwar zutreffend, die dargestellten Ansätze vermögen aber nicht zu überzeugen. Zustimmung verdient, dass *Schubert* eine Analogie von SEBG Vorschriften annimmt, anstelle über § 43 SEBG eine Unwirksamkeit der Gestaltung in Betracht zu ziehen. Inhaltlich kann *Schubert* allerdings vor allem im Hinblick auf die Ausnahmen nicht gefolgt werden. Auf den Schutz erworbener Arbeitnehmerrechte abzustellen, ist gerade dann sinnvoll, wenn die Arbeitnehmer der Gründungsgesellschaften auch solche der SE werden. Bei einer Vorrats-SE ist dies regelmäßig nicht der Fall. Sicherlich werden gerade auch im Fall der Tochter-SE Arbeitnehmer von Gründungsgesellschaften später nicht stets in der SE beschäftigt sein. Insofern ist aber die Solidarität der Verhandelnden gegenüber den Konzernmitarbeitern nicht zu unterschätzen. Den Arbeitnehmern der aktivierten Vorrats-SE hingegen ist nicht zuzumuten, eine aufoktroyierte Vereinbarung mitzutragen.[396] Für Verhandlungen muss vielmehr auf die hinzukommenden Arbeitnehmer abgestellt werden. Ebenfalls nicht überzeugend ist, lediglich die §§ 22 ff. SEBG anzuwenden, wenn sich die wirtschaftliche Neugründung im Wege einer tatsächlichen Neugründung vollzieht. Was den Arbeitnehmerschutz anbelangt, ist eine wirtschaftliche Neugründung wie eine reguläre SE-Gründungssituation zu behandeln.[397] Dies gilt unabhängig von der Art und Weise der Reaktivierung; also auch dann, wenn im Zusammenhang mit einer tatsächlichen Neugründung Arbeitnehmer eingestellt werden. Nach der Ratio der SE-RL sind in jeder Gründungssituation Verhandlungen durchzuführen. Dies ist die Konsequenz des Verzichts auf eine einheitliche europäische Regelung der Arbeitnehmermitbestimmung. Den Arbeitnehmern der aktivierten Vorrats-SE ist daher die Möglichkeit einzuräumen, Verhandlungen über die Arbeitnehmerbeteiligung durchzuführen. Jedenfalls die analoge Anwendung der §§ 4 ff. SEBG im Wortlaut eignet sich hierfür nicht. Auf die von diesen Vorschriften vorgegebenen

395 *Schubert*, ZESAR 2006, 340, 347.
396 Ähnlich *Casper/Schäfer*, ZIP 2007, 653, 658.
397 Dies gilt für arbeitsrechtliche Aspekte, hingegen nicht in dieser Allgemeinheit für gesellschaftsrechtliche Aspekte, bspw. den Numerus Clausus und das Mehrstaatlichkeitsprinzip.

Verhandlungsparteien kann nicht abgestellt werden.[398] Dies muss sich gerade auch *Diekmann* entgegenhalten lassen. Zuletzt ist das von *Schubert* vorgeschlagene Konzept auf Differenzierung bedacht, welches zu einem „bunten Strauß" an Einzelfällen, aber nicht zu Rechtssicherheit führt.

II. Direkte bzw. analoge Anwendung von § 18 Abs. 3 SEBG

Fraglich ist, ob durch eine direkte oder analoge Anwendung des § 18 Abs. 3 SEBG ein weitreichender Schutz der Beteiligungsrechte der Arbeitnehmer gewährleistet werden kann.

1. Einführung

Zur Verwirklichung der Arbeitnehmerbeteiligung wird die direkte oder entsprechende Anwendung[399] von § 18 Abs. 3 SEBG vorgeschlagen. Zumeist erfolgt dies recht pauschal und undifferenziert. Der Großteil der Literatur unterscheidet für die Frage der Anwendbarkeit des § 18 Abs. 3 SEBG danach, ob die Art und Weise der wirtschaftlichen Neugründung eine „strukturelle Änderung" im Sinne der Vorschrift darstellt. Der andere Teil der Literatur wertet eine wirtschaftliche Neugründung an sich als strukturelle Änderung, ohne auf die konkrete Art und Weise der Aktivierung abzustellen.

2. Gang der Darstellung

Zunächst muss der sehr umstrittene Anwendungsbereich des § 18 Abs. 3 SEBG geklärt werden.[400] Entscheidend ist, ob es durch die gefundene Auslegung zu Schutzlücken hinsichtlich der Arbeitnehmerrechte bei der wirtschaftlichen Neugründung der Vorrats-SE kommt. Weiterhin wird der Frage nachgegangen, ob eine wirtschaftliche Neugründung generell als strukturelle Änderung im Sinne des § 18 Abs. 3 SEBG gewertet werden kann. Schließlich ist auch die bislang einzig ergangene Entscheidung des OLG Düsseldorf in die Untersuchung einzubeziehen.

---

398 Vgl. auch *Forst*, NZG 2009, 687, 690.
399 Nach dieser Ansicht scheitert eine direkte Anwendung des § 18 Abs. 3 SEBG bereits daran, dass § 18 SEBG die Wiederaufnahme von Verhandlungen regelt, also voraussetzt, dass schon ein Verfahren zur Beteiligung der Arbeitnehmer stattgefunden hat. Vgl. *Feuerborn* in: KK, AktG, § 18 SEBG Rdnr. 51.
400 Vgl. Arbeitskreis „Unternehmerische Mitbestimmung", ZIP 2009, 885, 892.

3.   Die Vorschrift des § 18 Abs. 3 SEBG

§ 18 Abs. 3 SEBG regelt die Auswirkungen nachträglicher struktureller Änderungen. Vor allem zwei Tatbestandsmerkmale sind von Bedeutung, nämlich das Erfordernis der strukturellen Änderung sowie dessen Eignung, die Beteiligungsrechte der Arbeitnehmer zu mindern. Weder die SE-RL noch das SEBG definieren den Begriff der strukturellen Änderungen. Gleiches gilt für den Begriff der Minderung von Beteiligungsrechten.[401] Eine solche dürfte aber regelmäßig vorliegen, wenn den Arbeitnehmern nach der strukturellen Änderung weniger Rechte zustehen als vorher. Dabei sind auch die Beteilungsrechte von außenstehenden Arbeitnehmern zu berücksichtigen, die von der strukturellen Änderung betroffen sind. Als Rechtsfolge sieht die Vorschrift die Durchführung von Neuverhandlungen über die Arbeitnehmerbeteiligung vor, bei deren Scheitern die Auffangregelung zum Tragen kommt.

4.   Weite Auslegung des Anwendungsbereichs

a.   Erfasste Konstellationen

Erfasst werden nach einer sehr weiten Auslegung u.a. Sitzverlegungen, Verschmelzungen, Betriebsübergänge auf die SE sowie der Erwerb von Beteiligungen, wenn die Arbeitnehmer den Schutz des § 2 Abs. 1 DrittelbG bzw. des § 5 Abs. 1 MitbestG verlieren.[402] § 18 Abs. 3 SEBG ist des Weiteren einschlägig, wenn die Arbeitnehmerzahl einer SE gemeinsam mit der eines neu erworbenen Unternehmens oder Betriebes nunmehr Tatbestände des MitbestG bzw. des DrittelbG erfüllt.[403] Ebenfalls vom Anwendungsbereich erfasst ist der Erwerb eines mitbestimmten Rechtsträgers.

b.   Übertragung auf die wirtschaftliche Neugründung der Vorrats-SE

Das dargestellte weite Verständnis des § 18 Abs. 3 SEBG wendet bspw. *Köstler* auch auf die Vorrats-SE Problematik an. Danach sind sämtliche der dargestellten Konstellationen der Verwendung von Vorrats-SE als strukturelle Änderungen anzusehen, die Verhandlungen über die Arbeitnehmerbeteiligung gemäß § 18 Abs. 3 SEBG zur Folge haben.

---

401   Ausführlich hierzu *Feuerborn* in: KK, AktG, § 18 SEBG Rdnr. 28 ff.
402   *Oetker* in: Lutter/Hommelhoff, § 18 SEBG Rdnr. 16 ff.
403   *Köstler* in: Theisen/Wenz, S. 371; a.A. *Rieble*, BB 2006, 2018, 2022.

c. Begründung der Literatur für die weite Auslegung

Namentlich *Rehberg* spricht sich im Hinblick auf Erwägungsgrund 18 SE-RL für eine weite Interpretation aus, die er auf § 18 Abs. 3 SEBG übertragen wissen will.[404] Danach umfasse der Wortlaut nicht nur punktuelle Geschäftsmaßnahmen, sondern auch komplette strukturelle Änderungsprozesse.[405] Geboten sei eine weniger formalistische, als vielmehr eine nach Sinn und Zweck ausgerichtete Auslegung. Er sieht Erwägungsgrund 18 SE-RL und somit § 18 Abs. 3 SEBG als Unterfall des allgemeinen Missbrauchsverbotes in Art. 11 SE-RL bzw. § 43 SEBG. Ihm zufolge erfordert eine Strukturänderung, dass der Vorgang auch nach den für Art. 11 SE-RL i.V.m. Erwägungsgrund 18 S. 1 und 2 SE-RL geltenden Grundsätzen als missbräuchlich anzusehen ist, wobei die Berücksichtigung von Rechtfertigungsgründen von vornherein ausscheide. Bei der Missbrauchsprüfung sei danach zu fragen, welche Vorschriften der SE-RL umgangen werden, und nicht, welche konkrete gestalterische Maßnahme zum Verlust der Mitbestimmung führen.

Für einen weiten Anwendungsbereich tritt auch *Blanke* ein.[406] Nach seiner Wertung stehen die Mitbestimmungssicherung bei SE-Gründungen und die Mitbestimmungssicherung bei strukturellen Änderungen gleichwertig nebeneinander. Maßstab der Beurteilung, wann eine strukturelle Änderung vorliegt, ist ihm zufolge „nicht die isolierte Beurteilung der Intensität gesellschaftsrechtlicher Vorgänge als solcher, sondern der Effekt, den diese für die Beteiligung der Arbeitnehmer haben".

d. Stellungnahme

Rehberg befürwortet eine unselbständige Interpretation, die lediglich klarstellt, dass auch Maßnahmen nach der Gründung missbräuchlich sein können. Das „in den Mittelpunkt Rücken" der Missbrauchsfrage eröffnet allerdings ein weites Feld und bietet wenig Rechtssicherheit. Bspw. gehen die Auffassungen darüber, was als Missbrauch zu bewerten ist, weit auseinander. Uneinigkeit besteht auch hinsichtlich des Anbringens von gesellschaftsrechtlichen oder steuerlichen

---

404 *Rehberg*, ZGR 2005, 859, 883.
405 Vgl. bereits *Kleinsorge*, RdA 2002, 343, 351 zu Erwägungsgrund 18 SE-RL.
406 Im Rahmen seines Hilfsgutachtens: *Blanke*, „Vorrats-SE" ohne Arbeitnehmerbeteiligung, S. 63 ff.

Rechtfertigungsgründen gegen etwaige Missbrauchskonstellationen. Während *Rehberg* diese ausschließt, werden sie von anderer Seite hervorgehoben.[407]

Blanke ist entgegenzuhalten, dass das Regelungssystem der Arbeitnehmerbeteiligung primär und detailliert „eingangsbezogen" ausgestaltet ist.[408] Die SE-RL verlangt keine weiteren Regelungen über die spätere Schaffung, Veränderung oder Anpassung von Mitbestimmungsregeln.[409] Von einer Gleichwertigkeit beider Komplexe kann nicht die Rede sein. Wenn *Blanke* auf den Effekt einer Maßnahme hinsichtlich der Arbeitnehmerbeteiligung abstellt, ist dem gleichfalls zu widersprechen. So ist bspw. das Entziehen der Arbeitnehmermitbestimmung durch Sitzverlegung einer mitbestimmten SE nach England mit anschließender Renationalisierung legitim.[410] Sie kann somit nicht vom Anwendungsbereich der Vorschrift umfasst sein.

Nicht möglich ist des Weiteren die Zusammenrechnung von Arbeitnehmerzahlen der SE und der erworbenen Unternehmen oder Betriebe als strukturelle Änderung im Sinne des § 18 Abs. 3 SEBG zu betrachten. Hierdurch findet eine willkürliche Ausweitung des Schutzumfanges der SE-RL statt. Das dort fest vorgegebene Konzept basiert auf dem Vorher-Nachher-Prinzip. Eine Zusammenrechnung der Arbeitnehmerzahlen der SE und der hinzukommenden Arbeitnehmer ist damit nicht vereinbar. Für die im Rahmen des § 18 Abs. 3 SEBG durchzuführende Situationsbewertung müssen zunächst die bisherigen Rechte der Arbeitnehmer mit den Arbeitnehmerrechten in der SE verglichen werden. In diesen Vergleich kann das Ergebnis der geplanten Transaktion nicht mit einfließen. Um dies zu erreichen, hätte es zwingend einer Regelung bedurft, da das Bewertungssystem geändert würde. Entgegen *Köstlers* Auslegung stünde das Ergebnis auch in eindeutigem Widerspruch zur gesetzlichen Regelung in Art. 13 Abs. 3 lit. a) SE-RL und § 47 Abs. 1 SEBG, denen zufolge nationale Mitbestimmungsgesetze auf die Organe der SE keine Anwendung finden.[411]

Kein Fall des § 18 Abs. 3 SEBG ist auch der Erwerb eines mitbestimmten Rechtsträgers. Je nach Durchführung der Transaktion mag der Erwerb zwar auch von einzelnen Verfechtern einer engeren Auslegung als strukturelle Änderung

---

407   Bspw. von *Wollburg/Banerjea*, ZIP 2005, 277, 281.

408   Vgl. *Seibt*, AG 2005, 413, 427.

409   Siehe aber die Argumentation *Blankes*, „Vorrats-SE" ohne Arbeitnehmerbeteiligung, S. 64, 67, 69 f.

410   So auch *Henssler* in: Ulmer/Habersack/Henssler, Einl. SEBG Rdnr. 216; a.A. *Oetker* in: Lutter/Hommelhoff, § 18 SEBG Rdnr. 21.

411   Eine Ausnahme ist selbstredend das SEBG.

angesehen werden[412]. Vom überwiegenden Teil wird dies allerdings für den „klassischen" *share deal* abgelehnt.[413] Als Begründung wird angeführt, dass unabhängig von einer strukturellen Änderung jedenfalls keine Minderung von Arbeitnehmerbeteiligungsrechten vorliege. Dies ergebe sich aus § 47 SEBG. Die Anordnung der Fortgeltung der Mitbestimmung in der Tochtergesellschaft sei als abschließende Regelung mitbestimmungsrechtlicher Folgen der Akquisitionen zu verstehen.[414] Ob dieses Argument überzeugt, kann dahingestellt bleiben. Jedenfalls gebietet es der durch den Verzicht auf eine Konzernmitbestimmung gerichtete Ansatz der SE-RL, dass für die nachträgliche Implementierung konzernweiter Mitbestimmungsrechte nach Art derjenigen des § 5 MitbestG bzw. § 2 DrittelbG kein Raum besteht.[415] Zu möglichen Umgehungs- bzw. Missbrauchsfällen wird im folgenden Gliederungspunkt Stellung genommen.

Gegen eine allzu weite Auslegung spricht zuletzt noch eine andere Überlegung. Zutreffend führt bspw. *Oetker* an, dass in § 18 Abs. 3 S. 3 SEBG auf die gesetzliche Auffangregelung in ihrer Gesamtheit verwiesen wird. Danach kommt es beim Scheitern der Verhandlungen nur dann zur Mitbestimmung kraft Gesetzes, wenn die von der Gründungsform abhängigen Schwellenwerte erfüllt sind.[416] Wie aber lässt sich dies mit einer weiten Auslegung vereinbaren? Wie sollen die Schwellenwerte auf alle dann erfassten Sachverhalte, bspw. auf eine Sitzverlegung angewendet werden? Es zeigt sich, dass die Vorschrift bei allzu weiter Auslegung nicht handhabbar ist.

e. Sonderkonstellation Anteilserwerb mitbestimmter Gesellschaften (*share deal*)

Insbesondere *Köstler* ist zuzugestehen, dass es durch Ablehnung der Anwendbarkeit von § 18 Abs. 3 SEBG bei Anteilserwerben zu Umgehungskonstellationen kommen kann; vor allem im Bereich der Holding-Bildung. Wären die Arbeitnehmer mitbestimmter Zielunternehmen in den Gründungsvorgang der SE

---

412 Bspw. wenn die Anteile im Rahmen einer Kapitalerhöhung eingebracht werden und somit ein korporativer Akt vorliegt.

413 *Habersack*, ZHR 171 (2007), 613, 641 f.; *Reichert*, Der Konzern 2006, 821, 831; *Henssler* in: Ulmer/Habersack/Henssler, Einl. SEBG Rdnr. 213; *Wollburg/Banerjea* ZIP 2006, 277, 280.

414 *Wollburg/Banerjea*, ZIP 2005, 277, 280.

415 Vgl. *Habersack*, ZHR 171 (2007), 613, 642; *Henssler* in: Ulmer/Habersack/Henssler, Einl. SEBG Rdnr. 212 f.

416 So auch *Oekter* in: Lutter/Hommelhoff, § 18 SEBG Rdnr. 32; *Brandt*, BB-Special 3/2005, 1, 6.

einbezogen gewesen, hätten sie an dem Abschluss einer Vereinbarung über ihre Rechte mitwirken können. Durch geschickte Reihenfolge von Gründung und späterem Erwerb könnten so mitbestimmungsfreie Holdings geschaffen werden. Ähnliches gilt im Übrigen für den Erwerb nur eines mitbestimmten Unternehmens im engen sachlichen und zeitlichen Zusammenhang mit der SE Gründung. Wird der Beteiligungserwerb nur deshalb der SE-Gründung zeitlich nachgelagert, um eine mitbestimmungsfreie Konzernspitze zu erhalten, ist dies kritisch zu sehen. Jedenfalls erstere Konstellation fällt aber als Missbrauchsfall unter § 43 SEBG. Die vorgenommene Zuordnung zu § 43 SEBG anstelle von § 18 Abs. 3 SEBG ist sachgerecht, weil eher eine Gesamtbetrachtung mehrerer Einzelmaßnahmen bewertet wird als eine einzelne Transaktion. Voraussetzung ist aber stets ein enger sachlich/zeitlicher Zusammenhang zur SE-Gründung. An dieser Stelle lässt sich sogleich auf ein Gegenargument eingehen. Vorgebracht wird, es wäre widersprüchlich, den Erwerb einer oder mehrerer Gesellschaften durch eine nicht mitbestimmte englische *plc* als zulässig, den Erwerb einer oder mehrerer Gesellschaften durch eine nicht mitbestimmte SE aber als missbräuchlich anzusehen.[417] Beide Fälle können nicht unmittelbar miteinander verglichen werden. Das SEBG basierend auf der SE-RL hat eigene Wertungen getroffen und regelt ein eigenes Schutzniveau. Danach wird das Mitbestimmungsniveau in der SE durch Verhandlungen und aufgrund des Vorher-Nachher-Prinzips bestimmt. Dieses Grundkonzept kann nicht durch gründungsnahe Gestaltungen ausgehebelt werden. Es ist der europäische Gesetzgeber selbst, der im Wettbewerb der Gesellschaftsrechte seine Gesellschaften so ausstattet, wie er es für richtig hält. Ein Vergleich mit der Anwendbarkeit mitgliedstaatlicher Mitbestimmungsrechte verbietet sich. Eine Diskriminierung der SE findet nicht statt.[418] Die Gegenansicht verneint Missbrauch auch deshalb, weil in der Begründung des Regierungsentwurfs zu § 43 SEBG von „gezieltem Ausnutzen" die Rede sei.[419] Ein solches könne man nicht annehmen, wenn andere sachliche Gründe außerhalb der Mitbestimmung für die Strukturmaßnahme sprächen. Im Ergebnis werden damit auf der Ebene des § 43 SEBG Rechtfertigungsgründe eingezogen. Ob dies möglich ist, kann hier dahingestellt bleiben. Denn auch im Rahmen einer umfassenden Interessenabwägung bei Prüfung des Missbrauchstatbestandes ließen sich gesellschaftsrechtliche oder steuerrechtliche Gründe für die konkrete Maßnahme anführen. Die bloße Existenz solcher Gründe ist in beiden Fällen jedenfalls nicht ausreichend. Vielmehr kommt es auf die Abwägung im Einzelfall an. Aus heutiger Sicht besteht für den Rechtsberater daher ein hohes Haftungsrisiko, denn

---

417 *Wollburg/Banerjea*, ZIP 2005, 277, 280 f.; *Reichert*, Der Konzern 2006, 821, 831.
418 Vgl. auch *Rehberg*, ZGR 2005, 859, 875 f.
419 *Müller-Bonanni/Melot de Beauregard*, GmbHR 2005, 196, 200; *Wollburg/Banerjea*, ZIP 2005, 277, 281.

deutsche Arbeitsgerichte werden erkennbar vorgeschobene Gegengründe nicht akzeptieren.

5. Enge Auslegung

a. Erfasste Konstellationen

Nach dieser Ansicht sind bspw. Verschmelzungen, Spaltungen und teilweise der Wechsel der Organisationsverfassung[420] von § 18 Abs. 3 SEBG erfasst. Demgegenüber fallen das bloß quantitative Anwachsen der Belegschaft, der Erwerb von Beteiligungen oder auch die Übernahme von (Teil-)Betrieben eines Unternehmens, verbunden mit dem Übergang der Arbeitsverhältnisse nach § 613a BGB sowie die Sitzverlegung nicht unter § 18 Abs. 3 SEBG.[421] Was die Minderung von Beteiligungsrechten anbelangt, wird von dieser Gruppe einhellig angenommen, dass § 18 Abs. 3 SEBG nur auf solche Fälle anzuwenden ist, in denen das an der Strukturmaßnahme beteiligte Unternehmen schon auf sog. „*stand alone-Basis*" die Mitbestimmungsvoraussetzungen erfüllt.[422] Dies bedeutet, dass die Gesellschaft, der die betroffenen Arbeitnehmer entstammen, selbst der Mitbestimmung unterliegen muss. Es genügt nicht, dass sie zu einem mitbestimmten Konzern gehört.[423]

b. Übertragung auf die wirtschaftliche Neugründung der Vorrats-SE

Das dargestellte enge Verständnis des § 18 Abs. 3 SEBG wird von den Autoren, die sich mit der Vorrats-SE auseinandersetzen, auch auf die Vorrats-SE Proble-

---

420 Dafür: *Habersack*, ZHR 171 (2007), 613, 641; dagegen: *Feuerborn* in: KK, AktG, § 18 SEBG Rdnr. 22; ausführlich zur fehlenden Mitbestimmungsfähigkeit der Organisationsverfassung *Paefgen* in: KK, AktG, § 38 SE-VO Rdnr. 36.

421 *Seibt* AG 2005, 413, 427; *Reichert*, Der Konzern 2006, 821, 831; *ders.* in: GS Gruson, 2009, S. 321, 334 f.; *Henssler* in: Ulmer/Habersack/Henssler, Einl. SEBG Rdnr. 212 ff.; *Wollburg/Banerjea*, ZIP 2006, 277 ff.; *Kienast* in: Jannott/Frodermann, Kap. 13 Rdnr. 192 f.; *Habersack*, ZHR 171 (2007), 613, 643; *Jacobs* in: MüKo, AktG, § 18 SEBG Rndr. 16 ff.; *Rieble*, BB 2006, 2018, 2023.

422 Bei der SE-Gründung wird wie folgt unterschieden: Eine Gründungsgesellschaft, die Konzernobergesellschaft und aufgrund von § 5 MitbestG mitbestimmt ist, erfüllt selbst die Mitbestimmungsvoraussetzungen. Eine Tochtergesellschaft, die selbst nicht mitbestimmt ist, aber über die Konzernzurechnung in der Obergesellschaft Mitbestimmungsrechte vermittelt bekommt, erfüllt die Mitbestimmungsvoraussetzungen selbst nicht.

423 Ebenso *Feuerborn* in: KK, AktG § 18 SEBG Rdnr. 33.

matik angewandt.[424] Danach sind mit Ausnahme von Verschmelzungen, Spaltungen und ggf. dem Wechsel der Organisationsverfassung sämtliche der dargestellten Konstellationen bei der Verwendung von Vorrats-SE nicht als strukturelle Änderungen anzusehen, die Verhandlungen über die Arbeitnehmerbeteiligung gemäß § 18 Abs. 3 SEBG zur Folge haben.

c. Begründung der Literatur für die enge Auslegung

Vor allem arbeitgebernahe Rechtsberater vertreten eine enge Auslegung.[425] Es wird darauf hingewiesen, dass das SEBG mit der Aufnahme des § 18 Abs. 3 SEBG die Anforderungen der SE-RL überschreite und eine eigenständige, weitgehend zwingende Regelung einführe, die nicht europarechtlich determiniert sei.[426] Abgestellt wird auf eine richtlinienkonforme Auslegung, die nur eng erfolgen könne. Der Umstand, dass Erwägungsgrund 18 SE-RL das bei Neugründung der SE geltende Vorher-Nachher-Prinzip auch auf strukturelle Änderungen angewendet wissen will, lasse den Schluss zu, dass nur Vorgänge gründungsähnlichen Charakters zu erfassen sind.[427] *Henssler* spricht in diesem Zusammenhang von dem Erfordernis einer der Neugründung ähnlichen Intensität.[428] Ein weiteres Argument ergebe sich aus der Begründung des Regierungsentwurfs zu § 18 Abs. 3 SEBG. Dort ist als Beispiel die Aufnahme eines mitbestimmten Unternehmens durch die SE aufgeführt.[429] Der Wortlaut „aufnimmt" lehne sich an der Formulierung des UmwG an.[430] In § 2 UmwG ist von der Verschmelzung „zur Aufnahme" oder „aufnehmenden" Rechtsträger die Rede. Daraus folge, dass nur Vorgänge vom Gewicht einer Verschmelzung erfasst sein könnten. In Betracht kämen nur korporative Akte von ganz erheblichem Gewicht.[431] Auch aus dem Wortlaut des SEBG ergebe sich, dass nicht jeder Vorgang eine strukturelle Än-

---

424 *Götze/Winzer/Arnold*, ZIP 2009, 245, 252; *Seibt*, ZIP 2005, 2248, 2250; *Bayer* in: Lutter/Hommelhoff, Art. 2 SE-VO Rdnr. 30; *Jacobs* in: MüKo, § 18 SEBG Rdnr. 17; *Reichert*, Der Konzern 2006, 821, 831 f.; *Müller-Bonanni/Melot de Beauregard*, GmbHR 2005, 195, 199 f.; *Wollburg/Banerjea*, ZIP 2005, 277, 280 f.

425 *Wollburg/Banerjea*, ZIP 2005, 277; *Seibt*, AG 2005, 413, 427; *Reichert*, Der Konzern 2006, 821, 831; *Müller-Bonanni/Melot de Beauregard*, GmbHR 2005, 195, 199 f.; *Feldhaus/Vanscheidt*, BB 2008, 2246 ff.; *Kienast* in: Jannott/Frodermann, Kap. 13 Rdnr. 187 ff.; *Diekmann* in: GS Gruson, 2009, S. 75, 86.

426 *Kienast* in: Jannott/Frodermann, Kap. 13 Rdnr. 188.

427 *Wollburg/Banerjea*, ZIP 2005, 277, 278; zustimmend *Krause*, BB 2005, 1221, 1228.

428 *Henssler* in: Ulmer/Habersack/Henssler, Einl. SEBG Rdnr. 209.

429 BR-Drucks. 438/04, S. 127.

430 *Wollburg/Banerjea*, ZIP 2005, 277, 278.

431 *Seibt*, AG 2005, 413, 427; *Wollburg/Banerjea*, ZIP 2005, 277, 278 f.; *Rieble*, BB 2006, 2018, 2022.

derung sein könne. So wird in § 5 Abs. 4 SEBG zwischen Strukturänderungen und Änderungen der Arbeitnehmerzahl differenziert. Dies zeige, dass bloße Änderungen der Arbeitnehmeranzahl nicht erfasst sein könnten. Eine enge Auslegung wird auch wegen der jeweiligen weitreichenden Folgen gefordert. Jede Neuverhandlung würde die Neubesetzung des Aufsichts- oder Verwaltungsrats erforderlich machen. Ein kontinuierliches Arbeiten dieser Organe wäre nicht zu gewährleisten, wenn aufgrund einer weiten Auslegung ständig Veränderungen zu erfolgen hätten.[432] Des Weiteren sei es bedenklich, dass der SE durch die Rechtsfolge letztlich entgegen dem europäischen Kompromiss nationale Mitbestimmungssysteme aufoktroyiert werden könnten.[433] § 18 Abs. 3 SEBG sei auch deshalb ein scharfes Schwert, weil er im Gegensatz zum allgemeinen Missbrauchstatbestand in § 43 SEBG unabhängig davon greife, ob ein subjektives Element vorliege.[434] Schließlich müsse für die Auslegung berücksichtigt werden, dass ein Verstoß gegen die Vorschrift gemäß § 43 S. 2 SEBG die Vermutung eines Missbrauches begründe, der nach § 45 Abs. 1 Nr. 2 SEBG mit Freiheitsstrafe bedroht ist.[435] Gemäß Art. 103 Abs. 2 GG, § 1 StGB könne eine Tat nur bestraft werden, wenn die Strafbarkeit gesetzlich bestimmt war, bevor die Tat begangen wurde. Die Vorschrift müsse mithin so klar sein, dass sich die Organmitglieder der SE danach richten könnten.

d. Stellungnahme

In der SE-RL selbst findet sich zutreffenderweise keine tatbestandliche Regelung, auf die § 18 Abs. 3 SEBG zurückgeführt werden kann. Lediglich in Erwägungsgrund 18 SE-RL wird auf die Auswirkungen struktureller Änderungen eingegangen. Ob darin eine korrekte Umsetzung europäischen Sekundärrechts gesehen werden kann, erscheint zweifelhaft. Der deutsche Gesetzgeber hat einen Erwägungsgrund zu einem eigenständigen Tatbestand erhoben. Dabei sind Erwägungsgründe zwar, aber eben auch nur für die Auslegung der Richtlinie von entscheidender Bedeutung.[436] Letztlich wird durch § 18 Abs. 3 SEBG das

432 *Reichert* in: GS Gruson, 2009, S. 321, 334.
433 So *Grobys*, NZA 2005, 84, 91.
434 *Grobys*, NZA 2005, 84, 91 m.w.N.; *Jacobs* in: MüKo, AktG, Einl. SEBG Rdnr. 12. Folgt man *Rehberg*, der ausdrücklich bei § 18 Abs. 3 SEBG keine Rechtfertigungsgründe zulässt, verstärkt sich diese Bewertung. Vgl. *Rehberg*, ZGR 2005, 859, 884 f., 887. Es ist allerdings darauf hinzuweisen, dass sowohl das Erfordernis eines subjektiven Elements bei § 43 SEBG als auch die Zulässigkeit Rechtfertigungsgründe einzuwenden umstritten sind. Man wird aber zumindest bei § 43 SEBG eine gewisse Konsequenz im Sinne eines „beides oder nichts" fordern dürfen.
435 *Wollburg/Banerjea*, ZIP 2005, 277, 278.
436 Ringe, S. 161 m.w.N.

Schutzniveau der SE-RL erhöht.[437] Nationale Verschärfungen der SE-Vorschriften sind aber grundsätzlich unzulässig.[438] Durch die deutsche Regelung wurde dem europäischen Gesetzgeber vorgegriffen, der sich mit der Problematik nun im Rahmen der Revision der SE-VO zu beschäftigen hat. Der federführende Ausschuss für Beschäftigung und soziale Angelegenheiten des Europäischen Parlaments hatte zwar bereits 2001 im Hinblick auf strukturelle Änderungen weiteren Handlungsbedarf gesehen.[439] Dessen Änderungsantrag 4 lautete: „Die Mitgliedstaaten sorgen durch entsprechende Vorschriften dafür, dass es auch im Falle substantieller Strukturveränderungen nach der Gründung einer SE Verhandlungen über die künftige Arbeitnehmerbeteiligung gibt." Tatsache ist aber, dass die Änderungswünsche nicht Eingang in den rechtsverbindlichen Text fanden.[440] Folglich kann § 18 Abs. 3 SEBG auch nicht mit der Begründung besagten Änderungsantrages, der als Beispiele struktureller Änderungen Fusionen und die Integration anderer Unternehmen und Betriebe nennt, untermauert werden. Nach dem Statut ist nicht angelegt, dass jede spätere Umstrukturierung der SE, die die Rechte der Arbeitnehmer tangiert, zu erneuten Verhandlungen führt. Die Rechtsform wäre auch nicht praktikabel und es bestünde immense Rechtunsicherheit. Die SE wäre für die Praxis schlicht uninteressant. Ist es doch bei der Reorganisation der Produktionsfaktoren, um den ursprünglichen Ausgangspunkt des Projekts in Erinnerung zu rufen, üblich, dass es vielfach zu Umstrukturierungen kommen kann. Darüber hinaus zeigt auch der Umstand, dass jedenfalls stets eine richtlinienkonforme Auslegung geboten ist, dass § 18 Abs. 3 SEBG zutreffenderweise eng ausgelegt werden muss.

Dies wird auch in anderer Hinsicht deutlich. So wird die Mitbestimmung durch die SE-RL nicht dauerhaft festgeschrieben, sondern lediglich in zeitlicher Hinsicht geschützt. Bestes Beispiel ist die Sitzverlegung mit anschließender Renationalisierung.[441] Das „Abschütteln" der Mitbestimmung wird durch Art. 66 SE-VO nur zeitlich verzögert. Dazu will § 18 Abs. 3 SEBG nicht recht passen. Dieser führt bei weiter Auslegung aufgrund des Eingreifens der Auffangregelung dazu, dass die Mitbestimmung dauerhaft festgeschrieben wird.

Eine enge Auslegung gebietet auch die Tatsache, dass die Verletzung des § 18 Abs. 3 SEBG gemäß § 43 S. 2 SEBG die Vermutung eines Missbrauchs begründet, welcher nach § 45 Abs. 1 Nr. 2 SEBG mit Freiheitsstrafe von bis zu zwei

---

437 So auch *Kienast* in: Jannott/Frodermann, Kap. 13 Rdnr. 188.
438 So auch *Rehberg*, ZGR 2005, 859, 886.
439 Vgl. *Herfs-Röttgen*, NZA 2002, 358, 364.
440 Dass die Änderungsanträge vor allem deswegen nicht weiter diskutiert wurden, weil der politische Kompromiss nicht gefährdet werden sollte, ändert hieran nichts.
441 Hierzu sogleich in diesem Gliederungspunkt.

Jahren oder mit Geldstrafe bedroht ist.[442] Zwar wird eingewandt, dass die Vermutungsregel des § 43 S. 2 SEBG nicht für § 45 Abs. 1 Nr. 2 SEBG gelte, doch ist dies noch nicht ausgemacht und wird erst durch gerichtliche Klärung rechtssicher gesagt werden können.[443] Unzweifelhaft führt jedenfalls ein festgestellter Missbrauch immer zur Strafbarkeit. Allein deswegen muss für Organmitglieder der Anwendungsbereich von § 18 Abs. 3 SEBG klar sein, damit sie sich nach diesem richten können.

Besser als der deutsche Gesetzgeber wollte es der österreichische Gesetzgeber in der vergleichbaren Vorschrift des § 228 Arbeitsverfassungsgesetz (nachfolgend „ArbVG") machen. Als Änderungen der Struktur werden dort die Sitzverlegung, der Wechsel des Verwaltungssystems, die Stilllegung, die Einschränkung oder Verengung von Unternehmen oder Betrieben, der Zusammenschluss von Betrieben oder Unternehmen sowie der Erwerb wesentlicher Beteiligungen an anderen Unternehmen als nicht abschließende Regelbeispiele aufgezählt.[444] Es wird aber allgemein bezweifelt, dass jedes der genannten Regelbeispiele geeignet ist, Neuverhandlungen zu erzwingen.[445] Diese Zweifel sind berechtigt. Der österreichische Gesetzgeber zieht den Anwendungsbereich viel zu weit. So ist bspw. die Sitzverlegungsmöglichkeit ein bedeutender Eckpunkt des SE-Statuts. Das Ausnützen dieser gesetzlich eröffneten Handlungsmöglichkeit ist legitim und kann nicht zu Neuverhandlungen führen.[446] Selbst dann nicht, wenn nach Ablauf der Frist in Art. 66 SE-VO eine Renationalisierung stattfindet und in der Folge keine Mitbestimmung mehr besteht, wie dies in England der Fall wäre.[447] Nicht gefolgt werden kann daher denjenigen Autoren, die zur Auslegung des § 18 Abs. 3 SEBG rechtsvergleichend auf § 228 ArbVG abstellen und dessen Anwendungsbereich übertragen wollen.

Ob sich die Formulierung „aufnimmt" der Regierungsbegründung zu § 18 Abs. 3 SEBG am UmwG anlehnt, kann dahinstehen. Diesem Argument wird mit Verweis auf § 1 Abs. 3 und 4 SEBG entgegengehalten, dass die Auslegung des SEBG anhand dessen Sinn und Zweck und nicht anhand des UmwG zu erfolgen habe. Zu Recht kommen jedenfalls auch andere Autoren, die nicht auf das

---

442 *Wollburg/Banerjea*, ZIP 2005, 277, 278.
443 Gegen eine Anwendbarkeit: *Oekter* in: Lutter/Hommelhoff, § 45 SEBG Rdnr. 10 m.w.N.; von einer Geltung ausgehend: *Köstler* in: Theisen/Wenz, S. 370; *Niklas*, NZA 2004, 1200, 1205; unsicher: *Rehberg*, ZGR 2005, 859, 890.
444 Vgl. die Kommentierung von *Gahleitner* in: Kalss/Hügel, § 228 ArbVG Rdnr. 1 ff.
445 *Henssler* in: Ulmer/Habersack/Henssler, Einl. SEBG Rdnr. 209; *Freis* in: Nagel/Freis/Kleinsorge, § 18 SEBG Rdnr. 11.
446 So auch *Kienast* in: Jannott/Frodermann, Kap. 13 Rdnr. 200.
447 A.A *Nagel*, NZG 2004, 833, 839.

UmwG abstellen, zu der Schlussfolgerung, dass mit „aufnehmen" eine Verschmelzung gemeint ist, und dass diese stellvertretend für gleichwertige korporative Akte steht.[448] Verstärkt wird diese These durch einen Vergleich mit der Situation nachträglicher struktureller Änderungen bei der grenzüberschreitenden Verschmelzung. Dort wird im Lichte des Art. 16 Abs. 7 der 10. RiLi durch § 30 MgVG nur die innerstaatliche Verschmelzung einer Regelung unterzogen, welche eine besondere Strukturmaßnahme korporativen Charakters darstellt. Dies spricht nach *Habersack* dafür, dass auch bei § 18 Abs. 3 SEBG auf die korporative Ebene betreffende Maßnahmen abzustellen ist.[449] Angesichts der Tatsache, dass der europäische Gesetzgeber sowohl bei der grenzüberschreitenden Verschmelzung als auch beim aktuellen SPE-Vorhaben gerade im Hinblick auf die Arbeitnehmerbeteiligung diverse Elemente dem SE-Statut entlehnt, kann *Habersack* nur beigepflichtet werden.

e. Folgen der engen Auslegung für die Arbeitnehmerbeteiligung bei
    Vorrats-SE

Bei Anwendung des dargestellten engen Verständnisses wären die Beteiligungsrechte der Arbeitnehmer gefährdet, wenn eine Vorrats-SE zum Leben erweckt wird. Denn bei Weitem nicht jede Art der wirtschaftlichen Neugründung ließe sich wertungsmäßig einer „strukturellen Änderung" gleichsetzen.[450] Diese Schwelle würde nicht erreicht beim Beteiligungserwerb an anderen Unternehmen oder bei der Einstellung von Arbeitnehmern durch die Vorrats-SE.[451] Auch die Übernahme von (Teil-)Betrieben eines Unternehmens, verbunden mit dem Übergang der Arbeitsverhältnisse nach § 613a BGB, wäre nicht erfasst. Fraglich wäre die Situation bei der Einbringung von Gesellschaftsanteilen in eine Vorrats-SE im Wege der Kapitalerhöhung. Abgesehen von der Frage, ob in der Kapitalerhöhung ein gründungsähnlicher Vorgang gesehen werden kann, verneint jedenfalls *Reichert* eine Minderung der Beteiligungsrechte der Arbeitnehmer.[452] Auch die Bildung mitbestimmungsfreier Konzernspitzen wäre möglich. In allen diesen Fällen bliebe die SE mitbestimmungsfrei. Ein solches Ergebnis ist nicht akzeptabel. Die SE-RL schützt die Mitbestimmung bei der SE-Gründung umfassend. Dies muss auch bei der Verwendung der Vorrats-SE gelten. Unter dem Gesichtspunkt des Arbeitnehmerschutzes ist diese wie eine SE-Gründung zu behan-

---

448 *Jacobs* in: MüKo, AktG, § 18 SEBG Rdnr. 12; *Grobys*, NZA 2005, 84, 91.
449 *Habersack*, ZHR 171 (2007), 613, 641.
450 Vgl. *Bayer* in: Lutter/Hommelhoff, Art. 2 SE-VO Rdnr. 30.
451 Vgl. *Seibt*, ZIP 2005, 2248, 2250.
452 *Reichert*, Der Konzern 2006, 821, 831.

deln. Das SEBG und die zugrundeliegende Mitbestimmungsrichtlinie haben das Ziel, „die erworbenen Rechte der Arbeitnehmer auf Beteiligung an Unternehmensentscheidungen zu sichern".[453] Die SE soll gerade nicht zu dem Zweck eingesetzt werden können, Beteiligungsrechte der Arbeitnehmer zu beschneiden.[454] Da für das SE-Statut kein eigenständiges europäisches Mitbestimmungsmodell besteht, ist die Mitbestimmung in der SE durch Verhandlungen zu regeln. Ein Verhandlungsverfahren muss deswegen zwingend und unabhängig davon durchzuführen, ob betroffenen Arbeitnehmern Mitbestimmungsrechte zustehen.[455] Voraussetzung für die wirksame SE-Gründung wie für die Verwendung einer Vorrats-SE ist daher die Regelung der Arbeitnehmerbeteiligung.

Folgendes Beispiel soll die Problematik nochmals verdeutlichen. Als interessante Gestaltungsvariante wird stets die Bildung einer mitbestimmungsfreien Konzernspitze durch eine Vorrats-SE betont.[456] Um aber den Arbeitnehmerschutz der SE-RL aufrechterhalten zu können, ist es erforderlich, die Verwendung der Vorrats-SE wie eine reguläre Gründung zu behandeln.[457] Bei Verwendung von Vorratsgesellschaften kommt es sonst anders als bei dem der regulären SE-Gründung zeitlich viel später folgenden *share deal* zu einer Vorenthaltung der Mitbestimmungsrechte. Zumindest bei einer regulären Holding-Gründung hätten Verhandlungen über die Arbeitnehmerbeteiligung auf SE-Holding-Ebene geführt werden müssen. Bei deren Scheitern hätte dann ggf. sogar die gesetzliche Auffangregelung eingegriffen. Diese Verhandlungen sind vom europäischen Gesetzgeber in der SE-RL vorgegeben und vorgesehen. Deren Umgehung durch Einsatz einer arbeitnehmerlosen Vorratsgesellschaft ist nicht hinnehmbar.[458] Im Ergebnis muss jedenfalls das Beteiligungsrecht der Arbeitnehmer gewahrt werden. Eine ebenfalls nicht hinnehmbare Konstellation besteht, wenn eine Vorrats-SE zur Konzernbildung nur eine Gesellschaft erwirbt. Auch hier ist die Durchführung von Verhandlungen erforderlich, weil bis zum Anteilserwerb keinerlei Arbeitnehmerbeteiligung erfolgt ist. Zwar lässt sich bei dieser konkreten Art und Weise der Verwendung der Vorrats-SE kein Vergleich mit einer regulären Gründungsalternative herstellen. Art. 2 SE-VO sieht eine solche nicht vor. Somit ist an sich

---

453   § 1 Abs. 1 SEBG, Erwägungsgrund 3 SE-RL.
454   Dies schreiben selbst *Müller-Bonanni/Melot de Beauregard*, GmbHR 2005, 195, 197.
455   Art. 12 Abs. 3 SE-VO lässt zwar die Eintragung ohne Durchführung eines Verhandlungsverfahrens zu. Daraus ergibt sich aber nicht, dass dieses nicht durchzuführen ist.
456   *Reichert*, Der Konzern 2006, 821, 831 f.
457   An die gesellschaftsrechtlichen Gründungsvorschriften knüpfen die Vorschriften zur Arbeitnehmermitbestimmung an. Vgl. hierzu S. 81-82.
458   Kommt es in engem sachlich/zeitlichem Zusammenhang zur regulären SE-Gründung zum Beteiligungserwerb, wurde bereits an anderer Stelle vertreten, dass der Anwendungsbereich von § 43 SEBG gegeben ist (vgl. S. 144). Was bei der Verwendung einer Vorrats-SE zu gelten hat, wird auf S. 160 ff. dargestellt.

auch kein Anknüpfungspunkt für die Arbeitnehmerbeteiligung gegeben. Allerdings sind bei der Aktivierung der Vorrats-SE Verhandlungen unabhängig davon durchzuführen, in welcher Art und Weise die SE verwendet wird. Genau dies kann durch § 18 Abs. SEBG aufgrund der maßgeblichen engen Auslegung nicht gewährleistet werden.[459] Ein *share deal* unterfällt weder in direkter noch analoger Anwendung dem Anwendungsbereich dieser Vorschrift.

6. Zwischenergebnis

Voranstehendes zeigt, dass die enge Auslegung von § 18 Abs. 3 SEBG zu Schutzlücken im Hinblick auf die Arbeitnehmerrechte bei der wirtschaftlichen Neugründung der Vorrats-SE führt. Daher ist weder die direkte noch die analoge Anwendung der Vorschrift unter diesen Vorgaben sinnvoll.

7. Generelle analoge Anwendbarkeit von § 18 Abs. 3 SEBG bei der wirtschaftlichen Neugründung

a. Literaturmeinung

Eine weitergehende Ansicht möchte § 18 Abs. 3 SEBG generell bei jeder wirtschaftlichen Neugründung analog anwenden.[460] Da nur die analoge Anwendung im Raum stehe, brauche eine strukturelle Änderung nicht vorliegen. Entscheidend sei lediglich, ob die Aktivierung der Vorrats-SE einer strukturellen Änderung hinreichend vergleichbar sei.[461] Allgemein anerkannt sei, dass Vorgänge gründungsähnlichen Charakters vom Tatbestandsmerkmal der strukturellen Änderung umfasst wären. Da man die Aktivierung einer Vorrats-SE mit einer Neugründung vergleichen könne, liege somit die für die Analogie erforderliche Voraussetzung der Vergleichbarkeit der Sachverhalte vor. Argumentiert wird auch, dass die Verwendung einer Vorrats-SE per se schon eine strukturelle Maßnahme im Sinne des § 18 Abs. 3 SEBG sei, ohne dass es auf die genaue Ausgestaltung der wirtschaftlichen Neugründung (*asset deal*, Verschmelzung, *share deal*) ankäme.[462]

---

459 Nochmals sei betont, dass ein Anteilserwerb, der nicht in zeitlichem und sachlichem Zusammenhang mit der regulären SE-Gründung bzw. einer Aktivierung der Vorrats-SE steht, anders zu bewerten ist. Ein solcher *share deal* stellt keinen Missbrauch dar und unterfällt erst recht nicht § 18 Abs. 3 SEBG.
460 *Forst*, NZG 2009, 678, 691.
461 *Forst*, NZG 2009, 678, 691.
462 So wohl *Reinhard*, RIW 2006, 67, 70.

b.   Stellungnahme

Eine generell analoge Anwendbarkeit des § 18 Abs. 3 SEBG bei Aktivierung der Vorrats-SE ist abzulehnen.[463] Es wäre mehr als wertungswidersprüchlich, beim gesetzlich vorgegebenen Anwendungsbereich eine enge Auslegung zu verlangen (Ansicht des Verfassers), bei einer lediglich analogen Anwendung aber eine generelle Anwendung vorzunehmen.[464] Für die wirtschaftliche Neugründung kommt es nach deutschem Richterrecht nicht nur auf die Satzungsänderung, sondern auch auf „die Ausstattung mit einem Unternehmen an".[465] Entsprechend ist bei der Vorrats-SE nicht lediglich auf die Satzungsänderung bzw. Installierung einer neuen Leitung abzustellen. Ebenso entscheidend ist, wie die Aktivierung erfolgt. Für das Tatbestandsmerkmal der strukturellen Änderung kann dies nicht ohne Bedeutung bleiben.

Im Rahmen der 10. RiLi wird der Schutz der Arbeitnehmer bei nachträglichen Änderungen nur bei Verschmelzungen gewährt. Dies ist zwar zu kritisieren, zeigt aber, dass der europäische Gesetzgeber den Schutz an der gesellschaftsrechtlichen Qualität der Maßnahme orientiert. Überträgt man diese Erkenntnis auf § 18 Abs. 3 SEBG, ist das Tatbestandsmerkmal der strukturellen Änderungen auf korporative Akte zu begrenzen. Zur Begründung einer generellen Anwendung von § 18 Abs. 3 SEBG bei der wirtschaftlichen Neugründung kann somit nicht allein angeführt werden, dass eine gründungsähnliche Situation vorliegt. Vielmehr ist zu berücksichtigen, ob ein korporativer Akt vorliegt. Wird dies berücksichtigt, zeigt sich, dass Schutzlücken entstehen.

8.   Die Entscheidung des OLG Düsseldorf vom 30.03.2009, - I-3 Wx 248/08 -

Zwei arbeitnehmerlose Gesellschaften wollten eine SE gemäß Art. 2 Abs. 3 SE-VO als Vorratsgesellschaft gründen.[466] Die Vorrats-SE sollte ebenfalls keine Arbeitnehmer beschäftigen. Ein Arbeitnehmerbeteiligungsverfahren war nicht durchgeführt worden. Das zuständige Registergericht hatte die Eintragung deshalb mit Hinweis auf Art. 12 Abs. 2 SE-VO verweigert. Nachdem die Beschwerde der Beteiligten erfolglos blieb, hatte das OLG Düsseldorf über die weitere Beschwerde zu entscheiden.

---

463   Ebenso *Schreiner*, Vorrats-SE, S. 141; *Kiem*, ZHR 173 (2009), 156, 165; *Götze/Winzer/Arnold*, ZIP 2009, 245, 252.
464   A.A. *Feuerborn* in: KK, AktG, § 18 SEBG Rdnr. 52.
465   BGHZ 155, 318 ff.
466   OLG Düsseldorf, Beschluss vom 30.03.2009, - 3 Wx 248/08 -, Leitsatz und Gründe abgedruckt in: ZIP 2009, 918 ff.; AG 2009, 629 ff.

Die Richter sind der Auffassung, dass der fehlende Nachweis der Arbeitnehmer-beteiligung im vorliegenden Fall kein Eintragungshindernis nach Art. 12 Abs. 2 SE-VO darstellt. Im Rahmen der Aktivierung der Vorrats-SE sei auf Grundlage einer Analogie zu den §§ 1 Abs. 4, 18 Abs. 3 SEBG ein Verhandlungsverfahren durchzuführen.

Der Entscheidung kann nicht gefolgt werden. Völlig unklar bleibt, ob eine auf § 18 Abs. 3 SEBG gestützte Analogie stets und generell bei der Aktivierung der Vorrats-SE erfolgen soll, oder nur, wenn das konkrete In-Gang-Setzen der Vor-rats-SE als „strukturelle Änderung" im Sinne des § 18 Abs. 3 SEBG zu werten ist. An der entscheidenden Stelle der Entscheidung, an der das OLG die Nachho-lung des Arbeitnehmerbeteiligungsverfahrens gemäß § 18 Abs. 3 SEBG postu-liert, wird auf *Schäfer* und *Seibt* verwiesen. Die Genannten vertreten aber die bereits dargestellten unterschiedlichen Lösungswege.[467] Während *Schäfer* eine generelle Anwendung befürwortet, stellt *Seibt* auf das Vorliegen einer strukturel-len Änderung ab. Welchem möchte das OLG nun folgen? Letztlich gleicht die Entscheidung einem Zusammenschnitt von Literaturmeinungen, mit denen sich das Gericht aber im Einzelnen nicht auseinandersetzt. Die Entscheidung bringt somit weder Rechtssicherheit noch Rechtsklarheit.

9. Ergebnis

§ 18 Abs. 3 SEBG bietet aufgrund der maßgeblichen engen Auslegung weder in direkter noch analoger Anwendung einen umfassenden Schutz für die Arbeit-nehmerrechte. Eine generelle analoge Anwendbarkeit des § 18 Abs. 3 SEBG bei Aktivierung der Vorrats-SE ist abzulehnen. Der Beschluss des OLG Düsseldorf ist undifferenziert und nötigt zu keinem abweichenden Ergebnis.

III. Eingreifen der Missbrauchsvorschrift des § 43 SEBG

1. Literaturmeinungen

Teile der Literatur wollen bei der wirtschaftlichen Neugründung ggf. § 43 SEBG anwenden, um eine Umgehung der Beteiligungsrechte der Arbeitnehmer zu

---

467 Vgl. *Schäfer* in: MüKo, AktG, Art. 16 SE-VO Rdnr. 13; *Seibt*, ZIP 2005, 2248 ff.

verhindern.[468] Allerdings wird nicht immer klargestellt, ob die Transaktion dadurch unwirksam wird, oder ob lediglich umgangene Vorschriften zur Anwendung kommen sollen. Zu letzterer Rechtsfolge tendiert *Henssler*, der jedoch nur einen geringen Anwendungsbereich des § 43 SEBG sieht.[469] Jedenfalls sei das Vorliegen eines Missbrauches immer eine Frage des Einzelfalles, eine abstrakte Definition also nicht möglich.

Auch verschiedene Autoren, die eine enge Auslegung des § 18 Abs. 3 SEBG vertreten und eine strukturelle Änderung bei der wirtschaftlichen Neugründung der Vorrats-SE ablehnen, prüfen noch den Missbrauchstatbestand des § 43 SEBG an. Dieser wird jedoch in aller Regel abgelehnt. Die Autoren verweisen auf sachliche Gründe, die als Rechtfertigungsgründe einen Missbrauch in aller Regel ausschließen würden.[470] Die Gesetzesbegründung erfordere ein „gezieltes Ausnutzen". Daran gerade fehle es bei Vorliegen besagter sachlicher Gründe.

2. Stellungnahme

Auf § 43 SEBG abzustellen, vermag nicht zu überzeugen. Ein rechtssicheres Vorgehen ist aufgrund *Hensslers* Überlegungen nur schwerlich möglich. Gegen die Anwendung des Missbrauchstatbestandes spricht auch, dass grundsätzlich immer die Strafbarkeit nach § 45 SEBG im Raume stehen würde. Da der Missbrauchstatbestand sehr unkonkret ist, muss er restriktiv ausgelegt werden. Lässt sich über die analoge Anwendung von Vorschriften eine Regelungslücke ausfüllen, sollte der Missbrauchstatbestand nicht in Betracht gezogen werden.

Nicht zu folgen ist auch den Autoren, welche nach Ablehnung der direkten bzw. analogen Anwendung von § 18 Abs. 3 SEBG den Missbrauchstatbestand prüfen und diesen ebenfalls ablehnen. Ihr Verständnis führt im Ergebnis zu Schutzlücken, die nicht hinnehmbar sind.[471] Die besondere Situation bei der Vorrats-SE wird insofern verkannt. Das Zulassen der Vorrats-SE muss damit einhergehen,

---

468 Dies erwägend bspw. *Henssler*, RdA 2005, 330, 335; *ders.* in: Ulmer/Habersack/Henssler, Einl. SEBG Rdnr. 171, an dieser Stelle bereits auf die Zulässigkeit der SE-Gründung abstellend.

469 *Henssler* in: Ulmer/Habersack/Henssler, Einl. SEBG Rdnr. 215.

470 *Wollburg/Banerjea*, ZIP 2005, 277, 280; *Müller-Bonanni/Melot de Beauregard*, GmbHR 2005, 195, 200; *Feldhaus/Vanscheidt*, BB 2008, 2246, 2249.

471 Einen guten Überblick über das auf Mitbestimmungsvermeidung ausgerichtete Gesamtverständnis mancher Berater betreffend die einschlägigen SEBG Vorschriften bietet *Köstler*. Vgl. *Köstler* in: Theisen/Wenz, S. 372.

dass das Fehlen einer Mitbestimmungslösung nicht auf Dauer konserviert wird.[472]

IV. Das Konzept von *Casper/Schäfer*

Casper/Schäfer haben ein eigenes Konzept vorgestellt. Es sieht nicht lediglich die analoge Anwendung von Vorschriften vor, sondern beruht auch auf diversen Wertungen der beiden Professoren.

1. Wesentliche Punkte des Konzepts

Im Zeitpunkt der wirtschaftlichen Neugründung der Vorrats-SE sei ein Verhandlungsverfahren analog § 18 Abs. 3 SEBG zwischen der Leitung der SE und deren Beschäftigten durchzuführen.[473] Allerdings nur dann, wenn schon im Zeitpunkt der Neugründung geplant sei, dass binnen eines Jahres wenigstens zehn Arbeitnehmer eingestellt würden. Art. 12 Abs. 2 SE-VO könne im Rahmen der wirtschaftlichen Neugründung nicht entsprechend angewendet werden. Vielmehr biete das aktienrechtliche Statusverfahren (§§ 97 ff. AktG, §§ 25 f. SEAG) bzw. das arbeitsgerichtliche Beschlussverfahren (§ 2a Abs. 1 Nr. 3 lit. d, §§ 80 ff. ArbGG) einen hinreichenden nachträglichen Rechtsschutz.

2. Stellungnahme

Casper/Schäfer wollen § 18 Abs. 3 SEBG bei der wirtschaftlichen Neugründung allem Anschein nach generell analog anwenden.[474] Es kommt ihnen nicht darauf an, ob die Art und Weise, wie sich diese vollzieht, als strukturelle Änderung im Sinne des § 18 Abs. 3 SEBG zu werten ist. Jedenfalls gehen die Autoren hierauf nicht weiter ein. Eine Auseinandersetzung mit dem eigentlichen Anwendungsbereich von § 18 Abs. 3 SEBG und insbesondere mit dem Tatbestandsmerkmal der strukturellen Änderung findet nicht statt. *Schäfer* spricht von einer teleologischen Extension und führt als Anhaltspunkt lediglich das Beispiel in der Gesetzesbegründung zu § 18 Abs. 3 SEBG an; nämlich die Aufnahme eines mitbestimmten Unternehmens.[475] Und *Casper* scheint in einem *asset deal* mit Be-

---

472 Ähnlich *Casper/Schäfer*, ZIP 2007, 653, 658.
473 Mit Leitung ist die ausgetauschte Leitung des Erwerbers der Anteile gemeint.
474 *Casper/Schäfer*, ZIP 2007, 653, 658 ff.
475 *Schäfer* in: MüKo, AktG, Art. 16 SE-VO Rdnr. 13.

triebsübergang gemäß § 613a BGB zumindest regulär einen Anwendungsfall zu sehen.[476] Also doch eine Wertung hinsichtlich der Qualität der Maßnahme? Nicht überzeugen kann, eine Vorschrift extensiv auszulegen, deren Anwendungsbereich auf eng umgrenzte Sachverhalte beschränkt ist und eng ausgelegt werden muss.[477]

Festzustellen ist, dass die Lösung der Vorrats-SE Problematik von *Casper/Schäfer* nicht darin besteht, lediglich § 18 Abs. 3 SEBG analog anzuwenden. Vielmehr entwickeln die Autoren ein an dieser Vorschrift angelehntes, eigenes Lösungskonzept, das genauso auf Wertungen anderer Paragraphen zurückgreift.[478] Als Beispiel kann der Rückgriff auf die Jahresfrist des § 43 S. 2 SEBG für den Fall genannt werden, dass im Zeitpunkt der wirtschaftlichen Neugründung keine zehn Arbeitnehmer beschäftigt werden. In dieser Konstellation sei zu fragen, ob die Geschäftsleitung für die Zeit nach Aktivierung der Vorrats-SE die Einstellung von mindestens zehn Arbeitnehmern plane. Geschehe dies innerhalb des Prognosezeitraums von einem Jahr, müssten Verhandlungen geführt werden. Die zeitliche Ausdehnung des Schutzes ist bei einer tatsächlichen Neugründung zwar erforderlich, bietet nach dem vorliegenden Konzept aber keinen umfassenden Schutz. Ist die SE nach einem Jahr mitbestimmungsfrei, kann die Beschäftigtenzahl beliebig aufgestockt werden, ohne dass die Arbeitnehmer ihre Interessen wahrnehmen könnten.[479]

Vom Schutzbereich des Konzepts nicht umfasst sind Holding-Konstellationen bzw. die Konzernbildung; also der Erwerb eines bzw. mehrerer Unternehmen im Wege des *share deal*.[480] So propagieren die Autoren, dass für die Verhandlungen „stets ein BVG durch die Arbeitnehmer der SE zu gründen" sei.[481] Damit kann dann nur gemeint sein, dass die betroffenen Arbeitnehmer im Zuge der wirtschaftlichen Neugründung bereits zu Arbeitnehmern der SE geworden sind. Wie das BVG gebildet wird, bleibt offen. Denn die Autoren sprechen sich gerade gegen die analoge Anwendung der §§ 4 ff. SEBG aus. Das Abstellen auf die Arbeitnehmer der SE bedingt, dass Holding-Konstellationen nicht umfasst sind. Die Arbeitnehmer der Tochtergesellschaften sind zweifelsohne keine Arbeitnehmer der SE als Obergesellschaft. Dies kann nicht überzeugen und ist nicht

476 *Casper* in: Spindler/Stilz, AktG, Art. 2, 3 SE-VO Rdnr. 31.
477 Vgl. hierzu S. 146-151.
478 Das gesamte Lösungskonzept kann nicht dargestellt werden. Siehe hierzu: *Casper/Schäfer* ZIP 2007, 653, 658 ff; *Casper* in: Spindler/Stilz, AktG, Art. 2, 3 SE-VO Rdnr. 30 f.
479 Vgl. *Forst*, NZG 687, 692.
480 Vgl. auch *Schäfer* in: Vereinbarte Mitbestimmung in der SE, S. 13, 24 f.
481 *Casper/Schäfer*, ZIP 2007, 653, 659.

hinnehmbar. Es kann in diesem Zusammenhang auch nicht entgegengehalten werden, dass das SEBG keine Konzernzurechnung kenne. Das Argument trägt beim Einsatz arbeitnehmerloser Vorrats-SE nicht. Denn durch Erwerb zweier Gesellschaften durch die Vorrats-SE im Rahmen der wirtschaftlichen Neugründung wird schlicht der Arbeitnehmerschutz, der bei einer Holding-Gründung bestünde, umgangen. Auch beim Erwerb nur einer Gesellschaft werden die Arbeitnehmer um die Möglichkeit von Verhandlungen gebracht.

Die einzelnen Lösungsansätze eines jeden Konzepts basieren auf einem Gesamtverständnis der Thematik. Dieses ist bei *Casper* und *Schäfer* nicht ganz einheitlich. Sie treffen teilweise unterschiedliche Wertungen, welches folgende Widersprüchlichkeit zeigt. Nach *Casper* gelangt man zum gleichen sachlichen Ergebnis, wenn statt des eigenen Konzepts der Missbrauchstatbestand in § 43 SEBG bemüht wird.[482] In Widerspruch hierzu setzen sich *Casper/Schäfer* allerdings indem sie schreiben, dass das Missbrauchsverbot des § 43 SEBG auf Verhinderung der SE gerichtet ist.[483] Diese Unstimmigkeit kann dahingestellt bleiben. Deutlich soll in diesem Zusammenhang lediglich gemacht werden, dass der Verfasser aufgrund abweichender Wertungen in diversen Punkten zu einem anderen Gesamtverständnis der Thematik kommt als die beiden Autoren.[484]

3. Ergebnis

Insgesamt zeigt die Beurteilung des Modells, welches auf verschiedenen Entlehnungen des Gesetzes gründet, dass nicht lediglich eine Analogie zu § 18 Abs. 3 SEBG vorgenommen wird und werden kann. Aufgrund der dargestellten kritischen Anmerkungen kann das Konzept nicht vollständig überzeugen, es verbleiben Schutzlücken.

---

482 *Casper* in: Spindler/Stilz, AktG, Art. 2, 3 SE-VO Rdnr. 31.
483 *Casper/Schäfer*, ZIP 2007, 653, 659.
484 Bspw. im Bezug auf den Anwendungsbereich des § 18 Abs. 3 SEBG, die Rechtsfolge des § 43 SEBG, die Anwendbarkeit des § 43 S. 2 bei § 45 Abs. 1 Nr. 2 SEBG und die Bildung mitbestimmungsfreier Holdings.

V. Eigenes Konzept

1. Grundsatz

Beim Einsatz von Vorrats-SE ist immer das Verhandlungsverfahren durchzuführen, sobald zehn Arbeitnehmer in der SE oder einer ihrer Tochtergesellschaften beschäftigt sind. Nur so lässt sich effektiv sicherstellen, dass den Arbeitnehmern ihr Recht auf Durchführung eines Beteiligungsverfahrens verbleibt. Es kommt also unabhängig vom Zeitpunkt der wirtschaftlichen Neugründung immer dann zur Durchführung des Beteiligungsverfahrens, wenn das BVG gebildet werden kann.

2. Verhandlungsparteien

Hinsichtlich der Verhandlungsparteien wird sowohl auf § 18 Abs. 3 SEBG als auch auf die §§ 4 ff. SEBG zurückgegriffen. Ersterer Vorschrift ist entlehnt, dass die Verhandlungen zwischen der Leitung der SE und den Arbeitnehmern der SE sowie den von der geplanten Maßnahme betroffenen Arbeitnehmern zu führen sind. Auf die Leitungen der Gründungsgesellschaften der Vorrats-SE abzustellen, würde in mehrfacher Hinsicht keinen Sinn machen. So sind die an der Gründung beteiligten Gesellschaften regelmäßig nicht mehr vorhanden. Aber selbst bei deren Existenz wäre es nicht sinnvoll auf sie abzustellen, da die Anteile für die wirtschaftliche Neugründung regelmäßig abgetreten worden sind.[485] Aus denselben Gründen ist davon abzusehen, auf die Arbeitnehmer der Gründungsgesellschaften abzustellen. Vielmehr sind mit *Casper/Schäfer* die Arbeitnehmer der SE zu berücksichtigen, die durch die Aktivierung hinzukommen.[486] Allerdings ist dies nicht ausreichend. Ebenfalls zu berücksichtigen sind die Arbeitnehmer von Gesellschaften, die aufgrund der Aktivierung der Vorrats-SE zu Tochtergesellschaften der SE werden. Andernfalls wäre die Bildung mitbestimmungsfreier Holdings bzw. Konzernspitzen bei Erwerb mitbestimmter Unternehmen möglich.[487] Entspricht die Situation doch der, dass eine regulär gegründete mitbestimmungsfreie SE im sachlichen und zeitlichen Zusammenhang zur Gründung mitbestimmte Unternehmen im Wege des *share deal* erwirbt. Das Eingreifen des Missbrauchstatbestandes wäre jedenfalls für die Holding-Konstellation unzweifelhaft. Maßgeblich ist, dass egal auf welche Art und Weise

---

485 Dies gilt vor allem für die Fälle, in welchen sich die Vorrats-SE über einen gewerblichen Anbieter von Vorratsgesellschaften wie bspw. die FORATIS AG beschafft wurde.
486 *Casper/Schäfer*, ZIP 2007, 653, 659.
487 Hiervon ausgehend: *Wisskirchen/Bissels/Dannhorn*, DB 2007, 2258, 2262.

die SE aktiviert wird, immer ein Beteiligungsverfahren durchgeführt werden muss. Dies gilt auch für den Fall einer tatsächlichen Neugründung, wenn die SE erst einige Zeit später die erforderliche Arbeitnehmerzahl zur Bildung eines BVG beschäftigt. Die Aktivierung der Vorrats-SE ist, was das Niveau der Arbeitnehmerrechte anbelangt, wie eine reguläre Gründung zu behandeln und bei jeder solchen ist ein Verhandlungsverfahren durchzuführen.[488] Bei der Bildung eines BVG gemäß den §§ 4 ff. SEBG sind die Arbeitnehmer der Tochtergesellschaften der beteiligten Gesellschaften zu berücksichtigen. Diese Vorgabe kann und muss bei der Vorrats-SE Problematik entsprechend gelten. Der verstärkte Rückgriff auf die §§ 4 ff. SEBG ist auch deshalb vorzugswürdig, weil sich das (Verhandlungs-)Verfahren, freilich mit den zuvor genannten nicht unwesentlichen Modifikationen, inhaltlich nach diesen Vorschriften zu richten hat. Als Beispiele können die Art der mitzuteilenden Informationen, die Dauer des Verfahrens, die Beschlussfassung etc. angeführt werden.

3. Zeitpunkt der Verhandlungen

Hinsichtlich des Zeitpunkts der Verhandlungen wurde bereits auf das Erreichen der für das BVG erforderlichen Arbeitnehmerzahl hingewiesen. Im Gegensatz zu *Casper/Schäfer* wird die Durchführung des Beteiligungsverfahrens nicht von einem zeitlichen Moment (einjähriger Prognosezeitraum) abhängig gemacht. Würden nämlich innerhalb dieses Zeitraums keine zehn Arbeitnehmer eingestellt, wäre auch bei zukünftigem Erreichen dieser Schwelle kein Beteiligungsverfahren durchzuführen. Nach dem hier vorgeschlagenen Konzept kommt es unabhängig vom Zeitpunkt der wirtschaftlichen Neugründung und unabhängig von einem sonstigen zeitlichen Moment immer dann zur Durchführung des Beteiligungsverfahrens, wenn das BVG gebildet werden kann. Hintergrund der Überlegung ist, dass bei jeder regulären Gründung gemäß Art. 2 SE-VO ein Beteiligungsverfahren durchgeführt werden muss. Diese Vorgabe kann nicht durch den Einsatz einer Vorrats-SE umgangen werden.[489]

4. Schwellenwerte bei der Auffangregelung

Die in weiten Teilen analoge Anwendung der §§ 4 ff. SEBG bringt mit sich, dass in mehrfacher Hinsicht Schwellenwerte zu berücksichtigen sind. Vor allem bei

---

488   Ebenso *Diekmann* in: GS Gruson, 2009, S. 75, 89.
489   Selbst wenn dies zur Konsequenz hat, dass auch Fälle wie folgender erfasst sind: Eine Vorrats-SE erwirbt nur ein mitbestimmtes Unternehmen im Wege des *share deal*.

§ 15 SEBG (Beschlussfassung) und § 34 SEBG (Eingreifen der Auffangregelung) sind Schwellenwerte relevant. Insofern ist problematisch, dass sich nicht jede Art und Weise der Verwendung der Vorrats-SE einem der vorgegebenen Schwellenwerte wird zuordnen lassen. Dies ist die logische Konsequenz dessen, dass sich nicht jede Verwendung der Vorrats-SE gemäß den Gründungsalternativen des Art. 2 SE-VO vollzieht. Allerdings können die Arbeitnehmer gemäß § 34 SEBG stets die Auffangregelung beschließen, sofern eine der betroffenen Einheiten auf *stand alone-Basis* der Mitbestimmung unterliegt. Hierfür genügt sogar ein einfacher Beschluss. Für einen Beschluss zur Minderung bestehender Beteiligungsrechte gemäß § 15 Abs. 3 SEBG kann danach unterschieden werden, ob die Arbeitnehmer zu solchen der SE wurden oder nicht. Im ersteren Fall wäre auf 25%, im letzten Fall auf 50% abzustellen.

5. Umgehung des Konzepts

Dem Versuch, das vorgeschlagene Konzept durch eine „Salamitaktik" auszuhebeln, ist durch Anwendung der Missbrauchsvorschrift entgegenzutreten. Denkbar ist, dass zunächst zehn Arbeitnehmer eingestellt werden und ein Verhandlungsverfahren durchgeführt wird. Da im Zweifel keine Auffangregelung eingreifen kann, bliebe die SE mitbestimmungsfrei. Erst daraufhin wird dann bspw. ein mitbestimmtes Unternehmen im Wege des *asset deal* eingebracht oder werden zwei Unternehmen im Wege des *share deal* erworben. In derartigen Konstellationen aber greift § 43 SEBG und sollte die Strafverfolgung einsetzen. Auch insoweit ergibt sich ein Vorteil des vorgeschlagenen Konzepts, weil die Verwendung einer Vorratsgesellschaft nicht automatisch mit der Gefahr strafrechtlicher Verfolgung einhergeht. Beim Lösungsweg über § 43 SEBG u.a. Vorschlägen wäre genau dies der Fall. Es wird also demjenigen, der eine Vorrats-SE verwenden möchte, „die Hand gereicht". Wird allerdings im Nachgang eine Umgehung versucht, ist die Gefahr strafrechtlicher Verfolgung gerechtfertigt. Hinsichtlich der Frage, wie der zeitliche Horizont zwischen wirtschaftlicher Neugründung und nachfolgender Transaktion zu bemessen ist, kann auf § 43 S. 2 SEBG (Jahresfrist)[490] verwiesen werden.[491]

---

490 Im Abstellen auf die Jahresfrist des § 43 S. 2 SEBG ist kein Widerspruch zu sehen, da man sich nicht maßgeblich auf § 18 Abs. 3 SEBG stützt. Auch geht es insofern nicht um die Vermutung, die die Vorschrift enthält.
491 Ähnlich auch *Casper/Schäfer*, ZIP 2007, 653, 660.

6. Durchsetzung der Arbeitnehmerrechte

Es stellt sich die bereits aufgeworfene Frage[492], ob im Zeitpunkt der wirtschaftlichen Neugründung Art. 12 Abs. 2 SE-VO entsprechend anzuwenden ist.[493] Nach Auffassung des Verfassers kann es zu einem Beteiligungsverfahren kommen, welches der wirtschaftlichen Neugründung zeitlich nachgelagert ist. Deswegen ist eine analoge Anwendung des § 12 Abs. 2 SE-VO nicht möglich.[494] Unzweifelhaft würde sich auf den ersten Blick eine Analogie anbieten, handelt es sich doch um eine Schutzvorschrift für die Interessen der Arbeitnehmer. Durch sie könnte verfahrensrechtlich gewährleistet werden, dass es auch tatsächlich zu Verhandlungen kommt und die Beteiligungsrechte durchgesetzt werden. Allerdings sprechen neben der vorstehend aufgezeigten Unvereinbarkeit mit dem Konzept des Verfassers zahlreiche praktische Erwägungen gegen eine Analogie.[495] Entscheidend ist auch, dass die starre Regelung dem flexiblen Instrument der wirtschaftlichen Neugründung nicht gerecht werden kann.[496] Die SE würde gegenüber einer nationalen Vorrats-AG benachteiligt. Dabei lässt sich der verfahrensrechtliche Arbeitnehmerschutz auch ohne eine solche Benachteiligung weitestgehend sicherstellen. Die Rechtsdurchsetzung der Arbeitnehmerinteressen kann durch das aktienrechtliche Statusverfahren (§§ 97 ff. AktG, §§ 25 f. SEAG) bzw. durch das arbeitsgerichtliche Beschlussverfahren (§§ 2a Abs. 1 Nr. 3 lit. d, 80 ff. ArbGG) gewährleistet werden.[497] Erhobene Einwände lassen sich, sofern diese für tragend erachtet werden, mit Analogien entkräften.[498]

Problematisch ist allerdings, dass eine Vorrats-SE anlässlich der wirtschaftlichen Neugründung eine Sitzverlegung vornehmen könnte, um der Durchführung eines Beteiligungsverfahrens zu entgehen. Gibt es in einem anderen Mitgliedstaat keine dem deutschen Recht entsprechenden Verfahren, wäre die Durchsetzung der Arbeitnehmerrechte gefährdet. In der Literatur werden verschiedene Lösungsansätze vorgeschlagen. Nach einer Ansicht ist bei der wirtschaftlichen Neugründung das partielle Sitzverlegungsverbot des Art. 37 Abs. 3 SE-VO entsprechend anzuwenden.[499] Nach anderer Ansicht soll Art. 12 Abs. 2 SE-VO

---

492 Vgl. S. 135.
493 Dies befürwortend *Schubert*, ZESAR 2006, 340, 348.
494 A.A. *Forst* NZG 687, 691 f.
495 Vgl. *Casper/Schäfer*, ZIP 2007, 653, 660 ff.
496 Ausführlich hierzu *Casper/Schäfer*, ZIP 2007, 653, 660.
497 Dazu ausführlich *Schreiner*, Vorrats-SE, S. 168 ff.; *Casper/Schäfer*, ZIP 2007, 653, 661 f., deren Ansatz allerdings bei § 18 Abs. 3 SEBG liegt. Vgl. auch *Feuerborn* in: KK, AktG, § 18 SEBG Rdnr. 55; *Kiem* in: KK, AktG, § 12 SEBG Rdnr. 54.
498 A.A. *Forst*, NZG 2009, 687, 691.
499 *Casper/Schäfer*, ZIP 2007, 653, 657.

entsprechend anzuwenden sein.[500] Vorzugswürdig erscheint die zweite Ansicht, obwohl die praktische Umsetzung schwierig ist. Indes helfen beide Ansätze nicht weiter, wenn das Beteiligungsverfahren nach der wirtschaftlichen Neugründung noch nicht durchgeführt wurde und der Sitz verlegt wird. Um einen Schutz der Arbeitnehmerrechte zu gewährleisten, bietet sich an, die Sitzverlegungsmöglichkeit gemäß Art. 8 SE-VO zu beschränken, solange kein Verhandlungsverfahren durchgeführt wurde. Hierzu ist bereits ausreichend, wenn das Registergericht die erforderliche Bescheinigung gemäß Art. 8 Abs. 8 SE-VO verweigert.[501] Die Vorschläge zeigen die große Komplexität der Problematik auf. Der europäische Gesetzgeber ist dringend zur Regelung der Vorrats-SE Problematik aufgerufen.

Zur weiteren Absicherung der Arbeitnehmerrechte ist auch erforderlich, die Sperrfrist des Art. 66 Abs. 1 S. 2 SE-VO bei der wirtschaftlichen Neugründung analog anzuwenden.[502] Andernfalls könnte eine bereits seit zwei Jahren eingetragene Vorrats-SE nach der wirtschaftlichen Neugründung und Durchführung des Beteiligungsverfahrens sofort ihren Sitz verlegen und sich wieder in eine Gesellschaft nationalen Rechts umwandeln. Nach der Literatur soll die zweijährige Sperrfrist im Zeitpunkt der wirtschaftlichen Neugründung, d.h. mit der Eintragung der damit verbundenen Satzungsänderung, zu laufen beginnen.[503] In letzter Konsequenz wird man allerdings fordern müssen, dass hinsichtlich beider Alternativen des Art. 66 Abs. 1 S. 2 SE-VO der Abschluss des Beteiligungsverfahrens maßgeblich ist. Nur so lässt sich das gleiche Schutzniveau herstellen.[504]

---

500 *Schreiner*, Vorrats-SE, S. 109.

501 Für tatsächliche Neugründungen bedeutet dies eine Einschränkung, wenn die Gesellschaft bislang keine zehn Arbeitnehmer beschäftigt und ihren Sitz verlegen will. Andererseits ist es der Praxis in solchen Fällen möglich und zumutbar, sich sogleich einer Vorratsgesellschaft im beabsichtigten Zuzugsstaat zu bedienen.

502 So bereits *Casper/Schäfer*, ZIP 2007, 653, 657; *Schreiner*, Vorrats-SE, S. 113 f.

503 *Casper/Schäfer*, ZIP 2007, 653, 657; *Schreiner*, Vorrats-SE, S. 114.

504 Im Rahmen einer regulären Gründung ist das Beteiligungsverfahren aufgrund des Art. 12 Abs. 2 SE-VO stets bei der Eintragung durchgeführt worden. Der Ausgangspunkt beider Varianten des Art. 66 Abs. 1 S. 2 SE-VO ist die Eintragung. Zum Zeitpunkt der wirtschaftlichen Neugründung ist hingegen regelmäßig noch kein Beteiligungsverfahren durchgeführt worden. Lässt man die Anknüpfung an die Eintragung der Satzungsänderung genügen, ließe sich der temporäre Schutz um die Zeitspanne bis zur Beendigung des Beteiligungsverfahrens verkürzen. Denn vorher werden die Arbeitnehmer ggf. keine Vertreter in den Aufsichtsrat entsenden können. Deshalb sollte auf die Beendigung des Beteiligungsverfahrens abgestellt werden. Durch eine hypothetische Betrachtung lässt sich auch die Beendigung des Beteiligungsverfahrens für die 2. Alt. des Art. 66 Abs. 1 S. 2 SE-VO (Jahresabschlüsse) als Anknüpfungspunkt nutzbar machen.

VI. Ergebnis

Es zeigt sich, dass weder eine unmittelbare, wörtlich analoge Anwendung der §§ 4 ff. SEBG noch des § 18 Abs. 3 SEBG aufgrund der Sondersituation bei der Vorrats-SE möglich sind. In Anlehnung an diese Vorschriften lässt sich aber, wie gezeigt, ein Konzept entwickeln, welches für den Rechtsberater wie den Rechtsanwender ein deutliches „Plus" an Rechtssicherheit bedeutet und die Interessen der Arbeitnehmer schützt. Obwohl nach diesem Konzept stets das Verhandlungsverfahren bei Verwendung der Vorrats-SE durchzuführen ist, bleibt die Vorrats-SE für die Praxis sicherlich interessant, da es mit *Wollburg/Banerjea* gesprochen viele gute Gründe für den Einsatz einer solchen gibt. Unzweifelhaft wirkt es bei der Suche nach einer Rechtsgrundlage für die Durchführung des Beteiligungsverfahrens besser, wie *Casper/Schäfer* auf eine einzige Norm abzustellen. Allerdings geht auch ihr Vorschlag über den schlagwortartig genannten § 18 Abs. 3 SEBG hinaus. Das vom Verfasser dargestellte Konzept beruht maßgeblich auf der analogen Anwendung der §§ 4 ff. SEBG sowie des § 18 SEBG. Dabei stehen die §§ 4 ff. SEBG im Vordergrund, lediglich hinsichtlich der Verhandlungsparteien ist auch auf § 18 Abs. 3 SEBG abzustellen.

F. Ergebnis und Ausblick

Die Gründung arbeitnehmerloser Vorrats-SE sowie deren wirtschaftliche Neugründung und Verwendung sind zulässig. Numerus Clausus und Mehrstaatlichkeitsprinzip stehen dem nicht entgegen. Eine analoge Anwendung dieser Prinzipien auf den Zeitpunkt der wirtschaftlichen Neugründung der Vorrats-SE scheidet aus. Art. 12 Abs. 2 SE-VO ist im Falle der Gründung durch arbeitnehmerlose Gesellschaften teleologisch zu reduzieren. Die Sicherung der Arbeitnehmermitbestimmung muss dann zwingend bei Verwendung der Vorrats-SE erfolgen. Dafür bietet sich das vorgeschlagene Konzept aufgrund seines umfassenden Schutzes an. Es basiert auf der analogen Anwendung der §§ 4 ff. SEBG, modifiziert durch § 18 Abs. 3 SEBG. Hingegen verbietet sich die alleinige analoge Anwendung von § 18 Abs. 3 SEBG, da nicht alle Umgehungskonstellationen erfasst würden. Anzufügen ist, dass im Rahmen der wirtschaftlichen Neugründung nach einhelliger Meinung grundsätzlich das gläubigerschützende Recht des Sitzstaates anzuwenden ist, wobei für die Handelndenhaftung Art. 16 Abs. 2 SE-VO nationalem Recht vorgeht.[505]

---

505 Vgl. hierzu *Schreiner*, Vorrats-SE, S. 97 f.; *Casper/Schäfer* ZIP 2007, 653, 655 ff.; *Schäfer* in: MüKo, AktG, Art. 16 SE-VO Rdnr. 10 f.; *Bayer* in: Lutter/Hommelhoff, Art. 2 SE-VO Rdnr. 29.

Der europäische Gesetzgeber muss im Rahmen der Revision des Statuts eine Regelung für den Schutz der Arbeitnehmerrechte bei der wirtschaftlichen Neugründung und Verwendung der Vorrats-SE in der SE-RL schaffen. Diese ist daraufhin in den nationalen Ausführungsgesetzen umzusetzen. Die zu statuierende Regelung muss sicherstellen, dass den Arbeitnehmern der aktivierten Vorrats-SE bzw. ihrer Tochtergesellschaften[506] ihr Recht auf Beteiligung, insbesondere auch auf Verhandlungen nicht genommen wird. Erforderlich ist des Weiteren eine verfahrensrechtliche Absicherung der Regelung. Hierzu kann ein entsprechendes Verfahren eingeführt bzw. eine Ermächtigung der Mitgliedstaaten, für ein solches zu sorgen, erteilt werden.

---

506   Vgl. S. 160-161.

Teil 4: Gestaltungen unter Einsatz einer Vorrats-SE

A. Gestaltungen des Teils 2 unter Beteiligung einer Vorrats-SE

Anhand zweier Beispiele lässt sich aufzeigen, dass die gewünschten Ergebnisse der im Teil 2 der Arbeit dargestellten Konstellationen unter Einsatz einer Vorrats-SE schneller und einfacher zu erreichen sind.

I. Beispiel: Umgehung von Art. 2 Abs. 1 SE-VO

Einfacher und schneller ist das gewünschte Ergebnis der unter Gliederungspunkt Teil 2, A., III. aufgeführten Gestaltungen über den Einsatz einer Vorrats-SE zu erzielen. Hierfür müssen lediglich die beiden AG auf die Vorrats-SE verschmolzen werden (Abb. 10).[507]

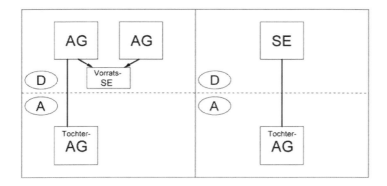

Abb. 10: Umgehung von Art. 2 Abs. 1 SE-VO

---

507 Zur Beteiligungsfähigkeit einer SE an nationalen Umwandlungsmaßnahmen siehe ab S. 205.

Alternativ lässt sich der erste Schritt der Konzernverschmelzung über die 10. RiLi bewerkstelligen. Durch die Leitungen kann, wenn Art. 16 Abs. 2 der 10. RiLi einschlägig ist, das sofortige Eingreifen der Auffangregelung herbeigeführt werden, ohne dass Verhandlungen durchgeführt werden müssen, Art. 16 Abs. 4 lit. a der 10. RiLi.[508] Im zweiten Schritt erfolgt dann die SE-Gründung gemäß Art. 2 Abs. 1 SE-VO (Abb. 11).

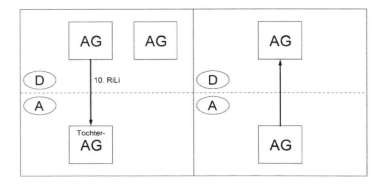

Abb. 11: Umgehung von Art. 2 Abs. 1 SE-VO

508 So wohl auch *Bauer/Göpfert/Haußmann/Krieger*, Umstrukturierungen, S. 238; *Seibt* in: Umstrukturierung und Übertragung von Unternehmen, S. 685; *Henssler*, ZHR 173 (2009), 222, 229.

II. Beispiel: Umgehung von Art. 2 Abs. 3 SE-VO

Einfacher als über die unter Gliederungspunkt Teil 2, A., V. aufgeführte Gestaltung, lässt sich dasselbe Ziel über eine deutsche Vorrats-SE erreichen, deren Anteile jeweils zu 50% von den Partnern erworben werden (Abb. 12). Zu bemerken ist hinsichtlich der Arbeitnehmermitbestimmung, dass die Tochter-SE selbst dann mitbestimmungsfrei starten kann, wenn die Obergesellschaften mitbestimmt sind. Dies wäre bei einer regulären Gründung gemäß Art. 2 Abs. 3 SE-VO nicht möglich. Nach den Vorgaben der SE-RL wäre auch ein kleines Joint Venture grundsätzlich mitbestimmt. Dieser Umstand ist in der Literatur vor allem in Bezug auf kleine Joint Ventures mit wenigen Arbeitnehmern auf nachhaltige Kritik gestoßen. Die vorgeschlagene Vorgehensweise nimmt diese Kritik auf. Ein Beteiligungsverfahren ist dann durchzuführen, wenn ein BVG gebildet werden kann.

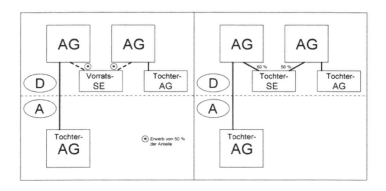

Abb. 12: Umgehung von Art. 2 Abs. 3 SE-VO

B. „Einfrieren" des Arbeitnehmermitbestimmungsniveaus durch Einsatz einer Vorrats-SE

Durch Einsatz einer Vorrats-SE lässt sich das Mitbestimmungsniveau einer deutschen Gesellschaft festschreiben, die vor dem Überschreiten der relevanten Mitbestimmungsschwellen steht. Dieses Ziel mag in gewissen Fällen über eine grenzüberschreitende Verschmelzung noch schneller zu erzielen sein, worauf im Rahmen dieser Arbeit aber nicht vertieft eingegangen werden kann.

I. Festschreibung des Mitbestimmungsniveaus durch deutsche Vorrats-SE

Folgende Überlegungen stehen unter der Prämisse, dass der Sitz der Gesellschaft in Deutschland sein soll.

1. Eignung bei kurz bevorstehendem Überschreiten relevanter Schwellenwerte

Bedient man sich einer deutschen Vorrats-SE, um diese mit einer AG nach nationalem Recht zu verschmelzen, sind nach Auffassung des Verfassers Verhandlungen über die Arbeitnehmerbeteiligung durchzuführen. Bei einer regulären SE-Gründung wäre die Auffangregelung betreffend auf das Niveau der Mitbestimmung der Gründungsgesellschaften bei Abschluss des Verhandlungsverfahrens abzustellen.[509] Wären vor dessen Beendigung mitbestimmungsrechtlich relevante Schwellenwerte (Arbeitnehmeranzahl) überschritten worden, wäre auch die SE entsprechend mitbestimmt. Dies ist sinnvoll, da die Gründungsgesellschaften zu diesem Zeitpunkt regelmäßig noch bestehen. Die Situation bei der wirtschaftlichen Neugründung einer Vorrats-SE ist eine andere. Hier kann es nach Auffassung des Verfassers zu nachgelagerten Verhandlungen kommen. In derartigen Fällen lässt sich im Zeitpunkt der stattfindenden Verhandlungen kaum auf die Arbeitnehmerzahl des Verschmelzungspartners abstellen, weil dieser regelmäßig nicht mehr besteht. Wollte man auf die Arbeitnehmerzahl im Zeitpunkt der wirtschaftlichen Neugründung abstellen, bestünde gegenüber der regulären Gründung der Vorteil, dass die möglicherweise entscheidende Zunahme der Arbeitnehmerzahl bis zum Abschluss des Beteiligungsverfahrens unberücksichtigt bliebe. Eine Patentlösung für diese Problematik ist nicht ersichtlich. Eine Einschränkung der Arbeitnehmerrechte mittels der Vorrats-SE ist nicht akzeptabel. Um einen Gleichlauf zu erreichen, bietet sich an, ausnahmsweise die Zahl der Arbeitnehmer der SE nicht unberücksichtigt zu lassen. Am Ende der Verhandlungsfrist ist daher vorrangig auf die Arbeitnehmerzahl der AG zum Zeitpunkt der Verschmelzung auf die SE abzustellen, ergänzend sind aber bei der SE inzwischen neu eingestellte Arbeitnehmer hinzuzurechnen.[510] Werden dadurch in der Summe relevante Schwellenwerte überschritten, ist der Aufsichtsrat der SE drittelparitätisch bzw. paritätisch zu besetzen. Ohne Zweifel kann unter normalen

---

509 Nachweise bei *Jacobs* in: MüKo, AktG, § 34 SEBG Rdnr. 11, der selbst allerdings a.A. ist.
510 Nicht erforderlich ist dieses Vorgehen, wenn bspw. Konzern- oder Holdingkonstellationen mit der Vorrats-SE als Obergesellschaft geschaffen werden sollen. Hier kann weiterhin auf die Arbeitnehmerzahlen der Tochtergesellschaften abgestellt werden.

Umständen keinesfalls auf die Arbeitnehmerzahlen der SE abgestellt werden.[511] Die angesprochenen Fälle aber verlangen nach einer Ausnahme, um ein Schutzniveau herzustellen, welches einer regulären Gründung vergleichbar ist. Daraus folgt, dass im Rahmen des mindestens sechs Monate dauernden Verhandlungsverfahrens die für die Mitbestimmung relevanten Schwellen noch überschritten werden können. Im Ergebnis eignet sich die Gestaltung somit nicht, wenn die AG kurz vor Überschreiten einer relevanten Schwelle steht.

2. Alternative: grenzüberschreitende Verschmelzung über die 10. RiLi

Alternativ kann das bestehende Mitbestimmungsniveau möglicherweise schneller eingefroren werden, wenn eine ausländische Vorratsgesellschaft, bspw. eine englische *plc*, über die 10. RiLi auf die AG grenzüberschreitend verschmolzen wird. Beschließen die Leitungen gemäß § 23 Abs. 1 S. 1 Nr. 3 MgVG das sofortige Eingreifen der Auffangregelung, welches unter der Voraussetzung der Anwendbarkeit von § 5 MgVG möglich ist, wird das bestehende Niveau festgeschrieben.[512]

a. AG beschäftigt über 500 Arbeitnehmer

Die besagte Gestaltung ist bei einer deutschen AG mit über 500 Arbeitnehmern unzweifelhaft möglich. Denn nach § 5 Nr. 1 MgVG muss das Beteiligungsverfahren durchgeführt werden, wenn in mindestens einer der beteiligten Gesellschaften im Durchschnitt mehr als 500 Arbeitnehmer beschäftigt sind und ein System der Mitbestimmung besteht.

b. AG beschäftigt unter 500 Arbeitnehmer

Anders stellt sich die Situation dar, wenn die deutsche AG unter 500 Arbeitnehmer beschäftigt. Bei Einbindung einer nicht mitbestimmten, bspw. englischen Vorratsgesellschaft greift nach umstrittener, aber zutreffender Ansicht keine der Alternativen des § 5 MgVG ein; insbesondere nicht dessen Alternative Nr. 3.[513]

---

511 Bspw. kann bei § 18 Abs. 3 SEBG nicht auf Arbeitnehmerzahlen der SE abgestellt werden.

512 Vgl. *Hohenstatt/Dzida* in: Henssler/Willemsen/Kalb, MgVG Rdnr. 22; *Bauer/Göpfert/Haussmann/Krieger*, Umstrukturierungen, S. 239.

513 Nach § 5 Nr. 3 MgVG ist das Beteiligungsverfahren durchzuführen, wenn das für die aus einer grenzüberschreitenden Verschmelzung hervorgehende Gesellschaft maßgebende

Teilweise wird vertreten, § 5 Nr. 3 MgVG sei bei Verschmelzungen auf eine deutsche Gesellschaft immer einschlägig, weil das deutsche Recht Arbeitnehmern in ausländischen Betrieben keine Ausübung von Mitbestimmungsrechten ermögliche.[514] Die Variante Nr. 3 sei abstrakt-generell zu verstehen. Es komme also nicht darauf an, ob der aufnehmende Rechtsträger vor Wirksamwerden der Verschmelzung mitbestimmt war. Andernfalls hätte § 5 Nr. 3 MgVG gegenüber § 5 Nr. 1 MgVG keinen eigenen Anwendungsbereich. Auch komme es nicht darauf an, ob der aufnehmende Rechtsträger im Zeitpunkt des Wirksamwerdens der Verschmelzung ausländische Arbeitnehmer beschäftige. Nach der zutreffenden Gegenansicht ist besagte Alternative konkret zu interpretieren.[515] Es ist nicht auf die abstrakte Rechtslage, sondern die konkreten Gegebenheiten abzustellen. Bei einer abstrakten Auslegung wären § 5 Nr. 1 und 2 MgVG obsolet, weil stets die Voraussetzungen der Nr. 3 gegeben wären. Stets müsste ein aufwendiges Beteiligungsverfahren durchgeführt werden. Dies liefe dem Zweck der 10. RiLi gerade zuwider. Unzutreffend ist im Übrigen, dass § 5 Nr. 1 MgVG kein eigenständiger Anwendungsbereich verbliebe, wenn man voraussetzen würde, dass die aufnehmende Gesellschaft mitbestimmt ist. Dies mag aufgrund § 1 Abs. 1 DrittelbG nach deutscher Rechtslage so sein, in anderen europäischen Ländern, wo es nicht auf die Schwelle von 500 Arbeitnehmern ankommt, stellt sich die Situation allerdings anders dar.[516] Es kann nicht überzeugen, dass eine Schutzregelung greifen soll, wenn keines der beteiligten Unternehmen mitbestimmt ist.[517] In der Konsequenz findet daher nationales Recht Anwendung, § 4 MgVG. Eine Festschreibung der Mitbestimmungsfreiheit ist nicht möglich.[518]

innerstaatliche Recht für Arbeitnehmer in Betrieben dieser Gesellschaft, die sich in anderen Mitgliedstaaten befinden, nicht den gleichen Anspruch auf Ausübung von Mitbestimmung vorsieht, wie sie den Arbeitnehmern in demjenigen Mitgliedstaat gewährt werden, in dem die aus der grenzüberschreitenden Verschmelzung hervorgehende Gesellschaft ihren Sitz hat.

514 Auch zum Folgenden: *Brandes*, ZIP 2008, 2193, 2196.

515 So auch *Müller-Bonanni/Müntefering*, BB 2009, 1699, 1702; *dies.*, NJW 2009, 2347, 2349.

516 Einen Beispielsfall bildet *Heuschmid*, AuR 2006, 184, 187.

517 Ebenso *Heuschmid*, AuR 2006,184, 187; *Teichmann*, Der Konzern 2007, 89, 95; *Lunk/Hinrichs*, NZA 2007, 773, 774. Wohl auch *Nagel* in: Nagel/Freis/Kleinsorge, MgVG, § 5 MgVG Rdnr. 5.

518 Ebenso *Götze/Winzer/Arnold*, ZIP 2006, 245, 253. Zudem könnte auch kein Beschluss gemäß § 23 Abs. 1 S. 1 Nr. 3 MgVG gefasst werden. Da § 5 MgVG nicht einschlägig ist, kommt § 23 MgVG nicht zur Anwendung.

c. Nachfolgende innerstaatliche Verschmelzungen

Von Nachteil bei der Festschreibung über die 10. RiLi ist, dass im Rahmen einer nachfolgenden innerstaatlichen Verschmelzung wieder nationales Recht Anwendung findet, § 30 MgVG. Liegt der Gesellschaftssitz in Deutschland, ist nichts gewonnen, denn die mitbestimmungsrechtlich relevanten Schwellen sind dann wieder relevant.[519]

Bei alternativem Einsatz einer deutschen SE ist § 18 Abs. 3 SEBG die vergleichbare Vorschrift für nachfolgende Transaktionen, sofern die SE aufnehmender Rechtsträger ist. Aufgrund des möglichen Eingreifens der Auffangregelung droht auch hier das nationale Mitbestimmungsniveau relevant zu werden. Dies ist vor allem dann denkbar, wenn die aufzunehmende Gesellschaft der Mitbestimmung unterliegt. Allerdings finden bei der SE das MitbestG und das DrittelbG keine Anwendung. Damit ergibt sich bspw. im Hinblick auf die Größe des Aufsichtsrates ein Vorteil, weil § 7 MitbestG nicht zu beachten ist. Mit Blick auf nachfolgende Transaktionen scheint der Weg über die 10. RiLi somit tendenziell schlechter als derjenige über die SE.

3. Fazit

Beschäftigt die deutsche AG unter 500 Arbeitnehmer bietet sich nur die Gestaltung über die deutsche Vorrats-SE an. Werden über 500 Arbeitnehmer beschäftigt, ist die hier zuletzt vorgeschlagene Festschreibung des Mitbestimmungsniveaus über die 10. RiLi schneller, allerdings mit den dargestellten Nachteilen bei nachfolgenden Transaktionen.

II. Festschreibung des Mitbestimmungsniveaus durch ausländische Vorrats-SE

Durch den Erwerb einer ausländischen Vorrats-SE lässt sich das Mitbestimmungsniveau einer deutschen AG, die kurz vor Überschreiten einer mitbestimmungsrechtlich relevanten Schwelle steht,[520] möglicherweise zeitnah dadurch festschreiben, dass gemäß der 10. RiLi eine grenzüberschreitende Verschmel-

---

519 Diese Aussage ist für den Fall zu relativieren, dass an der grenzüberschreitenden Verschmelzung eine SE beteiligt ist.
520 Am Beispiel einer englischen Vorrats-SE kann Art. 16 Abs. 2 der 10. RiLi nur greifen, wenn die deutsche Gesellschaft mehr als 500 Arbeitnehmer hat.

zung auf die SE mit unmittelbar folgender Sitzverlegung der SE nach Deutschland vorgenommen wird.[521]

1. Eignung bei zeitnahem Überschreiten der Schwelle von 2000 Arbeitnehmern

Durch die Leitungen kann, wenn Art. 16 Abs. 2 der 10. RiLi einschlägig ist, das sofortige Eingreifen der Auffangregelung herbeigeführt werden, ohne dass Verhandlungen durchgeführt werden müssen, Art. 16 Abs. 4 lit. a der 10. RiLi.[522] Dies spart Zeit. Zwar ist nach Ansicht des Verfassers bei der Aktivierung der Vorrats-SE das Verhandlungsverfahren durchzuführen. Allerdings ließe sich argumentieren, dass hierauf im vorliegenden Fall verzichtet werden könnte, weil bereits die Vorschriften der 10. RiLi eingreifen. Das Verfahren nach der 10. RiLi und insbesondere dessen Auffangregelung ist indes bzgl. des Schutzniveaus nicht vergleichbar mit dem Beteiligungsverfahren bei der SE-Gründung.[523] Würde man im Fall der grenzüberschreitenden Verschmelzung einer Gesellschaft auf die Vorrats-SE nur das Verfahren der 10. RiLi anwenden, könnten die strengeren Vorschriften zur Arbeitnehmerbeteiligung nach der SE-RL umgangen werden. Bspw. kann gemäß Art. 16 Abs. 4 lit. c der 10. RiLi die Besetzung des Verwaltungsorgans mit Arbeitnehmervertretern im monistischen System auf ein Drittel beschränkt werden.[524] Zudem wird den Arbeitnehmern durch das sofortige Eingreifen der Auffangregelung ihr Recht auf Verhandlungen genommen. Unterrichtungs- und Anhörungsrechte sind überhaupt nicht geschützt.[525] Wie dieser Konflikt zwischen den Regelungsbereichen der 10. RiLi und der SE-RL zu lösen ist, kann im Rahmen dieser Arbeit nicht weiter vertieft werden. In der Literatur wird erwogen § 18 Abs. 3 SEBG als gegenüber Art. 16 der 10. RiLi speziellere Regelung anzuwenden.[526] Ob dies so einfach möglich ist, erscheint fraglich. In der vorliegenden Konstellation scheidet diese Erwägung bereits deshalb aus, weil der Sitz der SE im Ausland ist. An dieser Stelle wird letztlich der EuGH für Klarheit sorgen müssen, wenn nicht der europäische Gesetzgeber zuvor aktiv wird. Aufgrund der erheblichen Rechtsunsicherheit kommt diese Gestaltungsva-

---

521 Zwar ist ein *downstream merger* nicht ausdrücklich vom Anwendungsbereich der 10. RiLi umfasst, sollte aber wie bei der SE möglich sein. Ebenso *Forsthoff*, DStR 2006, 613, 614.
522 In diesem Sinne wohl auch *Bauer/Göpfert/Haußmann/Krieger*, Umstrukturierungen, S. 238; *Seibt* in: Umstrukturierung und Übertragung von Unternehmen, S. 685.
523 Ausführlich hierzu *Grambow*, Der Konzern 2009, 97 ff.
524 Diese Option gilt bspw. für eine aufnehmende Gesellschaft mit Sitz im Vereinigten Königreich, vgl. *Henssler*, ZHR 173 (2009), 222, 227 f.
525 Vgl. auch *Müller-Bonanni/Müntefering*, BB 2009, 1699, 1701.
526 So *Grambow*, Der Konzern, 2009, 97, 103.

riante für die Praxis zunächst nicht in Betracht. Sofern man entgegen der hier vertretenen Ansicht ausschließlich Art. 16 der 10. RiLi für anwendbar erachtet, sollte in keinem Fall eine österreichische Vorrats-SE verwendet werden, da das österreichische ArbVG im Falle der Sitzverlegung erneut Verhandlungen vorsieht, § 228 ArbVG.

2. Eignung bei zeitnahem Überschreiten der Schwelle von 500 Arbeitnehmern

Ist Art. 16 Abs. 2 der 10. RiLi nicht einschlägig, gilt gemäß Art. 16 Abs. 1 der 10. RiLi nationales Recht. Bei einer deutschen AG mit unter 500 Arbeitnehmern wird dies regelmäßig der Fall sein. Aufgrund Art. 13 SE-RL kommt nationales Mitbestimmungsrecht nicht zur Anwendung. Vielmehr ist auf die verhandelte Mitbestimmung in der SE bzw. die Regelungen der SE-RL abzustellen. Da in der Vorrats-SE bislang kein Beteiligungsverfahren durchgeführt worden ist, müssen nach Ansicht des Verfassers aufgrund der Aktivierung der Vorrats-SE Verhandlungen geführt werden.[527] Trotzdem wird die SE regelmäßig mitbestimmungsfrei bleiben. Lediglich, wenn während der Verhandlungsfrist die Schwelle von 500 Arbeitnehmern überschritten wird, unterliegt die SE bei Eingreifen der Auffangregelung der Mitbestimmung.[528] Ausnahmsweise kann die Arbeitnehmerzahl der aktivierten Vorrats-SE aufgrund der nachgelagerten Verhandlungen nicht gänzlich unberücksichtigt bleiben. Am Ende der Verhandlungsfrist ist auf die Arbeitnehmerzahl der AG zum Zeitpunkt der Verschmelzung auf die SE abzustellen, ergänzend sind aber bei der SE inzwischen neu eingestellte Arbeitnehmer hinzuzurechnen. Wird in der Summe der Schwellenwert von 500 Arbeitnehmern überschritten, unterliegt die SE der drittelparitätischen Mitbestimmung. Als weitere Sicherungsmaßnahme ist die Beschränkung der Sitzverlegungsmöglichkeit in Betracht zu ziehen, um zu verhindern, dass der Sitz in einen Mitgliedstaat verlegt wird, welcher den Arbeitnehmern keine Möglichkeit der Durchsetzung ihrer Rechte bietet. Bei einer Sitzverlegung nach Deutschland besteht diese Gefahr allerdings nicht.[529] Im Ergebnis eignet sich die Gestaltung nicht, wenn Art. 16 Abs. 2 der 10. RiLi nicht eingreift und die AG kurz vor Überschreiten der Schwelle von 500 Arbeitnehmern steht.

---

527 Vgl. hierzu S. 160-164.
528 Vgl. insoweit die ausführlicheren Ausführungen auf S. 170-171.
529 In Deutschland ist die Rechtsdurchsetzung der Arbeitnehmerinteressen durch das aktienrechtliche Statusverfahren bzw. durch das arbeitsgerichtliche Beschlussverfahren gewährleistet.

3. Fazit

In beiden Konstellationen bietet die Gestaltung nach Auffassung des Verfassers nicht die gewünschte Schnelligkeit, um eine Festschreibung des Mitbestimmungsniveaus sehr zeitnah erreichen zu können.

III. Verschmelzung zweier AG, die zusammen über 2000 Arbeitnehmer beschäftigen.

Wollen sich zwei deutsche AG verschmelzen, die bislang nicht der paritätischen Mitbestimmung unterliegen, aber zusammen über 2000 Arbeitnehmer beschäftigen, bietet sich die SE als Gestaltungsmittel an, um das Eingreifen der paritätischen Mitbestimmung zu verhindern. Man könnte sich einer deutschen Vorrats-SE bedienen und die beiden AG nach nationalem Recht auf die SE verschmelzen.[530] Zwar sind nach Ansicht des Verfassers bei Verwendung der Vorrats-SE Verhandlungen mit den Arbeitnehmern zu führen. Das Eingreifen der Auffangregelung wird aber regelmäßig höchstens zur drittelparitätischen Besetzung des Aufsichtsrates führen. Etwas anderes kann sich lediglich aufgrund der nachgelagerten Verhandlungen ergeben. Wie bereits in den vorstehenden Gliederungspunkten dargestellt, sind ausnahmsweise bei der SE neu eingestellte Arbeitnehmer der Arbeitnehmerzahl einer der beiden AG zum Zeitpunkt der Verschmelzung auf die Vorrats-SE hinzuzurechnen. Wird dadurch die Schwelle von 2000 Arbeitnehmern überschritten, unterliegt die SE der paritätischen Mitbestimmung. Da vorliegend zwei AG auf die SE verschmolzen werden, stellt sich die Frage, bei welcher dieser beiden die Zurechnung erfolgen soll. Aus Gründen des Arbeitnehmerschutzes hat dies bei derjenigen AG zu geschehen, welche die höhere Arbeitnehmerzahl hatte.

---

530 Bspw. wurde die Vapiano AG auf eine Vorrats-SE nach nationalem Recht verschmolzen. Zwar hatte die Vapiano AG zu diesem Zeitpunkt unter 500 Mitarbeitern, so dass seitens der Arbeitnehmer keine Aufsichtsräte hätten gestellt werden können. Interessant zu wissen wäre allerdings, ob ein Beteiligungsverfahren durchgeführt wurde, um den Arbeitnehmern zumindest die Chance auf Beteiligung zu geben.

C. Ergebnis und Ausblick

Die Einsatzmöglichkeiten für eine Vorrats-SE sind mannigfaltig. Hintergrund können sowohl gesellschaftsrechtliche Motive als auch die Arbeitnehmermitbestimmung betreffende Motive sein. Es steht zu befürchten, dass zukünftig mehr Vorrats-SE aktiviert werden, als dass es zu regulären Gründungen kommt. Der europäische Gesetzgeber ist deshalb dringend aufgerufen, sich dieser Thematik anzunehmen und für mehr Rechtssicherheit zu sorgen.

Teil 5: Beteiligung einer SE an nationalen Umwandlungsvorgängen

Dem potentiellen SE-Gründer ist daran gelegen, eine flexible Rechtsform zu erlangen, die erforderliche Anpassungen an veränderte wirtschaftliche Bedingungen zulässt. Das deutsche UmwG eröffnet hierfür zahlreiche Gestaltungsmöglichkeiten. Nach wie vor ungeklärt ist allerdings, inwieweit sich eine bestehende SE an Umwandlungsvorgängen nach Maßgabe des UmwG beteiligen kann.[531] Fraglich ist zum einen, inwiefern eine SE-Gründung unter Anwendung des UmwG möglich ist. Zum anderen bedarf der Klärung, inwieweit eine bestehende SE Umstrukturierungen nach Maßgabe des UmwG, die keine SE-Gründung bezwecken, durchführen kann.

A. Gang der Darstellung

Zunächst muss geklärt werden, ob eine bestehende SE beteiligungsfähiger Rechtsträger im Sinne des UmwG ist. Es folgt der erste Schwerpunkt, welcher beleuchtet, inwiefern es zu einer SE-Gründung unter Anwendung des UmwG kommen kann. Im Anschluss daran wird der zweite Themenkomplex bearbeitet. Geprüft wird die Zulässigkeit von Umwandlungsmöglichkeiten nach dem UmwG.

B. Numerus Clausus des § 3 UmwG und Beteiligungsfähigkeit einer SE

Voraussetzung jeglicher Beteiligung ist, dass eine SE vom Anwendungsbereich des UmwG überhaupt erfasst wird. § 3 UmwG enthält einen Numerus Clausus, der die beteiligungsfähigen Rechtsträger einer Verschmelzung benennt. Entsprechende Vorschriften existieren für die Spaltung (§ 124 UmwG) und den Formwechsel (§ 191 UmwG), die hinsichtlich der beteiligungsfähigen Kapitalgesellschaften auf § 3 Abs. 1 Nr. 2 UmwG verweisen. Die SE ist in letzterer Vorschrift nicht aufgeführt. § 3 Abs. 1 Nr. 2 UmwG führt als Kapitalgesellschaften nur die GmbH, die AG und die KG a.A an. Aus diesem Grunde wurde die Beteiligungsfähigkeit einer SE an nationalen Umwandlungsvorgängen bisweilen kritisch gesehen. Gleichwohl geht die heute ganz herrschende Meinung davon aus, dass

---

531 So auch *Casper*, ZHR 173 (2009), 181, 194.

die SE grundsätzlich beteiligungsfähiger Rechtsträger im Sinne des UmwG ist.[532] Dies ergibt sich aus den Vorschriften des Art. 10 SE-VO und Art. 9 Abs. 1 lit. c ii SE-VO.[533] Auch der Gesetzgeber geht im Rahmen des SEStEG, konkret in § 1 Abs. 2 UmwStG, und im Rahmen der Umsetzung der 10. RiLi davon aus, dass einer SE umwandlungsrechtliche Maßnahmen offen stehen.[534] Eine der deutschen Rechtsordnung unterliegende SE kann somit wie eine AG als übernehmender und übertragender Rechtsträger bzw. als formwechselnder Rechtsträger an Unwandlungen nach dem UmwG beteiligt sein, soweit die SE-VO keine Einschränkungen vorsieht.[535]

C. SE-Gründung unter Anwendung des UmwG

Zu untersuchen ist, inwiefern es zu einer SE-Gründung unter Anwendung des UmwG kommen kann. Berücksichtigt werden sowohl Gründungsmöglichkeiten, die mangels Regelung in der SE-VO über das UmwG möglich sein könnten, als auch solche, die über die SE-VO unter Rückgriff auf das UmwG bestehen.

I. Innerstaatliche Verschmelzung über Art. 9 Abs. 1 lit. c ii SE-VO nach UmwG

Umstritten ist, ob zwei deutsche SE nach Maßgabe des UmwG eine weitere SE gründen können.

1. Literaturmeinungen

Nach überwiegender Auffassung sind die Art. 2 und 3 SE-VO als abschließende Regelungen in dem Sinne zu verstehen, dass nur die dort geregelten Gründungsalternativen zur Verfügung stehen.[536] Andere Gründungsformen könnten aus dem nationalen Recht nicht abgeleitet werden. Nach anderer Ansicht sind die Art. 2 und 3 SE-VO nicht abschließend. Namentlich *Kalss* vertritt die Auffas-

---

532 *Casper* in: Spindler/Stilz, AktG, Art. 2, 3 SE-VO Rdnr. 33 m.w.N.; *Lutter/Drygala* in: Lutter, UmwG, § 3 UmwG Rdnr. 14; *Fronhöfer* in: Widmann/Mayer, UmwR, Stand: Juli 2005, § 3 UmwG Rdnr. 34 f.; *Müller*, ZIP 2007, 1081, 1082; *Vossius*, ZIP 2005, 741, 748; *Kallmeyer*, AG 2003, 197, 199.
533 *Casper* in: Spindler/Stilz, AktG, Art. 2, 3 SE-VO Rdnr. 33.
534 BGBl. I 2006, 2782, 2792; BT-Drucks. 16/2919, S. 14.
535 Siehe zu dieser Einschränkung sogleich.
536 *Marsch-Barner* in: Liber amicorum Happ, 2006, S. 165, 167 m.w.N.

sung, dass eine bestehende SE durch nationale Verschmelzung mit einer weiteren SE gleicher nationaler Provenienz eine neue SE gründen kann.[537] Es handle sich um einen rein innerstaatlichen Vorgang. Auch *Casper* meint eine diesbezügliche Diskussion erkennen zu können.[538] *Kalss* argumentiert, dass Art. 2 und 3 SE-VO nur abschließend regelten, wie sich zum einen nationale Gesellschaften und zum anderen SE gemeinsam mit nationalen Gesellschaften an der SE-Gründung beteiligen könnten.[539] Darüber hinaus seien die Vorschriften nur für grenzüberschreitende Gründungsvorgänge abschließend. Nicht abschließend wären sie hingegen, was die Gründungsmöglichkeiten einer oder mehrerer bestehender SE (gleicher Provenienz) nach nationalem Recht aufgrund der Verweisung in Art. 9 Abs. 1 lit. c ii SE-VO anbelange. Es dürften zwar keine anderen Gesellschaften als SE beteiligt sein, da ansonsten Art. 2 SE-VO Sperrwirkung entfalte. Ansonsten seien einer oder mehreren SE aber alle Gründungsmöglichkeiten eröffnet, die einer nationalen AG nach nationalem Recht zustünden. Insbesondere auch Art. 3 Abs. 2 SE-VO sei nur hinsichtlich grenzüberschreitender SE-Tochter-Gründungen abschließend. Dieser sei mehr als Mindestnorm zur rechtlichen Absicherung der Einpersonen-Gründung, die es in manchen Mitgliedstaaten nicht gebe, zu verstehen.[540]

2. Stellungnahme

Der herrschenden Meinung ist beizupflichten. Art. 2 und 3 SE-VO kodifizieren die Gründung einer SE nicht „nur" nach europäischen Vorgaben. Vielmehr regelt der Numerus Clausus den „Eintritt" in die Rechtsform der SE umfassend und abschließend. Das systematische Verständnis der Mindermeinung kann nicht überzeugen. Dies lässt sich anhand folgender Erwägungen belegen.

---

537 *Kalss* in: Kalss/Hügel, Vor. § 17 SEG Rdnr. 35.
538 *Casper*, AG 2007, 97, 103. Allerdings gehen die von *Casper* außer *Kalss* in diesem Zusammenhang zitierten Autoren *Veil* und *Vossius* beide davon aus, dass die Neugründung einer SE nur nach Art. 2 Abs. 1 SE-VO möglich und insofern abschließend geregelt ist. Vgl. *Veil* in: Jannott/Frodermann, Kap. 10 Rdnr. 18; *Vossius* in: Widmann/Mayer, UmwR, Stand: Juni 2002, § 20 UmwG Rdnr. 424.
539 *Kalss* in: Kalss/Hügel, Vor. § 17 SEG Rdnr. 35 ff., 42; *Kalss/Greda*, GesRZ 2004, 91, 100.
540 Zwar gibt es im österreichischen Recht keine Ausgliederung, die eine Tochtergesellschaft zur Folge hat, allerdings würde *Kalss* diese Gründungsmöglichkeit (nach deutschem Recht) wohl als über Art. 9 Abs. 1 lit. c ii SE-VO eröffnet sehen, wenn der Sitz der Tochter ebenfalls in Deutschland ist.

a. Frühere Verordnungsvorschläge und SE-VO

Im VO-Vorschlag von 1970 war die Möglichkeit der SE-Gründung unter Beteiligung bestehender SE in Titel XI statuiert. Sowohl die SE-Gründung durch Verschmelzung zweier bestehender SE als auch die Verschmelzung einer bestehenden SE mit einer nationalen AG war nach Art. 3 des Vorschlags möglich. Die Gründung vollzog sich stets nach der SE-VO, nicht nach nationalem Recht.[541] Dies ergibt sich auch aus der Entwurfsbegründung. Darin wird der umgekehrte Vorgang, nämlich der „Exit" aus der SE durch Verschmelzung, für möglich erklärt und diesbezüglich auf nationales Recht verwiesen. Von einer abschließenden Regelung der Gründungsmöglichkeiten ist auszugehen, da ein Vollstatut vorgeschlagen wurde.

Auch Art. 3 des Vorschlags von 1975 regelte abschließend, wie eine bestehende SE an einer SE-Neugründung teilnehmen kann. Eines Mehrstaatlichkeitsbezuges bedurfte es nicht. Gleichwohl war eine Differenzierung, wonach bei gleichem Sitzstaat nationales Recht und bei grenzüberschreitender Verschmelzung die VO für anwendbar erklärt wird, nicht vorgesehen. Die Gründung konnte nur gemäß des VO-Vorschlags erfolgen. Im Gegensatz zum Vorschlag von 1970 waren alle möglichen Verschmelzungsfälle im Statut geregelt. Dies war vor allem vom WSA gefordert worden.[542] Es wäre mehr als widersprüchlich, wenn einerseits die Regelung der Aufnahme einer SE durch eine AG im Statut gefordert wird, andererseits aber eine SE-Gründung nach nationalem Recht möglich sein sollte.[543]

Im Vorschlag von 1989 war die Beteiligung einer bestehenden SE an einer Verschmelzung in Titel VIII geregelt. Eine der aufgeführten Alternativen war die Gründung einer SE, Art. 131 lit. a des Vorschlags. Sollten die beteiligten Gesellschaften ihren Sitz im gleichen Mitgliedstaat haben, wurde hinsichtlich der Gründung auf die harmonisierten, nationalen Vorschriften verwiesen.[544] Eine SE-Gründung nach nationalem Recht war folglich möglich. Allerdings wurde besagte Gründungsmöglichkeit durch Art. 3 des Vorschlags vorgegeben, bestand also nicht neben der Numerus Clausus-Regelung. An dieser Stelle sei die zutreffende Normenkette genannt: Art. 3, 131 lit. a SE-VO 1989 i.V.m. nationalem Recht. Im Gegensatz zur heutigen SE-VO war also explizit geregelt, dass zwei bestehende SE mit gleichem Sitzstaat nach nationalem Recht eine neue SE gründen können.

---

541 Vgl. Art. 269 ff. des Vorschlags von 1970, BT-Drucks. 6/1109, S. 101 ff.
542 Vgl. BT-Drucks. 7/3713, S. 248.
543 Vgl. ABl. C 131 vom 13.12.1972, S. 38.
544 Vgl. BT-Drucks. 11/5427, S. 49.

Die Art. 131 und 132 wurden im Vorschlag von 1991 in einem Artikel zusammengefasst. Nicht mehr einzeln aufgeführt waren die Verschmelzungsmöglichkeiten. Die Änderung erfolgte laut Erläuterung aus Vereinfachungsgründen. Eine inhaltliche Änderung war nicht beabsichtigt. Eine SE-Gründung nach nationalen Vorschriften war weiterhin möglich. Wie im Vorschlag von 1989 war die Anwendbarkeit nationalen Rechts durch Art. 3 des Vorschlags gedeckt. Im Gegensatz hierzu wäre eine SE-Gründung nach den Vorstellungen der zu bewertenden Literaturmeinung nicht vom Numerus Clausus der aktuellen SE-VO gedeckt.

In der verabschiedeten SE-VO wurde der Titel VIII des Vorschlags von 1991, der nur noch den Art. 132 beinhaltete, gestrichen. Dies ist konsequent, da heute Art. 3 Abs. 1 SE-VO auf die Gründungsvarianten des Art. 2 SE-VO Bezug nimmt, welche alle ein Mehrstaatlichkeitselement beinhalten. Hätte man die Vorschrift des Art. 132 belassen, wäre sie in klarem Widerspruch zu Art. 3 Abs. 1 SE-VO gestanden. Eine SE-Gründung unter ausschließlicher Beteiligung von SE gleicher nationaler Provenienz ist somit nicht mehr möglich. Der Numerus Clausus wurde entscheidend verändert.

Es zeigt sich, dass der Numerus Clausus zu allen Zeiten in jeder Hinsicht abschließend war. Sofern nationales Recht zur Gründung einer SE führen konnte, war dies zum einen in den VO-Vorschlägen explizit geregelt, und zum anderen im jeweiligen Art. 3 der Vorschläge angelegt. Letztere sahen keinen Mehrstaatlichkeitsbezug vor, so dass im Titel „Verschmelzung" geregelt wurde, ob nationales oder europäisches Recht anwendbar ist. Heute verweist Art. 3 Abs. 1 SE-VO auch auf das Mehrstaatlichkeitsprinzip des Art. 2 SE-VO. Dies stellt eine wesentliche Änderung dar, die zu respektieren ist. Eine SE-Gründung durch Verschmelzung mehrerer bestehender SE gleicher nationaler Provenienz aufgrund nationalen Rechts verstößt gegen den Numerus Clausus und ist daher nicht möglich.

b.   Die Verweisungsnorm des Art. 9 SE-VO

Der Literaturmeinung zufolge ermöglicht Art. 9 SE-VO über den Numerus Clausus hinausgehende Gründungsmöglichkeiten.[545] Den Verweisungsnormen früherer VO-Vorschläge lässt sich eine solche Wirkung mit Blick auf die soeben gemachten Ausführungen nicht entnehmen. Auch bei Art. 7 des Vorschlags von 1991, der dem heutigen Art. 9 SE-VO ähnlich ist, stand außer Frage, dass dieser

---

545   *Kalss* in: Kalss/Hügel, Vor. § 17 SEG Rdnr. 35; *Kalss/Greda*, GesRZ 2004, 91, 100.

keine weiteren Gründungsmöglichkeiten eröffnet. Die erforderliche bewusste Regelungslücke ist nicht auszumachen.[546] Bestätigt wird dies durch die kontrovers geführten Debatten der 90er Jahre betreffend die Umwandlungsgründung. Es wäre unvorstellbar gewesen, dass außer den gesetzten Gründungsmöglichkeiten weitere außerhalb der SE-VO möglich sind.

3. Ergebnis

Die Mindermeinung verkennt die heutige Numerus Clausus-Systematik. Zwar wird zutreffend davon ausgegangen, dass die Beteiligungsfähigkeit nationaler Gesellschaftsformen abschließend in Art. 2 SE-VO geregelt ist. Abschließend werden darüber hinaus aber auch die Gründungsmöglichkeiten festgeschrieben. Diese werden lediglich durch Art. 3 Abs. 2 SE-VO um eine weitere Gründungsmöglichkeit ergänzt. Art. 3 Abs. 1 SE-VO regelt die Beteiligungsfähigkeit einer bestehenden SE an den in Art. 2 SE-VO vorgegebenen abschließenden Gründungsvarianten. Die Vorschrift erweitert also lediglich den in Art. 2 SE-VO vorgegebenen Kreis der beteiligungsfähigen Gesellschaften. Die Fiktion des Art. 3 Abs. 1 SE-VO ist deshalb auch einschlägig, wenn zwei SE gleicher nationaler Provenienz eine SE gründen wollen. Eine SE-Gründung durch Verschmelzung nach nationalem Recht ist unzulässig.

---

546   A.A. wohl *Oplustil/Schneider*, NZG 2003, 13, 17.

II. Spaltung

Ebenfalls umstritten ist, ob eine bestehende SE eine weitere SE durch Auf- oder Abspaltung bzw. Ausgliederung nach Maßgabe des UmwG gründen kann.

1. Gründung durch Auf- oder Abspaltung

a. Gründung durch Auf- oder Abspaltung über Art. 9 Abs. 1 lit. c ii SE-VO nach UmwG

aa. Literaturmeinungen

Eine Spaltung einer bestehenden SE in weitere SE wird aufgrund des Numerus Clausus nach ganz überwiegender Ansicht nicht für möglich gehalten.[547] Teilweise wird aber vertreten, dass eine in Deutschland ansässige SE nach deutschem UmwG eine weitere SE durch Spaltung gründen könne.[548] Die Vertreter dieser Auffassung gestehen zu, dass gemäß den vier Gründungsvarianten des Art. 2 SE-VO keine SE im Wege der Spaltung gegründet werden kann. Allerdings sei über die Verweisungsnorm des Art. 9 Abs. 1 lit. c ii SE-VO eine SE-Gründung über nach nationalem Recht zulässige Auf- und Abspaltungsvorgänge möglich.[549] Der in Art. 2 SE-VO normierte Numerus Clausus stehe der Zulässigkeit derartiger Umstrukturierungsvorgänge nicht entgegen, da er nur die Neugründung einer SE durch nationale Gesellschaften regle. Auch Art. 3 Abs. 2 SE-VO könne hinsichtlich einer Ab- und Aufspaltung keine Sperrwirkung entfalten, da hierbei gerade keine Tochtergesellschaft entstehe. Außerdem handle es sich nicht um einen grenzüberschreitenden Vorgang. Schließlich spreche gegen ein

---

547 *Marsch-Barner* in: Liber amicorum Happ, 2006, S. 165, 176; *A. Teichmann* in: Lutter, UmwG, § 124 Rdnr. 7; *Casper* in: Spindler/Stilz, AktG, Art. 2, 3 SE-VO Rdnr. 40; *Heckschen* in: Widmann/Mayer, UmwR, Stand: Juli 2005, Anh. 14 Rdnr. 529; *Schwarz*, SE-VO, Art. 3 SE-VO Rdnr. 36; *Kossmann/Heinrich*, ZIP 2007, 164, 168; *Oechsler* in: Mü-Ko, AktG, Art. 3 SE-VO Rdnr. 7.

548 *Kalss/Greda*, GesRZ 2004, 91, 100; entsprechend *Kalss* in: Kalss/Hügel, Vor. § 17 SEG Rdnr. 41 ff. für das österreichische Recht; *Oplustil/Schneider*, NZG 2003, 13, 16; *Bayer* in: Lutter/Hommelhoff, Die Europäische Gesellschaft, S. 27 f.; *Henssler* in: Ulmer/Habersack/Henssler, Einl. SEBG Rdnr. 99; unklar *Reichert*, Der Konzern 2006, 821, 834, der sich einmal auf Art. 9 Abs. 1 lit. c ii SE-VO und einmal auf Art. 3 Abs. 2 SE-VO (analog) bezieht.

549 *Bayer* in: Lutter/Hommelhoff, Die Europäische Gesellschaft, S. 27; *Oplustil/Schneider*, NZG 2003, 13, 17; *Kalss* in: Kalss/Hügel, Vor. § 17 SEG Rdnr. 42; *Kalss/Greda*, GesRZ 2004, 91, 100; *Arlt/Grechenig/Kalss* in: The European Company – all over Europe, S. 1, 22.

Verbot der Spaltung auch die Tatsache, dass das Spaltungsrecht europaweit durch die 6. RiLi[550] (Spaltungsrichtlinie) harmonisiert wurde.[551] *Kalss* fasst die für sie relevanten Abgrenzungsfaktoren wie folgt zusammen:

> „Da die Spaltung aus einer SE gerade nicht von der Verordnung erfasst wird und es sich bei einer Spaltung gemäß Art. 9 SE-VO nicht um eine Gründung einer SE aus einer anderen Rechtsform (damit Art. 2) [gemeint sind nationale Gesellschaften] und auch nicht um die Errichtung einer Tochtergesellschaft einer SE (Art. 3) und zudem nicht um einen grenzüberschreitenden Vorgang handelt, entfaltet die SE-VO für Spaltungen, die nicht auf die erstmalige Gründung einer SE aus anderen Rechtsformen gerichtet ist, keine Sperrwirkung."[552]

bb. Stellungnahme

Der in der Literatur vorherrschenden Ansicht ist beizutreten. Die Gegenansicht verkennt den tatsächlichen Gehalt des Numerus Clausus. Dieser stellt einen abschließend in Art. 2 und 3 SE-VO geregelten Gründungskanon auf. Darüber hinaus sind keine weiteren Gründungsmöglichkeiten denkbar. Als Rechtsgrundlage für eine SE-Gründung kommt das nationale Recht nicht in Betracht. Für eine Verweisung nach Art. 9 Abs. 1 lit. c ii SE-VO fehlt es an der im Wortlaut der Norm vorausgesetzten (teilweisen) Regelungslücke in der SE-VO, weil die Art. 2 und 3 SE-VO gerade eine abschließende Regelung treffen.[553] Dem nationalen Gesetzgeber fehlt es an der Regelungskompetenz.[554] Auch die Umsetzung der 6. RiLi (Spaltungsrichtlinie) spricht nicht für die Zulässigkeit von Spaltungsvorgängen zur SE-Gründung. Der europäische Gesetzgeber hatte den Forderungen, wonach der SE auch die Spaltung eröffnet sein sollte, in den Erläuterungen des VO-Vorschlages von 1975 eine Absage erteilt.[555] Zwar hätten die Argumente gegen die Spaltungsgründung nach Umsetzung der 6. RiLi (Spaltungsrichtlinie) nicht mehr in gleicher Art und Weise aufrechterhalten werden können. Dennoch wurde die Spaltung nicht in den Gründungskanon aufgenommen. Daraus kann nur geschlossen werden, dass diese Form der SE-Gründung bei Verabschiedung des Statuts nicht gewollt war. Gerade auch die letzten zehn Jahre vor Verabschiedung des Statuts mit den höchst strittigen Debatten hinsichtlich der Mitbe-

---

550 Sechste Richtlinie des Rates vom 17. Dezember 1982 gemäß Artikel 54 Absatz 3 Buchstabe g) des Vertrages betreffend die Spaltung von Aktiengesellschaften (82/891/EWG), ABl. L 378 vom 31.12.1982, S. 47 ff.
551 *Oplustil/Schneider*, NZG 2003, 13, 17.
552 *Kalss* in: Kalss/Hügel, Vor. § 17 SEG Rdnr. 42.
553 Zutreffend *Oechsler* in: MüKo, AktG, Art. 3 SE-VO Rdnr. 7.
554 *Schwarz*, SE-VO, Art. 3 SE-VO Rdnr. 33.
555 Vgl. BT-Drucks. 7/3713, S. 249.

stimmung zeigen, dass nur die Gründungsmöglichkeiten des Numerus Clausus anerkannt wurden.

b. Gründung durch Auf- oder Abspaltung über Art. 3 Abs. 2, Art. 15 Abs. 1 SE-VO i.V.m. UmwG

Eine Auf- bzw. Abspaltung zur SE-Gründung über Art. 3 Abs. 2, Art. 15 Abs. 1 SE-VO i.V.m. UmwG kommt nicht in Betracht.[556] Die SE-VO enthält für die SE-Tochter-Gründung gemäß Art. 3 Abs. 2 SE-VO keine speziellen Gründungs-verfahrensvorschriften. Somit ist Art. 15 Abs. 1 SE-VO anzuwenden, welcher die für eine nationale AG geltenden Vorschriften für anwendbar erklärt.[557] Ein-schlägig sind demnach grundsätzlich auch die Auf- bzw. Abspaltungsvorschrif-ten des UmwG. Allerdings entsteht bei diesen Spaltungsformen keine Tochter-sondern eine Schwestergesellschaft. Nicht die übertragende Gesellschaft, son-dern deren Gesellschafter erhalten die zu gewährenden Anteile der neuen Gesell-schaft. Art. 3 Abs. 2 SE-VO lässt aber ausdrücklich nur die Gründung einer Tochtergesellschaft zu.

c. Gründung durch Auf- oder Abspaltung über Art. 3 Abs. 2 SE-VO analog, Art. 9 Abs. 1 lit. c ii SE-VO i.V.m. UmwG

aa. Literaturmeinung

Nach den Überlegungen *Oechslers* soll sich die Zulässigkeit von Spaltungsvor-gängen (Auf- bzw. Abspaltung) aus einer analogen Anwendung von Art. 3 Abs. 2 SE-VO ergeben. Die Gründung vollziehe sich somit in gewisser Weise doch „im Rahmen" des Numerus Clausus.[558] Zweck des Art. 3 Abs. 2 SE-VO sei nur die Beschränkung der „Ausgründungsmöglichkeit" auf einen bestimmten Gesellschaftstypus, nämlich eine bestehende SE. Eine besondere Art und Weise der Gründung sehe sie nicht vor. Spaltungsvorgänge seien demnach möglich.[559] Art. 3 Abs. 2 SE-VO in entsprechender Anwendung diene als Rechtsgrundlage und über Art. 9 Abs. 1 lit. c ii SE-VO könne das Spaltungsverfahren konkreti-siert werden.

556 *Marsch-Barner* in: Liber amicorum Happ, 2006, S. 165, 172; *ders.* in: Kallmeyer, UmwG, Anh. Rdnr. 140; *Hörtnagl* in: Schmitt/Hörtnagl/Stratz, UmwG, Art. 3 SE-VO Rdnr. 7.
557 Siehe hierzu noch S. 188-190.
558 Vgl. *Oechsler* in: MüKo, AktG, Art. 3 SE-VO Rdnr. 7.
559 So auch *Reichert*, Der Konzern 2006, 821, 834.

bb. Stellungnahme

Oechslers Überlegungen sind abzulehnen. Die Zwecksetzung des Art. 3 Abs. 2 SE-VO ist es, der SE zu ermöglichen, einer Tochtergesellschaft dieselbe Rechtsform geben zu können.[560] Die Gründung von Schwestergesellschaften durch Auf- bzw. Abspaltung entspricht hingegen nicht der Intention des Verordnungsgebers, eine SE-Konzernbildung zu ermöglichen. Faktisch würde der Numerus Clausus um Gründungsalternativen erweitert, da Art. 3 Abs. 2 SE-VO nur Tochtergründungen zulässt. Verkannt wird die Systematik der heutigen Numerus Clausus-Regelung. Diese gibt explizit vor, inwiefern eine Gründung erfolgen kann. Entgegen *Oechslers* Überlegungen liegt keine unbewusste Regelungslücke für eine analoge Anwendung des Art. 3 Abs. 2 SE-VO vor.

d. Ergebnis

Eine SE-Gründung durch Auf- und Abspaltung ist nicht möglich.

2. Gründung durch Ausgliederung

a. Gründung durch Ausgliederung über Art. 9 Abs. 1 lit. c ii SE-VO nach UmwG

Namentlich *Oplustil/Schneider* sind der Auffassung, dass eine SE-Tochter-Gründung durch Ausgliederung, die unter Verweis auf Art. 9 Abs. 1 lit. c ii SE-VO ausschließlich über nationales Recht erfolgt, möglich sei.[561] Dies wird allerdings von der ganz überwiegenden Meinung zu Recht abgelehnt.[562] Der Numerus Clausus stellt eine abschließende Regelung dar. Die für eine Verweisung nach Art. 9 Abs. 1 lit. c ii SE-VO nach dem Wortlaut vorausgesetzte Regelungslücke besteht auch deshalb nicht, weil die SE-Tochter-Gründung durch Ausgliederung von Art. 3 Abs. 2 SE-VO erfasst ist.[563]

---

560 *Schwarz*, SE-VO, Art. 3 SE-VO Rdnr. 20.
561 *Oplustil/Schneider*, NZG 2003, 13, 17.
562 *Kossmann/Heinrich* ZIP 2007, 164, 168; *Bayer* in: Lutter/Hommelhoff, Die Europäische Gesellschaft, S. 27, der allerdings eine Auf- bzw. Abspaltung als möglich ansieht.
563 Hierzu ausführlich der folgende Gliederungspunkt.

b. Gründung durch Ausgliederung aufgrund Art. 3 Abs. 2, 15 Abs. 1 SE-VO
    i.V.m. UmwG

aa. Literaturmeinungen

Nach der heute überwiegenden Auffassung ist eine SE-Tochter-Gründung durch
Ausgliederung über Art. 3 Abs. 2 SE-VO möglich.[564] Die Gegenansicht, welche
von namhaften Autoren vertreten wird, lehnt eine solche sich uno actu vollzie-
hende Gründung allerdings ab.[565] Ausgangspunkt des Meinungsstreits ist die
Frage, wie die Vorschriften des Gründungsverfahrens bei Art. 3 Abs. 2 SE-VO
zu bestimmen sind. Für diese Gründungsvariante kennt die SE-VO keine Son-
dervorschrift. Die überwiegende Literaturmeinung sieht die Tochtergründung als
eigenständige Gründungsvariante an und stützt sich daher auf Art. 15 Abs. 1 SE-
VO, welcher hinsichtlich des eigentlichen Gründungsverfahrens auf die Gründungsvorschriften verweist, die für eine AG nationalen Rechts gelten.[566] Einschlägig sind danach die §§ 23 ff. AktG. Es kann eine Bar- wie eine Sachgründung erfolgen. Möglich soll aber auch eine Ausgliederung nach § 123 Abs. 3
Nr. 2 UmwG sein.[567] Bedeutung hat für diese Ansicht vor allem, dass die Gründungsvariante des Art. 2 Abs. 3 SE-VO kein Maßstab für eine Tochtergründung
gemäß Art. 3 Abs. 2 SE-VO ist.[568] Von anderer Seite wird die Bestimmung des
anwendbaren Rechts hingegen über Art. 3 Abs. 1 SE-VO bzw. Art. 3 Abs. 1,
Art. 2 Abs. 3, Art. 36 SE-VO vorgenommen.[569] In der Folge stellt mancher Autor
auch auf den Wortlaut von Art. 2 Abs. 3 SE-VO ab. Demzufolge könne die
Gründung der Tochtergesellschaft nur „durch Zeichnung ihrer Aktien" erfolgen.[570] Eine Ausgliederung, die sich uno actu vollzieht, kommt für diese Gegenmeinung somit nicht in Betracht.

---

564 *Marsch-Barner* in: Liber amicorum Happ, 2006, S. 165, 169 ff.; *Casper* in: Spind-
     ler/Stilz, AktG, Art. 2, 3 SE-VO Rdnr. 40; *Kossmann/Heinrich* ZIP 2007, 164, 168;
     Schwarz, SE-VO, Art. 3 SE-VO Rdnr. 20, 29.
565 *Hirte* NZG 2002, 1, 4; ihm folgend *Jannott* in: Jannott/Frodermann, Kap. 3 Rdnr. 24;
     Schröder in: Manz/Mayer/Schröder, Art. 3 SE-VO Rdnr. 19.
566 *Marsch-Barner* in: Kallmeyer, UmwG, Anh. Rdnr. 4; *Scheifele*, Gründung, S. 441; *Cas-
     per* in: Spindler/Stilz, AktG, Art. 2, 3 SE-VO Rdnr. 18; *Hörtnagl* in: Schmitt/Hört-
     nagl/Stratz, UmwG, Art. 3 SE-VO Rdnr. 7.
567 Die Paragraphenkette lautet dann: Art. 3 Abs. 2, 15 Abs. 1 SE-VO i.V.m. § 123 Abs. 3
     Nr. 2 UmwG.
568 Explizit *Marsch-Barner* in: Liber amicorum Happ, 2006, S. 165, 170.
569 Vgl. nur *Kalss* in: Kalss/Hügel, Vor. § 17 SEG Rdnr. 37; *Heckschen* in: Widmann/Mayer,
     UmwR, Stand: Mai 2005, Anh. 14 Rdnr. 404; *Henssler* in: Ulmer/Habersack/Henssler,
     Einl. SEBG Rdnr. 99; *Hommelhoff/Teichmann*, SZW 2002, 1, 10 in FN. 53.
570 *Hirte*, NZG 2002, 1, 4; ihm folgend *Jannott* in: Jannott/Frodermann, Kap. 3 Rdnr. 24;
     Schröder in: Manz/Mayer/Schröder, Art. 3 SE-VO Rdnr. 19.

bb. Stellungnahme

Infolge des Abstellens auf die Art. 3 Abs. 1 SE-VO bzw. Art. 3 Abs. 1, Art. 2 Abs. 3 und Art. 36 SE-VO zieht die Mindermeinung auch den Wortlaut des Art. 2 Abs. 3 SE-VO („Zeichnung ihrer Aktien") heran. Diese Schlussfolgerung ist abzulehnen. Sie basiert auf einer bereits unzutreffenden Bestimmung der anwendbaren Rechtsvorschriften.

Die SE-Tochtergründung verläuft wie die anderen Gründungsformen in einem zweistufigen Verfahren. Dabei ist zwischen dem Teil des Verfahrens, der auf Ebene der SE-Mutter abläuft und dem eigentlichen Gründungsverfahren, das die entstehende SE betrifft, zu unterscheiden.[571]

Das Verfahren auf Ebene der SE-Mutter richtet sich primär nach den Bestimmungen der SE-VO (Art. 9 Abs. I lit. a SE-VO) und sonst nach nationalem Recht (Art. 9 Abs. 1 lit. c ii SE-VO).[572] Der 4. Abschnitt („Gründung einer Tochter-SE") des Titels II (Art. 35, 36 SE-VO) regelt bzw. umfasst die Gründung einer SE-Tochter (auf Ebene der SE-Mutter) nicht.[573] Art. 36 SE-VO kommt als Verweisungsnorm nicht in Betracht. Denn bereits im VO-Vorschlag von 1989 waren die „Gründung einer gemeinsamen Tochtergesellschaft" (vierter Abschnitt) und die „Gründung einer Tochtergesellschaft durch eine SE" (fünfter Abschnitt) eigenständig geregelt.[574] Im VO-Vorschlag von 1991 wurde der gesamte fünfte Abschnitt gestrichen. Der 4. Abschnitt war weiterhin mit „Gründung einer gemeinsamen Tochtergesellschaft" überschrieben. Es erfolgte also gerade keine Zusammenlegung, wovon *Bayer* wohl ausgeht.[575]

Das eigentliche Gründungsverfahren, das die entstehende SE-Tochter betrifft, richtet sich gemäß Art. 15 Abs. 1 SE-VO nach dem für AG geltenden Recht des künftigen Sitzstaates, soweit die SE-VO selbst nicht weitergehende Mindestanforderungen (bspw. Mindestkapital i.H.v. EUR 120.000,00) statuiert. Einschlägig ist somit auch das UmwG[576], was zudem durch Art. 10 SE-VO klargestellt

---

571   Vgl. *Schwarz*, SE-VO, Art. 3 SE-VO Rdnr. 25 ff.
572   Ebenso *Paefgen* in: KK, AktG, Art. 36 SE-VO Rdnr. 33; a.A. *Bayer* in: Lutter/Hommelhoff, Art. 3 SE-VO Rdnr. 12.
573   So aber *Bayer* in: Lutter/Hommelhoff, Art. 3 SE-VO Rdnr. 12; *J. Schmidt*, „Deutsche" vs. „britische" SE, S. 380.
574   Vgl. BT-Drucks. 12/1004, S. 31 f.
575   Der bloßen Änderung der Überschrift im verabschiedeten Statut kann dies jedenfalls nicht entnommen werden. Außerdem trägt das Argument, Art. 35 SE-VO stelle dies „deklaratorisch" klar, nicht, da dieser Art. 34 des VO-Vorschlags von 1991 entspricht.
576   Ausführlich *Schwarz*, SE-VO, Art. 15 SE-VO Rdnr. 20.

wird. Der Versuch, das anwendbare Recht über Art. 3 Abs. 1 SE-VO zu bestimmen, geht fehl. Zwischen Art. 3 Abs. 1 und Abs. 2 SE-VO ist klar zu trennen. Art. 3 Abs. 2 SE-VO stellt sowohl einen eigenständigen als auch von Art. 2 SE-VO unabhängigen Gründungstatbestand dar. Aus Art. 2 Abs. 3 SE-VO ergeben sich keine Einschränkungen für die SE-Gründung gemäß Art. 3 Abs. 2 SE-VO.

Zuletzt ist zu ergänzen, dass bei einer SE-Tochter-Gründung durch Ausgliederung die Sperrfrist des Art. 66 Abs. 1 S. 2 SE-VO nicht analog angewendet werden kann.[577] Schreibt man der Sperrfrist als Zweck den Schutz der Arbeitnehmermitbestimmung zu, ergibt sich vorliegend keine Notwendigkeit für eine Analogie. Denn auch bei der sekundären SE-Gründung ist stets ein Arbeitnehmerbeteiligungsverfahren durchzuführen.[578] Im Zweifel greift also die Auffangregelung in Gestalt des Mitbestimmungsniveaus der SE-Mutter ein.[579]

c.   Ergebnis

Eine SE-Tochter kann gemäß Art. 3 Abs. 2 SE-VO neben einer Bar- oder Sachgründung auch im Wege der Ausgliederung (§ 123 Abs. 3 Nr. 2 UmwG) über die Verweisungsnorm des Art. 15 Abs. 1 SE-VO gegründet werden. Ausgliederungen nach nationalem Recht, die über Art. 9 Abs. 1 lit. c ii SE-VO legitimiert werden sollen, sind hingegen nicht möglich.

3.   Ergebnis

Eine bestehende SE kann durch Auf- bzw. Abspaltung nach Maßgabe des UmwG keine weitere SE gründen. Eine SE-Gründung durch Ausgliederung ist nur über die Gründungsalternative des Art. 3 Abs. 2 SE-VO unter Rückgriff auf das UmwG möglich.

---

577   A.A. *Marsch-Barner* in: Liber amicorum Happ, 2006, 165, 171; *Lutter* in: Lutter/Hommelhoff, SE-VO Einl. Rdnr. 46, der sich inzwischen aber allgemein gegen die analoge Anwendung der Sperrfrist ausgesprochen hat; missverständlich *Bayer* in: Lutter/Hommelhoff, Die Europäische Gesellschaft, S. 28.
578   Vgl. S. 130.
579   Das Mitbestimmungsniveau bei der SE-Mutter ändert sich durch die SE-Tochter-Gründung nicht.

D. Umstrukturierungen einer SE nach Maßgabe des UmwG

Umstrukturierungen einer bestehenden SE sind in der SE-VO bis auf die Vorschrift des Art. 66 SE-VO nicht geregelt. Unklar ist, inwieweit eine SE Umstrukturierungen nach Maßgabe des UmwG vornehmen kann.

I. Gang der Darstellung

Zunächst ist zu untersuchen, ob Art. 66 SE-VO eine abschließende Regelung darstellt. Sofern dies verneint werden kann und Umstrukturierungen nach Maßgabe des UmwG möglich sind, ist darzustellen, wie der in Art. 66 Abs. 1 S. 2 SE-VO vorgesehene temporäre Schutz der Arbeitnehmermitbestimmung gewahrt werden kann. Aufgrund der gefundenen Ergebnisse erfolgt die Prüfung einzelner Gestaltungsmöglichkeiten.

II. Art. 66 SE-VO als Gestaltungsgrenze

Art. 66 SE-VO regelt die (Rück-)Umwandlung (Formwechsel) einer SE in eine AG nationalen Rechts. Der diesbezügliche Hauptversammlungsbeschluss darf erst zwei Jahre nach Eintragung der SE oder nach Genehmigung der ersten beiden Jahresabschlüsse gefasst werden. Weitere Umwandlungsmöglichkeiten sind in der SE-VO nicht geregelt. Es stellt sich somit die Frage, ob Art. 66 SE-VO eine abschließende Regelung ist und für die Beteiligung einer SE an Umwandlungsmaßnahmen nach nationalem Recht Sperrwirkung entfaltet. Ist dies nicht der Fall, stehen einer SE über die Verweisungsnorm des Art. 9 Abs. 1 lit. c ii SE-VO und Art. 10 SE-VO ggf. die Umwandlungsmöglichkeiten einer nationalen AG nach Maßgabe des UmwG offen. Als Folgefrage wäre dann zu klären, inwiefern die Zweijahresfrist des Art. 66 Abs. 1 S. 2 SE-VO bei solchen anderen Umwandlungen entsprechend anzuwenden ist.

1. Auslegung des Art. 66 SE-VO

Ob eine Materie im SE-Statut abschließend geregelt wird, ist durch Auslegung zu ermitteln.[580]

---

580 *Casper* in: FS Ulmer, 2003, S. 51, 67 f.; *Kalss/Zollner*, RdW 2004, 587, 588.

a. Wortlaut des Art. 66 SE-VO

aa. Literaturmeinungen

Teilweise wird vertreten, der Wortlaut der Vorschrift lege den Schluss nahe, „dass die Umwandlung einer SE in andere Gesellschaftsformen nationalen Rechts als die einer AG nicht möglich ist und die Vorschrift keinen nur teilweise geregelten Bereich im Sinne von Art. 9 Abs. 1 lit. c ii SE-VO darstellt".[581] Hätte der europäische Gesetzgeber diese Möglichkeit zulassen wollen, so hätte er dies ausdrücklich vorsehen können, indem er anstelle des Wortes „Aktiengesellschaft" das Wort „Gesellschaft" oder „Kapitalgesellschaft" verwendet hätte. Dieser Auslegung widersprechend gehen *Kossmann/Heinrich* davon aus, dass der Wortlaut keine Einschränkungen für andere Formen der Umwandlung enthält.[582] Der Umstand, dass es sich um eine „Kann-Regelung" handle, heiße nicht, dass nicht auch andere Formen der Umwandlung möglich seien. Zudem könne eine abschließende Regelung nicht an dem Wort „umwandeln" festgemacht werden. Die Autoren führen an, dass für die Wortlautauslegung sämtliche 23 Amtssprachen der EU verbindlich sind. Im Gegensatz zur deutschen Begrifflichkeit „umwandeln" ergebe sich aus den anderen mitgliedstaatlichen Fassungen, dass Art. 66 SE-VO ausschließlich den Formwechsel regeln will, ohne andere Umwandlungsformen damit auszuschließen.

bb. Stellungnahme

Beide Ansätze sind plausibel, so dass der Wortlaut nicht weiterhilft.[583]

b. Systematik und Entstehungsgeschichte der SE-VO

aa. Entwicklung vom Vollstatut zum Regelungstorso

(1.) Literaturmeinung

In der Literatur wird als Argument für eine abschließende Wirkung des Art. 66 SE-VO vorgebracht, dass der europäische Gesetzgeber auch rein nationale Um-

581 *Oplustil/Schneider*, NZG 2003, 13, 15.
582 *Kossmann/Heinrich*, ZIP 2007, 164, 165.
583 Ebenso *Veil* in: Jannott/Frodermann, Kap. 10 Rdnr. 15.

wandlungen stets für regelungsbedürftig erachtete.[584] Daher könnten nur solche Möglichkeiten einer Umwandlung anerkannt werden, die in der verabschiedeten SE-VO ausdrücklich genannt seien.

(2.) Stellungnahme

Tatsächlich war zunächst ein Vollstatut beabsichtigt und nur für die wenigen nicht geregelten Rechtsfragen wurde auf allgemeine Grundsätze abgestellt.[585] Die Idealvorstellung eines Vollstatuts findet sich auch aktuell beim SPE-Vorhaben, musste bei der SE aber bereits im Entwurf von 1989 aufgegeben werden. Somit erlangten die Verweisungsvorschriften auf nationales Recht immer mehr an Bedeutung.[586] Die nahe liegende Folgerung, dass das Argument der Literatur für die verabschiedete SE-VO nicht (mehr) gelten kann, bedarf allerdings der näheren Betrachtung.

Im Sinne der dargestellten Literaturmeinung ließe sich zunächst einwenden, dass in den SE-RatsE 1998 mit Art. 64b die Vorgängervorschrift des Art. 66 SE-VO eingefügt wurde, obwohl es zu diesem Zeitpunkt bereits die Vorgängervorschrift des heutigen Art. 9 SE-VO, nämlich Art. 7 gab, der auf nationales Recht verwies.[587] Durchgreifend ist dieser Einwand nicht. Denn es bedurfte aus mehreren Gründen zwingend einer Regelung in der SE-VO. Der Formwechsel ist nicht Bestandteil einer Harmonisierungsmaßnahme, weshalb er auch nicht in allen Mitgliedstaaten vorausgesetzt werden kann.[588] Außerdem ist der Formwechsel von einer AG in eine AG im nationalen Recht logischerweise nicht vorgesehen, so dass auch Art. 10 SE-VO nicht weiter hilft.[589] Da der actus contrarius zur Umwandlungsgründung von Seiten des Gesetzgebers gewollt war, musste eine Regelung in der SE-VO also zwingend erfolgen.

Des Weiteren kann eingewandt werden, dass es im VO-Vorschlag von 1989 Regelungen zu innerstaatlichen Verschmelzungen gab. Es fragt sich warum, wenn doch die SE nun hinsichtlich nicht geregelter Bereiche den nationalen

---

584 Vgl. *Veil* in: Jannott/Frodermann, Kap. 10 Rdnr. 15; *Schäfer* in: MüKo, AktG, Art. 66 SE-VO Rdnr. 1.

585 Vgl. BT-Drucks. 6/1109, S. 7 und in der Literatur *Lutter*, BB 2002, 1; *Pluskat*, DStR 2001, 1483.

586 Vgl. *Taschner* in: Jannott/Frodermann, Kap. 1 Rdnr. 46.

587 Vgl. BT-Ducks. 12/1004, S. 20.

588 *Oechsler* in: MüKo, AktG, Vor. Art. 1 SE-VO Rdnr. 18.

589 Dies gesteht selbst *Drinhausen* in: Semler/Stengel, UmwG, Einl. C Rdnr. 63 zu, der sich im Ergebnis aber für eine Sperrwirkung ausspricht.

Vorschriften unterliegen sollte. Anders als beim Formwechsel existierte aufgrund der 3. RiLi von 1978 (Fusionsrichtlinie) bereits harmonisiertes Recht. Zur Entkräftung dieses Einwandes ist auf Art. 3 des Vorschlags von 1989 zu verweisen, in dem nur geregelt war, dass eine SE mit einer AG oder anderen SE durch Verschmelzung eine neue SE gründen kann. Ein Mehrstaatenbezug war nicht erforderlich. Insofern musste geregelt werden, welches Gründungsrecht einschlägig ist, wenn die Gründungsgesellschaften ihren Sitz im gleichen Mitgliedstaat haben. Außerdem vollzog sich die Streichung von Vorschriften aufgrund der Abkehr von der Idee eines Vollstatuts hin zur Verweisung auf nationales Recht erst nach und nach. Art. 131 des VO-Vorschlags von 1989 hatte gleichsam eine klarstellende Funktion, die besagte, dass auch Verschmelzungen zur Neugründung einer AG bzw. auf eine AG weiterhin möglich sind. Im VO-Vorschlag von 1991 war sie bereits nicht mehr enthalten, da sie aus Vereinfachungsgründen gestrichen werden konnte.[590] Im verabschiedeten Statut bedurfte es erst recht keiner Vorschriften mehr, die klarstellen, welches Recht Anwendung findet. Denn die veränderte, strengere Konstruktion des Numerus Clausus sieht keine Gründung durch zwei SE im selben Mitgliedstaat mehr vor.

Ein weiterer auszuräumender Vorbehalt betrifft die folgende Frage. Wenn es im VO-Vorschlag von 1989 trotz harmonisiertem Recht Regelungen zu Verschmelzungen gab, warum dann nicht auch zu Spaltungen? Die Aufnahme von Spaltungsmöglichkeiten wurde in den ersten VO-Vorschlägen abgelehnt.[591] Nach 1982 existierte aufgrund der 6. RiLi (Spaltungsrichtlinie) harmonisiertes (Spaltungs-)Recht. Theoretisch hätte also im VO-Vorschlag von 1989 eine Einbeziehung oder ein Hinweis erfolgen können. Allerdings liegt im Vergleich zur Verschmelzung eine andere Sachlage vor. Eine SE-Gründung durch Spaltung war zu keinem Zeitpunkt im Rahmen des Numerus Clausus vorgesehen. Insofern bedurfte es einer Art. 132 vergleichbaren Regelung nicht. Vor allem aber zeigt die Entwicklung der Verschmelzungsregelungen das im Laufe der Jahrzehnte veränderte Verständnis auf. Seit dem VO-Vorschlag von 1989 wurden die Regelungsgegenstände unter Verweis auf nationales Recht zurückgeführt. Vorschriften wurden soweit nicht mehr erforderlich gestrichen, weil der Gesetzgeber ohnehin davon ausging, dass nationale Verschmelzungen nach harmonisiertem Recht möglich sind. Aus dem geänderten Verständnis heraus war eine Aufnahme von Spaltungsregelungen weder erforderlich noch angezeigt.

---

590 Enthalten war nur noch Art. 132 VO-Vorschlag 1991, der regelte, welches Recht Anwendung findet.
591 Vgl. die Begründung zu Art. 269 des Vorschlags von 1975, BT-Drucks. 7/3713, S. 249.

bb. Stellung der Vorschrift in Titel V der SE-VO

Art. 66 SE-VO befindet sich in Titel V der SE-VO, der die Auflösung einer SE regelt. Mit *Kossmann/Heinrich* wäre nur plausibel eine Sperrwirkung für solche Umwandlungsvorgänge anzunehmen, die den Untergang der SE zur Folge haben.[592] Bleibt die SE bei einer Umwandlungsmaßnahme aber bestehen, wäre es kurios, aufgrund der Regelung in Titel V eine Sperrwirkung zu erklären. Dieser Widerspruch lässt sich nicht sinnvoll auflösen und spricht gegen eine abschließende Regelung. Zum gleichen Befund kommt man mit Blick auf andere europäische Gesetzesvorhaben. So werden im aktuellen SPE-Vorschlag Umstrukturierungen in Art. 39 geregelt, der hinsichtlich Formwechsel, Verschmelzung und Spaltung auf nationales Recht verweist.[593] Die Vorschrift befindet sich in Kapitel VIII des Vorschlags, welches die Umstrukturierung, Auflösung und Ungültigkeit regelt.

cc. Keine vergleichbare Wertigkeit zwischen Art. 2 SE-VO, Art. 3 SE-VO und Art. 66 SE-VO

Eine Sperrwirkung ließe sich möglicherweise annehmen, wenn Art. 66 SE-VO in puncto Wertigkeit und Gewichtigkeit mit den Art. 2 und 3 SE-VO, welche Numerus Clausus und Mehrstaatlichkeitsprinzip enthalten, vergleichbar wäre.[594] Die „Ableitung" weiterer Gründungsalternativen neben den dort statuierten ist unzulässig.[595] Könnte man einen ähnlich strengen Maßstab bei Art. 66 SE-VO anwenden, wären Umwandlungsvorgänge nach nationalem Recht ausgeschlossen.[596] Indes ist eine solche Vergleichbarkeit der Vorschriften nicht gegeben. Im Gegensatz zu Art. 66 SE-VO finden sich zu den Art. 2 und 3 SE-VO unzählige Schrifttumsnachweise, die deren Gewicht und Funktion belegen. Gerade den bedeutsamen Gesetzesmaterialien kann zu Art. 66 SE-VO nichts entnommen werden. Von Relevanz in diesem Zusammenhang ist sicherlich auch, dass die Vorschrift in der heutigen Form erst sehr spät eingebracht wurde. Alle Autoren, die sich mit der Zwecksetzung des Art. 66 SE-VO befassen, können für Ihre Ausführungen letztlich keine handfesten Belege anbieten. Zumindest basieren diese nicht auf Gesetzesmaterialien wie bspw. Entwurfsbegründungen oder Stel-

---

592 *Kossmann/Heinrich*, ZIP 2007, 164, 165.
593 Vgl. BR-Drucks. 479/08, S. 35.
594 So tendenziell *Kalss/Zollner*, RdW 2004, 587, 588.
595 Vgl. bspw. S. 180-183.
596 Vgl. die ähnlichen Überlegungen von *Heckschen* in: Widmann/Mayer, UmwR, Stand: März 2006, Anh. 14 Rdnr. 519.

lungnahmen von Verfahrensbeteiligten. Ihren Schlussfolgerungen ist ein geringerer Beweiswert zuzumessen.

dd. Ergebnis

Aus Systematik und Entstehungsgeschichte lässt sich eine Sperrwirkung des Art. 66 SE-VO nicht ableiten.

c. Sinn und Zweck des Art. 66 SE-VO

Der Sinn und Zweck des Art. 66 SE-VO wird in der Literatur unterschiedlich bewertet. Soweit ersichtlich werden im Grundsatz drei Begründungsansätze vorgebracht. Diese werden teilweise zusammen, aber auch nur einzeln vertreten. Verallgemeinernd geht es um die Verhinderung von Missbräuchen.

aa. Verhinderung der Umgehung von Nachgründungsvorschriften

(1.) Literaturmeinung

Teilen der Literatur zu Folge soll die zweijährige Sperrfrist des Art. 66 Abs. 1 S. 2 SE-VO die Umgehung der auf Art. 11 der 2. RiLi[597] von 1977 (Kapitalrichtlinie) beruhenden Nachgründungsvorschriften verhindern.[598]

(2.) Stellungnahme

Diese Auffassung hängt allem Anschein nach mit dem gesetzgeberischen Hintergrund der §§ 76, 141 UmwG zusammen, vermag aber nicht zu überzeugen.

---

597 Zweite Richtlinie 77/91/EWG des Rates vom 13. Dezember 1976 zur Koordinierung der Schutzbestimmungen, die in den Mitgliedstaaten den Gesellschaften im Sinne des Artikels 58 Absatz 2 des Vertrages im Interesse der Gesellschafter sowie Dritter für die Gründung der Aktiengesellschaft sowie für die Erhaltung und Änderung ihres Kapitals vorgeschrieben sind, um diese Bestimmungen gleichwertig zu gestalten, ABl. L 026 vom 31.01.1977, S. 1 ff.

598 *Schwarz*, SE-VO, Art. 66 SE-VO Rdnr. 31; *Vossius* in: Widmann/Mayer, UmwR, Stand: Juni 2002, § 20 UmwG Rdnr. 425; a.A. *Oplustil/Schneider*, NZG 2003, 13, 16; *Kossmann/Heinrich*, ZIP 2007, 164, 167; *Seibt* in: Lutter/Hommelhoff, Art. 66 SE-VO Rdnr. 19.

Vor allem im Hinblick auf § 141 UmwG ist festzustellen, dass die 6. RiLi (Spaltungsrichtlinie) von den Mitgliedstaaten kein Spaltungsverbot während der Nachgründungsphase fordert.[599] Ebenso verhält es sich für § 76 UmwG hinsichtlich der 3. RiLi (Fusionsrichtlinie). In anderen Mitgliedstaaten wird es folglich keine vergleichbaren Regelungen geben. Somit erscheint es unwahrscheinlich, dass der europäische Gesetzgeber sich von diesen deutschen Vorschriften hat leiten lassen,[600] welche zudem innerstaatlich umstritten sind.[601]

Als weiterer Beleg ihrer These (Verhinderung von Missbrauch) wird in der Literatur regelmäßig die Begründung des VO-Vorschlags von 1970 zur Vorgängervorschrift des Art. 66 SE-VO angeführt. Danach liegt ein Missbrauch vor, wenn sich eine AG der Rechtsform der SE nur zum Zweck der Sitzverlegung bedient, um sich sogleich wieder in eine AG des neuen Sitzstaates umzuwandeln. Worin genau die Missbrauchsgefahr für Gläubiger und Aktionäre bestehen sollte, war bereits damals unklar.[602] Um Gefahren im Zusammenhang mit der Nachgründung ging es nach aller Wahrscheinlichkeit nicht. Andernfalls hätte man bei der viel später verabschiedeten 2. RiLi (Kapitalrichtlinie) neben Art. 11 auch eine Regelung für Umwandlungen aufgenommen.[603] Gegen den Begründungsstrang spricht zudem, dass bei einer nationalen Verschmelzung, die sich der SE-Gründung anschließt, im Gegensatz zum Formwechsel früher keine Sperrfrist vorgesehen war.[604] Eine unterschiedliche Behandlung von Verschmelzung und Formwechsel wäre aber nicht nachvollziehbar. Nach alledem kann dieser Begründungsansatz nicht überzeugen.

---

599 Vgl. *Schwab* in: Lutter, UmwG, § 141 UmwG Rdnr. 2.
600 Kein geeignetes Gegenargument für die Ablehnung dieses Begründungsstrangs ist allerdings der Hinweis, dass über Art. 9 Abs. 1 lit. c ii SE-VO nationales Recht und somit auch § 52 AktG auf die SE anwendbar sei. Nicht erfasst ist damit nämlich der Fall des Formwechsels der SE in eine AG.
601 Vgl. *Grunewald* in: Lutter, UmwG, § 76 UmwG Rdnr. 2; *Schwab* in: Lutter, UmwG, § 141 UmwG Rdnr. 5 ff.
602 Vgl. *Kraft/Hönn* in: Lutter, Die Europäische Aktiengesellschaft, S. 336.
603 Auch mit der Möglichkeit der Sitzverlegung wie sie heute in Art. 8 SE-VO vorgesehen ist, hat diese Frage nichts zu tun, da eine solche Sitzverlegung damals nicht statuiert war.
604 Dies gilt jedenfalls dann, wenn das nationale Recht, welches nach dem Vorschlag von 1970 Anwendung fand, keine Sperrfristen vorsah. Im Vorschlag von 1975 ergibt sich dies aus den Regelungen des Titels XI. Die Vorschläge von 1989 und 1991 verweisen auf die aufgrund der 3. RiLi (Fusionsrichtlinie) ergangenen Vorschriften.

bb. Art. 66 SE-VO als „Mindestvorschrift"

(1.) Literaturmeinungen

Vielfach wird vertreten, Art. 66 SE-VO bezwecke als eine Art „Mindestvorschrift", dass beim Fehlen von Vorschriften über die formwechselnde Umwandlung im nationalen Recht des Sitzstaates die Möglichkeit einer Rückumwandlung sichergestellt ist.[605] Der actus contrarius zur Umwandlungsgründung nach Art. 2 Abs. 4 SE-VO sei vom historischen Gesetzgeber gewollt. In Ermangelung einer gemeinschaftsrechtlichen Harmonisierung des Formwechsels hätte in der SE-VO ein Mindeststandard gesetzt werden müssen.[606] Dadurch sollte nach dieser Ansicht der Formwechsel in andere nationale Gesellschaftsformen, die einer AG nach nationalem Recht möglich sind, nicht beschränkt werden. Auch entfalte die Vorschrift keine Sperrwirkung für andere Umwandlungen, die nach nationalem Recht zulässig sind. Sie regle lediglich den Formwechsel einer SE in eine AG abschließend.[607] Diese Schlussfolgerungen lässt ein anderer Teil des Schrifttums nicht gelten. Die Vorschrift entfalte unabhängig vom Mindestnorm-Charakter eine gewisse Sperrwirkung.[608] Wie umfassend diese ist, wird wiederum unterschiedlich beurteilt. Letzterer Ansicht wird entgegengehalten, dass eine Sperrwirkung nur einen unnötigen Umweg bedeute, der einen zusätzlichen Kosten- und Zeitaufwand verursache.[609] Sobald die SE durch Formwechsel in eine AG die Ebene des europäischen Rechts verlassen habe, stehe ihr jede weitere Umwandlungsmaßnahme offen, an der eine nationale AG teilnehmen könne.

(2.) Stellungnahme

Beide Ansichten erkennen an, dass der Formwechsel einer SE in eine AG geregelt werden musste. Die aus § 66 SE-VO gezogenen Schlussfolgerungen sind unterschiedlich. Für die erste Ansicht spricht, dass im verabschiedeten Statut weitgehend auf nationales Recht verwiesen wird. Art. 66 SE-VO ist insofern

---

605 *Casper*, AG 2007, 97, 103; *ders.* in: Spindler/Stilz, AktG, Art. 66 SE-VO Rdnr. 1, Art. 2, 3 SE-VO Rdnr. 39; *Oplustil/Schneider*, NZG 2003, 13, 16; *Kossmann/Heinrich* ZIP 2007, 164, 165; *Oechsler* in: MüKo, AktG, Vor. Art. 1 SE-VO Rdnr. 18.

606 *Oechsler* in: MüKo, AktG, Vor. Art. 1 SE-VO Rdnr. 18.

607 Die Statuierung einer solchen Formwechselvariante im nationalen Recht ist ausgeschlossen.

608 *Schäfer* in: MüKo, AktG. Art. 66 SE-VO Rdnr. 1, 14; *Kalss/Zollner*, RdW 2004, 587, 588 f.

609 *Casper* in: Spindler/Stilz, AktG, Art. 2, 3 SE-VO Rdnr. 39 im Anschluss an *Oplustil/Schneider*, NZG 2003, 13, 15.

erforderlich, als eine SE nach nationalem Recht nicht in eine AG umgewandelt werden kann. Wie bereits ausgeführt, hilft hier auch Art. 10 SE-VO nicht weiter. Einen Formwechsel einer AG in eine AG kennt das UmwG schlicht nicht.[610] Dem Argument, die Vorschrift sei mangels gemeinschaftsrechtlicher Harmonisierung des Formwechsels erforderlich, lässt sich freilich entgegenhalten, dass dann auch eine Regelung in Betreff auf nach nationalem Recht mögliche Formwechsel hätte getroffen werden müssen, um das gleiche Schutzniveau bzgl. Gläubiger-, Aktionärs- und Arbeitnehmerinteressen zu gewährleisten. Die Tatsache, dass dies nicht umgesetzt wurde, spricht gleichwohl nicht zwingend für eine Sperrwirkung der Norm. Vielmehr ist davon auszugehen, dass der europäische Gesetzgeber dieses Regelungserfordernis schlicht nicht bedacht hat. Dies ist auch nicht sonderlich überraschend.[611] Betrachtet man den aktuellen SPE-Vorschlag, ist in Art. 39 geregelt, dass der Gründung nachfolgende Umwandlungen nationalem Recht unterliegen. Laut Begründung erfolgen die Umwandlungen nach den für Gesellschaften mit beschränkter Haftung geltenden Regeln.[612] Auch hier wurde völlig übersehen, dass es hinsichtlich des Formwechsels mangels gemeinschaftsweiter Harmonisierung einer Regelung bedurft hätte. Es erscheint nicht eingängig, dass diese Umwandlungsvariante nur in den Mitgliedstaaten möglich sein soll, die dieses Institut kodifiziert haben. Vor allem aber wäre kein vergleichbares Schutzniveau gegeben. Darüber hinaus käme ein Formwechsel einer SPE in eine GmbH nicht in Betracht. Spiegelbildlich zur SE-Problematik fehlen hierfür die Regelungen im UmwG. Daran wird deutlich, dass der europäisch Gesetzgeber bisweilen auf den ersten Blick besehen ein Problem regelt. Auf den zweiten Blick zeigt sich allerdings, dass dies nur vordergründig umfassend erfolgt. Im Ergebnis lassen sich für diesen Begründungsstrang in den Gesetzesmaterialien bzw. in Veröffentlichungen von Verfahrensbeteiligten soweit ersichtlich keine endgültigen Belege finden. Trotz dieses Mankos erscheint er plausibel und vermag eine Sperrwirkung grundsätzlich nicht zu begründen.

cc. Temporärer Mitbestimmungsschutz

(1.) Literaturmeinungen

Nach vielfach vertretener Ansicht bezweckt Art. 66 SE-VO – insbesondere die darin enthaltene Zwei-Jahres-Frist – die Verhinderung der Flucht aus der Mitbe-

---

610 Ebenso *Beutel*, Grenzüberschreitende Verschmelzungen, S. 137 in FN. 727.
611 Der Anstoß für eine umfassendere Regelung hätte vor allem von den Staaten erwartet werden können, die wie Deutschland diverse Formwechselmöglichkeiten kennen.
612 Vgl. BR-Drucks. 479/08, S. 10.

stimmung.[613] Regelmäßig wird die Möglichkeit der Sitzverlegung als Ausgangspunkt der Problematik gesehen.[614] Die Sperrfrist solle Missbräuche verhindern, die darin liegen können, dass sich eine AG in eine SE umwandelt, um ihren Sitz identitätswahrend über die Grenze zu verlegen, und sich sogleich wieder in eine nationale AG des neuen Sitzstaates umwandelt. Besteht dort kein oder ein geringeres Maß an Mitbestimmung, könne es zu einem Entzug bzw. einer Verkürzung der Arbeitnehmerrechte kommen. Nur vereinzelt wird dieser Ansicht widersprochen.[615] Die Vorschriften der SE-VO seien mitbestimmungsneutral. Den Arbeitnehmerschutz regle ausschließlich die SE-RL.

(2.) Stellungnahme

Die Mindermeinung kann nicht überzeugen. Insbesondere die Regelung des Art. 12 Abs. 2 SE-VO zeigt, dass auch Vorschriften der Verordnung den Zweck haben, Arbeitnehmerrechte zu gewährleisten.[616]

In Bezug auf die überwiegend vertretene Ansicht ist zu vermerken, dass der Rekurs auf die Sitzverlegung insoweit verwundert, als dass eine Verkürzung der Mitbestimmung auf einfacherem Wege erreicht werden kann.[617] Hierfür müssen lediglich zwei Gesellschaften aus verschiedenen Mitgliedstaaten, in denen ein unterschiedliches Mitbestimmungsniveau besteht, eine SE im Staat mit dem geringeren Mitbestimmungsstandard gründen. Erfolgt im direkten Anschluss ein Formwechsel in eine nationale AG, ist das gleiche Ergebnis erzielt. Weitergehend stellt sich die Frage, warum im Hinblick auf die Mitbestimmungssicherung nicht auch Regelungen für andere Umwandlungsmaßnahmen statuiert wurden. Vor allem durch Verschmelzungen war in früheren Vorschlägen ein „Exit" aus der Rechtsform der SE zu erreichen.

Eine Erklärung könnte die wechselvolle Gesetzesgeschichte bieten. Noch im VO-Vorschlag von 1975 bestanden Regelungen, die eine Flucht aus der Mitbe-

---

613 *Schwarz*, SE-VO, Art. 66 SE-VO Rdnr. 20, 31; *Casper* in: Spindler/Stilz, AktG, Art. 2, 3 SE-VO Rdnr. 35; Art. 66 SE-VO Rdnr. 2; *Schäfer* in: MüKo, AktG, Art. 66 SE-VO Rdnr. 1, 5; *Oplustil/Schneider*, NZG 2003, 13, 15; *Zollner* in: Kalss/Hügel, § 33 SEG Rdnr. 6.
614 Vgl. *Schwarz*, SE-VO, Art. 66 SE-VO Rdnr. 20; *Schäfer* in: MüKo, AktG, Art. 66 SE-VO Rdnr. 5.
615 *Kiem* in: KK, AktG, Art. 66 SE-VO Rdnr. 5.
616 Vgl. hierzu die Ausführungen zur Vorrats-SE, S. 130-135.
617 Bereits zutreffend erkannt von *Oplustil/Schneider*, NZG 2003, 13, 14. Dennoch beziehen sich die vielen auf sie verweisenden Autoren in aller Regel auf die Sitzverlegungsvariante.

stimmung verhinderten.[618] Eine Renationalisierung der SE, sei es durch Formwechsel oder Verschmelzung, war bei Gefährdung der Arbeitnehmerrechte nur unter der Zustimmung der Mehrheit der Arbeitnehmervertreter im Aufsichtsrat möglich.[619] Gleichzeitig war weder eine Umwandlungsgründung noch eine Sitzverlegung vorgesehen. Ab dem VO-Vorschlag von 1989 standen für die SE dann unterschiedliche Mitbestimmungsmodelle gemäß den Richtlinienvorschlägen zur Diskussion. Eine für alle SE verbindliche, einheitliche Mitbestimmungsregelung war nicht länger vorgesehen. Gleichzeitig verschwanden die Schutzvorschriften des Vorschlags von 1975 durch die Streichung ganzer Titel bzw. großer Teile davon. Resultat dieser Streichungen und dem teilweisen Verweis auf nationales Recht waren Schutzlücken. Bei einer Renationalisierung durch Verschmelzung war ein Schutz der Mitbestimmung nicht mehr vorgesehen.[620] Die vorrangig geführte, heftige Diskussion über die fehlende Gleichwertigkeit der vorgeschlagenen Mitbestimmungsmodelle bei der SE-Gründung führte dazu, dass die Beteiligten dieses „Exit-Problem" übersahen. Dazu mag auch beigetragen haben, dass eine Renationalisierung durch Formwechsel in den VO-Vorschlägen von 1989 und 1991 nicht vorgesehen und das Problem daher weniger offensichtlich war. Im Entwurf von 1991 wurden die Sitzverlegung und die Umwandlungsgründung eingeführt. Vor allem an letzterer entzündete sich ein heftiger Diskurs, der auch in der Folgezeit des Davignon-Berichts von 1997 noch fortgeführt wurde.[621] Jegliche Möglichkeit der Flucht aus der Mitbestimmung im Zusammenhang mit dieser Gründungsvariante sollte bedacht werden. Ein Schreckgespenst war das Szenario des Formwechsels in die SE mit folgender Sitzverlegung und anschließendem Formwechsel in eine nationale „mitbestimmungsfreie" Gesellschaft. Da gleichzeitig die Renationalisierung durch Formwechsel politisch gewollt war und mangels gemeinschaftsweiter Harmonisierung geregelt werden musste, verwundert es nicht, dass hier an den Mitbestimmungsschutz gedacht wurde. Hieraus lässt sich aber nicht der Schluss ziehen, dass diese Regelung abschließend ist. Die Mitbestimmungsproblematik wurde hinsichtlich anderer Umwandlungsmöglichkeiten lediglich nicht gesehen. Festzustellen ist, dass die Gesetzesgeschichte diesen Begründungsstrang bestätigt.

---

618   Vgl. auch *Walther/Wiesner*, GmbHR 1975, 265, 268.
619   Vgl. BT-Drucks. 7/3713, S. 149, 156, 158.
620   Die Renationalisierungsmöglichkeit war in Art. 131 Abs. 1 lit. c) und d) des Vorschlags von 1989 und Art. 132 des Vorschlags von 1991 vorgesehen. Vgl. BT-Drucks. 11/5427, S. 49; BT-Drucks. 12/1004, S. 72.
621   Siehe hierzu S. 73-82.

dd. Ergebnis

Sinn und Zweck des Art. 66 SE-VO ist es, eine Mindestnorm in Bezug auf den Formwechsel von einer SE hin zu einer nationalen AG zu statuieren und dabei das Mitbestimmungsniveau der SE mit einem temporären Schutz zu versehen. Eine Sperrwirkung für andere Umwandlungsmaßnahmen nach nationalem Recht lässt sich daraus nicht ableiten.

d. Ergebnis

Die Auslegung anhand Systematik, Entstehungsgeschichte sowie Sinn und Zweck ergibt, dass Art. 66 SE-VO keine abschließende Regelung darstellt.

2. Mitbestimmungssicherung durch analoge Anwendung der zweijährigen Sperrfrist

Stehen einer SE neben Art. 66 SE-VO Umwandlungsmöglichkeiten nach nationalem Recht offen, ergeben sich Gefahren für die Mitbestimmung. Denn lediglich für den Formwechsel der SE in eine AG ist eine zweijährige Sperrfrist statuiert, die das Mitbestimmungsniveau der SE temporär sichert. Demgegenüber könnte die Verschmelzung einer mitbestimmten SE auf eine mitbestimmungsfreie AG nationalen Rechts unmittelbar nach der SE-Gründung erfolgen.[622] Einfach durchzuführen unter Einsatz einer Vorratsgesellschaft und mit dem sofortigen Verlust der Arbeitnehmermitbestimmung als Folge.[623] Ein solches Ergebnis entspricht zweifelsohne nicht dem Willen des europäischen Gesetzgebers. Die Mitbestimmung ließe sich bei Umwandlungen nach nationalem Recht aber möglicherweise durch die analoge Anwendung der zweijährigen Sperrfrist des Art. 66 Abs. 1 S. 2 SE-VO sichern. Voraussetzung wären eine unbewusste Regelungslücke sowie eine vergleichbare Interessenlage.

---

622 Bspw. könnte eine mitbestimmte AG mit einer englischen Vorratsgesellschaft zu einer SE mit Sitz in England verschmolzen werden. In unmittelbarer zeitlicher Folge ließe sich durch die Verschmelzung der SE auf eine nicht mitbestimmte *plc* die Mitbestimmung abstreifen.

623 § 613a BGB findet bei Verschmelzungen, Spaltungen und Ausgliederungen Anwendung. Die Arbeitsverhältnisse gehen also über. Vgl. *Joost* in: Lutter, UmwG, § 324 UmwG Rdnr. 14; *Weidenkaff* in: Palandt, BGB, § 613a BGB Rdnr. 7.

a. Unbewusste Regelungslücke

Anhand der wechselvollen Gesetzesgeschichte der SE-VO wurde bereits aufgezeigt, dass die temporäre Sicherung der Mitbestimmung bei nationalen Umwandlungsvorgängen übersehen wurde.[624] Begründen lässt sich das Vorliegen einer unbewussten Reglungslücke indes auch mit Blick auf andere europäische Gesetzgebungsmaßnahmen. Bei mehreren der jüngeren europäischen Gesetzesvorhaben sind ähnliche Lücken festzustellen. So findet sich bei der 10. RiLi eine Mitbestimmungssicherung nur für innerstaatliche Verschmelzungen, die der grenzüberschreitenden Verschmelzung nachfolgen; hingegen nicht für nachfolgende innerstaatliche Aufspaltungen, die gleichfalls den Untergang der aus der grenzüberschreitenden Verschmelzung hervorgegangenen Gesellschaft bedeuten und die den Arbeitnehmern ggf. ein höheres Mitbestimmungsniveau nehmen.[625] Auch bei der SPE wurde sowohl beim VO-Vorschlag seitens der Kommission als auch bei den diesbezüglichen Änderungswünschen seitens des Europäischen Parlamentes übersehen, dass bei einer (nach Art. 39 zulässigen) Renationalisierung der SPE kein Schutz in Form Mitbestimmung sichernder Vorschriften besteht.

b. Vergleichbare Interessenlage

Zweifelsohne liegt bei einem Formwechsel nach Art. 66 SE-VO dieselbe Interessenlage in Bezug auf den temporären Mitbestimmungsschutz wie bei nationalen Umwandlungsmaßnahmen vor, sofern eine Gefahr für die Mitbestimmungsrechte der Arbeitnehmer in der SE besteht. Eine Gesamtbetrachtung weiterer europäischer Gesetzgebungsmaßnahmen unterstreicht dies. So zeigt sich anhand der Änderungsvorschläge des Europäischen Parlaments zur SPE, dass die Sicherung erworbener Mitbestimmungsrechte mit Nachdruck verfolgt wird.[626] Auch das Gesetzesvorhaben einer RiLi zur grenzüberschreitenden Verlegung des Gesellschaftssitzes ist zu nennen. Das Europäische Parlament hat die Kommission am

---

624 Siehe hierzu S. 200-201.
625 Spaltet sich eine aus einer grenzüberschreitenden Verschmelzung unter Beteiligung einer mitbestimmten deutschen Gesellschaft hervorgegangene Gesellschaft mit Sitz in England auf, verlieren die Arbeitnehmer ihre Mitbestimmungsrechte unmittelbar.
626 Vgl. die Entschließung des Europäischen Parlaments vom 10. März 2009 zu dem Vorschlag für eine Verordnung des Rates über das Statut der Europäischen Privatgesellschaft, P6_TA(2009)0094.

10. März 2009 zur Unterbreitung einer Legislativvorlage aufgefordert. [627] Hinsichtlich der Arbeitnehmermitbestimmung sollen die Vorschriften des Art. 16 der 10. RiLi entsprechend Anwendung finden; somit auch Art. 16 Abs. 7. Im Falle von Verschmelzungen, die der Sitzverlegung nachfolgen, wären dann Regelungen erforderlich, die die Mitbestimmungsrechte der Arbeitnehmer für einen Zeitraum von drei Jahren schützen. Insgesamt zeigt sich, dass der europäische Gesetzgeber grundsätzlich einen zumindest temporären Schutz erworbener Mitbestimmungsrechte befürwortet. Dieser temporäre Mitbestimmungsschutz ist auch bei einer SE, die an nationalen Umwandlungsmaßnahmen teilnimmt, zu berücksichtigen.

c.   Ergebnis

Die analoge Anwendung der Sperrfrist des Art. 66 Abs. 1 S. 2 SE-VO ist möglich und ggf. angezeigt.

3.   Ergebnis

Umstrukturierungen nach Maßgabe des UmwG steht Art. 66 SE-VO nicht entgegen, da es sich um keine abschließende Regelung handelt. Lediglich der formwechselnden Umwandlung einer SE in eine AG gemäß §§ 190 ff. UmwG steht die Vorschrift entgegen; insoweit entfaltet sie Sperrwirkung.[628] Zur temporären Sicherung der Arbeitnehmermitbestimmung ist die Sperrfrist des Art. 66 Abs. 1 S. 2 SE-VO bei Umstrukturierungen nach Maßgabe des UmwG entsprechend anzuwenden, sofern dies erforderlich ist.

627   Vgl. die Entschließung des Europäischen Parlaments vom 10. März 2009 mit Empfehlungen an die Kommission zur grenzüberschreitenden Verlegung von eingetragenen Gesellschaftssitzen, P6_TA(2009)0086.
628   Richtigerweise ist der Formwechsel einer SE in eine AG nach Maßgabe der §§ 190 ff. UmwG nicht möglich. Die Vorschrift entfaltet allerdings insoweit Sperrwirkung, als dass der deutsche Gesetzgeber diese Möglichkeit auch nicht regeln kann. Vgl. auch S. 216.

III. SE-Beteiligung an nationalem Umwandlungsvorgang

1. Innerstaatliche Verschmelzungen

a. Verschmelzungsmöglichkeiten

aa. Literaturmeinungen

Nach der sich mehr und mehr durchsetzenden Literaturmeinung kann eine SE an einer Verschmelzung wie eine AG als aufnehmender oder übertragender Rechtsträger teilnehmen.[629] Teile des Schrifttums vertreten allerdings die Auffassung, dass sich die bestehende SE nur mit AG und anderen SE verschmelzen könne.[630] Demnach komme nur eine SE oder AG als aufnehmender Rechtsträger in Betracht. Bei einer Verschmelzung zur Neugründung müsse der neu gegründete Rechtsträger eine AG sein.[631] Dies ergebe sich aus der Sperrwirkung der SE-VO, respektive der Art. 2, 3 und 66 SE-VO. Gerade was die Aufgabe der Supranationalität anbelange, erkläre sich die geforderte Rechtsformkongruenz aus dem Numerus Clausus der Gründungsformen.[632] So stehe eine Statusänderung in eine SE durch Rechtsformwechsel oder durch Verschmelzung nur AG offen, weshalb auch die Rückwandlung nur in AG zulässig sei.[633] Als Begründung wird auch angeführt, dass nur solche Umwandlungsmöglichkeiten anerkannt werden könnten, welche in der SE-VO ausdrücklich genannt seien.[634] Zwar enthalte das verabschiedete Statut keine Regelungen zur innerstaatlichen Verschmelzung. Allerdings hätten die letzen beiden VO-Vorschläge jeweils die innerstaatliche Verschmelzung unter Beteiligung einer SE und einer AG für zulässig erklärt. Es sei nicht anzunehmen, dass der europäische Gesetzgeber bei Verabschiedung der SE-VO hiervon abweichen wollte.[635]

---

629 *Marsch-Barner* in: Liber amicorum Happ, 2006, S.165, 173 m.w.N.; *ders.* in: Kallmeyer, UmwG, Anh. Rdnr. 131 f.; *Casper* in: Spindler/Stilz, AktG, Art. 2, 3 SE-VO Rdnr. 36 ff.; *Seibt* in: Lutter/Hommelhoff, Art. 66 SE-VO Rdnr. 4 m.w.N.; *Schwarz*, SE-VO, Art. 3 SE-VO Rdnr. 35.
630 *Schäfer* in: MüKo, AktG, Art. 66 SE-VO Rdnr. 1; *Veil* in: Jannott/Frodermann, Kap. 10 Rdnr. 19; *Kalss/Zollner*, RdW 2004, 587, 588; *Zollner* in: Kalss/Hügel, § 33 SEG Rdnr. 21.
631 *Zollner* in: Kalss/Hügel, § 33 SEG Rdnr. 21.
632 *Zollner* in: Kalss/Hügel, § 33 SEG Rdnr. 4, 7.
633 *Zollner* in: Kalss/Hügel, § 33 SEG Rdnr. 7; *Kalss/Zollner*, RdW 2004, 587, 588. Die Autoren nehmen zwischen einer SE und einer nationalen AG eine Rechtsformkongruenz an.
634 *Veil* in: Jannott/Frodermann, Kap. 10 Rdnr. 17.
635 *Veil* in: Jannott/Frodermann, Kap. 10 Rdnr. 19.

bb. Stellungnahme

Die einschränkende Literaturansicht überzeugt nicht und verkennt, dass der Numerus Clausus nur die Gründung einer SE betrifft. Sperrwirkung entfalten die Art. 2 und 3 SE-VO hinsichtlich einer bestehenden SE nur in Bezug auf die Neugründung einer weiteren SE. Ausgeschlossen ist demnach die Verschmelzung einer SE mit einer nationalen Gesellschaftsform nach Maßgabe des UmwG, wenn diese zur Neugründung einer SE führen soll. Hieraus kann allerdings nicht die weitergehende Schlussfolgerung gezogen werden, dass sich die Beteiligungsfähigkeit einer SE an Umwandlungen, welche keine SE-Gründung bezwecken, stets an den Gründungstatbeständen zu orientieren hat.[636] Deswegen ist auch die Sperrwirkung, welche der Numerus Clausus in Bezug auf Gründungsgesellschaften aufstellt, nicht auf derartige Umwandlungsmaßnahmen übertragbar. Deutlich wird dies auch anhand des Sinn und Zwecks der Zugangsbeschränkungen, welcher sich mit der Konkurrenzthese und Subsidiaritätsaspekten erklären lässt. Vor allem mit Renationalisierungsmaßnahmen, die zur Anwendbarkeit ausschließlich nationalen Rechts führen, sind diese Zwecksetzungen unvereinbar. Eine Rechtsformkongruenz wird seitens der SE-VO, respektive der Art. 2, 3 und 66 SE-VO, nicht vorausgesetzt. Ihre gegenteilige Auffassung stützen die Vertreter der einschränkenden Ansicht möglicherweise auf Gesetzesmaterialien betreffend den ersten VO-Vorschlag von 1970. In der Begründung der Renationalisierungsvorschriften heißt es: „Die Beschränkung auf die Rechtsform der Aktiengesellschaft als Aufnahmeform entspricht der Beschränkung des Zugangs zur Europäischen Aktiengesellschaft."[637] Auch der WSA führte in seiner Stellungnahme aus, dass: „im Hinblick auf die Vorschriften über die Entstehung der SE" nur die AG diese neue Rechtsform sein könne.[638] Zu bedenken ist allerdings der Hintergrund dieser Formulierungen. Die Beschränkung des Zugangs auf AG wurde mit den Schwierigkeiten begründet, welche die Aufnahme weiterer möglicher Gründungsgesellschaften mit sich gebracht hätte.[639] In der Begründung der Art. 2 und 3 des Vorschlags von 1970 wird aufgeführt, dass die Zulassung von Gesellschaften in einer anderen Rechtsform als der AG als Gründer einmal die Abfassung des Status, zum anderen die Gründungskontrolle durch den EuGH erheblich erschwert hätte. Da es sich um ein Vollstatut handelte, hätten Regelungen gefunden werden müssen, die auch andere Rechtsformen einbeziehen. Allein aufgrund der damaligen Strukturverschiedenheit erschien dies unrealistisch. In den folgen-

---

636 Ebenso *Oechsler* in: MüKo, AktG, Vor. Art. 1 SE-VO Rdnr. 19; ähnlich *Reichert*, Der Konzern 2006, 821, 833.
637 BT-Drucks. 6/1109, S. 100.
638 Vgl. ABl. C 131 vom 13.12.1972, S. 38.
639 BT-Drucks. 6/1109, S. 5.

den VO-Vorschlägen finden sich keine derartigen Formulierungen mehr. Die Erweiterung des Zugangs für andere Rechtsformen wurde gefordert und umgesetzt. Die Umwandlungsgründung war im Vorschlag von 1989 und 1991 nicht enthalten und erst im SE-RatsE 1998 wieder aufgenommen. Dargestellt wurde bereits, dass zu diesem Zeitpunkt ein ganz anderes Verständnis aufgrund der Entwicklung vom Vollstatut hin zum Regelungstorso bestand.[640] Die damaligen Verlautbarungen sind daher nicht geeignet, den Standpunkt der Literaturstimmen heute als zutreffend erscheinen zu lassen. Bei der Verschmelzung beschränkte man sich aus besagten Gründen ebenfalls auf die AG. Später waren Klarstellungen in Bezug auf das anzuwenden Recht erforderlich, weil der Numerus Clausus unter Beteiligung einer SE keine Mehrstaatlichkeit bei der Gründung voraussetzte. In Folge der zunehmenden Verweisung auf nationales Recht wurden diejenigen Verschmelzungsvorschriften gestrichen, welche genaue Vorgaben der Verschmelzungsmöglichkeiten im Rahmen des Statuts machten. Dies war auch deshalb erforderlich, weil Art. 3 Abs. 1 SE-VO u.a. auf das Mehrstaatlichkeitsprinzip in Art. 2 SE-VO verweist. In Verbindung mit Voranstehendem zu sehen, allerdings ebenfalls nicht überzeugend, ist das Argument, wonach nur solche Umwandlungsmöglichkeiten anerkannt werden können, welche in der SE-VO ausdrücklich genannt sind. Die Idealvorstellung eines Vollstatuts bei der SE musste seitens des europäischen Gesetzgebers bereits frühzeitig aufgegeben werden.[641] Vor allem die Entwicklung der jüngeren Gesetzesgeschichte, welche den Rückgriff auf nationales Recht verstärkte, wird nicht berücksichtigt. Darüber hinaus bedeutete es eine gegen Art. 10 SE-VO verstoßende Diskriminierung, wenn die SE sich nicht wie eine AG der Instrumente des nationalen Rechts zur Lösung ihrer Strukturprobleme bedienen könnte.

Der sich abzeichnenden herrschenden Meinung ist beizutreten. Es wurde bereits umfangreich dargelegt, dass Art. 66 SE-VO grundsätzlich keine Sperrwirkung hinsichtlich nationaler Umwandlungsmaßnahmen entfaltet.[642] Einer SE stehen alle Verschmelzungsmöglichkeiten, die einer nationalen AG nach UmwG eröffnet sind, offen.[643] Bei einer Verschmelzung durch Aufnahme (§ 2 S. 1 Nr. 1 UmwG) kann die SE übernehmende Gesellschaft[644] sein oder als übertragender

---

640 Vgl. hierzu bereits S. 193-194.
641 Vgl. S. 193.
642 Siehe hierzu S. 191-202.
643 Vgl. zum Folgenden *Marsch-Barner* in: Liber amicorum Happ, 2006, S. 165, 173 f.; *Seibt* in: Lutter/Hommelhoff, Art. 66 SE-VO Rdnr. 4.
644 Als Beispiel ist die Vapiano SE zu nennen. Die Vapiano AG wurde auf eine Vorrats-SE (Blitz F07 zwei-fünfundzwanzig SE) verschmolzen. Vgl. die Bekanntmachung vom 18.09.2008, Blitz F07 zwei-fünfundzwanzig SE, Bonn HRB 16304, abrufbar unter: www.unternehmensregister.de (Stand: 15.03.2010).

Rechtsträger von einer nationalen Gesellschaft aufgenommen werden. Als aufnehmender Rechtsträger kommt dabei jeder nach § 3 UmwG zugelassene Rechtsträger in Betracht. Bei einer Verschmelzung durch Neugründung (§ 2 S. 1 Nr. 2 UmwG) kann die SE nur übertragender Rechtsträger sein. Eine SE als neuer Rechtsträger ist ausgeschlossen, da dies gegen den Numerus Clausus der Gründungsformen verstoßen würde.

b. Sperrfristen

aa. Literaturmeinungen

Nach der restriktivsten Ansicht in der Literatur ist die Sperrfrist des Art. 66 Abs. 1 S. 2 SE-VO bei jeder Verschmelzung entsprechend anzuwenden, also unabhängig davon, ob die SE aufnehmender oder übertragender Rechtsträger ist.[645] Eine differenzierende Meinung möchte sie nur dann entsprechend anwenden, wenn die SE übertragender Rechtsträger ist.[646] Nur in diesen Fällen sei ein temporärer Schutz des Mitbestimmungsniveaus der SE angezeigt, weil die SE untergehe und zur Flucht aus der Mitbestimmung missbraucht werden könne. Nach anderer Ansicht wird anstelle der analogen Anwendung des Art. 66 Abs. 1 S. 2 SE-VO auf nationales Recht und somit § 76 UmwG abgestellt.[647] Dabei entsteht teilweise der Eindruck, letztere Vorschrift werde als vorrangige Sonderregelung gesehen.[648] Die weitestgehende Ansicht hält die (analoge) Anwendung einer Sperrfrist für überhaupt nicht angezeigt.[649] Art. 66 SE-VO enthalte eine Spezialregelung für einen bestimmten Umstrukturierungsfall,[650] treffe aber ansonsten zur Beteiligungsfähigkeit an Verschmelzungen oder Spaltungen keine Aussage.[651]

---

645 *Schäfer* in: MüKo, AktG, Art. 66 SE-VO Rdnr. 14; *Schröder* in: Manz/Mayer/Schröder, Art. 66 SE-VO Rdnr. 9.
646 *Oechsler* in: MüKo, AktG, Vor. Art. 1 SE-VO Rdnr. 19; *Marsch-Barner* in: Kallmeyer, UmwG, Anh. Rdnr. 130; *Casper* in: Spindler/Stilz, AktG, Art. 2, 3 SE-VO Rdnr. 38; *Schwarz*, SE-VO, Art. 3 SE-VO Rdnr. 35, der aber inkonsequent ist, da er bei der Spaltung die Sperrfrist nicht analog anwenden möchte. Wohl auch *Seibt* in: Lutter/Hommelhoff, Art. 66 SE-VO Rdnr. 4, 10, 19 f.
647 Vgl. *Oplustil/Schneider*, NZG 2003, 13, 16.
648 Etwa bei *Kossmann/Heinrich*, ZIP 2007, 164, 168.
649 *Kiem* in: KK, Art. 66 SE-VO Rdnr. 12 f.; *Lutter/Drygala* in: Lutter, UmwG, § 3 UmwG Rdnr. 15; *Heckschen* in: Widmann/Mayer, UmwR, Stand: März 2006, Anh. 14 Rdnr. 521.
650 *Heckschen* in: Widmann/Mayer, UmwR, Stand: März 2006, Anh. 14 Rdnr. 521, 526 ff.
651 *Lutter/Drygala* in: Lutter, UmwG, § 3 UmwG Rdnr. 15.

bb. Stellungnahme

Nicht überzeugen kann es, generell eine Sperrwirkung nach Art. 66 Abs. 1 S. 2 SE-VO annehmen zu wollen. Ist die SE aufnehmender Rechtsträger, sind die Rechte der Arbeitnehmer in der SE nicht gefährdet. Das Niveau der Mitbestimmung in der SE ändert sich höchstens aufgrund § 18 Abs. 3 SEBG. Andererseits bedarf es immer dann der entsprechenden Anwendung der Sperrfrist, wenn die SE übertragender Rechtsträger ist.

Abzulehnen ist weiterhin diejenige Ansicht in der Literatur, welche auf Vorschriften des nationalen Rechts - bei der Verschmelzung also auf § 76 Abs. 1 UmwG - abstellt. Die Vorschrift bezweckt nicht den Schutz der Arbeitnehmermitbestimmung und kann hierfür auch nicht „nutzbar" gemacht werden.[652] Eine analoge Anwendung der Sperrfrist des Art. 66 SE-VO ist daher weder entbehrlich, noch handelt es sich bei § 76 Abs. 1 UmwG um eine speziellere Vorschrift. Unterstellt, man folgte dieser Ansicht, so wäre hinsichtlich der Zwecksetzung erforderlich, dass die Fristen der beiden Regelungen identisch zu berechnen sind. Würde die Berechnung über § 76 Abs. 1 UmwG zu einer längeren Frist als über Art. 66 Abs. 1 S. 2 SE-VO führen, käme dies im Ergebnis einer Verlängerung des temporären Mitbestimmungsschutzes gegenüber einem Formwechsel nach Art. 66 Abs. 1 SE-VO gleich. Hierzu bestünde bereits keine Kompetenz. Genau dieses Ergebnis aber wäre denkbar. § 76 Abs. 1 UmwG stellt im Gegensatz zu Art. 66 Abs. 1 SE-VO nur auf die Eintragung der Gesellschaft, nicht aber auf die Genehmigung der ersten beiden Jahresabschlüsse ab. Ist das erste Geschäftsjahr ein Rumpfgeschäftsjahr, kann die Frist des Art. 66 Abs. 1 S. 2 SE-VO bereits vor Ablauf von zwei Kalenderjahren seit Eintragung der SE enden.[653] Somit laufen die Fristen nicht automatisch gleich. Außerdem ist zu bedenken, dass es in anderen Ländern möglicherweise keine vergleichbaren Vorschriften gibt.[654] Dies würde zu nicht akzeptablen Schutzlücken führen.[655] Schließlich ist die Sperrfrist des § 76 Abs. 1 UmwG nach herrschender Meinung nur dann anwendbar, wenn der neue Rechtsträger eine AG ist.[656] Wird also eine SE auf eine GmbH verschmolzen, fände § 76 Abs. 1 UmwG nach überwiegender Auffassung keine Anwendung.

---

652 Vgl. *Simon* in: KK, UmwG, § 76 UmwG Rdnr. 1.
653 Vgl. *Marsch-Barner* in: Liber amicorum Happ, 2006, S. 165, 174; *Schröder* in: Manz/Mayer/Schröder, Art. 66 SE-VO Rdnr. 4; *Seibt* in: Lutter/Hommelhoff, Art. 66 SE-VO Rdnr. 15.
654 § 76 Abs. 1 UmwG setzt keine europarechtliche Vorgabe um; vgl. *Simon* in: KK, AktG, § 76 UmwG Rdnr. 4.
655 A.A. *Heckschen* in: Widmann/Mayer, UmwR, Stand: März 2006, Anh. 14 Rdnr. 521.
656 *Simon* in: KK, UmwG, § 76 UmwG Rdnr. 5 m.w.N.

Nicht überzeugen können schließlich diejenigen Autoren, welche generell keine Sperrfrist zur temporären Sicherung der Arbeitnehmermitbestimmung anwenden möchte. Der temporäre Mitbestimmungsschutz ist Anliegen und Vorgabe des Verordnungsgebers.[657] Bei der Renationalisierung der SE durch Formwechsel in eine AG wurde dieses Anliegen einer Regelung zugeführt. Hinsichtlich anderer Umwandlungsvorgänge wurde der Mitbestimmungsschutz nicht bedacht. Die Regelung des Art. 66 Abs. 1 S. 2 SE-VO ist daher verallgemeinerungsbedürftig und auf Verschmelzungen, an denen sich die SE als übertragender Rechtsträger beteiligt, zu übertragen. Wollte man der Gegenansicht folgen, wäre die Regelung des Art. 66 Abs. 1 S. 2 SE-VO eine Farce und könnte ohne Probleme umgangen werden. Denn eine SE könnte sich in eine GmbH umwandeln und daraufhin sogleich einen Formwechsel in eine AG vornehmen.

Gefolgt werden kann allein derjenigen Ansicht, welche eine entsprechende Anwendung der Sperrfrist annimmt, sofern die SE übertragender Rechtsträger ist. Dann nämlich geht die SE unter und das Mitbestimmungsniveau orientiert sich am nationalen Recht. Hierdurch wäre eine Flucht aus der Mitbestimmung möglich, die aber nicht den Vorstellungen des europäischen Gesetzgebers entspricht. Ist die SE hingegen aufnehmender Rechtsträger, kann es nicht zu einer Flucht aus der Mitbestimmung kommen. Das Mitbestimmungsniveau wird zwar ggf. durch § 18 Abs. 3 SEBG geändert. Die Vorschrift führt allerdings aufgrund der Anwendbarkeit der Auffangregelung in aller Regel nicht zu einer Verminderung.

c. Ergebnis

Alle Verschmelzungsmöglichkeiten, welche einer AG nach dem UmwG offen stehen, sind auch einer bestehenden SE eröffnet. An diesen kann die SE sowohl als übertragender als auch als aufnehmender Rechtsträger beteiligt sein. Die Sperrfrist des Art. 66 Abs. 1 S. 2 SE-VO ist entsprechend anzuwenden, wenn die SE übertragender Rechtsträger ist.

---

657 Siehe hierzu S. 199-201 und S. 202-204.

2. Spaltung

a. Spaltungsmöglichkeiten

aa. Literaturmeinungen

Entsprechend des Meinungsstandes bei der Verschmelzung wird überwiegend vertreten, dass eine SE wie eine AG Gegenstand einer Spaltung sein kann.[658] Art. 66 SE-VO sei keine abschließende Regelung. Nach anderer Auffassung kann sich eine SE nur in AG nationalen Rechts aufspalten.[659] Bei einer Spaltung zur Aufnahme könne die SE allerdings aufnehmender Rechtsträger sein, selbst wenn bspw. eine GmbH übertragender Rechtsträger sei.[660] Als Begründung wird die Beschränkungswirkung der Art. 2, 3 und 66 SE-VO angeführt, welche im ersten Fall bestehe, im anderen hingegen nicht. Einer weiteren Ansicht zu Folge, kann sich eine SE überhaupt nicht an Spaltungen beteiligen.[661] Der europäische Gesetzgeber habe auch rein nationale Umwandlungen für stets regelungsbedürftig gehalten.[662] Hieraus folge, dass nur solche Möglichkeiten der Umwandlung zulässig seien, die in der verabschiedeten SE-VO ausdrücklich genannt sind.

bb. Stellungnahme

Den Ansichten, welche eine SE-Beteiligung an nationalen Spaltungsvorgängen einschränken bzw. ablehnen, kann nicht gefolgt werden. Die Rechtsentwicklung vor allem seit dem VO-Vorschlag von 1989 wird nicht berücksichtigt.[663] Ein Erfordernis der Rechtsformkongruenz bei Umwandlungsmaßnahmen besteht nicht.[664] Die zur Verschmelzung gemachten Ausführungen gelten entsprechend.[665]

---

658   *Kiem* in: KK, AktG, Art. 66 SE-VO Rdnr. 11; *Seibt* in: Lutter/Hommelhoff, Art. 66 SE-VO Rdnr. 4; *Casper* in: Spindler/Stilz, AktG, Art. 2, 3 SE-VO Rdnr. 40; *Schwarz*, SE-VO, Art. 3 SE-VO Rdnr. 36; *Oechsler* in: MüKo, AktG, Vor. Art. 1 SE-VO Rdnr. 19; *Schröder* in: Manz/Mayer/Schröder, Art. 3 SE-VO Rdnr. 13; *Kossmann/Heinrich*, ZIP 2007, 164, 168; *Oplustil/Schneider*, NZG 2003, 13, 17.

659   *Kalss/Greda*, eastlex 2005, 87, 89; *Zollner* in: Kalss/Hügel, § 33 SEG Rdnr. 21; *Kalss* in: Kalss/Hügel, Vor. § 17 SEG Rdnr. 43, 45 ff.

660   *Kalss* in: Kalss/Hügel, Vor. § 17 SEG Rdnr. 44.

661   *Veil* in: Jannott/Frodermann, Kap. 10 Rdnr. 19; *Schäfer* in: MüKo, AktG, Art. 66 SE-VO Rdnr. 14.

662   *Veil* in: Jannott/Frodermann, Kap. 10 Rdnr. 17.

663   Ausführlicher hierzu S. 193-194.

664   *Marsch-Barner* in: Kallmeyer, UmwG, Anh. Rdnr. 137.

665   Siehe S. 205-207.

Beizutreten ist der überwiegenden Literaturmeinung, welche einer SE alle Spaltungsmöglichkeiten, die auch einer AG nach UmwG eröffnet sind, zubilligt. Als Spaltungsergebnis sind auch andere Rechtsformen als AG oder SE möglich. Eine SE kann allerdings bei einer Spaltung zur Neugründung nicht direkt über das UmwG entstehen, sondern nur unter Rückgriff auf dieses über die Verweisungsnorm des Art. 15 Abs. 1 SE-VO und mit Art. 3 Abs. 2 SE-VO als Rechtsgrundlage der Gründung.

b. Sperrfristen

aa. Literaturmeinungen

Die entgegengesetzten Standpunkte in der Literatur, welche zur Verschmelzung vertreten werden, finden sich in gleicher Weise bei der Spaltung. Während eine Ansicht die Sperrfrist des Art. 66 Abs. 1 S. 2 SE-VO generell entsprechend angewendet wissen will, werden von der Gegenmeinung Sperrfristen ganz abgelehnt.[666] Ebenfalls entsprechend zur Verschmelzung wird vertreten, dass anstelle der SE-VO Regelung die Sperrfrist des UmwG anzuwenden sei.[667] Abgestellt wird auf § 141 UmwG. Nach einer differenzierenden Ansicht ist die Sperrfrist des Art. 66 Abs. 1 S. 2 UmwG nur dann entsprechend anzuwenden, wenn die SE im Zuge einer Aufspaltung untergeht.[668]

bb. Stellungnahme

Eine generelle analoge Anwendung der Sperrfrist ist abzulehnen. Ist die SE als aufnehmender Rechtsträger an der Spaltung beteiligt, sind die Rechte der Arbeitnehmer in der SE nicht gefährdet.

---

666 Für eine generelle Anwendbarkeit: *Bayer* in: Lutter/Hommelhoff, Art. 3 SE-VO Rdnr. 2; *Oechsler* in: MüKo, AktG, Art. 3 SE-VO Rdnr. 8; *Schröder* in: Manz/Mayer/Schröder, Art. 66 SE-VO Rdnr. 9; eine Analogie ablehnend: *Kiem* in: KK, AktG, Art. 66 SE-VO Rdnr. 12 f.; *Heckschen* in: Widmann/Mayer, UmwR, Stand: März 2006; Anh. 14 Rdnr. 521, 527, 529; *A. Teichmann* in: Lutter, UmwG, § 124 UmwG Rdnr. 6; *Lutter/Drygala* in: Lutter, UmwG, § 3 UmwG Rdnr. 15.
667 *Kossmann/Heinrich*, ZIP 2007, 164, 168; *Schwarz*, SE-VO, Art. 3 SE-VO Rdnr. 36; *Oplustil/Schneider* NZG 2003, 13, 17; *Vossius*, ZIP 2005, 741, 748.
668 *Marsch/Barner* in: Liber amicorum Happ, 2006, S. 165, 167; *ders.* in: Kallmeyer, UmwG, Anh. Rdnr. 137.

Ebenfalls nicht überzeugen kann die konträre Ansicht, welche eine analoge Anwendung der Sperrfrist in jedem Fall ablehnt. Der für den Formwechsel vorgesehene temporäre Mitbestimmungsschutz ist auf alle Fälle anzuwenden, in welchen die SE im Zuge der Spaltung untergeht. Auf die Ausführungen zur Verschmelzung kann verwiesen werden.[669]

Abzulehnen ist schließlich diejenige Meinung, welche eine analoge Anwendung von Art. 66 Abs. 1 S. 2 SE-VO mit Verweis auf nationale Sperrfristen ablehnt. § 141 UmwG, welcher bei der Spaltung die entsprechende Norm zu § 76 Abs. 1 UmwG ist, bezweckt nicht den Schutz der Arbeitnehmer und stellt lediglich auf die Registereintragung der Gründung ab. Die Fristberechnung nach Art. 66 Abs. 1 S. 2 SE-VO kann somit zu einer kürzeren Sperrfrist führen. Dies mag sich im Ergebnis nach deutschem Recht regelmäßig nicht auswirken, kann aber in anderen Rechtsordnungen mangels vergleichbarer Vorschriften dazu führen, dass der temporäre Mitbestimmungsschutz nicht gewährleistet ist. Sofern man letzteren auf die Ausgliederung übertragen wollte, bestünde auch bei § 141 UmwG eine Schutzlücke, da die Ausgliederung ausgenommen ist.

Kritisch zu bewerten ist schließlich die Ansicht, welche eine analoge Anwendung des Art. 66 Abs. 1 S. 2 SE-VO nur verlangt, wenn die SE als übertragender Rechtsträger im Zuge der Aufspaltung untergeht. Bei der Abspaltung und Ausgliederung bleibt die SE bestehen. Die Rechte der in der SE verbleibenden Arbeitnehmer sind somit nicht gefährdet. Anders verhält es sich hinsichtlich der Arbeitnehmer, deren Arbeitsverhältnisse in Folge des Spaltungsvorganges übergehen. Es ließe sich vertreten, dass auch sie als ehemalige Arbeitnehmer der SE vom temporären Mitbestimmungsschutz umfasst sind. Um Schutzlücken auszuschließen, müsste die Sperrfrist somit auch bei Abspaltungen und Ausgliederungen entsprechend angewandt werden. Wird dies verneint, bestünde die Gefahr, dass eine mitbestimmte SE mittels einer „Salamitaktik" gespalten werden könnte. Wäre der aufnehmende Rechtsträger stets derselbe, ließe sich die Mitbestimmung „abschütteln", ohne dass die Arbeitnehmer auf mehrere Gesellschaften verteilt würden. Andererseits betrifft der ausdrücklich geregelte temporäre Mitbestimmungsschutz in Art. 66 Abs. 1 S. 2 SE-VO einen Fall, indem die SE „insgesamt" untergeht. Ebenso verhielt es sich bei den Regelungen des VO-Vorschlags von 1975 zur Verschmelzung.[670] Die Frage ist, wie umfangreich der europäische Gesetzgeber den Schutzbereich gezogen haben wollte. Mit Blick auf die Tatsache, dass bei Verabschiedung des Statuts im Zusammenhang mit der Umwandlungsgründung jede Flucht aus der Mitbestimmung verhindert werden

---

669 Siehe S. 209-210.
670 Vgl. BT-Drucks. 7/3713, S. 156, 158.

sollte, muss eine Analogie wohl angenommen werden.[671] Nach der damaligen Denkweise gilt es zu verhindern, dass sich eine mitbestimmte AG in eine SE umwandelt, ihren Sitz in einen Mitgliedstaat, der keine Mitbestimmung kennt, verlegt, und sofort Spaltungen vornimmt, welche dazu führen, dass Arbeitnehmer der SE ihre in dieser bestehenden Mitbestimmungsrechte verlieren.

Nach Ansicht des Verfassers ist zum heutigen Zeitpunkt noch davon auszugehen, dass die Sperrfrist des Art. 66 Abs. 1 S. 2 SE-VO auch bei Abspaltungen und Ausgliederungen, an welchen die SE als übertragender Rechtsträger teilnimmt, analog anzuwenden ist. Im Rahmen der Revision der SE-VO sollte aber eine Klarstellung dahingehend erfolgen, dass es insoweit keiner entsprechenden Anwendung der Sperrfrist bedarf. Sofern man die Schutzwürdigkeit der aus der SE ausscheidenden Arbeitnehmer nicht generell verneint, sollte eine differenzierte, weniger einschneidende Regelung getroffen werden. Die Beachtung einer Sperrfrist ist für Spaltungsvorgänge, in deren Folge nur wenige Arbeitsverhältnisse übergehen, schlicht unverhältnismäßig. Auch ist damit zu rechnen, dass die dargestellte sehr restriktive Sichtweise bei der Revision nicht mehr dem Willen des europäischen Gesetzgebers entsprechen dürfte.

c. Ergebnis

Einer SE stehen wie einer AG alle drei Varianten der Spaltung nach dem UmwG (Aufspaltung, Abspaltung, Ausgliederung) zur Verfügung. An diesen kann sie als aufnehmender oder als übertragender Rechtsträger beteiligt sein. Die Sperrfrist des Art. 66 Abs. 1 S. 2 SE-VO ist entsprechend anzuwenden, wenn die SE übertragender Rechtsträger ist.

---

671 Ebenso *Oechsler* in: MüKo, AktG, Art. 3 SE-VO Rdnr. 8.

3. Formwechsel

a. Möglichkeiten des Formwechsels

aa. Literaturmeinungen

Vor allem unter Verweis auf die Gesetzesgeschichte wird vertreten, dass Art. 66 SE-VO den Formwechsel einer SE abschließend regle.[672] Das von Art. 66 Abs. 1 SE-VO vorgegebene Gebot der Rechtsformkongruenz lasse rechtsformübergreifende Umwandlungen nicht zu.[673] Nach überwiegender Auffassung wird der Formwechsel in andere Rechtsformen als der AG hingegen nicht durch Art. 66 SE-VO gesperrt.[674] Dafür spreche, dass eine Beschränkung auf eine Rückumwandlung zur AG problemlos umgangen werden könnte, indem die AG sogleich weiter in eine andere Rechtsform nationalen Rechts umgewandelt werde.[675] Im Übrigen differieren die Begründungen. Um Wiederholungen zu vermeiden, ist im Hinblick auf weitere Argumente auf die Ausführungen an anderer Stelle zu verweisen.[676] Differenzierend gehen einige Autoren sogar davon aus, dass ein Formwechsel einer SE in eine AG nach UmwG denkbar sei.[677] Während ein Teil Art. 66 SE-VO diesbezüglich als abschließend ansieht, verneint der andere Teil auch insoweit eine Sperrwirkung.[678]

---

672 *Veil* in: Jannott/Frodermann, Kap. 10 Rdnr. 20; *Schäfer* in: MüKo, AktG, Art. 66 SE-VO Rdnr. 14; *Drinhausen* in: Semler/Stengel, UmwG, Einl. C Rdnr. 57 f., 62 f.; *Kalss/Zollner*, RdW 2004, 587, 589; *Zollner* in: Kalss/Hügel, § 33 SEG Rdnr. 21 f.; *Kalss* in: Kalss/Hügel, Vor. § 17 SEG Rdnr. 45 ff.; *Kalss/Greda*, eastlex 2005, 87, 89.
673 *Kalss/Zollner*, RdW 2004, 587, 589.
674 *Kossmann/Heinrich*, ZIP 2007, 164, 168; *Schröder* in: Manz/Mayer/Schröder, Art. 3 SE-VO Rdnr. 25; *Schwarz*, SE-VO, Art. 66 SE-VO Rdnr. 29 ff.; *Oplustil/Schneider*, NZG 2003, 13, 15 f.; *Seibt* in: Lutter/Hommelhoff, Art. 66 SE-VO Rdnr. 4 m.w.N.
675 *Oplustil/Schneider*, NZG 2003, 13, 15 f.; *Schwarz*, SE-VO, Art. 66 SE-VO Rdnr. 29; *Oechsler* in: MüKo, AktG, Vor. Art. 1 SE-VO Rdnr. 18; *Seibt* in: Lutter/Homml hoff, Art. 66 SE-VO Rdnr. 3 m.w.N.
676 Vgl. S. 191-201.
677 *Casper*, ZHR 173 (2009), 181, 194 mit Verweis auf *Casper*, AG 2007, 97, 104, 105; *Oechsler* in: MüKo, AktG, Vor. Art. 1 SE-VO Rdnr. 18.
678 Den Formwechsel einer SE in eine AG nach UmwG ausschließend: *Oechsler* in: MüKo, AktG, Vor. Art. 1 SE-VO Rdnr. 18; *Casper*, AG 2007, 97, 105; *ders.* in: Spindler/Stilz, Art. 2, 3 SE-VO Rdnr. 39; einen solchen zulassend: wohl *Kiem* in: KK, AktG, Art. 66 SE-VO Rdnr. 11 i.V.m. Rdnr. 10 a.E.

bb. Stellungnahme

Nicht überzeugend ist, Art. 66 SE-VO als den Formwechsel abschließend regelnde Vorschrift anzusehen. Die Auslegung anhand Systematik, Entstehungsgeschichte sowie Sinn und Zweck ergibt, dass Art. 66 SE-VO grundsätzlich keine abschließende Regelung darstellt.[679]

Nach den Vorschriften des UmwG kann eine SE wie eine AG Formwechsel in andere Rechtsformen vornehmen. Abzulehnen ist allerdings diejenige Auffassung, welche die Zulässigkeit eines angeblich möglichen Formwechsels einer SE in eine AG nach Maßgabe des UmwG erwägt. Insoweit muss Art. 66 SE-VO als abschließende Regelung angesehen werden. Ein solcher Formwechsel ist bereits deswegen nicht möglich, weil die SE einer AG gleichgestellt wird und es einen Formwechsel einer AG in eine AG nicht gibt.[680] Sofern man hierüber hinweggeht und die Vorschrift des § 226 UmwG rein nach dem Wortlaut heranzieht, wäre der Formwechsel einer „Kapitalgesellschaft" (SE) in eine „andere Kapitalgesellschaft" (AG) zwar denkbar.[681] Auch könnte man auf die Idee kommen, dass der nationale Gesetzgeber den Formwechsel einer SE in eine AG regeln könnte. Art. 66 SE-VO ist insoweit aber eine Sperrwirkung zu entnehmen. Dem nationalen Gesetzgeber bleibt es gerade verwehrt, den Formwechsel in eine AG zu regeln.[682] Denn die parallele Anwendbarkeit von Vorschriften in VO und nationalem Recht, die den identischen Regelungsgegenstand betreffen, ist an keiner Stelle des Statuts vorgesehen und entspräche auch nicht der Regelungssystematik des Art. 9 SE-VO.

b. Sperrfrist

aa. Literaturmeinungen

Einer Ansicht zufolge ist die analoge Anwendung der Sperrfrist des Art. 66 Abs. 1 S. 2 SE-VO auf Formwechsel in eine andere Rechtsform ausgeschlossen.[683] Die Begründungen differieren. Zum Teil wird vorgebracht, die Vorschrift entfalte heute keinerlei Sperrwirkung mehr. Andere sehen sie als eine Spezialre-

---

679 Vgl. hierzu ausführlich S. 192-194.
680 Vgl. auch *Schwarz*, SE-VO, Art. 3 SE-VO Rdnr. 33.
681 Vgl. § 226 UmwG.
682 Ebenso *Reichert*, Der Konzern 2006, 821, 833 f.; *Heckschen* in: Widmann/Mayer, UmwR, Stand: März 2006, Anh. 14 Rdnr. 520, 530.
683 *Kiem* in: KK, AktG, Art. 66 SE-VO Rdnr. 12 f.; *Heckschen* in: Widmann/Mayer, UmwR, Stand: März 2006, Anh. 14 Rdnr. 521.

gelung für nur einen bestimmten Umstrukturierungsfall an. Angeführt wird weiterhin, dass die Bestimmungen der Verordnung mitbestimmungsneutral seien und somit nicht den Mitbestimmungsschutz bezweckten.[684] Die Gegenmeinung möchte die Sperrfrist des Art. 66 Abs. 1 S. 2 SE-VO bei jedem Formwechsel der SE in eine andere Rechtsform entsprechend anwenden.[685] Um eine Flucht aus der Mitbestimmung zu verhindern bzw. den temporären Mitbestimmungsschutz sicherzustellen, bedürfe es dieser Analogie. Differenzierend wird bisweilen eine teleologische Reduktion auf die Fälle eines möglichen Missbrauches gefordert.[686] Ein solcher könne nämlich ausgeschlossen werden, wenn eine SE im Wege der Umwandlung gegründet worden sei und ohne dass eine Sitzverlegung stattgefunden habe wieder in eine nationale AG umgewandelt werde.[687]

bb. Stellungnahme

Die entsprechende Anwendung des Art. 66 Abs. 1 S. 2 SE-VO abzulehnen, kann nicht überzeugen. Eine solche gebiet der Mitbestimmungsschutz. Auf die Argumentation an anderer Stelle kann verwiesen werden.[688] Eine Analogie ist auch deshalb geboten, weil andernfalls der Formwechsel in bspw. eine GmbH nach Maßgabe des UmwG schneller möglich wäre als derjenige in eine AG gemäß Art. 66 SE-VO. Mangels harmonisierten Rechts ist vor allem bei den Formwechseln nach nationalem Recht erforderlich, dass sich diese an den „Minimalvorschriften" des Art. 66 SE-VO orientieren, um ein allgemein verbindliches „Mindestschutzniveau" zu erreichen. Unzutreffend ist im Übrigen die Behauptung, Art. 66 Abs. 1 S. 2 SE-VO bezwecke nicht den Mitbestimmungsschutz, weil der Schutz der Arbeitnehmermitbestimmung ausschließlich in der SE-RL geregelt werde.[689] Anhand von Art. 12 Abs. 2 SE-VO oder bspw. dem Sitzverlegungsverbot des Art. 37 Abs. 3 SE-VO zeigt sich, dass die SE-VO durchaus Vorschriften enthält, die auch den Schutz der Arbeitnehmer bezwecken.[690] Als Beleg hierfür lassen sich die Gesetzesmaterialien heranziehen.

684 *Kiem* in: KK, AktG, Art. 66 SE-VO Rdnr. 5, 13.
685 *Marsch-Barner* in: Kallmeyer, UmwG, Anh. Rdnr. 130; *Schwarz*, SE-VO, Art. 66 Rdnr. 31; *Schröder* in: Manz/Mayer/Schröder, Art. 66 SE-VO Rdnr. 9; einst *Casper*, AG 2007, 97, 104.
686 *Seibt* in: Lutter/Hommelhoff, Art. 66 SE-VO Rdnr. 20; *Oplustil/Schneider*, NZG 2003, 13, 15; *Casper*, ZHR 173 (2009), 181, 196.
687 *Oplustil/Schneider*, NZG 2003, 13, 15.
688 Siehe hierzu S. 202-204 und S 209-210.
689 So aber *Kiem* in: KK, AktG, Art. 66 SE-VO Rdnr. 5.
690 Vgl. *Paefgen* in: KK, AktG, Art. 37 SE-VO Rdnr. 18; *Schäfer* in: MüKo, AktG, Art. 37 SE-VO Rdnr. 3; *Seibt* in: Lutter/Hommelhoff, Art. 37 SE-VO Rdnr. 4 m.w.N.

Nicht überzeugend ist schließlich die Forderung nach einer teleologischen Reduktion. Zum einen hat der europäische Gesetzgeber für die Fristbestimmung keine wertungsmäßige Besonderheit außer Acht gelassen.[691] Allein der Hinweis, eine Regelung werde nicht missbraucht, kann die Anwendung einer Vorschrift nicht ausschließen. Zum anderen können die Arbeitnehmerrechte auch im streitgegenständlichen Fall gefährdet sein. So ist durchaus vorstellbar, dass im Rahmen des bei der SE-Gründung durchzuführenden Verhandlungsverfahrens weitergehende Rechte der Arbeitnehmer vereinbart werden. Diese gingen bei einer Renationalisierung verloren. Die Sperrfrist ist als starre Beschränkung konzipiert und kann deshalb nicht im Bedarfsfall aufgeweicht werden. Im Rahmen der Revision der SE-VO sollte aber an ihrer Stelle eine Regelung gefunden werden, die eine Umstrukturierung nicht zeitlich sperrt und gleichwohl die Interessen der Arbeitnehmer schützt.

c. Verfahrensvorschriften

aa. Literaturmeinungen

Vielfach wird vertreten, dass die Verfahrensvorschriften des Art. 66 Abs. 2 bis 6 SE-VO beim Formwechsel in andere Rechtsformen entsprechend zu berücksichtigen seien.[692] Sie fänden neben den Vorschriften des nationalen Rechts Anwendung.[693] So komme der Regelung des Abs. 5, die eine Sachverständigenbescheinigung über die tatsächliche Deckung des Kapitals der SE vorschreibe, gläubigerschützende Funktion zu. Ebenso würden den Aktionären die gemeinschaftsrechtlichen Bestimmungen des Art. 66 SE-VO Schutz gewähren. Die Gegenmeinung lehnt ein Abstellen auf die Abs. 2 bis 6 des Art. 66 SE-VO ab.[694] Die überwiegende Meinung unterstelle, dass der Formwechsel in eine andere Rechtsform in den Regelungsbereich des Art. 66 SE-VO falle. Dafür, dass Art. 66 SE-VO nur Teilaspekte des Bereichs Formwechsel habe regeln wollen, bestünden keine Anhaltspunkte.

---

691 Zutreffend *Schwarz*, SE-VO, Art. 66 SE-VO Rdnr. 21.
692 *Marsch-Barner* in: Liber amicorum Happ, 2006, S. 165, 177; *Schwarz*, SE-VO, Art. 66 SE-VO Rdnr. 31; *Bayer*, in: Lutter/Hommelhoff, Art. 3 SE-VO Rdnr. 2.
693 *Oplustil/Schneider*, NZG 2003, 13, 15.
694 *Drinhausen* in: Semler/Stengel, UmwG, Einl. C Rdnr. 63; *Kiem* in: KK, AktG, Art. 66 SE-VO Rdnr. 11.

bb. Stellungnahme

In die richtige Richtung zielt die erstgenannte Ansicht. Da es sich beim Formwechsel um nicht harmonisiertes Recht handelt, sind die Verfahrensvorschriften des Art. 66 SE-VO bei Formwechseln gemäß nationalem Recht analog anzuwenden. Die Vorschrift hat den Charakter einer Mindestnorm, deren Schutzniveau nach verständiger Würdigung nur Allgemeingültigkeit beanspruchen kann. Sie gibt in jeder Hinsicht einen „Mindeststandard" vor.

d. Ergebnis

Art. 66 SE-VO sperrt den Formwechsel nach Maßgabe des UmwG nur insoweit, als dass ein solcher in eine AG nicht zulässig ist. Ansonsten stehen einer SE alle Varianten des Formwechsels offen, die auch einer AG nach dem UmwG möglich sind. Die Sperrfrist des Art. 66 Abs. 1 S. 2 SE-VO ist direkt bzw. bei Formwechseln nach Maßgabe des UmwG entsprechend in jedem Falle anzuwenden. Ebenfalls bei jedem Formwechsel zu beachten, sind die Verfahrensvorschriften des Art. 66 Abs. 2 bis 6 SE-VO.

E. Sonderfall: Grenzüberschreitende Verschmelzung unter SE-Beteiligung

I. Grundsätzliche Beteiligungsfähigkeit einer SE

1. Literaturmeinungen

Die grundsätzliche Beteiligungsfähigkeit einer SE an einer grenzüberschreitenden Verschmelzung gemäß der 10. RiLi wurde früher nur ganz vereinzelt bezweifelt.[695] Der Wortlaut der Richtlinie setze stets voraus, dass die Gründung der beteiligten Kapitalgesellschaften nach dem Recht eines Mitgliedstaates erfolgt sei. Bei der SE als supranationaler Rechtsform sei dies nicht der Fall. Die heute einhellige Meinung geht hingegen von einer grundsätzlichen Beteiligungsfähigkeit der SE aus.[696] Dies folge aus der Generalverweisung des Art. 9 Abs. 1 lit. c

---

695 *Müller*, ZIP 2004, 1790, 1792, der diese Ansicht inzwischen aufgegeben hat.
696 *Bayer* in: Lutter, UmwG, § 122b UmwG Rdnr. 7 m.w.N., *Müller*, ZIP 2007, 1081, 1082; *ders.*, NZG 2006, 286, 287; *Marsch-Barner* in: Kallmeyer, UmwG, § 122b UmwG Rdnr. 3; *Simon/Rubner* in: KK, UmwG, § 122b UmwG Rdnr. 7; *dies.*, Der Konzern 2006, 835, 836; *Drinhausen* in: Semler/Stengel, UmwG, § 122b UmwG Rdnr. 5; *Casper/Weller*, NZG 2009, 681, 685; *Habersack*, Europäisches Gesellschaftsrecht, § 7 Rdnr. 56; *Heckschen*, DNotZ 2007, 444, 454 f.; *Beutel*, Grenzüberschreitende Verschmelzungen,

ii SE-VO und aus dem Diskriminierungsverbot des Art. 10 SE-VO, wonach die SE einer AG ihres Sitzstaates gleichzustellen sei, sofern die SE-VO keine Sonderregelungen vorsehe. Hierfür streite neuerdings auch die Cartesio-Entscheidung[697] des EuGH.[698]

2. Stellungnahme

Der einhelligen Meinung ist beizutreten. Zwar spricht vordergründig die Formulierung des Art. 1 der 10. RiLi, die sich auch in § 122b Abs. 1 UmwG wieder findet, gegen eine Einbeziehung der SE in den Anwendungsbereich. Bei formaler Betrachtung richtet sich die Gründung einer SE nicht nach den Vorschriften eines Mitgliedstaates, sondern primär nach den gemeinschaftsrechtlichen Regelungen der SE-VO.[699] Allerdings ist diese rein formalistische Betrachtungsweise nicht zutreffend. Insbesondere der Regelungsgehalt der Generalverweisung in Art. 9 Abs. 1 lit. c ii SE-VO und das Gleichbehandlungsgebot in Art. 10 SE-VO führen zur Eröffnung des Anwendungsbereiches.[700] Die Bestimmungen stellen eine SE zum einen einer nach dem Recht eines Mitgliedstaates gegründeten AG gleich. Ferner verbieten sie die Diskriminierung einer SE gegenüber einer nationalen AG und führen zur Anwendbarkeit der für die AG geltenden Regelungen auf die SE, sofern die SE-VO keine eigene Regelung trifft. Die grenzüberschreitende Verschmelzung betreffend enthält die SE-VO nur Vorschriften zur Gründung einer SE und als Umwandlungsmöglichkeit wird in Art. 66 SE-VO nur der Formwechsel geregelt. Wie bereits dargestellt, ist letztere Vorschrift nicht abschließend.[701] Somit ist für Umwandlungsvorgänge das für AG geltende nationale Recht, also auch die §§ 122a ff. UmwG, anwendbar. Darüber hinaus wäre es schwer einsehbar, dass eine supranationale Rechtsform, deren primärer Zweck die grenzüberschreitende Restrukturierung von Produktionsfaktoren ist, hinsichtlich grenzüberschreitender Verschmelzungen schlechter gestellt wäre als eine nationale Kapitalgesellschaft. Im Übrigen geht auch der deutsche Gesetzgeber

S. 139; *Kulenkamp*, Grenzüberschreitende Verschmelzung von Kapitalgesellschaften, S. 142 f.; *Klein*, RNotZ 2007, 565, 573 f.; *Frenzel*, RIW 2008, 12, 14; *Bayer/Schmid*, NJW 2006, 401; *Drinhausen/Keinath*, BB 2006, 725, 726; *Forsthoff*, DStR 2006, 613; *Herrler*, EuZW 2007, 295, 296; *Neye/Tim*, DB 2006, 488, 490; *Vetter*, AG 2006, 613, 615.

697 EuGH, Urt. vom 16.12.2008, - C-210/06, Slg. 2008, I-0000 -, abgedruckt in: ZIP 2009, 24 ff. Vertiefend hierzu *Paefgen*, WM 2009, 529 ff.
698 *Casper/Weller*, NZG 2009, 681, 685.
699 Ausführlich hierzu *Kleinhenz*, Umsetzung der Richtlinie 2005/56/EG, S. 244 ff.
700 *Marsch-Barner* in: Kallmeyer, UmwG, § 122b UmwG Rdnr. 3; *Bayer* in: Lutter, UmwG, § 122b UmwG Rdnr. 7; *Frenzel*, RIW 2008, 12, 14 f.
701 Vgl. S. 191-202.

davon aus, dass die SE vom Anwendungsbereich der 10. RiLi umfasst ist. Dies wird in der Begründung des Gesetzentwurfs der Bundesregierung zu § 122b UmwG explizit klargestellt.[702]

II. SE-Gründung unter Anwendung der §§ 122a ff. UmwG

1. Literaturmeinungen

Unbestritten ist heute, dass eine SE-Gründung aufgrund der §§ 122a ff. UmwG nicht möglich ist.[703] Hierfür könnten nur die abschließenden Spezialvorschriften der Art. 2 und 3 SE-VO in Betracht kommen.

2. Stellungnahme

Der einhelligen Meinung kann nur beigepflichtet werden. Der in den Art. 2 und 3 SE-VO enthaltene Numerus Clausus regelt die SE-Gründung abschließend. Aufgrund des zeitlichen Abstands zwischen der Verabschiedung der 10. RiLi und der SE-VO erklärt sich, dass die abschließende Wirkung des Numerus Clausus durch die Literatur nicht mehr in Frage gestellt wird. Inzwischen ist weitestgehend anerkannt, dass die Sperrwirkung vollumfänglich ist.

III. Umstrukturierungen einer SE nach Maßgabe der § 122a ff. UmwG

1. Verschmelzungsmöglichkeiten

a. Literaturmeinungen

Nach einer verbreiteten Schrifttumsmeinung kann sich eine SE wie eine nationale AG an allen grenzüberschreitenden Verschmelzungen gemäß der §§ 122a ff. UmwG beteiligen.[704] Dabei kann sie als übertragender oder aufnehmender

---

702 BT-Drucks. 16/2919, S. 14.
703 *Simon/Rubner* in: KK, UmwG, § 122b UmwG Rdnr. 9 f.; *Drinhausen* in: Semler/Stengel, UmwG, § 122b UmwG Rdnr. 5; *Oechsler*, NZG 2006, 161 f.
704 *Klein*, RNotZ 207, 565, 574; *Kulenkamp*, Grenzüberschreitende Verschmelzung von Kapitalgesellschaften, S. 154; *Heckschen* in: Widmann/Mayer, UmwR, Stand: August 2007; § 122b UmwG Rdnr. 72; *Müller*, ZIP 2007, 1081, 1082; *Frenzel*, RIW 2008, 12, 15; *Grambow*, Der Konzern 2009, 97, 98; *Bayer* in: Lutter, UmwG, § 122b UmwG Rdnr. 7.

Rechtsträger agieren. Umfasst ist von dieser Ansicht neben den Verschmelzungsmöglichkeiten zur Aufnahme auch die Verschmelzung zur Neugründung einer nationalen Gesellschaft. Hinsichtlich der Fälle, in welchen die SE untergehe, entfalte Art. 66 SE-VO keine Sperrwirkung, da es sich um keine abschließende Regelung handle.[705]

Einer weiteren Ansicht zufolge kann sich die SE nur als übertragender Rechtsträger oder übernehmender Rechtsträger bei der Verschmelzung zur Aufnahme beteiligen.[706] Nicht möglich sei die Beteiligung als übernehmender Rechtsträger bei einer Verschmelzung zur Neugründung, da die SE-Gründung durch Verschmelzung ausschließlich in der SE-VO geregelt ist. Offen bleibt dabei freilich, ob auch die Verschmelzung zur Neugründung einer nationalen Gesellschaft ausgeschlossen sein soll.

Eine Einschränkung des Anwendungsbereiches der §§ 122a ff. UmwG ergebe sich, so *Oechsler*, hinsichtlich der Verschmelzung zur Aufnahme zweier SE aus unterschiedlichen Mitgliedstaaten.[707] Aus dem Rechtsgedanken des Art. 3 Abs. 1 SE-VO erkläre sich der Vorrang der SE-VO. Der Norm könne der gesetzgeberische Wille zu entnehmen sein, dass eine SE bei Umwandlungsvorgängen, an deren Ende eine SE stehe, wie eine nationale AG zu behandeln sei. Somit müsse der Fall so behandelt werden, als ob zwei AG erstmals eine neue SE gründeten. Dieses Ergebnis werde durch teleologische Überlegungen bestätigt. Der Fall der grenzüberschreitenden Verschmelzung habe für die übertragende SE stets auch den Charakter eines Rechtsformwechsels, weil auf die neu geschaffenen Mitgliedschaftsrechte das Recht des Sitzmitgliedstaats der aufnehmenden Gesellschaft Anwendung finde. Darin könne man eine wirtschaftliche Neugründung sehen, die wie eine tatsächliche Neugründung nach Art. 2 SE-VO behandelt werden sollte. Ohne Begründung gehen auch *Imwinkl/Schneider* davon aus, dass sich die Verschmelzung zweier SE nicht nach der 10. RiLi vollziehen könne.[708] Eine Verschmelzung zweier SE zu einer AG österreichischen Rechts sei nur nach den Vorschriften der SE-VO möglich.

Die restriktivste Ansicht sieht nur solche Verschmelzungsmöglichkeiten als eröffnet an, an deren Ende keine SE stehe.[709] Die grenzüberschreitende Ver-

705 *Frenzel*, RIW 2008, 12, 15.
706 *Drinhausen/Keinath*, BB 2006, 725, 726; *Kleinhenz*, Umsetzung der Richtlinie 2005/56/EG, S. 248.
707 *Oechsler* NZG 2006, 161, 162; ebenso *Louven*, ZIP 2006, 2021, 2024; *Kleinhenz*, Umsetzung der Richtlinie 2005/56/EG, S. 248.
708 *Imwinkl/Schneider*, Der Konzern 2007, 705, 715.
709 *Louven*, ZIP 2006, 2021, 2024; *Reichert*, Der Konzern 2006, 821, 834.

schmelzung einer AG oder einer SE auf eine bereits bestehende SE richte sich ausschließlich nach Art. 2 Abs. 1, Art. 3 Abs. 1 und den Art. 17 ff. SE-VO. Der SE-VO sei ebenfalls zu entnehmen, dass die grenzüberschreitende Verschmelzung einer Gesellschaftsform jenseits von AG und SE zur Aufnahme in eine SE nicht möglich sein solle.

b. Stellungnahme

Die letztgenannte Ansicht kann nicht überzeugen. Der Numerus Clausus der Gründungsformen regelt allein die Gründung einer SE abschließend. Umstrukturierungsmaßnahmen, die im Ergebnis zu keiner SE-Gründung führen, sind nicht vom Regelungsbereich der Art. 2 und Art. 3 SE-VO umfasst und waren es auch in früheren VO-Vorschlägen nie. Eine Verschmelzung zur Neugründung, deren Ergebnis eine neue SE ist, kann insoweit noch zutreffend nur nach den Art. 2 Abs. 1, Art. 3 Abs. 1 SE-VO erfolgen. Hält man die Gründung einer neuen SE aufgrund einer Verschmelzung zur Aufnahme durch zwei bestehende SE für möglich[710], wäre auch dieser Gründungsvorgang nur aufgrund vorstehender Vorschriften zulässig.[711] Nicht durch die SE-VO geregelt ist entgegen der zu bewertenden Schrifttumsmeinung allerdings die Verschmelzung zur Aufnahme mit einer SE als aufnehmendem Rechtsträger, ohne dass es gemäß Art. 29 Abs. 1 lit. d SE-VO zu einem Formwechsel in eine neue SE kommt. Ist also keine Gründung einer SE beabsichtigt, sofern man diese Gründungsmöglichkeit für gegeben betrachtet, kann eine Verschmelzung zur Aufnahme auf eine bestehende SE gemäß den §§ 122a ff. UmwG erfolgen. Dies gilt auch, sofern der übertragende Rechtsträger keine AG oder SE, sondern eine Kapitalgesellschaft anderer Rechtsform ist, denn es geht in diesen Fällen nicht um die von der SE-VO abschließend geregelte SE-Gründung, sondern um die Verschmelzung auf eine bereits bestehende SE.[712] Demnach spielt die Beschränkung der Gründungsgesellschaften auf die Rechtsformen der AG und SE keine Rolle.

Der Argumentation *Oechslers* ist mit entsprechenden Argumenten entgegenzutreten. Die SE-VO enthält zu Umstrukturierungen zweier SE, die keine SE-Gründung bezwecken, keine besonderen Regelungen. Lediglich wenn eine SE übertragender Rechtsträger ist, kommt Art. 66 SE-VO indirekt Bedeutung zu.[713]

710 *Schwarz*, SE-VO, Art. 3 SE-VO Rdnr. 15; dies erwägend *Simon/Rubner* in: KK, UmwG, § 122b Rdnr. 11; a.A *Scheifele*, Gründung, S. 437.
711 Ebenso *Simon/Rubner* in: KK, UmwG, § 122b UmwG Rdnr. 11.
712 *Klein*, RNotZ 2007, 565, 574.
713 Siehe hierzu den nächsten Gliederungspunkt.

Aufgrund Art. 9 Abs. 1 lit. c ii SE-VO sowie Art. 10 SE-VO sind die §§ 122a ff. UmwG anzuwenden. Auch die Sichtweise, dass der Wechsel der Rechtsordnung für die übertragende SE eine wirtschaftliche Neugründung darstellt, rechtfertigt kein anderes Ergebnis. Selbst wenn man den Rechtsformwechsel als wirtschaftliche Neugründung ansehen würde, kann dieser nicht mit der rechtlichen Neugründung gleichgesetzt werden.[714] Dem Wechsel der unterliegenden Rechtsordnung trägt bereits die 10. RiLi Rechnung, so dass ein Abstellen auf die SE-VO nicht geboten ist.

Beizutreten ist derjenigen Meinung, nach welcher eine SE umfassend an grenzüberschreitenden Verschmelzungen gemäß der §§ 122a ff. UmwG teilnehmen kann. Begrenzt wird die Teilnahmefähigkeit zutreffenderweise nur insofern, als dass die Regelungen der SE-VO anzuwenden sind, soweit eine neue SE aus dem Umwandlungsvorgang hervorgeht. Somit ist auch eine Verschmelzung zur Neugründung gemäß den § 122a ff. UmwG möglich, wenn es sich bei der neu gegründeten Gesellschaft um keine SE handelt. Die Autoren mit differenzierender Sichtweise, welche letztgenannte Möglichkeit allem Anschein nach ausnehmen wollen, können nicht überzeugen. Es ist kein Grund ersichtlich, warum unter Beteiligung einer SE nicht auch eine Kapitalgesellschaft anderer Rechtsform gemäß den §§ 122a ff. UmwG gegründet werden können sollte. Art. 66 SE-VO stellt in diesem wie in jedem anderen Fall, an welchem die SE als übertragender Rechtsträger beteiligt ist, keine entgegenstehende Regelung dar.[715]

2. Entsprechende Anwendung der Sperrfrist des Art. 66 Abs. 1 S. 2 SE-VO

a. Literaturmeinungen

Wie bei nationalen Umwandlungsvorgängen wird vielfach vertreten, dass die Sperrfrist des Art. 66 Abs. 1 S. 2 SE-VO entsprechend anzuwenden sei, wenn die SE bei der grenzüberschreitenden Verschmelzung übertragender Rechtsträger ist.[716] Die Beschränkung könne sonst leicht umgangen werden, wenn anstelle eines Formwechsels nach Art. 66 SE-VO auf eine Verschmelzung nach den §§ 122a ff. UmwG zurückgegriffen werde. Der Einwand, dass Art. 66 SE-VO den innerstaatlichen Formwechsel betreffe, während es hier um die transnationa-

---

714 *Heckschen* in: Widmann/Mayer, UmwR, Stand: August 2007, § 122b UmwG Rdnr. 66.
715 Vgl. hierzu bereits S. 191-202.
716 *Marsch-Barner* in: Kallmeyer, UmwG, § 122b UmwG Rdnr. 3; *Louven*, ZIP 2006, 2021, 2024; *Simon/Rubner*, Der Konzern 2006, 835, 837; *dies.* in: KK, UmwG, § 122b UmwG Rdnr. 14; *Becker* in: Maulbetsch/Klumpp/Rose, UmwG, § 122b UmwG Rdnr. 9.

le Verschmelzung gehe, greife nicht. Wenn die SE-VO zum transnationalen Formwechsel schweige, könne daraus nicht geschlossen werden, dass Umwandlungsvorgänge über die Grenzen hinweg unter weniger strengen Voraussetzungen ermöglicht werden sollten als innerstaatliche Umwandlungen.

Die Gegenansicht lehnt eine analoge Anwendung der Sperrfrist des Art. 66 Abs. 1 S. 2 SE-VO ab.[717] Ein Missbrauch im Hinblick auf die unternehmerische Mitbestimmung, den die Vorschrift verhindern solle, scheide aus, da das Verfahren nach Art. 16 der 10. RiLi Anwendung finde. Ein Bedürfnis für eine extensive Anwendung der Sperrfrist bestehe daher nicht. *Casper* verweist insofern auf Art. 16 Abs. 17 der 10. RiLi, meint freilich Abs. 7, welcher einen temporären Mitbestimmungsschutz für innerstaatliche Verschmelzungen, die der grenzüberschreitenden Verschmelzung nachfolgen, vorsieht.[718] Schließlich wird angeführt, bei einer deutschen SE sei aufgrund von § 76 UmwG ohnehin von einer zweijährigen Sperrfrist auszugehen, so dass es für eine Analogie auch an einer Regelungslücke fehle.[719]

b. Stellungnahme

Die Argumente gegen eine Analogie vermögen nicht zu überzeugen. Es wurde bereits dargestellt, dass der Verweis auf § 76 UmwG aus mehreren Gründen fehl geht.[720] Nicht zielführend ist auch die Argumentation mit Art. 16 Abs. 7 der 10. RiLi. Dieser regelt den Mitbestimmungsschutz bei innerstaatlichen Verschmelzungen, welche der grenzüberschreitenden Verschmelzung nachfolgen. Er vermag also beim Untergang der SE als übertragendem Rechtsträger im Rahmen einer grenzüberschreitenden Verschmelzung gerade nicht weiterzuhelfen. *Caspers* Überlegung wäre bei einer anderen Frage passend. Nämlich, ob es aufgrund der Regelung des Art. 16 Abs. 7 der 10. RiLi bei einer innerstaatlichen Verschmelzung keiner analogen Anwendung des Art. 66 Abs. 1 S. 2 SE-VO bedarf, wenn eine aus einer grenzüberschreitenden Verschmelzung hervorgegangene SE nun übertragender Rechtsträger ist. Zuletzt kann auch das Argument, das Verfahren nach Art. 16 der 10. RiLi bzw. die Bestimmungen des MgVG böten entsprechenden Schutz, nicht überzeugen. Dem könnte nur zugestimmt werden, wenn

---

717 *Kiem* in: KK, SE-VO, Art. 66 SE-VO Rdnr. 13; *Casper/Weller*, NZG 2009, 681, 686; *Kulenkamp*, Grenzüberschreitende Verschmelzung von Kapitalgesellschaften, S. 152, 154; *Beutel*, Grenzüberschreitende Verschmelzungen, S. 143.
718 *Casper*, ZHR 173 (2009), 181, 195 in FN. 54; ebenso *Casper/Weller*, NZG 2009, 681, 686.
719 *Kulenkamp*, Grenzüberschreitende Verschmelzung von Kapitalgesellschaften, S. 151 f.
720 Vgl. hierzu S. 209.

das Verfahren das identische Mitbestimmungsniveau gewährleisten könnte, welches in der SE vor der Verschmelzung besteht. Die vorstehende Bedingung vermag es aber nicht zu erfüllen. Dies zeigt sich bereits daran, dass das Verfahren nach Art. 16 der 10. RiLi nicht unerheblich vom Verhandlungsverfahren der SE-RL bzw. des SEBG abweicht. Würde eine paritätisch mitbestimmte deutsche SE auf eine nicht mitbestimmte ausländische Gesellschaft verschmolzen, würde das Eingreifen der Auffangregelung gemäß Art. 16 Abs. 3 lit. e der 10. RiLi voraussetzen, dass anstelle des Schwellenwertes von einem Viertel bei der SE ein solcher von einem Drittel erreicht wird.[721] Vor allem aber eröffnet Art. 16 Abs. 4 lit. c der 10. RiLi den Mitgliedstaaten die Möglichkeit, dass die Anzahl der Arbeitnehmervertreter im Verwaltungsorgan der aus der grenzüberschreitenden Verschmelzung hervorgehenden Gesellschaft auf ein Drittel begrenzt werden kann.[722] Zwar bezieht sich diese Option nach umstrittener, aber zutreffender Meinung nur auf das monistische System.[723] Für das dualistische System ergeben sich jedoch wie bereits gezeigt ebenfalls Diskrepanzen. Hätte also der Mitgliedstaat der aufnehmenden Gesellschaft die Begrenzungsoption wahrgenommen, könnte die paritätische Mitbestimmung in der SE auf eine Drittelparität in der aufnehmenden nationalen Gesellschaft reduziert werden.[724] Daran wird mehr als deutlich, dass es aufgrund von Art. 16 der 10. RiLi zu Verkürzungen des Mitbestimmungsniveaus kommen kann und der temporäre Mitbestimmungsschutz dadurch umgangen wird.

Da eine analoge Anwendung der Sperrfrist des Art. 66 Abs. 1 S. 2 SE-VO aus dargestellten Gründen geboten ist, kann allein die erstgenannte Ansicht als zutreffend bewertet werden. An diesem Befund vermag auch das teilweise vorgebrachte Argument weiterentwickelter rechtspolitischer Vorstellungen in Bezug auf die Mitbestimmung nichts zu ändern.[725] Sollte ganz grundsätzlich die Sicherung des Mitbestimmungsniveaus bei transnationalen Sachverhalten auf europäischer Ebene weg von einer starren Sperrfrist, wie sie Art. 66 Abs. 1 S. 2 SE-VO darstellt, hin zu einer flexibleren Regelung, wie in Art. 16 Abs. 7 der 10. RiLi vorgesehen, führen, bedürfte es einer Klarstellung bzw. Änderung im Hinblick

---

721 Sollte dies nicht der Fall sein, könnte das BVG freilich gleichwohl das Eingreifen der Auffangregelung beschließen.

722 Von dieser Option hat bspw. das Vereinigte Königreich Gebrauch gemacht, vgl. *Henssler*, ZHR 173 (2009), 222, 227 f.

723 *Koppensteiner*, Der Konzern 2006, 40, 51; *Habersack*, Europäisches Gesellschaftsrecht, § 7 Rdnr. 70; *Teichmann*, Der Konzern 2007, 89, 92; *Heckschen* in: Widmann/Mayer, UmwR, Stand: August 2007, Vor. § 122a UmwG Rdnr. 166; a.A. *Grohmann/Gruschinske*, GmbHR 2006, 191, 193; *Neye*, ZIP 2005, 1893, 1897 f.

724 Vgl. auch *Heuschmid*, AuR 2006, 184, 188.

725 Vgl. *Koppensteiner*, Der Konzern 2006, 40, 51.

auf Art. 66 Abs. 1 S. 2 SE-VO.[726] Unterschiede in den betreffenden Regelungen sind nicht wünschenswert und erzeugen Friktionen. Dies mag an den rechtlichen Vorgaben, an welchen es sich zu orientieren gilt, de lege lata nichts zu ändern. Bereits an anderer Stelle wurde darauf hingewiesen, dass die Revision der SE-VO aber die Möglichkeit bietet, de lege ferenda von einer starren Sperrfrist abzurücken. Der Verfasser hält dies für wünschenswert.

3. Ergebnis

Eine SE-Gründung unter Heranziehung der §§ 122a ff. UmwG ist aufgrund des Numerus Clausus nicht möglich. Im Übrigen kann eine SE im selben Umfang wie eine AG nationalen Rechts an grenzüberschreitenden Verschmelzungen gemäß der §§ 122a ff. UmwG teilnehmen. Beteiligt sich die SE als übertragender Rechtsträger, ist die Sperrfrist des Art. 66 Abs. 1 S. 2 SE-VO entsprechend anzuwenden. Art. 16. der 10. RiLi bzw. die Vorschriften des MgVG bieten keinen vergleichbaren Schutz.

F. Ergebnis und Ausblick

Eine SE-Gründung ist nur unter den Voraussetzungen der Art. 2, 3 SE-VO zulässig. Somit kann es außerhalb deren Vorgaben nicht zu einer SE-Gründung unter Anwendung des UmwG kommen. Durch den Numerus Clausus legitimiert und daher zulässig ist die SE-Tochtergründung gemäß Art. 3 Abs. 2 SE-VO im Wege der Ausgliederung nach UmwG. Im Übrigen kann sich eine bestehende SE wie eine AG an Umstrukturierungen nach Maßgabe des UmwG, also einschließlich der §§ 122a ff. UmwG, beteiligen. Lediglich die Normierung des Formwechsels einer SE in eine AG nach Maßgabe des nationalen Rechts ist unzulässig. Die Sperrfrist des Art. 66 Abs. 1 S. 2 SE-VO ist entsprechend anzuwenden, wenn dies der Schutz der Arbeitnehmerrechte erfordert. Bei Formwechseln nach Maßgabe des UmwG sind die Verfahrensvorschriften des Art. 66 SE-VO zu beachten.

Im Hinblick auf die anstehende Revision der SE-VO ist, wie bereits durch den Arbeitskreis Aktien- und Kapitalmarktrecht geschehen, eine Klarstellung im

---

726 Interessant in diesem Zusammenhang ist die Mitteilung der Kommission zur Überprüfung der SE-RL, KOM (2008) 591 end. S. 8. Weiterhin die Empfehlung Ziffer 5 der Entschließung des Europäischen Parlaments vom 10. März 2009 zur grenzüberschreitenden Verlegung des eingetragenen Gesellschaftssitzes (2008/2196(INI)), P6_TA(2009)0086.

Hinblick auf Art. 66 SE-VO zu fordern.[727] Klargestellt werden sollte, dass dieser nur hinsichtlich der formwechselnden Umwandlung einer SE in eine nationale AG abschließend ist; also weiteren Umwandlungsmöglichkeiten (Verschmelzung, Spaltung, Formwechsel) nach nationalem Recht nicht entgegensteht.

Darüber hinaus ist zu fragen, ob der temporäre Mitbestimmungsschutz wie bislang über eine Sperrfrist (Art. 66 Abs. 1 S. 2 SE-VO) gewährt werden sollte, oder nicht besser über eine temporäre Erhaltung der Mitbestimmung in der Zielgesellschaft im Sinne des Art. 16 Abs. 7 der 10. RiLi. Unbefriedigend ist nämlich, dass eine SE bei Eingreifen der Sperrfrist zwei Jahre warten muss, bevor sie gewisse Transaktionen vornehmen kann. Bei der grenzüberschreitenden Verschmelzung nach der 10. RiLi hat der europäische Gesetzgeber einen in dieser Hinsicht vorteilhafteren Ansatz verfolgt. Der grenzüberschreitenden Verschmelzung nachfolgende nationale Verschmelzungen können zu jeder Zeit erfolgen. Das Mitbestimmungsniveau wird dafür unter bestimmten Voraussetzungen für drei Jahre gesichert.

Der deutsche Gesetzgeber hat vorstehendes Richtlinienkonzept in § 30 MgVG umgesetzt. Vereinfacht gilt nach dieser Vorschrift das Mitbestimmungsniveau drei Jahre lang in der nationalen Zielgesellschaft fort, wenn das nationale Recht einen geringeren Umfang an Mitbestimmung vorsieht. Die Regelung stellt also ein pauschaliertes Schutzprogramm dar, da auf erneute Verhandlungen verzichtet wird. Gegen eine derartige starre zeitliche Übertragung des Mitbestimmungsniveaus ist allerdings einzuwenden, dass diese Umsetzung nicht unmittelbar den Vorgaben der 10. RiLi entspricht.[728] Anstelle einer starren zeitlichen Fortgeltung des Arbeitnehmermitbestimmungsniveaus müssten nach Art. 16 Abs. 7 der 10. RiLi vielmehr Verhandlungen mit den Arbeitnehmern geführt werden.[729] Die Vorschriften des Art. 16 der 10. RiLi sind dabei entsprechend anzuwenden. Sofern nichts anders ausgehandelt wird, ist regelmäßig das Mitbestimmungsniveau, welches in der aus der grenzüberschreitenden Verschmelzung hervorgegangenen Gesellschaft besteht, für weitere drei Jahre einschlägig. Allerdings kann aufgrund der entsprechend zu beachtenden Schwellenwerte im Rahmen des Verhandlungsverfahrens die Mitbestimmung auch ganz entfallen, wenn das jeweilige nationale Recht eine solche für seine nationalen Gesellschaften nicht vorsieht und das BVG keinen Beschluss gemäß Art. 16 Abs. 3 lit. e der 10. RiLi fasst.

---

727 Die Änderungsvorschläge des Arbeitskreises Aktien- und Kapitalmarktrecht sind abgedruckt in: ZIP 2009, 698 f.
728 Vgl. *Habersack*, ZHR 171 (2007), 613, 637 f.; *Schubert*, RdA 2007, 9, 16.
729 Ebenso *Müller-Bonanni/Müntefering*, BB 2009, 1699, 1703.

Für die Ersetzung der Sperrfrist des Art. 66 Abs. 1 S. 2 SE-VO durch eine starre Frist ähnlich des § 30 MgVG spricht, dass diese einfach zu handhaben ist und es in keinem Fall zum Verlust der Mitbestimmung kommen kann. Gegen eine solche starre Frist und für die Durchführung eines Verhandlungsverfahrens spricht die Flexibilität dieses Instruments. Es bietet Raum für individuelle Lösungen. Ihm gebührt der Vorrang. Anzumerken ist freilich, dass es einer eigenen Vorschrift bedürfte. Keinesfalls kann schlicht auf Art. 16 der 10. RiLi verwiesen werden. Bspw. bedarf es einer von der 10. RiLi abweichenden Schwellenwertregelung. So ist beim Formwechsel einer SE naturgemäß nur eine Gesellschaft betroffen, so dass Schwellenwerte keine Rolle spielen. Auch Spaltungsvorgänge wären differenzierend zu berücksichtigen. Schließlich wäre zu bedenken, dass zumindest mit Blick auf die bisherige Regelung die Beschränkung des Art. 16 Abs. 4 lit. c der 10. RiLi nicht unmittelbar übernommen werden könnte und vor allem auch die Unterrichtung und Anhörung der Arbeitnehmer Gegenstand der Verhandlungen sein müssten.

Nach alledem sollte die Sperrfrist des Art. 66 Abs. 1 S. 2 SE-VO im Rahmen der Revision der SE-VO durch eine Regelung ersetzt werden, die erneut Verhandlungen und eine Auffanglösung vorsieht. Sicherlich wäre es auch sinnvoll, eine Möglichkeit vorzusehen, wonach auf das Verhandlungsverfahren verzichtet werden kann und eine Auffanglösung akzeptiert wird. Über das SE-Statut hinaus ist der europäische Gesetzgeber gehalten, eine möglichst einheitliche Linie zu finden. Sollte er im Hinblick auf die Mitbestimmungssicherung stets unterschiedliche Regelungen treffen, wird dies zu großer Rechtsunsicherheit führen. Aufgrund der SE-VO, der 10. RiLi und zukünftig durch die SPE bzw. die 14. RiLi werden Gesellschaften zunehmend Gestaltungsmöglichkeiten an die Hand gegeben. Dies aber führt zwingend zu Berührungspunkten einzelner Mitbestimmungssicherungsregelungen, welche sich dann nicht überkreuzen bzw. im Schutzniveau sehr unterschiedlich sein sollten.

Zusammenfassung der Ergebnisse und Ausblick

Teil 1

Die Zulässigkeit von Umgehungsgestaltungen im Hinblick auf Numerus Clausus und Mehrstaatlichkeitsprinzip ist anhand von Sinn und Zweck beider Prinzipien zu beurteilen. Er besteht darin, eine unbeschränkte Konkurrenz zwischen der SE und nationalen Gesellschaftsformen zu verhindern. Gesellschaften, für welche die nationalen Gesellschaftsformen ausreichend sind, sollen sich der SE nicht lediglich zur Entledigung von strengeren gesellschaftsrechtlichen Vorschriften bedienen können. Entgegen anders lautender Stimmen im Schrifttum sind Numerus Clausus und Mehrstaatlichkeitsprinzip auch in der Lage, solchen Tendenzen bis zu einem gewissen Grade Einhalt zu gebieten. Zulässige Umgehungsgestaltungen erfordern neben finanziellen auch diverse andere Ressourcen, die nicht jeder Aspirant wird vorweisen können. Zum Zweiten wird durch die Gründungsbeschränkungen auch Subsidiaritätsaspekten genüge getan. Zwar setzen weder die Ermächtigungsgrundlage des ex Art. 308 EGV (heute Art. 352 AEUV), noch das Subsidiaritätsprinzip des ex Art. 5 Abs. 2 EGV (heute Art. 5 Abs. 3 EUV) das Mehrstaatlichkeitsprinzip oder den Numerus Clausus voraus, um eine Gemeinschaftszuständigkeit zu begründen. Die konkrete SE-VO kann ohne eines der besagten Prinzipien allerdings gegen den Grundsatz der Verhältnismäßigkeit in ex Art. 5 Abs. 3 EGV (heute Art. 5 Abs. 4 EUV) verstoßen. Demzufolge sollen die Mitgliedstaaten vor einer Beeinträchtigung ihres Handlungsspielraums durch Überregulierung in inhaltlicher wie in formaler Hinsicht geschützt werden. Ohne Mehrstaatlichkeitsprinzip könnte es zu einer breiten Flucht aus den nationalen Gesellschaftsformen kommen. In der Folge wären die Mitgliedstaaten de facto ihrer Regelungskompetenz im nationalen Bereich beraubt und damit wäre ein Verstoß gegen ex Art. 5 Abs. 3 EGV (heute Art. 5 Abs. 4 EUV) gegeben. Beide Zwecksetzungen sind durch die rechtliche Entwicklung nicht als überholt anzusehen, weshalb Numerus Clausus und Mehrstaatlichkeitsprinzip bis heute mit der Konkurrenzthese und Subsidiaritätsaspekten begründbar sind. Die im Zuge der anstehenden Revision der SE-VO vielfach geforderte ersatzlose Streichung des Mehrstaatlichkeitsprinzips ist aus Gründen der Subsidiarität abzulehnen. Die ersatzlose Aufgabe einzelner Kriterien des Kanons der Gründungsbeschränkungen kann zur Unverhältnismäßigkeit des SE-Statuts führen. Möglich ist allerdings der Austausch des Mehrstaatlichkeitsprinzips bzw. des Numerus Clausus gegen andere Beschränkungskriterien. Solche können, müssen aber nicht zwingend ein grenzüberschreitendes Element beinhalten. In Betracht käme bspw. das Abstellen auf Umsätze, die aus einer grenzüberschreitenden Geschäftstätigkeit resultieren und im Rahmen des Geschäftsberichts von einem Wirtschaftsprüfer testiert wurden. Durch die Einführung von Schwellenwerten könnte vorgegeben werden, wie viel Prozent des Jahresumsatzes außerhalb des Sitzstaates erzielt werden muss, um gründungsberechtigt zu sein. Ein solcher könnte bei 30% der Gesamtumsätze des Unternehmens liegen. Allen weiteren Begründungsversuchen der Literatur ist eine Absage zu erteilen. Mit der Exklusivitätsthese, dem Gebot der Firmenwahrheit, einem gesamteuropäischen Konzept sowie der Verhinderung einer Flucht aus der Mitbestimmung lassen sich der Numerus Clausus und das Mehrstaatlichkeitsprinzip nicht begründen. Insbesondere lässt sich für die Zeit vor dem Davignon-Bericht keinerlei Zusammenhang zwischen den Gründungstatbeständen und dem Motiv der Verhinderung einer Flucht aus der Mitbestimmung feststellen. Erst danach wird durch Teile der Politik und Literatur ein Zusammenhang hergestellt. Entscheidend aber ist, dass die Gründungstatbestände bis auf die Umwandlungsgründung bereits zuvor gesetzt waren. Lediglich die Zulassung und Ausgestaltung der Umwandlungsgründung ist mit der Angst vor der Flucht aus der Mitbestimmung verknüpft. Die abweichende gesetzeshistorische Geschichte der Umwandlungsgründung führt nicht dazu, dass dem Numerus Clausus bzw. Mehrstaatlichkeitsprinzip insgesamt der Sinn und Zweck zugeschrieben werden kann, diese sollten die Flucht aus der Mitbestimmung verhindern.

Teil 2

Sofern Aspiranten nicht alle Gründungsvoraussetzungen des Art. 2 SE-VO erfüllen, kann der Numerus Clausus und das Mehrstaatlichkeitsprinzip durch Typenkombinationen, also das Hintereinanderschalten von Gründungstatbeständen umgangen werden. Regelmäßig bieten sich Konzernverschmelzungen als Zwischenschritt an. Sofern keine Tochtergesellschaften vorhanden sind, können diese hierzu gegründet oder erworben werden. Eine ökonomische Verfestigung oder Mindestbestandsdauer von Gründungsgesellschaften gibt Art. 2 SE-VO nicht vor. Der Sinn und Zweck des Numerus Clausus und Mehrstaatlichkeitsprinzips wird durch Typenkombinationen nicht ausgehebelt. Insbesondere das Mehrstaatlichkeitsprinzip muss auf jeder Gründungsstufe eingehalten werden. Um das gewünschte Endergebnis zu erzielen, bedarf es finanzieller, zeitlicher und personeller Anstrengungen. Der Konkurrenzthese wird dadurch genüge getan. Subsidiaritätsaspekte werden nicht tangiert. Durch besagte rechtliche Gestaltungen werden darüber hinaus regelmäßig weder strengere Verfahrensvorschriften noch die Arbeitnehmerbeteiligung umgangen. Vorstehende Bewertung gilt entsprechend für die Wahl zwischen mehreren Gründungsoptionen. Ist die eigentlich gewünschte Gründungsvariante gesperrt, lässt sich das Ergebnis aber über einen anderen Gründungstatbestand erreichen, so ist dies zulässig. Die Gründungstatbestände stehen gleichberechtigt nebeneinander. Ein Vorrang einzelner Tatbestände besteht nicht. Zulässig ist weiterhin eine SE durch einen *sidestream merger* von Tochtergesellschaften in der Rechtsform der AG zu gründen. Dass dies im Ergebnis einer in Art. 2 SE-VO nicht vorgesehenen Ausgründung gleichkommt, ist unerheblich. Auch Gestaltungen zur Umgehung von strengeren bzw. komplizierteren Verfahrensvorschriften einer anderen Gründungsvariante sind regelmäßig zulässig. Sofern dabei gläubiger- und minderheitenschützende Vorschriften umgangen werden, ist deren analoge Anwendung zu erwägen, ein Gestaltungsverbot wird sich regelmäßig nicht begründen lassen. Numerus Clausus und Mehrstaatlichkeitsprinzip führen zu keinen Einschränkungen, da sie den Gläubiger- und Minderheitenschutz nicht bezwecken. Im Gegensatz zu vorstehenden Gestaltungen ist es unzulässig, bei der Beteiligung einer bestehenden SE als Gründungsgesellschaft das Mehrstaatlichkeitsprinzip teleologisch zu reduzieren. Die Konkurrenzthese erfordert bereits aufgrund der Teilnahme einer nationalen Gesellschaft die Einhaltung des Mehrstaatlichkeitsprinzips. Entsprechendes Ergebnis gilt de lege lata auch für die SE-Gründung unter ausschließlicher Beteiligung bestehender SE. De lege ferenda wäre bei letzterer Variante an eine vereinfachte Gründungsmöglichkeit zu denken.

Teil 3

In vielfacher Hinsicht interessante Gestaltungsmöglichkeiten bietet eine Vorrats-SE. Das SE-Statut selbst enthält keinerlei Regelungen zu Vorratsgesellschaften und deren Aktivierung. Allerdings finden die deutschen richterrechtlichen Grundsätze zu Vorratsgesellschaften auf die SE mit Sitz in Deutschland Anwendung. Der Numerus Clausus und das Mehrstaatlichkeitsprinzip stehen weder der Gründung einer Vorrats-SE entgegen noch sind sie bei der wirtschaftlichen Neugründung analog anzuwenden. Zum einen wird eine wirtschaftliche Betätigung bzw. eine Mindestbestandsdauer der Gründungsgesellschaften durch besagte Prinzipien nicht vorausgesetzt. Zum anderen fehlt es für eine Analogie bei der wirtschaftlichen Neugründung an der Vergleichbarkeit der Sachverhalte. Konkurrenzthese und Subsidiaritätsaspekte stehen der Vorrats-Gründung bzw. der wirtschaftlichen Neugründung nicht entgegen. Als weitere Gestaltungsgrenze kommt Art. 12 Abs. 2 SE-VO in Betracht, welcher für alle Gründungstatbestände, auch Art. 3 Abs. 2 SE-VO, gilt. Wird in den Gründungsgesellschaften unter

Einschluss ihrer Tochtergesellschaften und Betriebe die zur Bildung des Verhandlungsgremiums erforderliche Mindestzahl von zehn Arbeitnehmern beschäftigt, kann die Vorrats-SE nur eingetragen werden, sofern die Voraussetzungen des Art. 12 Abs. 2 SE-VO erfüllt sind. Werden hingegen keine oder insgesamt weniger als zehn Arbeitnehmer beschäftigt, ist Art. 12 Abs. 2 SE-VO teleologisch zu reduzieren. Das Registergericht hat die Vorrats-SE einzutragen. Sofern weder bei der Gründung der Vorrats-SE noch im Rahmen der wirtschaftlichen Neugründung ein Arbeitnehmerbeteiligungsverfahren durchgeführt wird, kommt es zu einer Umgehung der Arbeitnehmerrechte. Dies ist mit den Vorgaben des europäischen Gesetzgebers nicht vereinbar. Zur Gewährleistung der Beteiligungsrechte sind Analogien einem Umgehungsverbot vorzuziehen. Die insbesondere in Betracht kommende analoge Anwendung von Art. 12 Abs. 2 SE-VO bei Verwendung der Vorrats-SE ist entbehrlich, wenn andere Schutzkonzepte ein vergleichbares Schutzniveau gewährleisten. Als solches ist die analoge Anwendung der §§ 4 ff. SEBG im Wortlaut nicht geeignet. Auch eine direkte oder analoge Anwendung des § 18 Abs. 3 SEBG scheidet aus. Sofern hinsichtlich der wirtschaftlichen Neugründung auf das Tatbestandsmerkmal der strukturellen Änderung, welches zwingend eng auszulegen ist, abgestellt wird, ergeben sich nicht akzeptable Schutzlücken. Insbesondere ließe sich mittels der Vorrats-SE eine arbeitnehmerlose Holding durch den Beteiligungserwerb mitbestimmter Unternehmen installieren. Als unzulässig muss weiterhin der Versuch gewertet werden, das Tatbestandsmerkmal grundsätzlich zwar eng, bei der analogen Anwendung aber weit auszulegen. Entgegen einer Literaturmeinung ist auch eine generelle analoge Anwendbarkeit des § 18 Abs. 3 SEBG bei jeder wirtschaftlichen Neugründung abzulehnen. Als nicht geeignet erweist sich schließlich der Verweis auf den Missbrauchstatbestand des § 43 SEBG. Zuletzt kann das eigenständige Lösungskonzept *Casper/Schäfers*, welches auf verschiedenen Entlehnungen des Gesetzes gründet, nicht überzeugen, weil Schutzlücken verbleiben. Eine entsprechende Anwendung des Art. 12 Abs. 2 SE-VO ist gleichwohl aufgrund des vorgeschlagenen Schutzkonzepts des Verfassers entbehrlich und abzulehnen. Es basiert auf der analogen Anwendung der §§ 4 ff. SEBG, modifiziert durch § 18 Abs. 3 SEBG. Danach ist ausnahmslos immer dann ein Beteiligungsverfahren durchzuführen, sobald zehn Arbeitnehmer in der aktivierten SE oder einer ihrer Tochtergesellschaften beschäftigt werden. Die Verhandlungen sind zwischen der Leitung der SE und den Arbeitnehmern der SE sowie den von der geplanten Maßnahme betroffenen Arbeitnehmern zu führen. Die Rechtsdurchsetzung der Arbeitnehmerinteressen, also der verfahrensrechtliche Arbeitnehmerschutz, wird durch das aktienrechtliche Statusverfahren (§§ 97 ff. AktG, §§ 25 f. SEAG) bzw. durch das arbeitsgerichtliche Beschlussverfahren (§ 2a Abs. 1 Nr. 3 lit. d, §§ 80 ff. ArbGG) gewährleistet. Für andere Mitgliedstaaten gilt, dass notfalls Art. 12 Abs. 2 SE-VO anzuwenden ist, wenn keine derartigen Verfahren bestehen.

Teil 4

Der Einsatz einer Vorrats-SE kommt sowohl aus gesellschaftsrechtlichen als auch aus die Arbeitnehmermitbestimmung betreffenden Motiven in Betracht. Nahezu alle der im zweiten Teil untersuchten Konstellationen lassen sich mittels einer Vorrats-SE einfacher und vor allem schneller erreichen. Nur bedingt eignet sich die deutsche Vorrats-SE als Gestaltungsmittel hingegen, wenn die Festschreibung des Mitbestimmungsniveaus zeitnah erreicht werden soll. Im Rahmen des bei der wirtschaftlichen Neugründung durchzuführenden, mindestens sechs Monate dauernden Verhandlungsverfahrens können die für die Mitbestimmung relevanten Schwellen noch überschritten werden. Als schnellere Alternative bietet sich die grenzüberschreitende Verschmelzung einer ausländischen Vorratsgesellschaft auf die deutsche Gesellschaft gemäß der 10. RiLi an, wenn diese über 500 Arbeitnehmer beschäftigt. Die Leitungen können, da § 5 MgVG Anwendung findet, gemäß § 23 Abs. 1 S 1 Nr. 3 MgVG das sofortige Eingreifen der Auffangregelung herbeiführen. Beschäftigt die deutsche Gesellschaft unter 500 Arbeitnehmer, scheidet besagtes Vorgehen aus. Keine Alternative des § 5 MgVG ist einschlägig. Insbesondere muss § 5 Nr. 3 MgVG konkret ausgelegt werden und findet daher keine Anwendung. Gemäß § 4 MgVG ist nationales Recht einschlägig und folglich eine Festschreibung der Mitbestimmung nicht möglich. Allgemein ist bei einer jeden Festschreibung über die 10. RiLi von Nachteil, dass im Rahmen nachfolgender Transaktionen wieder nationales (Mitbestimmungs-)Recht zur Anwendung gelangt. Durch die Verschmelzung der deutschen Gesellschaft auf eine ausländische Vorrats-SE mit anschließender Sitzverlegung der SE nach Deutschland lässt sich das gewünschte Ergebnis nicht besser erzielen. Die Kombination der Möglichkeit, über Art. 16 Abs. 4 lit. a der 10. RiLi die Auffangregelung sofort eingreifen zu lassen, mit dem Vorteil der SE, auch bei nachfolgenden Transaktionen nationalem Mitbestimmungsrecht nicht unterworfen zu sein, lässt sich derzeit nicht rechtssicher umsetzen. Ist Art. 16 Abs. 2 der 10. RiLi nicht einschlägig, welches regelmäßig bei unter 500 Arbeitnehmern der deutschen Gesellschaft der Fall sein wird, gilt gemäß Art. 16 Abs. 1 der 10. RiLi nationales Recht. Bei der SE ist auf die SE-RL bzw. das sie umsetzende nationale Gesetz abzustellen. Nach Ansicht des Verfassers müssen aufgrund der Aktivierung der Vorrats-SE Verhandlungen durchgeführt werden. Während der Laufzeit des Beteiligungsverfahrens können die für die Mitbestimmung relevanten Schwellen noch überschritten werden. Im Ergebnis bietet die

Verwendung einer Vorrats-SE keinen Vorteil in puncto Mitbestimmungsvermeidung, wenn zu erwarten ist, dass die relevanten deutschen Schwellen im Rahmen des mindestens sechsmonatigen Verhandlungsverfahrens überschritten werden. Beabsichtigen hingegen zwei AG zu verschmelzen, die bislang nicht der paritätischen Mitbestimmung unterliegen aber zusammen über 2000 Arbeitnehmer beschäftigen, bietet sich die Vorrats-SE als Gestaltungsmittel an, um die bestehende Drittelparität festzuschreiben.

Teil 5

Das UmwG eröffnet der SE zahlreiche Gestaltungsmöglichkeiten. Sie kann als übernehmender und übertragender Rechtsträger bzw. als formwechselnder Rechtsträger an Umwandlungen beteiligt sein, sofern die SE-VO keine Einschränkungen vorsieht. Als solche sind der Numerus Clausus und das Mehrstaatlichkeitsprinzip zu benennen. Der in Art. 2 und 3 SE-VO niedergelegte Gründungskanon ist abschließend. Eine SE-Gründung, die unter Verweis auf Art. 9 Abs. 1 lit. c ii SE-VO ausschließlich über die Verschmelzungs- bzw. Spaltungsvorschriften des UmwG erfolgt, ist deshalb nicht möglich. Es fehlt an der für die Verweisung erforderlichen bewussten Regelungslücke. Ausgeschlossen ist ebenso eine Gründung durch Auf- oder Abspaltung gemäß den Art. 3 Abs. 2, 15 Abs. 1 SE-VO i.V.m. den Spaltungsvorschriften des UmwG, da hierbei nicht Tochter-, sondern Schwestergesellschaften entstehen. Neben letzterem Argument steht vor allem die Systematik des Numerus Clausus auch einer Überlegung entgegen, Art. 3 Abs. 2 SE-VO analog anzuwenden und über Art. 9 Abs. 1 lit. c ii SE-VO das Spaltungsverfahren gemäß den Vorschriften des UmwG zu konkretisieren. Allein die Gründung einer SE-Tochter durch Ausgliederung gemäß § 123 Abs. 3 Nr. 2 UmwG ist über die Verweisungsnorm des Art. 15 Abs. 1 SE-VO möglich und von Art. 3 Abs. 2 SE-VO legitimiert. Entsprechend den Art. 2 und 3 SE-VO für die Gründung, kommt Art. 66 SE-VO maßgebliche Bedeutung hinsichtlich der konkreten Umstrukturierungsmöglichkeiten einer SE nach Maßgabe des UmwG zu. Dessen Auslegung ergibt, dass von einer abschließenden Regelung nicht die Rede sein kann. Der Sinn und Zweck der Vorschrift besteht darin, eine Mindestregelung für die Renationalisierung einer SE bereitzustellen und dabei das Mitbestimmungsniveau der SE mit einem temporären Schutz zu versehen. Die letzteres Ziel umsetzende Sperrfrist des Art. 66 Abs. 1 S. 2 SE-VO ist bei Umstrukturierungen nach Maßgabe des UmwG entsprechend anzuwenden, sofern dies erforderlich ist. Demgemäß kann sich eine SE wie eine AG als aufnehmender oder übertragender Rechtsträger an einer nationalen Verschmelzung beteiligen. Eine Rechtsformkongruenz wird seitens der SE-VO, respektive der Art. 2, 3 und 66 SE-VO, nicht vorausgesetzt. Entgegen anders lautender Stimmen, kann zur temporären Sicherung der Mitbestimmung aus mehreren Gründen nicht auf § 76 Abs. 1 UmwG abgestellt werden. Vielmehr ist die Sperrfrist des Art. 66 Abs. 1 S. 2 SE-VO entsprechend anzuwenden, wenn die SE übertragender Rechtsträger ist. Des Weiteren stehen einer SE alle Spaltungsmöglichkeiten offen, die einer AG nach Maßgabe des UmwG eröffnet sind. Auf eine Rechtsformkongruenz ist nicht zu achten. Der temporäre Schutz der Arbeitnehmerrechte kann allein durch eine entsprechende Anwendung des Art. 66 Abs. 1 S. 2 SE-VO, nicht aber mit Verweis auf § 141 UmwG erfolgen. Insbesondere muss zum heutigen Zeitpunkt noch davon ausgegangen werden, dass die Sperrfrist neben Aufspaltungen auch bei Abspaltungen und Ausgliederungen, an welchen die SE als übertragender Rechtsträger teilnimmt, analog anzuwenden ist. Auch ein Formwechsel kann in dem Umfang durch eine SE durchgeführt werden, der für eine AG nach Maßgabe des UmwG besteht. Nicht möglich ist allerdings der Formwechsel einer SE in eine AG aufgrund nationalen Rechts. Die Sperrfrist des Art. 66 Abs. 1 S. 2 SE-VO muss stets analog angewendet werden. Eine teleologische Reduktion auf Fälle möglichen Missbrauches kommt nicht in Betracht. Stets sind die Verfahrensvorschriften des Art. 66 Abs. 2 bis 6 SE-VO zu beachten. Schließlich kann eine SE wie eine AG als übertragender oder aufnehmender Rechtsträger an einer grenzüberschreitenden Verschmelzung gemäß den §§ 122a ff. UmwG teilnehmen. Eine SE-Gründung scheitert auch hier am Numerus Clausus. Hervorzuheben ist, dass eine Verschmelzung zur Neugründung einer nationalen Gesellschaft ebenso möglich ist wie die Verschmelzung zur Aufnahme auf eine SE, ohne dass es gemäß Art. 29 Abs. 1 lit. d SE-VO zu einem Formwechsel in eine neue SE kommt. Beteiligt sich die SE als übertragender Rechtsträger, ist die Sperrfrist des Art. 66 Abs. 1 S. 2 SE-VO entsprechend anzuwenden. Art. 16 der 10. RiLi bzw. die ihn umsetzenden Vorschriften des MgVG bieten keinen vergleichbaren Schutz.

Ausblick

Europaweit existierten zum 31. Dezember 2009 bereits 438 Europäische Aktiengesellschaften. Ihre Zahl wird in Zukunft stark ansteigen. Die Gestaltungsmöglichkeiten, welche im Rahmen der vorliegenden Arbeit geprüft wurden, zeigen, dass es hierfür gute Gründe gibt. Bei der SE handelt es sich um eine flexible Gesellschaftsform, die den Anforderungen des Wirtschaftslebens voll gerecht wird. Den Märkten geschuldete Umstrukturierungen lassen sich im selben Umfang wie bei einer nationalen AG vornehmen. Darüber hinaus bietet das SE-Statut zahlreiche nur ihr vorbehaltenen Optionen. Zu konstatieren ist allerdings, dass anders als bspw. beim AktG nicht auf eine jahrzehntelang gelebte Praxis und Rechtsprechung zurückgeblickt werden kann. Die hierdurch vermittelte Rechtssicherheit gewährt das SE-Statut heute noch nicht, wie die vorliegende Arbeit zeigt. Der europäische Gesetzgeber ist deshalb im Zuge der anstehenden Revision des SE-Statuts aufgerufen, bestehende Rechtsunsicherheiten auszuräumen. Dieser Prozess hat gerade erst begonnen und wird noch einige Zeit in Anspruch nehmen. Mit schnellen Ergebnissen kann nicht gerechnet werden. Der Dissens bei der Arbeitnehmermitbestimmung und dem Mehrstaatlichkeitsbezug blockiert aktuell bereits die Verabschiedung des SPE-Statuts. Es steht somit zu befürchten, dass diesbezügliche, das SE-Statut betreffende Fragen ebenfalls zu kontroversen Debatten führen werden. Allerdings hat die Verabschiedung der Richtlinie über die grenzüberschreitende Verschmelzung gezeigt, dass die Diskussion strittiger Punkte heute offener geführt wird als in der Vergangenheit. Auch ist, wie nur vereinzelte Gewerkschaftsführer formulieren würden, die „Büchse der Pandora" längst geöffnet. Dass Gesellschaften aufgrund gemeinschaftsrechtlicher Vorgaben die Arbeitnehmermitbestimmung „abstreifen" können, lässt sich nicht mehr rückgängig machen. Es bleibt zu hoffen, dass als Konsequenz dieser Einsicht ergebnisorientierte Verhandlungen geführt werden. Ähnliches gilt für die Frage, ob der Mehrstaatlichkeitsbezug geändert, ersetzt oder aufgehoben werden soll. Die zunehmend liberale Haltung der Kommission und des EP stößt bei vielen Mitgliedstaaten auf erhebliche Vorbehalte. Auch hier ist eine offene Verhandlungsführung gefragt. Die weitere Entwicklung bleibt, ebenso wie das Ergebnis, mit Spannung abzuwarten.

Literaturverzeichnis

Albin, Silke, Das Subsidiaritätsprinzip in der EU, NVwZ 2006, S. 629-635.

Arbeitskreis Aktien- und Kapitalmarktrecht, Die 8 wichtigsten Änderungsvorschläge zur SE-VO, ZIP 2009, S. 698-699.

Arbeitskreis Unternehmerische Mitbestimmung, Entwurf einer Regelung zur Mitbestimmungsvereinbarung sowie zur Größe des mitbestimmten Aufsichtsrats, ZIP 2009, S. 885-899.

Arlt, Marie-Agnes/Grechenig, Kristoffel/Kalss, Susanne, Austria, in: Oplustil, Krzysztof/Teichmann, Christoph (Hrsg.), The European Company – all over Europe, A state-by-state account of the introduction of the European Company, Berlin 2004, S. 1-23. (zit.: *Arlt/Grechenig/Kalss* in: The European Company all over Europe)

Bachmann, Gregor, Grundtendenzen geschlossener Gesellschaften in Europa – Dargestellt am Beispiel des britischen Reformprozesses und der Europäischen Privatgesellschaft, ZGR 2001, S. 351-384.

Bärmann, Johannes, Europäische Integration im Gesellschaftsrecht, Köln/Berlin/Bonn/München 1970.

Barz, Carl Hans/Lutter, Marcus, Die Gründung der S.E., in: Lutter, Marcus (Hrsg.), Die Europäische Aktiengesellschaft, Köln/Berlin/Bonn/München 1976, S. 17-37. (zit.: *Barz/Lutter* in: Die Europäische Aktiengesellschaft)

Bauer, Jobst-Hubertus/Göpfert, Burkard/Haußmann, Katrin/Krieger, Steffen, Umstrukturierung, Handbuch für die arbeitsrechtliche Praxis, 2. Auflage, Köln 2009. (zit.: *Bauer/Göpfert/Haußmann/Krieger*, Umstrukturierungen)

Bayer, Walter, Die Gründung einer Europäischen Gesellschaft mit Sitz in Deutschland, in: Lutter, Marcus/Hommelhoff, Peter (Hrsg.), Die Europäische Gesellschaft, Prinzipien, Gestaltungsmöglichkeiten und Grundfragen aus der Praxis, Köln 2005, S. 25-66. (zit.: *Bayer* in: Lutter/Hommelhoff, Die Europäische Gesellschaft)

Bayer, Walter/Schmidt, Jessica, Die neue Richtlinie über die grenzüberschreitende Verschmelzung von Kapitalgesellschaften, NJW 2006, S. 401-406.

Behrens, Peter, Krisensymptome in der Gesellschaftsrechtsangleichung, in: Festschrift für Ernst-Joachim Mestmäcker, Baden-Baden 1996, S. 831-849. (zit.: *Behrens* in: FS Mestmäcker)

Beutel, David, Der neue rechtliche Rahmen grenzüberschreitender Verschmelzungen in der EU, Einflüsse des Gemeinschaftsrechts auf die Schaffung nationaler Rechtsgrundlagen grenzüberschreitender Verschmelzungen unter Beteiligung deutscher Kapitalgesellschaften, München 2008. (zit.: *Beutel*, Grenzüberschreitende Verschmelzungen)

Blanke, Thomas, Europäische Aktiengesellschaft ohne Arbeitnehmerbeteiligung?, ZIP 2006, S. 789-792)

ders., „Vorrats-SE" ohne Arbeitnehmerbeteiligung, Düsseldorf 2005.

Blanquet, Francoise, Das Statut der Europäischen Aktiengesellschaft (Socoietas Europaea „SE"), Ein Gemeinschaftsinstrument für die grenzübergreifende Zusammenarbeit im Dienste der Unternehmen, ZGR 2002, S. 20-65.

Blaurock, Uwe, Gesamthandsgesellschaft als Gründerin einer Europäischen Aktiengesellschaft?, ZHR 141 (1977), S. 18-31.

Brandes, Stephan, Mitbestimmungsvermeidung mittels grenzüberschreitender Verschmelzungen, ZIP 2008, S. 2193-2199.

Brandt, Ulrich, Ein Überblick über die Europäische Aktiengesellschaft (SE) in Deutschland, BB-Special 3/2005, S. 1-7.

Bürgers, Tobias/Körber, Torsten (Hrsg.), Heidelberger Kommentar zum Aktiengesetz, Heidelberg 2008. (zit.: *Bearbeiter* in: Bürgers/Körber, AktG)

Caemmerer, Ernst von, Entwurf einer europäischen Gesellschaftsform in: ders. (Hrsg.), Europäische Handelsgesellschaft und Angleichung des nationalen Gesellschaftsrechts, Frankfurt am Main 1968, S. 54-80. (zit.: *V. Caemmerer* in: Europäische Handelsgesellschaft)

ders., Europäische Aktiengesellschaft, in: Festgabe für Heinrich Kronstein, Karlsruhe 1967, S. 171-202. (zit.: V. Caemmerer in: FG Kronstein)

Calliess, Christian, Subsidiaritäts- und Solidaritätsprinzip in der Europäischen Union: Vorgaben für die Anwendung von Art. 5 (ex-Art. 3b) EGV nach dem Vertrag von Amsterdam, 2. Auflage, Baden-Baden 1999.

Calliess, Christian/Ruffert, Matthias (Hrsg.), EUV/EGV Kommentar, 3. Auflage, München 2007. (zit.: *Bearbeiter* in: Calliess/Ruffert, EUV/EGV)

Casper, Matthias, Erfahrungen und Reformbedarf bei der SE – Gesellschaftsrechtliche Reformvorschläge, ZHR 173 (2009), S. 181-221.

ders., Numerus Clausus und Mehrstaatlichkeitsprinzip bei der SE-Gründung, AG 2007, S. 97-105.

ders., Der Lückenschluß im Statut der Europäischen Aktiengesellschaft, in: Festschrift für Peter Ulmer, Berlin 2003, S. 51-72. (zit.: *Casper* in: FS Ulmer)

Casper, Matthias/Schäfer, Carsten, Die Vorrats-SE – Zulässigkeit und wirtschaftliche Neugründung, ZIP 2007, S. 653-662.

Casper, Matthias/Weller, Marc-Philippe, Mobilität und grenzüberschreitende Umstrukturierung der SE, NZG 2009, S. 681-686.

Coen, Martin, Vorschläge zur Europa AG – Mitbestimmung, EuroAS 5/1997, S. 66-67.

Dejmek, Paulina, Das künftige Europa und die Europäische Privatgesellschaft, NZG 2001, S. 878-884.

Diekmann, Hans, Die Mitbestimmung unter europäischen Gesichtspunkten, insbesondere unter Berücksichtigung der europäischen Gesellschaft (SE), in: Gedächtnisschrift für Michael Gruson, Berlin 2009, S. 75-92. (zit.: *Diekmann* in: GS Gruson)

Dreher, Meinrad, Sockellösung statt Optionsmodell für die Mitbestimmung in der Europäischen Aktiengesellschaft, EuZW 1990, 476-478.

Drinhausen, Florian/Keinath, Astrid, Referentenentwurf eines Zweiten Gesetzes zur Änderung des Umwandlungsgesetzes – Erleichterung grenzüberschreitender Verschmelzungen für deutsche Kapitalgesellschaften?, BB 2006, S. 725-732.

Enriques, Luca, Schweigen ist Gold: Die Europäische Aktiengesellschaft als Katalysator für regulative Arbitrage im Gesellschaftsrecht, ZGR 2004, S. 735-759.

Feldhaus, Heiner/Vanscheidt, Carolin, „Strukturelle Änderungen" der Europäischen Aktiengesellschaft im Lichte von Unternehmenstransaktionen, BB 2008, S. 2246-2251.

Fischer, Cornelia, Stand der Überlegungen zur Ausgestaltung der Mitbestimmung bei der Europäischen Aktiengesellschaft, in: Zentrum für Europäisches Wirtschaftsrecht, Vorträge und Berichte, Symposion über Information, Konsultation und Mitbestimmung der Arbeitnehmer in der EU, Bonn 2001, S. 101-109. (zit.: *C. Fischer* in: Symposion über Information, Konsultation und Mitbestimmung der Arbeitnehmer)

Fischer, Klemens H., Der Vertrag von Lissabon, Text und Kommentar zum Europäischen Reformvertrag, 1. Auflage, Baden-Baden 2008. (zit.: *K. H. Fischer*, Der Vertrag von Lissabon)

Fischer, Sebastian, Brücken zur Europäischen Privatgesellschaft, ZEuP 2004, S. 737-761.

Forst, Gerrit, Die Beteiligung der Arbeitnehmer in der Vorrats-SE, NZG 2009, S. 687-692.

Forsthoff, Ulrich, Internationale Verschmelzungsrichtlinie: Verhältnis zur Niederlassungsfreiheit und Vorwirkung; Handlungszwang für Mitbestimmungsreform, DStR 2006, 613-618.

Frenzel, Ralf, Grenzüberschreitende Verschmelzung von Kapitalgesellschaften – nach dem Ablauf der Umsetzungsfrist, RIW 2008, S. 12-20.

Freudenberg, Tobias, Arbeitnehmerbeteiligung ohne Arbeitnehmer?, GmbHR 2006, R 125.

Friedrich, Otto A., Der Mitbestimmungsvorschlag aus Sicht der Arbeitgeber, in: Von der Groeben, Hans/Vetter, Heinz Oskar/Friedrich, Otto A. (Hrsg.), Europäische Aktiengesellschaft, Beitrag zur sozialen Integration?, Bonn 1972, S. 49-78. (zit. *Friedrich* in: Europäische Aktiengesellschaft, Beitrag zur sozialen Integration?)

Frodermann, Jürgen/Jannott, Dirk, Zur Amtszeit des Verwaltungs- bzw. Aufsichtsrats der SE, Kurzkommentar zu AG Hamburg v. 28.6.2005 – 66 AR 76/05 und LG Hamburg v. 30.9.2005 – 417 T 15/05, ZIP 2005, 2017, ZIP 2005, S. 2251.

Ganske, Joachim, Das Recht der Europäischen wirtschaftlichen Interessenvereinigung (EWIV), Köln 1988. (zit.: *Ganske*, EWIV)

Geßler, Ernst, Grundfragen der europäischen Handelsgesellschaft, BB 1967, S. 381-387.

Gleichmann, Karl, Europäische Wirtschaftliche Interessenvereinigung, ZHR 149 (1985), S. 633-650.

Götze, Cornelius/Winzer, Thomas/Arnold, Christian, Unternehmerische Mitbestimmung – Gestaltungsoptionen und Vermeidungsstrategien, ZIP 2009, S. 245-254.

Grambow, Tobias, Arbeits- und gesellschaftsrechtliche Frage bei grenzüberschreitenden Verschmelzungen unter Beteiligung einer Europäischen Gesellschaft (Societas Europaea – SE), Der Konzern 2009, S. 97-104.

Grobys, Marcel, SE-Betriebsrat und Mitbestimmung in der Europäischen Gesellschaft, NZA 2005, S. 84-91.

ders., Das geplante Umsetzungsgesetz zur Beteiligung von Arbeitnehmern in der Europäischen Aktiengesellschaft, NZA 2004, S. 779-781.

Groeben, Hans von der, Mitbestimmung in der Europäischen Aktiengesellschaft – der Vorschlag der Kommission der EG, in: Von der Groeben, Hans/Vetter, Heinz Oskar/Friedrich, Otto A. (Hrsg.), Europäische Aktiengesellschaft, Beitrag zur sozialen Integration?, Bonn 1972, S. 748. (zit.: *Von der Groeben* in: Europäische Aktiengesellschaft, Beitrag zur sozialen Integration?)

ders., Auf dem Wege zu europäischen Aktiengesellschaften, AG 1967, S. 95-102.

Groeben, Hans von der/Schwarze, Jürgen (Hrsg.), Kommentar zum Vertrag über die Europäische Union und zur Gründung der Europäischen Gemeinschaft, Band 1, Art. 1–53 EUV, Art. 1–80 EGV, 6. Auflage, Baden-Baden 2003, Band 4, Art. 189-314 EGV, 6. Auflage, Baden-Baden 2004. (zit.: *Bearbeiter* in: Von der Groeben/Schwarze, EUV/EGV)

Grohmann, Uwe/Gruschinske, Nancy, Grenzüberschreitende Mobilität von Kapitalgesellschaften in Europa, Die Richtlinie zur grenzüberschreitenden Verschmelzung von Kapitalgesellschaften, GmbHR 2006, S. 191-194.

Grundmann, Stefan (Hrsg.), Europäisches Gesellschaftsrecht, Eine systematische Darstellung unter Einbeziehung des Europäischen Kapitalmarktrechts, Heidelberg 2004. (zit.: *Grundmann*, Europäisches Gesellschaftsrecht)

Gutknecht, Brigitte, Das Subsidiaritätsprinzip als Grundsatz des Europarechts, in: Festschrift für Herbert Schambeck, Berlin 1994, S. 921-946. (zit.: *Gutknecht* in: FS Schambeck)

Habersack, Mathias, Grundsatzfragen der Mitbestimmung in SE und SCE sowie bei grenzüberschreitender Verschmelzung, ZHR 171 (2007), S. 613-643.

ders., Europäisches Gesellschaftsrecht, 3. Auflage, München 2006. (zit.: *Habersack*, Europäisches Gesellschaftsrecht)

ders., Die rechtliche Verfassung von Familiengesellschaften, in: Tröger, Tobias/Wilhelmi, Rüdiger (Hrsg.), Rechtsfragen der Familiengesellschaften, Heidelberg 2006, S. 19-33. (zit.: *Habersack* in: Rechtsfragen der Familiengesellschaften)

Happ, Wilhelm (Hrsg.), Aktienrecht, Handbuch, Mustertexte, Kommentar, 3. Auflage, München 2007. (zit.: *Bearbeiter* in: Happ, Aktienrecht)

Hauschild, Winfried, Die europäische Aktiengesellschaft, in: von Caemmerer (Hrsg.), Europäische Handelsgesellschaft und Angleichung des nationalen Gesellschaftsrechts, Frankfurt am Main 1968, S. 81-99. (zit.: *Hauschild* in: Europäische Handelsgesellschaft)

Hauschka, Christoph, Entwicklungslinien und Integrationsfragen der gesellschaftsrechtlichen Akttypen des Europäischen Gemeinschaftsrechts, AG 1990, S. 85-103.

Heckschen, Heribert, Die SE als Option für den Mittelstand, in: Festschrift für Harm Peter Westermann, Köln 2008, S. 999-1018. (zit. *Heckschen* in: FS Westermann)

ders., Die Reform des Umwandlungsrechts, DNotZ 2007, S. 444-465.

Heinze, Meinhard, Die Europäische Aktiengesellschaft, in: Zentrum für Europäisches Wirtschaftsrecht, Vorträge und Berichte, Symposion über Information, Konsultation und Mitbestimmung der Arbeitnehmer in der EU, Bonn 2001, S. 85-99. (zit.: *Heinze* in: Symposion über Information, Konsultation und Mitbestimmung der Arbeitnehmer)

ders., Arbeitsrechtliche Probleme bei der grenzüberschreitenden Sitzverlegung in der Europäischen Gemeinschaft, ZGR 1999, S. 54-70.

ders., Ein neuer Lösungsweg für die Europäische Aktiengesellschaft, AG 1997, S. 289-297.

Heinze, Wolfgang, Diskussionsbericht zu den Referaten von Dr. Reichert/Dr. Brandes und Dr. Köstler, in: Zentrum für Europäisches Wirtschaftsrecht, Vorträge und Berichte, 15. Bonner Europa-Symposion, Europäische AG und der Diskussionsentwurf zum Deutschen Begleitgesetz, Bonn 2003, S. 124-129. (zit.: *W. Heinze* in: Europäische AG und der Diskussionsentwurf zum Deutschen Begleitgesetz)

Helms, Dietmar, Die Europäische Privatgesellschaft, Köln 1998. (zit.: *Helms*, Europäische Privatgesellschaft)

Hemeling, Peter, Die Societas Europaea (SE) in der praktischen Anwendung, Bonn 2008.

Henssler, Martin, Erfahrungen und Reformbedarf bei der SE – Mitbestimmungsrechtliche Reformvorschläge, ZHR 173 (2009), S. 222-249.

ders., Bewegung in der deutschen Unternehmensmitbestimmung, RdA 2005, S. 330-337.

Henssler, Martin/Willemsen, Heinz Josef/Kalb, Heinz-Jürgen (Hrsg.), Arbeitsrecht, Kommentar, 3. Auflage, Köln 2008. (zit.: *Bearbeiter* in: Henssler/Willemsen/Kalb)

Herfs-Röttgen, Ebba, Probleme der Arbeitnehmerbeteiligung in der Europäischen Aktiengesellschaft, NZA 2002, S. 358-365.

dies., Arbeitnehmerbeteiligung in der Europäischen Aktiengesellschaft, NZA 2001, S. 424-429.

Herrler, Sebastian, Ermöglichung grenzüberschreitender Verschmelzungen von Kapitalgesellschaften durch Änderung des Umwandlungsgesetzes, Umsetzung der Verschmelzungsrichtlinie unter Vernachlässigung der primärrechtlichen Rahmenbedingungen, EuZW 2007, S. 295-300.

Herrmann, Christoph/Kruis, Tobias in: Streinz, Rudolf/Ohler, Christoph/Herrmann, Christoph (Hrsg.), Der Vertrag von Lissabon zur Reform der EU, Einführung und Synopse, 3. Auflage, München 2010. (zit.: *Herrmann/Kruis* in: Der Vertrag von Lissabon zur Reform in der EU)

Heuschmid, Johannes, Unternehmensmitbestimmung nach der Richtlinie zur grenzüberschreitenden Verschmelzung von Kapitalgesellschaften, AuR 2006, S. 184-192.

Hirte, Herbert, Die Europäische Aktiengesellschaft, NZG 2002, S. 1-10.

ders., Die Europäische Aktiengesellschaft – ein Überblick nach In-Kraft-Treten der deutschen Ausführungsgesetzgebung, DStR 2005, S. 653-658.

Hofmann, Harald, Mitbestimmung der Arbeitnehmer in Gesellschaftsorganen und grenzüberschreitende Unternehmenszusammenschlüsse in der Europäischen Gemeinschaft, Bonn 1976. (zit.: *Hofmann*, Arbeitnehmermitbestimmung bei Unternehmenszusammenschlüssen)

Hommelhoff, Peter, Einige Bemerkungen zur Organisationsverfassung der Europäischen Aktiengesellschaft, AG 2001, S. 279-288.

ders., Die „Société fermée européenne" – eine supranationale Gesellschaftsform für kleine und mittlere Unternehmen im Europäischen Binnenmarkt, WM 1997, S. 2101-2109.

Hommelhoff, Peter/Teichmann, Christoph, Auf dem Weg zur Europäischen Privatgesellschaft (SPE), DStR 2008, S. 925-933.

dies., Die Europäische Aktiengesellschaft – das Flaggschiff läuft vom Stapel, SZW 2002, S. 1-12.

Hommelhoff, Peter/Helms, Dietmar, Weiter auf dem Weg zur Europäischen Privatgesellschaft, GmbHR 1999, S. 53-59.

Hopt, Klaus J., Europäisches Gesellschaftsrecht – Krise und neue Anläufe, ZIP 1998, S. 96-122.

ders., Harmonisierung im europäischen Gesellschaftsrecht, ZGR 1992, S. 265-295.

Hügel, Hanns F., Zur Europäischen Privatgesellschaft: Internationale Aspekte, Sitzverlegung, Satzungsgestaltung und Satzungslücken, ZHR 173 (2009), S. 309-353.

Jannott, Dirk, Gründung, in: Jannott, Dirk/Frodermann, Jürgen (Hrsg.), Handbuch der Europäischen Aktiengesellschaft – Societas Europaea –, Eine umfassende und detaillierte Darstellung für die Praxis unter Berücksichtigung sämtlicher EU-Mitgliedstaaten, Heidelberg 2005, S. 35-117. (zit.: *Jannott* in: Jannott/Frodermann)

Jannott, Dirk/Frodermann, Jürgen, Einleitung – Einsatzmöglichkeiten der Europäischen Aktiengesellschaft, in: Jannott, Dirk/Frodermann, Jürgen (Hrsg.), Handbuch der Europäischen Aktiengesellschaft – Societas Europaea –, Eine umfassende und detaillierte Darstellung für die Praxis unter Berücksichtigung sämtlicher EU-Mitgliedstaaten, Heidelberg 2005, S. 1-8. (zit.: *Jannott/Frodermann* in: Jannott/Frodermann)

Kahl, Arno, Das Subsidiaritätsprinzip im EGV vor und nach dem Inkrafttreten des Vertrags vom Amsterdam, Juristische Blätter 1999, S. 701-710.

Kallmeyer, Harald, Umwandlungsgesetz Kommentar, Verschmelzung, Spaltung und Formwechsel bei Handelsgesellschaften, 4. Auflage, Köln 2010. (zit.: *Bearbeiter* in: Kallmeyer, UmwG)

ders., Europa-AG: Strategische Optionen für deutsche Unternehmen, AG 2003, S. 197-203.

ders., Zugang zur Europäischen Aktiengesellschaft nach dem Entwurf eines SE-Statuts, AG 1990, S. 527-530.

Kalss, Susanne/Greda, Claudia, Die Europäische Aktiengesellschaft, Eine neue Rechtsform mit Gestaltungspotential, eastlex 2005, S. 87-90.

Kalss, Susanne/Greda, Claudia, Die Europäische Gesellschaft (SE) österreichischer Prägung nach dem Ministerialentwurf, GesRZ 2004, S. 91-107.

Kalss, Susanne/Hügel, Hanns (Hrsg.), Europäische Aktiengesellschaft, SE-Kommentar: SE-Verordnung – SE-Gesetz, Arbeitnehmerbeteiligung (ArbVG), Steuerrecht, Wien 2004. (zit.: *Bearbeiter* in: Kalss/Hügel)

Kalss, Susanne/Zollner, Johannes, Der Weg aus der SE, RdW 2004, S. 587-589.

Kiem, Roger, Erfahrungen und Reformbedarf bei der SE – Entwicklungsstand, ZHR 173 (2009), S. 156-180.

Kienast, Rainer, Mitbestimmung, in: Jannott, Dirk/Frodermann, Jürgen (Hrsg.), Handbuch der Europäischen Aktiengesellschaft – Societas Europaea –, Eine umfassende und detaillierte Darstellung für die Praxis unter Berücksichtigung sämtlicher EU-Mitgliedstaaten, Heidelberg 2005, S. 377-456. (zit.: *Kienast* in: Jannott/Frodermann)

Klein, Stefan, Grenzüberschreitende Verschmelzung von Kapitalgesellschaften, RNotZ 2007, S. 565-608.

Kleinhenz, Holger Michael, Die grenzüberschreitende Verschmelzung unter Beteiligung deutscher Unternehmen nach Umsetzung der Richtlinie 2005/56/EG, Taunusstein: Driesen 2008. (zit.: *Kleinhenz*, Umsetzung der Richtlinie 2005/56/EG)

Kleinsorge, Georg, Europäisches Gesellschaftsrecht und Beteiligungsrecht der Arbeitnehmer, RdA 2002, S. 343-352.

Knemeyer, Franz-Ludwig, Subsidiarität – Föderalismus, Dezentralisation, ZRP 1990, S. 173-174.

Kölner Kommentar zum Aktiengesetz, Zöllner, Wolfgang/Noack, Ulrich (Hrsg.), Band 8/1, 2. Teillieferung, Art. 32-42 SE-VO und Band 8/2, 1. Teillieferung Art. 43-70 SE-VO, §§ 1-33 SEBG, 3. Auflage, München 2010. (zit.: *Bearbeiter* in: KK, AktG)

Kölner Kommentar zum Umwandlungsrecht, Dauner-Lieb, Barbara/Simon, Stefan (Hrsg.), Köln 2009. (zit.: *Bearbeiter* in: KK, UmwG)

Kolvenbach, Walter, Statut für die Europäische Aktiengesellschaft, DB 1988, S. 1837-1840.

ders., Scheitert die Europa AG an der Mitbestimmung?, NZA 1998, S. 1323-1328.

Koppentsteiner, Hans-Georg, Zur grenzüberschreitenden Verschmelzung, Der Konzern 2006, S. 40-55.

Kossmann, Alfred/Heinrich, Erbo D., Möglichkeiten der Umwandlung einer bestehenden SE, ZIP 2007, S. 164-168.

Köstler, Roland, Mitbestimmung, in: Theisen, Manuel René/Wenz, Martin (Hrsg.), Die Europäische Aktiengesellschaft, Recht, Steuern und Betriebswirtschaft der Societas Europaea (SE), 2. Auflage, Stuttgart 2005, S. 334-375. (zit.: *Köstler* in: Theisen/Wenz)

Krafka, Alexander, Die wirtschaftliche Neugründung von Kapitalgesellschaften, ZGR 2003, S. 577, 590.

Kraft, Alfons/Hönn, Günther, Verschmelzung und Umwandlung im Vorschlag des Statuts für Europäische Aktiengesellschaften, in: Lutter, Marcus (Hrsg.), Die Europäische Aktiengesellschaft, Köln/Berlin/Bonn/München 1976, S. 327-351. (zit.: *Kraft/Hönn* in: Lutter, Die Europäische Aktiengesellschaft)

Krause, Rüdiger, Die Mitbestimmung der Arbeitnehmer in der Europäischen Gesellschaft (SE), BB 2005, S. 1221-1229.

Kretschmer, Silke, Die Europäische Privatgesellschaft, Gesellschaftsrechtliche und steuerrechtliche Aspekte einer europäischen Gesellschaftsform in ihren Bezügen zum nationalen Gesellschafts- und Steuerrecht, Dresden 2005. (zit.: *Kretschmer*, Die Europäische Privatgesellschaft)

Krieger, Albrecht, Muß die Mitbestimmung der Arbeitnehmer das europäische Gesellschaftsrecht blockieren?, in: Festschrift für Fritz Rittner, München 1991, S. 303-321. (zit.: *Krieger* in: FS Rittner)

Kulenkamp, Sabrina, Die grenzüberschreitende Verschmelzung von Kapitalgesellschaften in der EU, Baden-Baden 2009. (zit.: *Kulenkamp*, Grenzüberschreitende Verschmelzung von Kapitalgesellschaften)

Lange, Oliver, Überlegungen zur Umwandlung einer deutschen in eine Europäische Aktiengesellschaft, EuZW 2003, S. 301-306.

Lentner, Anton J., Das Gesellschaftsrecht der Europäischen wirtschaftlichen Interessenvereinigung, 1. Auflage, Baden-Baden 1994. (zit.: *Lentner*, EWIV)

Louven, Christoph, Umsetzung der Verschmelzungsrichtlinie, ZIP 2006, S. 2021-2028.

Lunk, Stefan/ Hinrichs, Lars, Die Mitbestimmung der Arbeitnehmer bei grenzüberschreitenden Verschmelzungen nach MgVG, NZA 2007, S. 773-780.

Lutter, Marcus, Europäische Aktiengesellschaft – Rechtsfigur mit Zukunft?, BB 2002, S. 1-7.

Lutter, Marcus/Hommelhoff, Peter (Hrsg.), SE-Kommentar, SE-VO, SEAG, SEBG, Steuerrecht, Köln 2008. (zit.: *Bearbeiter* in: Lutter/Hommelhoff)

Lutter, Marcus/Winter, Martin (Hrsg.), Umwandlungsgesetz Kommentar, Band 1, §§ 1-134 und Band 2, §§ 135-325, SpruchG, 4. Auflage, Köln 2009. (zit.: *Bearbeiter* in: Lutter, UmwG)

Manz, Gerhard/Mayer, Barbara/Schröder, Albert (Hrsg.), Europäische Aktiengesellschaft, SE, Kommentar, Baden-Baden 2005. (zit.: *Bearbeiter* in: Manz/Mayer/Schröder)

Marsch-Barner, Reinhard, Die Rechtsstellung der Europäischen Gesellschaft (SE) im Umwandlungsrecht, in: Liber amicorum für Wilhelm Happ, Köln/Berlin/München 2006, S. 165-177. (zit.: *Marsch-Barner* in: Liber amicorum Happ)

de Martini, Angelo, Das Statut der „Europäischen Gesellschaft" im Verhältnis zum italienischen Recht, in: Hefte der Vereinigung für den Gedankenaustausch zwischen deutschen und italienischen Juristen e.V., Die europäische Handelsgesellschaft im Verhältnis zum deutschen und italienischen Recht, Karlsruhe 1970, S. 45-76. (zit.: *de Martini* in: Die europäische Handelsgesellschaft im Verhältnis zum deutschen und italienischen Recht)

Maulbetsch, Hans-Christoph/Klumpp, Axel/Rose, Klaus-Dieter (Hrsg.), Umwandlungsgesetz Kommentar, Heidelberg 2009. (zit.: *Bearbeiter* in: Maulbetsch/Klumpp/Rose, UmwG)

Mävers, Gunther, Die Mitbestimmung der Arbeitnehmer in der Europäischen Aktiengesellschaft, Baden-Baden 2002. (zit.: *Mävers*, Mitbestimmung der Arbeitnehmer)

Maydell, Bernd, Die vorgeschlagenen Regeln zur Mitbestimmung für eine Europäische Aktiengesellschaft, AG 1990, S. 442-448.

Mellein, Christine, Subsidiaritätskontrolle durch nationale Parlamente, Baden-Baden 2007. (zit.: *Mellein*, Subsidiaritätskontrolle)

Merkt, Hanno, Europäische Aktiengesellschaft: Gesetzgebung als Selbstzweck?, BB 1992, S. 652-661.

Merten, Detlef, Die Subsidiarität Europas, 1. Auflage, Berlin 1993.

Mertens, Hans-Joachim, Die europäische Handelsgesellschaft in bezug auf die deutsche Rechtsordnung, in: Hefte der Vereinigung für den Gedankenaustausch zwischen deutschen und italienischen Juristen e.V., Die europäische Handelsgesellschaft im Verhältnis zu deutschen und italienischen Recht, Karlsruhe 1970, S. 1-43. (zit.: *Mertens* in: Die europäische Handelsgesellschaft im Verhältnis zum deutschen und italienischen Recht)

Meyer-Landrut, Andreas, Die Europäische Wirtschaftliche Interessenvereinigung, Gründungsvertrag und innere Verfassung einer EWIV mit Sitz in der Bundesrepublik Deutschland, Stuttgart 1988. (zit.: *Meyer-Landrut*, EWIV)

Molsberger, Philipp, Das Subsidiaritätsprinzip im Prozess europäischer Konstitutionalisierung, Berlin 2009. (zit.: *Molsberger*, Das Subsidiaritätsprinzip)

Müller, Hans-Friedrich, Internationalisierung des deutschen Umwandlungsrechts: Die Regelung der grenzüberschreitenden Verschmelzung, ZIP 2007, S. 1081-1088.

ders., Die grenzüberschreitende Verschmelzung nach dem Referentenentwurf des Bundesjustizministeriums, NZG 2006, S. 286-290.

ders., Die grenzüberschreitende Verschmelzung nach dem neuen Richtlinienentwurf der EU-Kommission, ZIP 2004, S. 1790-1797.

Müller-Bonanni, Thomas/Müntefering, Michael, Arbeitnehmerbeteiligung bei SE-Gründung und grenzüberschreitender Verschmelzung im Vergleich, BB 2009, S. 1699-1703.

dies., Grenzüberschreitende Verschmelzung ohne Arbeitnehmerbeteiligung? Praxisfragen zum Anwendungsbereich und Beteiligungsverfahren des MgVG, NJW 2009, S. 2347-2353.

Müller-Bonanni, Thomas/Melot de Beauregard, Mitbestimmung in der Societas Europaea, GmbHR 2005, S. 195-200.

Müller-Graf, Peter, Rechtsgrundlagen im Gemeinschaftsrecht für die Europäische Privatgesellschaft, in: Hommelhoff, Peter/Helms, Dietmar (Hrsg.), Neue Wege in die Europäische Privatgesellschaft, Rechts- und Steuerfragen in der Heidelberger Diskussion, Köln 2001, S. 289-308. (zit.: *Müller-Graf* in: Neue Wege in die Europäische Privatgesellschaft)

Münchner Kommentar zum Aktiengesetz, Band 9/2, §§ 329-410, SE-VO – SEBG, Kropff, Bruno/Semler, Johannes/Goette, Wulf/Habersack, Mathias (Hrsg.), 2. Auflage, München 2006. (zit.: *Bearbeiter* in: MüKo, AktG)

Münchner Kommentar zum Handelsgesetzbuch, Schmidt, Karsten (Hrsg.), Band 1, §§ 1-104, 1. Auflage, München 1996. (zit.: *Bearbeiter* in: MüKo, HGB)

Nagel, Bernhard, Die Europäische Aktiengesellschaft (SE) in Deutschland – der Regierungsentwurf zum SE-Einführungsgesetz, NZG 2004, S. 833-839.

Nagel, Bernhard/Freis, Gerhild/Kleinsorge, Georg, Beteiligung der Arbeitnehmer im Unternehmen auf der Grundlage des europäischen Rechts, Kommentar zum SE-Beteiligungsgesetz – SEBG, SCE-Beteiligungsgesetz – SCEBG, Gesetz über die Mitbestimmung der Arbeitnehmer bei einer grenzüberschreitenden Verschmelzung – MgVG, 2. Auflage, Berlin 2009. (zit.: *Nagel* in: Nagel/Freis/Kleinsorge, MgVG)

dies., Die Beteiligung der Arbeitnehmer in der Europäischen Gesellschaft (SE), Kommentar, Einführung zum SE-Ausführungsgesetz – SEAG, Kommentierung zum SE-Beteiligungsgesetz – SEBG, München 2005. (zit.: *Bearbeiter* in: Nagel/Freis/Kleinsorge)

Neun, Josef, Gründung, in: Theisen, Manuel René/Wenz, Martin (Hrsg.), Die Europäische Aktiengesellschaft, Recht, Steuern und Betriebswirtschaft der Societas Europaea (SE), 2. Auflage, Stuttgart 2005, S. 57-188. (zit.: *Neun* in: Theisen/Wenz)

Neye, Hans-Werner, Die neue Richtlinie zur grenzüberschreitenden Verschmelzung von Kapitalgesellschaften, ZIP 2005, S. 1893-1898.

Neye, Hans-Werner/Timm, Birte, Die geplante Umsetzung der Richtlinie zur grenzüberschreitenden Verschmelzung von Kapitalgesellschaften im Umwandlungsgesetz, DB 2006, S. 488-493.

Niklas, Thomas, Beteiligung der Arbeitnehmer in der Europäischen Gesellschaft (SE) – Umsetzung in Deutschland, NZA 2004, S. 1200-1206.

Noack, Ulrich, Kurzkommentar zu LG Hamburg, Beschl. V. 30.9.2005 – 417 T 16/05 (rechtskräftig; AG Hamburg), ZIP 2005, 2017, EWiR 2005, S. 905-906.

Oechsler, Jürgen, Die Richtlinie 2005/56/EG über die Verschmelzung von Kapitalgesellschaften aus verschiedenen Mitgliedstaaten, NZG 2006, S. 161-166.

ders., Der praktische Weg zur Societas Europaea (SE) – Gestaltungsspielraum und Typenzwang, NZG 2005, S. 697-702.

Oetker, Hartmut, Die Beteiligung der Arbeitnehmer in der Europäischen Aktiengesellschaft (SE) unter besonderer Berücksichtigung der leitenden Angestellten, BB-Special 1/2005, S. 2-13.

Oplustil, Krzysztof/Schneider, Maximilian, Zur Stellung der Europäischen Aktiengesellschaft im Umwandlungsrecht, NZG 2003, S. 13-17.

Paefgen, Walter G., „Cartesio": Niederlassungsfreiheit minderer Güte – Zum Urteil des EuGH vom 16.12.2008 („Cartesio") = WM 2009, 223 ff. –, WM 2009, S. 529-536.

Palandt, Otto, Bürgerliches Gesetzbuch Kommentar, 69. Auflage, München 2010. (zit.: *Bearbeiter* in: Palandt, BGB)

Pfister, Wolfgang, Europäisches Gesellschaftsrecht, Frankfurt am Main 1993.

Pluskat, Sorika, Die Arbeitnehmerbeteiligung in der geplanten Europäischen Aktiengesellschaft, DStR 2001, S. 1483-1490.

Priester, Hans-Joachim, Mantelverwendung und Mantelgründung bei der GmbH, DB 1983, S. 2291-2299.

Rehberg, Markus, Die missbräuchliche Verkürzung der unternehmerischen Mitbestimmung durch die Societas Europaea, Zur Bedeutung, Reichweite und nationalen Umsetzung von Art. 11 sowie Erwägungsgrund 18 der SE-Richtlinie, ZGR 2005, S. 859-893.

Reichert, Jochem, Erfahrungen mit der Societas Europaea (SE) in Deutschland, in: Gedächtnisschrift für Michael Gruson, Berlin/New-York 2009, S. 321-337. (zit.: *Reichert* in: GS Gruson)

ders., Die SE als Gestaltungsinstrument für grenzüberschreitende Umstrukturierungen, Der Konzern 2006, 821- 835.

Reinhard, Thorsten, RIW Kommentar zu AG Hamburg, Beschluss vom 28.6.2005 – 66 AR 76/05 und LG Hamburg, Beschluss vom 30.9.2005 – 417 T 15/05, RIW 2006, S. 68-70.

Rieble, Volker, Schutz vor paritätischer Unternehmensmitbestimmung, BB 2006, S. 2018-2023.

Sanders, Pieter, Die europäische Aktiengesellschaft, Probleme des Zugangs und der Mitbestimmung, AG 1967, S. 344-348.

ders., Vorentwurf eines Statuts für europäische Aktiengesellschaften, Kollektion Studien, Reihe Wettbewerb, Brüssel 1967. (zit.: *Sanders*, Vorentwurf eines Statuts für europäische Aktiengesellschaften)

Schäfer, Carsten, SE und Gestaltung der Mitbestimmung aus gesellschaftsrechtlicher Sicht, in: Vereinbarte Mitbestimmung in der SE: 5. ZAAR Kongress, München 2008, S. 13-44. (zit.: *Schäfer* in: Vereinbarte Mitbestimmung in der SE)

Scheifele, Matthias, Die Gründung der Europäischen Aktiengesellschaft (SE), Frankfurt am Main 2004. (zit.: *Scheifele*, Gründung)

Schmidhuber, Peter M./Hitzler, Gerhard, Die Verankerung des Subsidiaritätsprinzips im EWG-Vertrag – ein wichtiger Schritt auf dem Weg zu einer föderalen Verfassung der Europäischen Gemeinschaft, NVwZ 1992, 720-725.

Schmidt, Jessica, „Deutsche" vs. „britische" Societas Europaea (SE) – Gründung, Verfassung, Kapitalstruktur, Jena 2006. (zit.: *J. Schmidt*, „Deutsche" vs. „britische" SE)

Schmidt-Gerdts, Matthias, Die Europäische Privatgesellschaft (SPE) betritt die Bühne, Status-Recht 7/8 2008, S. 228.

Schmitt, Joachim/Hörtnagl, Robert/Stratz, Rolf-Christian, Umwandlungsgesetz – Umwandlungssteuergesetz Kommentar, 5. Auflage, München 2009. (zit.: *Bearbeiter* in: Schmitt/ Hörtnagl/Stratz, UmwG)

Schön, Wolfgang, Mindestharmonisierung im europäischen Gesellschaftsrecht, ZHR 160 (1996), S. 221-249.

ders., Gesellschaftsrecht nach Maastricht – Art. 3b EGV und das europäische Gesellschaftsrecht, ZGR 1995, S. 1-38.

Schreiner, Marc, Zulässigkeit und wirtschaftliche Neugründung einer Vorrats-SE, Hamburg 2009, (zit.: *Schreiner*, Vorrats-SE)

Schubert, Claudia, Die Bestellung der Arbeitnehmervertreter im Aufsichts- und Verwaltungsorgan bei grenzüberschreitenden Verschmelzungen, ZIP 2009, S. 791-799.

dies., Die Mitbestimmung der Arbeitnehmer bei grenzüberschreitender Verschmelzung, RdA 2007, S. 9-17.

dies., Die Arbeitnehmerbeteiligung bei der Europäischen Gesellschaft ohne Arbeitnehmer, ZESAR 2006, S. 340-348.

Schulz, Andreas/Geismar, Bernhard, Die Europäische Aktiengesellschaft, Eine kritische Bestandsaufnahme, DStR 2001, S. 1078-1086.

Schwarz, Günther Christian, Verordnung (EG) Nr. 2157/2001 des Rates über das Statut der Europäischen Aktiengesellschaft (SE) – (SE-VO), Kommentar, München 2006. (zit.: *Schwarz*, SE-VO)

ders., Zum Statut der Europäischen Aktiengesellschaft, ZIP 2001, S. 1847-1861.

ders., Europäisches Gesellschaftsrecht, Ein Handbuch für Wissenschaft und Praxis, Baden-Baden 2000. (zit.: *Schwarz*, Europäisches Gesellschaftsrecht)

Schwarze, Jürgen/Hatje, Armin (Hrsg.), Der Reformvertrag von Lissabon, Baden-Baden 2009. (zit.: *Bearbeiter* in: Der Reformvertrag von Lissabon)

Seibt, Christoph H., Auswirkungen der Umstrukturierung auf die Unternehmensmitbestimmung, in: Willemsen, Heinz Josef (Hrsg.), Umstrukturierung und Übertragung von Unternehmen – Arbeitsrechtliches Handbuch –, 3. Auflage, München 2008, S. 587-718. (zit.: *Seibt* in: Umstrukturierung und Übertragung von Unternehmen)

ders., Arbeitnehmerlose Societas Europaea, Zugleich Besprechung von AG Hamburg v. 28.6.2005 – 66 AR 76/05 sowie LG Hamburg v. 30.9.2005 – 417 T 15/05, ZIP 2005, 2017, ZIP 2005, S. 2248-2250.

ders., Privatautonome Mitbestimmungsvereinbarungen: Rechtliche Grundlagen und Praxishinweise, AG 2005, S. 413-429.

Semler, Joharnes/Stengel, Arndt (Hrsg.), Umwandlungsgesetz mit Spruchverfahrensgesetz Kommentar, 2. Auflage, München 2007. (zit.: *Bearbeiter* in: Semler/Stengel, UmwG)

Simon, Stefan/Rubner, Daniel, Die Umsetzung der Richtlinie über grenzüberschreitende Verschmelzungen ins deutsche Recht, Der Konzern 2006, S. 835-843.

Spindler, Gerald/Stilz, Eberhard (Hrsg.), Kommentar zum Aktiengesetz, Band 2, §§ 179-410, SpruchG, SE-VO, München 2007. (zit.: *Bearbeiter* in: Spindler/Stilz, AktG)

Taschner, Hans Claudius, Geschichte der Europäischen Aktiengesellschaft in: Jannott, Dirk/Frodermann, Jürgen (Hrsg.), Handbuch der Europäischen Aktiengesellschaft – Societas Europaea –, Eine umfassende und detaillierte Darstellung für die Praxis unter Berücksichtigung sämtlicher EU-Mitgliedstaaten, Heidelberg 2005, S. 9-22. (zit.: *Taschner* in: Jannott/Frodermann)

Teichmann, Christoph, Mitbestimmung und grenzüberschreitende Verschmelzung, Der Konzern 2007, S. 89-98.

ders., Die Einführung der Europäischen Aktiengesellschaft – Grundlagen der Ergänzung des europäischen Statuts durch den deutschen Gesetzgeber, ZGR 2002, S. 383-464.

Thompson, Dennis, The Proposal for a European Company, London 1969.

Trojan-Limmer, Ursula, Die Geänderten Vorschläge für ein Statut der Europäischen Aktiengesellschaft (SE), RIW 1991, S. 1010-1017.

Ulmer, Peter/Habersack, Mathias/Henssler, Martin, Mitbestimmungsrecht, Kommentierung des MitbestG, der DrittelbG und der §§ 34 bis 38 SEBG, 2. Auflage, München 2006. (zit.: *Bearbeiter* in: Ulmer/Habersack/Henssler. Einl. SEBG)

Veil, Rüdiger, Umwandlungsrecht in: Jannott, Dirk/Frodermann, Jürgen (Hrsg.), Handbuch der Europäischen Aktiengesellschaft – Societas Europaea –, Eine umfassende und detaillierte Darstellung für die Praxis unter Berücksichtigung sämtlicher EU-Mitgliedstaaten, Heidelberg 2005, S. 332-347. (zit.: *Veil* in: Jannott/Frodermann)

Vetter, Jochen, Die Regelung der grenzüberschreitenden Verschmelzung im UmwG – Einige Bemerkungen aus Sicht der Praxis –, AG 2006, S. 613-626.

Vossius, Oliver, Gründung und Umwandlung der deutschen Europäischen Gesellschaft (SE), ZIP 2005, S. 741-749.

Waclawik, Erich, Die Europäische Aktiengesellschaft (SE) als Konzerntochter- und Joint Venture-Gesellschaft, BB 2006, S. 1827-1833.

Walther, Gottfried/ Wiesner, Peter M, Zum geänderten Vorschlag eines Statuts für Europäische Aktiengesellschaften (II), GmbHR 1975, S. 265-269.

Weber, Albrecht, Vom Verfassungsvertrag zum Vertrag von Lissabon, EuZW 2008, S. 7-14.

Wenz, Martin, Die Societas Europaea: SE, Analyse der geplanten Rechtsform und ihre Nutzungsmöglichkeiten für eine europäische Konzernunternehmung, Berlin 1993. (zit.: *Wenz*, Die Societas Europaea (SE))

Wicke, Hartmut, Die Euro-GmbH im „Wettbewerb der Rechtsordnungen", GmbHR 2006, S. 356-362.

Widmann, Siegfried/Mayer, Robert (Hrsg.), Umwandlungsrecht Kommentar, Loseblattsammlung, Bonn 2002, Band 1, §§ 1-17, Band 2, §§ 18-122l, Band 8, Anhänge. (zit.: *Bearbeiter* in: Widmann/Mayer, UmwR)

Wisskirchen, Gerlind /Bissels, Alexander/Dannhorn, Wolfgang, Vermeidung der unternehmerischen Mitbestimmung aus arbeitsrechtlicher Sicht, DB 2007, S. 2258-2262.

Wolff, Jürgen/Gassner, Stefan, Die Europäische Handelsgesellschaft, AG 1970, S. 166-168.

Wollburg, Ralph/Banerjea, Nirmal Robert, Die Reichweite der Mitbestimmung in der Europäischen Gesellschaft, ZIP 2005, S. 277-283.

Materialienverzeichnis

SE-Statut und SE-Einführungsgesetz

Verordnung (EG) des Rates vom 8. Oktober 2001 über das Statut der Europäischen Gesellschaft (SE)

ABl. L 294 v. 10.11.2001, S. 1 ff.

Richtlinie 2001/86/EG des Rates vom 8. Oktober 2001 zur Ergänzung des Statuts der Europäischen Gesellschaft hinsichtlich der Beteiligung der Arbeitnehmer

ABl. L 294 v. 10.11.2001, S. 22 ff.

Gesetz über die Ausführung der Verordnung (EG) Nr. 2157/2001 des Rates vom 8. Oktober 2001 über das Statut der Europäischen Gesellschaft (SE)

BGBl. I 2004, 3675 ff.

Gesetz über die Beteiligung der Arbeitnehmer in einer Europäischen Gesellschaft (SE-Beteiligungsgesetz – SEBG) vom 22. Dezember 2004

BGBl. I 2004, 3686 ff.

Vorentwürfe, Entwürfe und Vorschläge für ein SE-Statut

Sanders, Pieter, Vorentwurf eines Statuts für Europäische Aktiengesellschaften, Dezember 1966

Kollektion Studien, Reihe Wettbewerb, Brüssel 1967
(zit.: *Sanders*, Vorentwurf eines Status für europäische Aktiengesellschaften)

Vorschlag einer Verordnung (EWG) des Rates über das Statut für europäische Aktiengesellschaften, 30.06.1970

ABl. C 124 v. 10.10.1970, S. 1 ff. = BT-Drucks. 6/1109 v. 19.08.1970, S. 1 ff.

Geänderter Vorschlag einer Verordnung des Rates über das Statut für Europäische Aktiengesellschaften, 30.04.1975

Anlage 4/75 zum Bulletin der EG = BT-Drucks. 7/3713 v. 02.06.1975, S. 1 ff.

Vorschlag für eine Verordnung (EWG) des Rates über das Statut der Europäischen Aktiengesellschaft, Vorschlag für eine Richtlinie des Rates zur Ergänzung des SE-Statuts hinsichtlich der Stellung der Arbeitnehmer, 24.08.1989

ABl. C 263 v. 16.10.1989, S. 41 ff. = BT-Drucks. 11/5427, S. 1 ff.

Geänderter Vorschlag für eine Verordnung (EWG) des Rats über das Statut der Europäischen Aktiengesellschaft, Geänderter Vorschlag für eine Richtlinie des Rates zur Ergänzung des SE-Statuts hinsichtlich der Stellung der Arbeitnehmer, 06.05.1991

ABl. C 178 v. 08.07.1991, S. 1 ff = BT-Drucks. 12/1004 v. 30.07.1991, S. 1 ff.

Geänderter Vorschlag für eine Verordnung über das Statut der Europäischen Aktiengesellschaft (SE), 28.05.1998

Dok. 8772/98 (nicht veröffentlicht) (zit.: SE-RatsE 1998)

Entschließungen, Stellungnahmen, Berichte, Protokolle und Mitteilungen zum SE-Statut

Wirtschafts- und Sozialausschuss, Stellungnahme zu dem Vorschlag für eine Verordnung des Rates betreffend die Europäische Aktiengesellschaft, 25.10.1972

ABl. C 131 v. 13.12.1972, S. 32 ff.

Kommission, Memorandum der Kommission an den Rat, das Parlament und die Sozialpartner, Binnenmarkt und industrielle Zusammenarbeit, Statut für die Europäische Aktiengesellschaft, Weissbuch über die Vollendung des Binnenmarktes, Rdnr. 137

KOM (88) 320 end. = BR-Drucks. 392/88 v. 17.08.1988, S. 1 ff.

Bundesrat, Empfehlungen der Ausschüsse zum Memorandum der Kommission der Europäischen Gemeinschaften: Binnenmarkt und industrielle Zusammenarbeit, Statut für die Europäische Aktiengesellschaft

BR-Drucks. 392/1/88 v. 14.11.1988, S. 1 ff.

Bundesrat, Beschluss des Bundesrates zum Memorandum der Kommission der Europäischen Gemeinschaften: Binnenmarkt und industrielle Zusammenarbeit, Statut für die Europäische Aktiengesellschaft, 25.11.1988

BR-Drucks. 392/88 v. 25.11.88, S. 1 ff.

Bundesrat, Empfehlungen der Ausschüsse zum Vorschlag einer Verordnung (EWG) des Rates über das Statut der Europäischen Aktiengesellschaft, Vorschlag für eine Richtlinie des Rates zur Ergänzung des Statuts der Europäischen Aktiengesellschaft hinsichtlich der Stellung der Arbeitnehmer

BR-Drucks. 488/1/89 v. 05.02.1990, S. 1 ff.

Wirtschafts- und Sozialausschuss, Stellungnahme zu dem Vorschlag für eine Verordnung (EWG) des Rates über das Statut der Europäischen Aktiengesellschaft, und dem Vorschlag für eine Richtlinie des Rates zur Ergänzung des SE-Statuts hinsichtlich der Stellung der Arbeitnehmer, 28.03.1990

ABl. C 124 v. 21.05.1990, S. 34 ff.

Europäisches Parlament, Legislativ-entschließung mit der Stellungnahme des Europäischen Parlaments zu dem Vorschlag der Kommission an den Rat für eine Verordnung über das Statut der Europäischen Aktiengesellschaft, 14.01.1991

ABl. C 48 v. 25.02.1991, S. 72 ff.

Sachverständigengruppe „European Systems of Worker Involvement" (with regard to the European Company Statute and the other pending propos-als), Abschlussbericht, Mai 1997

Europäische Kommission, Sachver-ständigengruppe "European Systems of Worker Involvement" – Abschluss-bericht, Luxemburg 1997 (zit.: Davignon-Bericht)

Bundesrat, Stellungnahme des Bun-desrates zum Abschlussbericht der Sachverständigengruppe „European Systems of Worker Involvement" (Davignon-Bericht)

BR-Drucks. 572/97 v. 07.11.1997, S. 1 f.

Wirtschafts- und Sozialausschuss, Stellungnahme des Wirtschafts- und Sozialausschusses zum Thema „Statut der Europäischen Aktiengesellschaft"

ABl. C 129 v. 27.04.1998, S. 1 ff.

Kommission, Mitteilung der Kommis-sion zur Überprüfung der Richtlinie 2001/86/EG des Rates vom 8. Oktober 2001 zur Ergänzung des Statuts der Europäischen Gesellschaft hinsichtlich der Beteiligung der Arbeitnehmer, 30.09.2008

KOM (2008) 591 end., S. 1 ff.

Gesetzesmaterialien zum SEEG

Entwurf eines Gesetzes zur Einführung der Europäischen Gesellschaft

BR-Drucks. 438/04 v. 28.05.2004, S. 1 ff.

Verordnungen und Verordnungsvorschläge für sonstige gemeinschaftsrechtliche Gesellschaftsformen

Verordnung (EWG) Nr. 2137/85 des Rates vom 25. Juli 1985 über die Schaffung einer Europäischen wirtschaftlichen Interessenvereinigung (EWIV)	ABl. L 199 v. 31.07.1985, S. 1 ff.
Vorschlag für eine Verordnung (EWG) des Rates über das Statut des Europäischen Vereins	ABl. C 99 v. 21.04.1992, S. 1 ff.
Geänderter Vorschlag für eine Verordnung (EWG) des Rates über das Statut des Europäischen Vereins	ABl. C 236 v. 31.08.1993, S. 1 ff.
Vorschlag für eine Verordnung des Rates über das Statut der Europäischen Gegenseitigkeitsgesellschaft	ABl. C 99 v. 21.04.1992, S. 40 ff.
Geänderter Vorschlag für eine Verordnung (EWG) des Rates über das Statut der Europäischen Gegenseitigkeitsgesellschaft	ABl. C 236 v. 31.08.1993, S. 40 ff.
Verordnung (EG) Nr. 1435/2003 des Rates vom 22. Juli 2003 über das Statut der Europäischen Genossenschaft (SCE)	ABl. L 207 v. 18.08.2003, S. 1 ff.
Vorschlag für eine Verordnung des Rates über das Statut der Europäischen Privatgesellschaft	KOM (2008) 396 end.= BR-Drucks. 479/08 v. 03.07.2008, S. 1 ff.

**Entschließungen, Stellungnahmen, Berichte und Protokolle hinsicl
sonstiger gemeinschaftsrechtlicher Gesellschaftsformen**

Europäisches Parlament, Legislative Entschließung des Europäischen Parlaments vom 10. März 2009 zu dem Vorschlag für eine Verordnung des Rates über das Statut der Europäische Privatgesellschaft	P6_TA-PROV(2009)0094
Bundesrat, Beschluss des Bundesrates zu dem Vorschlag für eine Verordnung des Rates über das Statut der Europäische Privatgesellschaft, 10.10.2008	BR-Drucks. 479/08(B) v.10.10.2008, S. 1 ff.

Gesellschaftsrechtliche Richtlinien und Richtlinienvorschläge

Zweite Richtlinie 77/91/EWG des Rates vom 13. Dezember 1976 zur Koordinierung der Schutzbestimmungen, die in den Mitgliedstaaten den Gesellschaften im Sinne des Artikels 58 Absatz 2 des Vertrages im Interesse der Gesellschafter sowie Dritter für die Gründung der Aktiengesellschaft sowie für die Erhaltung und Änderung ihres Kapitals vorgeschrieben sind, um diese Bestimmungen gleichwertig zu gestalten	ABl. L 026 v. 31.01.1977, S. 1 ff.
Dritte Richtlinie des Rates vom 9. Oktober 1978 gemäß Artikel 54 Absatz 3 Buchstabe g) des Vertrages betreffend die Verschmelzung von Aktiengesellschaften (78/855/EWG)	ABl. L 295 v. 20.10.1978, S. 36 ff. (zit.: 3. RiLi)

Vorschlag einer fünften Richtlinie des Europäischen Parlaments und des Rates zur Koordinierung der Schutzbestimmungen, die in den Mitgliedstaaten den Gesellschaften im Sinne des Artikels 58 Absatz 2 des Vertrages im Interesse der Gesellschafter sowie dritter hinsichtlich der Struktur der Aktiengesellschaft sowie der Befugnisse und Verpflichtungen ihrer Organe vorgeschrieben sind	KOM (2001) 763 end./2, S. 22
Sechste Richtlinie des Rates vom 17. Dezember 1982 gemäß Artikel 54 Absatz 3 Buchstabe g) des Vertrages betreffend die Spaltung von Aktiengesellschaften (82/891/EWG)	ABl. L 378 v. 31.12.1982, S. 47 ff. (zit.: 6. RiLi)
Vorschlag einer zehnten Richtlinie des Rates nach Artikel 54 Absatz 3 Buchstabe g) des Vertrages über die grenzüberschreitende Verschmelzung von Aktiengesellschaften	ABl. C 23 v. 25.01.1985, S. 11 ff.
Zehnte Richtlinie 2005/56/EG des Europäischen Parlaments und des Rates vom 26. Oktober 2005 über die Verschmelzung von Kapitalgesellschaften aus verschiedenen Mitgliedstaaten	ABl. L 310 v. 25.11.2005, S. 1 ff. (zit.: 10. RiLi)
Vorentwurf der Kommission für einen Vorschlag für eine Vierzehnte Richtlinie des Europäischen Parlaments und des Rates über die Verlegung des Sitzes einer Gesellschaft in einen anderen Mitgliedstaat mit Wechsel des für die Gesellschaft maßgebenden Rechts	abgedruckt in: ZIP 1997, 1721

Gesetzesmaterialien betreffend die Umsetzung gesellschaftsrechtli
Richtlinien

Entwurf eines Zweiten Gesetzes zur Änderung des Umwandlungsgesetzes	BT-Drucks. 16/2919 v. 12.10.2006, S. 14

Weitere in der Arbeit zitierte Rechtsakte, Entschließungen und Protokolle

Richtlinie 94/95 des Rates vom 22. September 1994 über die Einsetzung eines Europäischen Betriebsrates oder die Schaffung eines Verfahrens zur Unterrichtung und Anhörung der Arbeitnehmer in gemeinschaftsweit operierenden Unternehmen und Unternehmensgruppen	ABl. L 254 v. 30.09.1994, S. 64 ff.
Entschließung des Europäischen Parlaments vom 10. März 2009 mit Empfehlungen an die Kommission zur grenzüberschreitenden Verlegung von eingetragenen Gesellschaftssitzen (2008/2196(INI))	P6_TA(2009)0086
Protokoll (Nr. 30) über die Anwendung der Grundsätze der Subsidiarität und Verhältnismäßigkeit (1997)	ABl. C 321 v. 29.12.2006, E/308
Protokoll Nr. 2 über die Anwendung der Grundsätze der Subsidiarität und der Verhältnismäßigkeit	ABl. C 115 v. 09.05.2008, S. 206 ff.
Gesetz über steuerliche Begleitmaßnahmen zur Einführung der Europäischen Gesellschaft und zur Änderung weiterer steuerrechtlicher Vorschriften	BGBl. I 2006, 2782 ff.